A la place de la feuille 27.e on a relié par erreur la feuille correspond.
du tom. 28.

L.1264.
G.49.d.114.

# COLLECTION
# DES MÉMOIRES
RELATIFS

## A L'HISTOIRE DE FRANCE.

RIGORD; *VIE DE PHILIPPE-AUGUSTE.* — *GUIL-LAUME LE BRETON; VIE DE PHILIPPE-AUGUSTE.* — *VIE DE LOUIS VIII.* — NICOLAS DE BRAY; *FAITS ET GESTES DE LOUIS VIII.*

PARIS, IMPRIMERIE DE LEBEL,
Imprimeur du Roi, rue d'Erfurth, n. 1.

# COLLECTION
# DES MÉMOIRES

RELATIFS

## A L'HISTOIRE DE FRANCE,

DEPUIS LA FONDATION DE LA MONARCHIE FRANÇAISE JUSQU'AU 13ᵉ SIÈCLE,

AVEC UNE INTRODUCTION, DES SUPPLÉMENS, DES NOTICES
ET DES NOTES;

Par M. GUIZOT,

PROFESSEUR D'HISTOIRE MODERNE A L'ACADÉMIE DE PARIS.

A PARIS,

CHEZ J.-L.-J.-BRIÈRE, LIBRAIRE,

RUE SAINT-ANDRÉ-DES-ARTS, Nᵒ 68.

1825.

# VIE

DE

# PHILIPPE-AUGUSTE,

Par RIGORD.

# NOTICE

# SUR RIGORD.

Maitre Rigord ou Rigot, Goth d'origine, comme il le dit lui-même, c'est-à-dire, né en Languedoc, sans que rien nous indique d'ailleurs le temps et le lieu précis de sa naissance, ne s'était destiné d'abord ni à vivre dans un monastère, ni à écrire l'histoire; il exerçait dans sa patrie la profession de médecin : soit inaptitude, soit mauvaise fortune, il n'y réussit point, et quittant à la fois, on ignore à quelle époque, son pays et son état, passa dans le nord de la France pour se renfermer dans l'abbaye de Saint-Denis, que l'administration de Suger avait rendue naguère encore plus florissante et plus célèbre. C'était le temps où Philippe II, poursuivant l'œuvre que son aïeul, Louis le Gros, avait si laborieusement commencée, fondait vraiment par ses négociations, ses conquêtes et la régularité persévérante de son gouvernement, le royaume et le trône de France : le clergé, qu'il traitait avec une grande faveur, le secondait dans toutes ses entreprises; les moines de Saint-Denis, presque depuis la fondation de leur monastère, étaient en possession de servir d'historiographes à leurs patrons. Probablement vers 1190, et peut-être à la demande de Hugues, son abbé, Rigord conçut le dessein d'écrire l'histoire du roi. Il prit plus de peine que ne faisaient communément les chroniqueurs pour recueillir des matériaux, vérifier les faits, les disposer dans un ordre convenable, donner même à sa composition quelque mérite littéraire; mais après dix ans de travail, le découragement s'empara de lui, et sans les sollicitations de l'abbé Hugues, il eût, dit-il, détruit son ouvrage, ou du moins ne l'eût jamais publié. Hugues le détermina à se traiter avec moins de rigueur, et à dédier au prince Louis, depuis Louis VIII, alors âgé d'environ treize ans, ce qu'il avait déjà fait. Sur cette dédicace, et sans doute aussi sur la recommandation de l'abbé de Saint-Denis, le roi accueillit fort bien Rigord, le nomma son historiographe, et fit déposer dans les archives publiques des copies de son histoire. Le chroniqueur la continua dès lors avec moins de fatigue, mais n'eut pas le temps de la pousser beaucoup plus loin; elle s'arrête en 1207, à la vingt-huitième année du règne de Philippe, et fut probablement interrompue par la mort de l'historien, marquée dans le nécrologe de Saint-Denis sous la date du 27 novembre, sans indication d'année. Il était alors, à ce qu'il semble, d'un âge déjà fort avancé.

Il eut pour continuateur Guillaume le Breton, chapelain de Philippe, auteur du poëme de la *Philippide*, et dont nous publions également le travail. Le premier éditeur de Rigord, P. Pithou [1], attribua cette continuation à Rigord lui-même, et ne fit des deux chroniques qu'un seul et même ouvrage; erreur grossière, que la lecture des premières phrases de Guillaume le Breton suffisait pour prévenir, et qui ne s'en est pas moins perpétuée quelque temps dans les écrits des commentateurs. Duchesne la releva le premier, et laissa cependant les deux chroniques réunies. Dom Brial les a séparées comme il convient dans le tome XVII du *Recueil des historiens français*.

Comme critique et écrivain, Rigord a moins de mérite que son continuateur; il est plus froid, plus diffus et plus crédule en fait de visions, de songes et de miracles; mais quant aux événemens historiques, sa narration est exacte, souvent détaillée, mêlée de pièces importantes, et rédigée en tout avec plus de soin que n'en apportaient ses devanciers dans un semblable travail. L'écrivain lui-même n'est guère supérieur aux chroniqueurs des temps barbares; mais il a vécu dans une société

[1] *Historiæ Francorum scriptores*, Francfort, 1596, in-fol., page 158

qui n'était plus en proie à la barbarie, et malgré la sécheresse de son esprit, son livre laisse clairement entrevoir un certain besoin de faire plus et mieux qu'on ne faisait avant lui, premier et incontestable symptôme du progrès de la civilisation.

Ce fut Rigord qui le premier donna à Philippe II le surnom d'*Auguste*, qui lui est resté, et avec raison s'il a en effet pour étymologie, selon le dire du chroniqueur, le verbe *augere*, et désigne un roi qui *augmente* ses états.

F. G.

# DÉDICACE.

A son sérénissime et bienveillant seigneur Louis, par la grâce de Dieu, illustre fils de Philippe toujours auguste, roi des Français, jeune prince dont l'ame royale est au dessus de tout honneur et de tout éloge, maître Rigord, Goth de nation, médecin de profession, chronographe du roi des Français, le plus indigne des clercs de saint Denis l'Aréopagite,

Salut et bénédiction, de la part de celui qui fait régner les rois!

Notre sainte mère, l'Eglise, se réjouit et se glorifie dans le Seigneur, parce que le Seigneur viendra visiter son peuple, et prendra pitié de ses serviteurs. En effet, la parole de salut et de joie a retenti de tous côtés dans les tentes des Français, depuis qu'ils voient leur roi, le fils d'Auguste, élevé dès le berceau dans la science, aller, si jeune encore, s'asseoir sur le trône royal de la sagesse; puiser, pour ainsi dire, l'inspiration du ciel dans les leçons de cette grâce divine qui aime à lui prodiguer ses dons, et préparer ses voies au trône par la justice et l'équité. O noces solennelles, noces royales de notre Salomon! non, il n'est pas sous les cieux d'union plus heureuse. Un roi s'attache désormais à la sagesse par des liens étroits, et la sagesse, en retour, se charge d'accomplir les devoirs du roi, pour justifier ce divin oracle de Platon : L'univers ne sera jamais heureux que lorsque les sages seront rois, ou que les rois seront sages. Prodigieuse maturité de cet enfant des rois! dans un âge si tendre, déjà plus grand que lui-même, il est mûr pour les honneurs, parce qu'il l'est pour la vertu ; son intelligence a devancé ses années, et sa jeune ame renferme un siècle de raison ; sa magnificence royale soutiendrait mal les lâches lenteurs d'une ame dégénérée, elle ne sait pas attendre les tardives leçons du temps. Chez les Césars, la vertu prévient toujours les années. Déjà je crois voir, sous le règne de ce prince très-clément, la paix rendue aux pauvres, et les églises recouvrer leur antique dignité. Quand le pouvoir sera devenu, dans ses mains, la terreur du crime, et que ses mœurs, formées par la science, seront un modèle pour la vertu ; quand il pourra, quand il saura rendre à César ce qui est à César, et à Dieu ce qui est à Dieu, alors ce prince, l'appui des mœurs, et la gloire des armées, non moins glorieux par l'exemple de sa vie que par les exploits de son bras, préludera aux triomphes fameux qui lui sont promis contre le reste des ennemis, par les triomphes que la sagesse l'aura aidé à remporter sur les vices : sachant défendre contre les uns la liberté de son ame, et maintenir contre les autres la paix et la sûreté de ses États. Toutes les merveilles que l'on peut attendre de l'ame, du bras, ou de la parole d'un homme, la sagesse du prince saura les accomplir en leur temps et dans toute leur gloire ; ainsi donc, ô enfant, « qui « comptez des rois pour aïeux [1], » c'est parce que vous étudiez, parce que vous chérissez les lettres, que j'ai osé aussi adresser ces lettres à vos sérénissimes

---

[1] Horace, Ode 1, livre 1.

lumières; mais, en vous soumettant ce petit essai, que j'ai composé sur l'histoire de votre glorieux père Philippe, toujours auguste, et que personne ne devait voir ni lire avant vous, je me suis proposé deux choses : j'ai voulu vous donner un témoignage certain de mon dévoûment à la couronne de France et à votre glorieux père, et vous présenter dans ce tableau honorable la vie de ce grand prince comme un miroir de vertu qui doit toujours rester sous vos yeux. En effet, quoique les enfans d'un héros, au milieu même des embrassemens de leur mère, tressaillent à la vue des armes, et qu'il leur suffise de s'abandonner au mouvement de leur nature pour apprendre à chérir les combats, cependant les exemples sont encore un mobile puissant pour les porter à la vertu. Veuillez donc, je vous prie, illustre enfant des rois, recevoir de la main de votre clerc ce panégyrique de la vertu d'un père. Vous en trouverez le style sans élégance et sans art; les paroles de l'histoire sont souvent indignes d'un si beau sujet; mais cette simplicité de langage ne nuira pas à la vérité des faits; et c'est dans la vérité que vous pourrez contempler les traits de la vertu. Approchez sans dégoût de vos lèvres royales ces mets de la table des rois ; ils sont servis sans doutes dans des vases d'argile, mais ces vases ne sont pas impurs. Parcourez donc, jeune prince, parcourez les louanges des héros et les exploits de votre père, afin de vous familiariser avec les traits de la vertu, pour que nous puissions nous applaudir de voir revivre en vous la gloire de votre race auguste, et qu'un jour, quand l'âge aura mûri votre jeunesse, vous gouverniez, au sein de la douce paix et de la justice, l'univers pacifié par les vertus de votre père [1].

Cependant, avant de terminer notre lettre, nous implorons la clémence du Sauveur, nous prions celui qui tient dans sa main tous les pouvoirs et tous les droits des États, de jeter un regard de bonté sur l'empire des Français; nous le prions encore, par l'intercession de son glorieux martyr, le bienheureux Denis, notre patron, et de ses compagnons, de verser à pleines mains sur votre jeunesse les dons de sa grâce, qu'il a prodigués à votre enfance, et de vous conduire toujours, au gré de vos vœux, jusques à l'âge de maturité, par une chaîne non interrompue de prospérités et de succès, pour l'honneur et la gloire de son nom, et pour la défense de sa sainte Eglise.

[1] Virgile, Egl. iv, v. 26.

# PRÉFACE.

Le desir que j'éprouvais d'écrire l'histoire de Philippe-Auguste, roi très-chrétien des Français, a rencontré bien des obstacles à la fois; ma pauvreté, c'est-à-dire le défaut de ressources, le besoin de pourvoir à ma subsistance, l'urgence de mes affaires, enfin la simplicité de mon style et le peu d'habitude que j'avais d'exercer mon esprit sur de pareils sujets. Une autre considération m'a surtout long-temps arrêté. La voici : quand on vient à lire quelque composition nouvelle dans une assemblée, les auditeurs se partagent aussitôt d'opinion, et, pendant que l'un applaudit et comble d'éloges l'ouvrage qu'il vient d'entendre, l'autre, aveuglé par son ignorance, quelquefois excité par l'aiguillon de l'envie, ou dévoré par la haine, blâme tout, même ce qui est bien; et certes, on doit s'étonner de la dépravation du genre humain depuis sa première origine (car, selon Moïse, tout ce que Dieu a fait a été créé bon), quand on le voit aujourd'hui toujours porté à juger avec rigueur, plutôt qu'avec indulgence, et se plaire à chercher le mal dans une question douteuse, au lieu de se décider pour l'interprétation la plus favorable. La renommée même dispense souvent avec une égale injustice le blâme et la louange; combien de langues mensongères n'entend-on pas préconiser le mal et calomnier le bien! la vertu est toujours en butte à l'envie, et ses rivaux, déchaînés sur ses traces, la poursuivent de leurs aboiemens. Par exemple, en écrivant l'histoire de Philippe, roi très-chrétien, si je m'impose une exactitude scrupuleuse en racontant ses vertus, on me traitera de flatteur; et, si je dérobe à son histoire quelques traits peu vraisemblables aux yeux des hommes, n'est-ce pas un larcin que j'aurai fait à sa gloire, pour sauver mon honneur? Dans cette alternative, je m'étais décidé à sacrifier, à détruire cet ouvrage, fruit de dix ans de travaux, ou du moins à le tenir enseveli dans l'ombre du secret, pendant toute ma vie. Enfin j'ai cédé aux prières du vénérable père Hugues, abbé de Saint-Denis, à qui j'en avais fait secrètement confidence; et c'est pour obéir à ses instances, que j'ai mis au jour cette histoire, et l'ai offerte humblement au roi très-chrétien, pour que ses mains royales lui donnassent elles-mêmes une place parmi les monumens publics. Cependant je prie mes lecteurs, si quelquefois cet ouvrage leur paraît mériter censure, de comparer tout ensemble la hauteur du sujet et la faiblesse de mes moyens littéraires; ils verront alors qu'une tâche si difficile était au dessus de mes forces, et peut-être ces considérations leur apprendront à supporter avec plus d'indulgence la plupart des endroits qui ne pourraient soutenir un examen sévère, et qu'une justice rigoureuse condamnerait sans doute. Parmi les faits que je raconte, il en est que j'ai vus de mes propres yeux; il en est d'autres sur lesquels je puis avoir des connaissances plus imparfaites, malgré le soin que j'ai apporté à consulter le témoignage d'autrui. Enfin d'autres m'étaient entièrement inconnus, et je les ai passés sous silence. Mais peut-être vous étonnerez-vous du titre d'*Auguste*, que je donne au roi en tête de cet ouvrage;

en voici la raison : les écrivains donnaient ordinairement le nom d'*Auguste* (du verbe *augeo, auges*) aux Césars qui avaient *augmenté* l'État. Philippe mérite donc le titre d'*Auguste,* puisqu'il a augmenté aussi l'État. En effet, il a réuni à son royaume tout le Vermandois, que ses prédécesseurs avaient perdu depuis long-temps, et beaucoup d'autres terres, dont il a encore *augmenté* le revenu de l'État. De plus, il est né dans le mois consacré à *Auguste* (août), c'est-à-dire quand les granges et les pressoirs regorgent de tous les biens temporels.

Mais commençons d'abord, sous la conduite de Dieu, à la naissance miraculeuse de ce roi, avec l'aide de celui qui est le prince et le principe de toutes choses.

# VIE

DE

# PHILIPPE-AUGUSTE.

~~~~~~~~~~~~~~~~~~~~~~~~~~~~~~~~~~~~

Philippe, roi des Français, naquit l'an 1165, dans le mois d'août, le 1 des calendes de septembre [1], jour consacré à Timothée et à Symphorien. *Dieudonné* est le prénom qui lui appartient justement. En effet, le saint roi Louis, son père, voyant que ses trois femmes lui avaient donné un grand nombre de filles, mais qu'il ne pouvait avoir d'héritier mâle pour lui succéder au trône, eut enfin recours, avec l'illustre reine Adèle, son épouse, tout le clergé et le peuple de son royaume, aux prières et aux aumônes, pour obtenir un fils; il ne demandait point à Dieu cette faveur comme un droit acquis par ses mérites, mais comme une grâce qu'il ne voulait devoir qu'à sa miséricorde. « Seigneur, disait-il, souvenez-vous de
« moi, je vous prie, et n'entrez pas en jugement avec
« votre serviteur, parce que nul homme vivant ne sera
« trouvé juste devant vous [2]. Mais jetez un regard propice sur le pécheur qui vous prie; et si j'ai péché
« comme les autres hommes, épargnez-moi, Seigneur;
« et si j'ai fait quelque bien devant vous, qu'il ne soit
« pas perdu près de vous. Ayez pitié de moi, Seigneur,

[1] Le 22 août 1165. — [2] Ps. 142, v. 2.

« selon votre miséricorde infinie, donnez-moi un fils
« pour héritier de mon trône, et pour régner glorieu-
« sement sur les Français. Que mes ennemis ne puis-
« sent pas dire : « Tes espérances ont été déçues, tu
« as perdu tes aumônes et tes prières [1]. » Au reste,
« Seigneur, agissez avec moi selon votre volonté, et
« veuillez recevoir en paix mon ame, à la fin de mes
« jours! » Telles étaient les prières du roi, de tout le
clergé et de tout le peuple du royaume. Elles furent
exaucées devant le Seigneur. Dieu donna donc à
Louis un fils, qu'il fit élever très-saintement et instruire pleinement dans la religion de notre Seigneur
Jésus-Christ. Il le fit ensuite couronner solennellement à Rheims, et eut le bonheur de vivre assez, pour
voir, pendant près d'une année, Philippe régner glorieusement sur le trône de France. Le roi Louis, avant
la naissance du jeune prince, eut cette vision en
songe. Il lui sembla que Philippe, son fils, tenait à
la main un calice d'or plein de sang humain; il en
offrait à tous ses grands, et tous en buvaient en effet.
Sur la fin de sa vie, il confia cette vision à Henri,
évêque d'Albano, légat du Siége apostolique en France,
en le conjurant, au nom du Seigneur, de ne révéler
ce secret à personne avant sa mort. Mais quand le
roi Louis eut cessé de vivre, l'évêque Henri fit part
de cette vision à un grand nombre d'hommes religieux. C'est donc la première année du règne de Philippe, que le roi très-chrétien Louis, son père, alla
retrouver en paix le Seigneur; il mourut dans la ville
qu'on nommait autrefois Lutèce, aujourd'hui Paris.
Mais nous parlerons bientôt de cet événement avec

[1] Tobie 11, 22.

plus de détail; il faut nous occuper maintenant des faits qui ont signalé la première année du règne de Philippe-Auguste, illustre roi des Français.

L'an 1179 de l'Incarnation du Seigneur, Louis, roi très-chrétien des Français, déjà presque septuagénaire, réfléchissant à la courte durée de la vie humaine, et sentant déjà sa santé un peu affaiblie par les atteintes d'une paralysie, convoqua à Paris une assemblée générale de tous les archevêques, évêques, abbés et barons de tout le royaume des Français, dans le palais de notre vénérable père Maurice, évêque de Paris. Quand ils y furent tous réunis, Louis entra d'abord dans une chapelle, car il ne commençait jamais rien sans s'y être ainsi préparé; et là, après avoir fait sa prière au Seigneur, il fit appeler tour à tour les archevêques, les évêques, les abbés et tous les grands du royaume, pour leur communiquer son projet. Il leur déclara qu'il voulait, sauf leur avis et leur volonté, faire élever au trône des Français son fils bien-aimé, Philippe Dieudonné, au premier jour de l'Assomption de la bienheureuse vierge Marie. Les prélats et les grands n'eurent pas plus tôt entendu la volonté du roi, qu'ils s'écrièrent tous d'une voix unanime : « Soit, soit ! » et l'assemblée fut ainsi close.

Aux approches de la fête de la très-sainte vierge Marie, le roi très-chrétien vint donc à Karnopolis[1] avec son fils bien-aimé. Mais Dieu voulut que tout se passât autrement que Louis ne l'avait espéré; en effet, pendant le séjour qu'il fit en cette ville, l'illustre Philippe, selon le témoignage d'un grand nombre de per-

---

[1] Probablement *Carlopolis*, c'est-à-dire Compiègne, comme l'explique plus bas l'auteur lui-même.

sonnes dont nous tenons ce fait, obtint de son père la permission de chasser dans le bois, avec les veneurs du roi. A peine y était-il entré qu'un sanglier se présenta. A cette vue, les veneurs lâchent les chiens, et se mettent à la poursuite de la bête, à travers les détours de la forêt et de cette vaste solitude, donnent du cor et se dispersent dans les différentes battues du bois.

Cependant Philippe, monté sur un cheval plein de feu, fut emporté loin des autres, et long-temps il poursuivit seul le sanglier, avec la plus grande vitesse, par un sentier écarté. Enfin, au déclin du jour, il jeta les yeux derrière lui, et s'aperçut qu'il n'avait point de veneurs à sa suite. Se voyant donc resté seul dans cette vaste solitude de forêts, il commença à concevoir de justes craintes. Il erra quelque temps seul, au gré de son cheval, qui l'emportait çà et là. Enfin ses alarmes croissaient. Il avait beau porter partout les yeux, il ne voyait personne : il se mit donc à pousser des gémissemens et des soupirs; et imprimant sur son front le signe de la sainte croix, il se recommanda très-dévotement à Dieu, à la bienheureuse vierge Marie, et au bienheureux Denis, patron et défenseur des rois de France. A la fin de sa prière, il regarda à droite, et tout-à-coup il vit près de lui un paysan, qui soufflait sur des charbons ardens. Sa taille était haute, son aspect horrible, son visage hideux et noirci par le charbon; il tenait une grande hache sur son cou. D'abord, à cette vue, Philippe trembla comme un enfant : mais bientôt sa grande ame surmonta ses premières frayeurs. Il s'approcha de cet homme et le salua avec bienveillance. Il lui expliqua qui il était, d'où il venait, comment il se trouvait là, et le paysan reconnaissant la personne de son seigneur, abandonna sur-le-champ son travail, et ramena le prince en toute hâte à Karnopolis, par un chemin abrégé. A la suite des frayeurs dont il avait été saisi, Philippe Dieudonné tomba dangereusement malade, et cet accident fit différer son couronnement jusqu'à la Toussaint suivante. Mais au bout de quelques jours, notre Seigneur Jésus-Christ, qui jamais n'abandonne ceux qui espèrent en lui, touché des prières et des mérites du très-saint roi Louis, qui ne cessait d'implorer nuit et jour pour son fils l'assistance de Dieu, et cédant aux prières de l'Eglise universelle, rendit au jeune prince sa santé première.

Cependant, aux approches de la fête de tous les Saints, Philippe-Auguste ayant convoqué les archevêques, les évêques et tous les barons de sa terre, fut couronné à Rheims par le respectable Guillaume, archevêque de Rheims, prêtre-cardinal du titre de Sainte-Sabine, légat du Siége apostolique, et oncle du roi même, en présence de Henri, roi d'Angleterre, qui tenait humblement un côté de la couronne sur la tête du roi de France, en signe de la soumission qu'il lui devait; de tous les archevêques, évêques, et autres grands de l'empire, de tout le clergé et le peuple, aux cris de *vive le roi! vive le roi!* Il avait eu quatorze ans accomplis le jour de la fête de Timothée et de Symphorien, et il commençait à entrer dans sa quinzième année. Ainsi c'est dans sa quinzième année, le jour même de la Toussaint, qu'il fut sacré roi. Le roi très-chrétien Louis, son père, vivait encore, quoique bien malade, car il était déjà affligé d'une paralysie, qui ne lui permettait pas même de faire un pas.

Mais nous nous sommes proposé de raconter en peu de mots les premiers faits de son règne, dans la crainte qu'un développement trop étendu, joint à un style trop simple, ne rebutât les oreilles délicates de nos auditeurs. Philippe, dès sa première enfance, fut donc formé, pour ainsi dire, à l'école de la crainte de Dieu, car la crainte du Seigneur est le commencement de la sagesse [1]. Toujours dans les humbles prières qu'il adressait au Seigneur, il le suppliait de diriger toutes ses actions et tous ses pas. Il chérissait la justice comme sa propre mère. Il faisait triompher la miséricorde dans tous ses jugemens; jamais il ne permit qu'on lui dérobât la vérité, et il observa dans sa maison la foi conjugale, plus scrupuleusement que tous les autres rois. Aussi, comme il s'était plu, dès son âge le plus tendre, dans l'exercice de ses glorieuses vertus, il voulut plus tard que tous les gens de sa cour gardassent religieusement, à son exemple, le respect et la crainte qu'il montrait lui-même pour Dieu. Mais voici quelque chose de plus admirable encore, il conçut tant d'horreur pour les juremens que les joueurs se permettent trop souvent dans les cours ou dans les maisons de jeu, que si quelqu'un, chevalier ou autre, venait par hasard à en laisser échapper un, en jouant devant le roi, aussitôt il était jeté par son ordre dans la rivière ou dans quelque lac; il voulut même que cette punition fût toujours rigoureusement exécutée dans la suite. Courage, vertueux prince! quelle fin ne doit-on pas attendre d'un pareil début! et en effet la main de Dieu était avec lui.

[1] Ps. 110, v. 10.

Quand le nouveau roi fut sacré, il revint à Paris, et peu de jours après il tenta l'exécution d'une grande entreprise, qu'il méditait depuis long-temps en secret, mais qu'il avait toujours redouté d'accomplir, par l'extrême soumission qu'il montrait aux volontés du roi très-chrétien son père. En effet, il avait souvent entendu dire aux jeunes grands qu'on élevait avec lui dans le palais, et ces paroles n'étaient jamais sorties de sa mémoire, que les Juifs qui demeuraient à Paris descendaient secrètement tous les ans dans des retraites souterraines, le jour de Pâques, ou pendant cette sainte semaine consacrée par notre deuil, et qu'ils y faisaient un sacrifice où ils immolaient un chrétien pour outrager la religion chrétienne. On ajoutait qu'ils avaient long-temps persévéré dans cette pratique exécrable inspirée par l'artifice du démon, et que, sous le règne de son père, on avait souvent saisi les coupables pour les livrer au feu. Saint Richard, dont le corps repose dans l'église de Saint-Innocent-des-Champeaux à Paris, fut ainsi égorgé et crucifié par les Juifs, et mérita par ce martyre le bonheur de monter dans le royaume des cieux, où nous savons que son intercession et ses prières ont obtenu de la bonté de Dieu une foule de miracles, en l'honneur même du Seigneur. Le roi très-chrétien s'étant donc informé avec soin et pleinement convaincu de la vérité de ces crimes et de beaucoup d'autres, commis par les Juifs sous le règne de ses ancêtres, fut enflammé d'un saint zèle, et sur son ordre, l'année même où il reçut à Rheims le saint gouvernail du royaume de France, le seize des

---

[1] Si ce jour là était un samedi, il faut lire le 14 et non le 16 des calendes de mars, car le 16 février de l'an 1180 était un samedi.

calendes de mars, un samedi¹, les Juifs furent saisis dans leurs synagogues par toute la France, et dépouillés de leur or, de leur argent et de leurs vêtemens, comme ils avaient dépouillé eux-mêmes les Egyptiens, à leur sortie d'Egypte. Mais ce n'était que le prélude de leur prochain bannissement, qui ne tarda pas, grâces à Dieu, à suivre ce premier avertissement.

Environ un mois après le sacre de Philippe-Auguste, Hibon de Carentan en Berri, commença à faire peser sa tyrannie sur les églises de Dieu, et à accabler de vexations intolérables les clercs qui s'y consacraient au service du Seigneur. Ne pouvant plus supporter sa cruauté, ils envoyèrent des députés au roi très-chrétien Philippe-Auguste, pour se plaindre des violences dont ils étaient victimes sous le joug de Hibon, et pour demander humblement justice au roi. Le prince ayant entendu les plaintes de ces hommes religieux, fut enflammé d'un saint zèle pour la défense des églises et pour les libertés du clergé; il prit les armes contre le tyran, pilla et dévasta ses terres à la tête d'une armée formidable, et confondit tellement son audace, qu'enfin le comte Hibon cédant à la nécessité, et désespérant d'échapper aux mains du vainqueur, se jeta aux pieds du roi, lui demandant grâce, et promettant sur la foi du serment de se conformer au bon plaisir et à la volonté du monarque, en donnant pleine et entière satisfaction à toutes les églises, et à tous les clercs servant Dieu, et en s'abstenant désormais de tout crime pareil. Telle fut la première guerre que Philippe Dieudonné entreprit au commencement de son règne, dans la quinzième année de son âge, montrant bien en cette circonstance qu'il était en effet donné par Dieu pour la délivrance des églises et du clergé, et pour le salut de tout le peuple chrétien.

La même année [1], c'est-à-dire la première année de son règne, les fils de l'iniquité, Imbert de Beaujeu et le comte de Châlons [2], inspirés sans doute par le serpent, l'ancien ennemi du genre humain, se déchaînèrent avec leurs complices contre les églises de Dieu : ils eurent même l'audace de mépriser les immunités royales, dans cette persécution des églises. Les clercs et les religieux consacrés dans ces lieux saints au service de Dieu, donnèrent avis de tous les maux dont ils étaient accablés à leur seigneur le roi très-chrétien. Ce prince levant aussitôt une armée pour la défense des églises et pour les libertés du clergé, entra sur les terres desdits seigneurs, et y fit beaucoup de butin. Enfin, avec l'aide de Dieu, il humilia tellement leur orgueil et leur tyrannie, qu'il les contraignit de restituer en entier aux églises ce qu'ils leur avaient enlevé, et qu'il rendit la paix temporelle aux clercs qui y servaient le Seigneur, se recommandant humblement à leurs prières. Et certes, l'Eglise universelle ne doit pas manquer de prier pour Philippe, roi très-chrétien, car c'est lui qui veille toujours pour le salut de l'Eglise, en lui donnant secours et protection contre toutes les attaques, en exterminant les Juifs, ces ennemis éternels de la religion chrétienne, et en repoussant les hérétiques, qui entendent mal la foi catholique. Et, puisqu'il a confirmé toutes ses œuvres dans le Seigneur, toute l'Eglise des saints

[1] En 1180.
[2] Guillaume II.

doit raconter au monde ses paroles et ses actions.

La première année du règne de Philippe-Auguste, et la quinzième de son âge, à la suite de quelques querelles et d'inimitiés simulées entre les grands du royaume, plusieurs seigneurs de sa cour, excités par le diable, ennemi de la paix ecclésiastique, osèrent former une ligue contre Philippe-Auguste, leur seigneur et roi. Ils levèrent donc une armée et se mirent à ravager ses terres. A la nouvelle de cette révolte, Philippe, roi très-chrétien, entra dans une fureur extrême, mena contre eux un nombre infini de soldats, et quelques jours lui suffirent pour les mettre tous en fuite, et pour les poursuivre avec tant d'ardeur et de succès, qu'il les soumit tous par la protection miraculeuse du Seigneur, et les força rigoureusement d'exécuter toutes ses volontés. Comme le Seigneur est le souverain juge et le rémunérateur de la vertu, et jamais ne laisse le bien sans récompense, et que le roi très-chrétien, Philippe-Auguste, avait entrepris ses deux premières guerres pour la défense des églises et la liberté du clergé, et les avait poussées avec vigueur en l'honneur de notre Seigneur Jésus-Christ et de la bienheureuse mère de Dieu, Marie toujours vierge, notre Seigneur Jésus-Christ, qui jamais n'abandonne ceux qui espèrent en lui, lui prêta son secours au milieu des dangers dont ces perfides l'avaient entouré, le protégea contre ces traîtres, le fit triompher de ses adversaires dans un combat terrible, et assura sa puissance contre les injustes attaques de ces rebelles. Car c'est le Seigneur qui confond les conseils des nations, qui réprouve les pensées des peuples, et souvent aussi les projets des princes. Aussi ce grand roi n'est-il pas abandonné de Dieu au jour du combat, car l'ange du Seigneur se tenant à sa droite, écrase la tête de ses ennemis. Et pourquoi cela ? Parce qu'il reste fidèle aux ordres du Seigneur.

L'an 1181 de l'Incarnation du Seigneur, le jour des calendes de juin [1], le jour même où Notre-Seigneur est monté aux cieux porté sur les nuages, le roi Philippe, obéissant aux conseils d'un homme de bien, qui sans doute était animé de l'esprit de Dieu, se fit couronner une seconde fois dans l'église de Saint-Denis. On sacra en même temps la vénérable reine Elisabeth [2] son épouse, fille de l'illustre Baudouin, comte du Hainaut et nièce de Philippe le Grand, comte de Flandre, qui, selon l'usage, eut l'honneur de porter ce jour-là l'épée devant le roi son maître. Mais pendant qu'on célébrait cette solennité dans l'église du bienheureux saint Denis, et que le roi avec la reine son épouse fléchissaient le genou au pied du maître-autel et courbaient humblement la tête pour recevoir la bénédiction nuptiale du vénérable Gui, archevêque de Sens, en présence d'un grand nombre d'évêques et de barons, il arriva un événement mémorable, que nous croyons utile de raconter dans cet ouvrage. Le peuple des villes, des faubourgs, des bourgs et des villages voisins était venu en foule et plein de joie pour assister à une cérémonie si solennelle, et pour voir le roi et la reine décorés du diadème. Comme l'empressement de tant de curieux causait du trouble et du tumulte, un chevalier de la maison du roi, tenant à la main une baguette, la lançait au hasard çà

---

[1] Premier juin.
[2] Ou Isabelle.

et là dans la foule pour apaiser le tumulte; dans ce moment ayant mal mesuré son coup, il brisa à la fois trois lampes suspendues devant le maître-autel sur la tête des époux, et l'huile qu'elles contenaient se répandit sur le front du roi et de la reine, comme un signe de l'abondance des dons que l'Esprit saint versait sur eux du haut du ciel; car nous pensons que Dieu opéra ce miracle pour étendre au loin la gloire et le nom du monarque, et pour répandre le bruit de sa renommée sur toute la face de la terre, comme Salomon semblait l'avoir prophétisé dans son cantique d'amour, lorsqu'il dit : « Votre nom est comme une « huile qu'on a répandue[1]; » ce qu'il faut interpréter ainsi : Le bruit de ton nom, ta gloire et ta sagesse se répandront de la mer à la mer, et de la rive des fleuves jusqu'aux extrémités de l'univers, les rois inclineront leurs têtes devant lui, et beaucoup de nations lui seront soumises. On peut aisément conjecturer, d'après ces autorités et d'autres pareilles, qu'il faut interpréter comme nous l'avons fait, ce qui arriva au roi Philippe par l'ordre de Dieu.

La même année, le jeudi 18 septembre, mourut Louis, roi des Français, dans la ville nommée aujourd'hui Paris, la capitale du royaume de France. Dieu sans doute l'avait ainsi ordonné, pour que le souverain et le chef de tout le royaume des Français pérît aussi dans la ville capitale de ce royaume, et pour qu'il passât heureusement de sa demeure royale dans celle du Seigneur, voulant montrer évidemment à tous les yeux que le saint roi passait glorieusement d'un palais dans un palais, d'un royaume dans un

[1] Cant. des cant., ch. 1, v. 2.

royaume, du palais de la terre dans l'immensité du
paradis, d'un royaume passager dans le royaume sans
fin, que les yeux de l'homme n'ont point vu, que ses
oreilles n'ont point entendu, que son esprit ne peut
comprendre, et que Dieu a préparé, de toute éternité, à ceux qui l'aiment véritablement [1]. Son corps fut
enseveli honorablement dans l'église de Sainte-Marie
de Barbeaux [2], qu'il avait fondée lui-même. C'est là
qu'en l'honneur de notre Seigneur Jésus-Christ et de
la bienheureuse mère de Dieu, Marie, toujours vierge,
de saints religieux célèbrent jour et nuit les offices
divins pour l'ame du défunt roi, pour celles de tous
ses prédécesseurs, et pour le salut du royaume de
France. C'est aussi dans cette église et sur le lieu
même de la sépulture du roi, que l'illustre reine des
Français, Adèle, son épouse, et mère de Philippe-
Auguste, roi des Français, fit construire un tombeau,
où l'art le plus exquis avait fait un heureux mélange
de brillans d'or et d'argent, d'airain et de pierres précieuses. Jamais chef-d'œuvre si étonnant n'avait paru
dans aucun royaume, depuis le règne de Salomon.
Mais nous avons assez parlé sur ce sujet. Il faut passer maintenant au traitement que Philippe fit subir
aux Juifs perfides, pour obéir à la voix du Seigneur.

Il y avait alors un grand nombre de Juifs qui demeuraient en France. Depuis bien des années la libéralité des Français et la longue paix du royaume les y
avaient attirés en foule de toutes les parties du monde.
Ils avaient entendu vanter la valeur de nos rois contre leurs ennemis, et leur douceur envers leurs su-

---

[1] *Imit.* Isaïe, chap. 64, v. 4.
[2] Sur le bord de la Seine, au dessus de Melun.

jets. Et, sur la foi de la renommée, ceux d'entre les Juifs qui, par leur âge et par leurs connaissances des lois de Moïse, méritaient de porter le titre de *docteurs,* résolurent de venir à Paris. Après un assez long séjour, ils se trouvèrent tellement enrichis, qu'ils s'étaient approprié près de la moitié de la ville, et qu'au mépris des volontés de Dieu et de la règle ecclésiastique, ils avaient dans leurs maisons un grand nombre de serviteurs et de servantes, nés dans la foi chrétienne, mais qui s'écartaient ouvertement des lois de la religion du Christ, pour judaïser avec les Juifs. Et comme le Seigneur avait dit, par la bouche de Moïse, dans le Deutéronome : « Tu ne prête-« ras pas à usure à ton frère, mais à l'étranger [1], » les Juifs, comprenant méchamment tous les Chrétiens sous le nom d'*étrangers,* leur prêtèrent de l'argent à usure, et bientôt dans les bourgs, dans les faubourgs et dans les villes, chevaliers, paysans, bourgeois, tous furent tellement accablés de dettes, qu'ils se virent souvent expropriés de leurs biens ; d'autres encore étaient gardés sur parole dans les maisons des Juifs à Paris, et détenus comme dans une prison. Philippe, roi très-chrétien, en étant informé, avant de prendre une résolution, fut ému de pitié ; il consulta un ermite nommé Bernard ; c'était un saint homme, un bon religieux qui vivait dans le bois de Vincennes ; et c'est d'après son conseil, que le roi libéra tous les Chrétiens de son royaume des dettes qu'ils avaient contractées envers les Juifs, à l'exception d'un cinquième, qu'il se réserva.

Enfin, pour comble de profanation, toutes les fois

[1] Deut., ch. 23, v. 19 et 20.

que des vases ecclésiastiques consacrés à Dieu, comme des calices ou des croix d'or et d'argent, portant l'image de notre Seigneur Jésus-Christ crucifié, avaient été déposés entre leurs mains par les églises, à titre de caution, dans des momens d'une nécessité pressante, ces impies les traitaient avec si peu de respect, que ces mêmes calices, destinés à recevoir le corps et le sang de notre Seigneur Jésus-Christ, servaient à leurs enfans pour y tremper des gâteaux dans le vin, et pour y boire avec eux, car ils avaient oublié ce passage du livre des Rois [1] où Nabuchodonosor, roi de Babylone, la onzième année du règne de Sédécias, roi de Jérusalem, fit prendre la cité sainte et dépouiller le temple par Nabuzardan, commandant de ses armées, et emporta dans ses Etats les vases précieux consacrés au Seigneur, dont le sage Salomon avait enrichi le temple. Car Dieu voulait punir ainsi les fautes des Juifs. Cependant Nabuchodonosor, tout païen, tout idolâtre qu'il était, craignant pourtant le Dieu des Juifs, se garda de boire dans ces vases et de les faire servir à son usage. Il voulut même qu'ils fussent conservés dans son temple auprès de l'idole, comme un trésor consacré. Mais Balthasar, le sixième des rois qui montèrent après lui sur le trône, dans un grand repas qu'il donna aux princes et aux grands de son royaume, fit apporter les vases que son aïeul Nabuchodonosor avait emportés du temple saint, et le roi lui-même y but avec ses officiers, ses femmes et ses concubines. Mais Dieu, irrité contre Balthazar, lui envoya sur l'heure même le présage de sa ruine. C'était une main qui traçait en face de lui ces paroles sur les

---

[1] Rois, liv. IV, ch. 25.

murailles : « *Mané, thécel, pharès,* ce qui veut dire « *nombre, appension, division*[1]. » Cette nuit même, Cyrus et Darius entrèrent dans Babylone, et Balthazar fut tué au milieu du repas, comme Isaïe l'avait prédit long-temps auparavant : « Couvrez la table, contemplez « d'une guérite (c'est-à-dire sur la muraille) ceux qui « mangent et qui boivent, levez-vous, princes, prenez « le bouclier[2], » car la ville est prise. Et aussitôt les Mèdes et les Perses fondent à l'improviste, et Balthazar est égorgé au milieu du festin. Au reste, qui oserait jeter un voile sur ce que Dieu veut révéler ?

Comme les Juifs craignaient alors que les officiers du roi ne vinssent fouiller leurs maisons, un d'entre eux, qui demeurait à Paris, et qui avait reçu en nantissement quelques meubles d'église, tels qu'une croix d'or, enrichie de pierreries, un livre d'évangile, orné avec un art infini des pierres les plus précieuses, quelques coupes d'argent et autres, cacha tout cela dans un sac, et poussa l'impureté jusqu'à le jeter (ô douleur !) dans le fond d'une fosse où il déchargeait tous les jours son ventre. Bientôt une révélation divine en donna connaissance aux Chrétiens, qui les trouvèrent dans cet endroit ; et, après avoir payé au roi, leur seigneur, le cinquième de la dette, ils allèrent, pleins de joie, reporter avec honneur ces ornemens sacrés à l'église qui les avait engagés. On pourrait donner avec raison à cette année le nom de jubilé, car de même que, dans l'ancienne loi, tout retournait librement à son premier maître l'année du jubilé, et que toutes les dettes étaient acquittées, de même aussi, grâces à l'édit du roi très-chrétien, qui

[1] Daniel, ch. 5. — [2] Isaïe, ch. 21, v. 5.

abolit les créances, tous les Chrétiens du royaume de France se virent à jamais libres des dettes qu'ils avaient contractées envers les Juifs.

L'an 1182 de l'Incarnation du Seigneur, dans le mois d'avril, nommé *nisan* chez les Juifs, le sérénissime roi Philippe-Auguste rendit un édit qui donnait aux Juifs jusqu'à la Saint-Jean suivante, pour se préparer à sortir du royaume. Le roi leur laissa aussi le droit de vendre leur mobilier jusqu'à l'époque fixée, c'est-à-dire la fête de saint Jean. Quant à leurs domaines, tels que maisons, champs, vignes, granges, pressoirs et autres immeubles, il s'en réserva la propriété pour ses successeurs au trône de France, et pour lui. Quand les perfides Juifs eurent appris la résolution du monarque, quelques-uns d'entre eux, régénérés par les eaux du baptême et par la grâce du Saint-Esprit, se convertirent à Dieu, et persévérèrent dans la foi de notre Seigneur Jésus-Christ. Le roi, par respect pour la religion chrétienne, fit rendre à ces néophytes tous leurs biens, et leur accorda une entière liberté. D'autres, fidèles à leur ancien aveuglement, et contens dans leur perfidie, cherchèrent à séduire par de riches présens et par de belles promesses les princes de la terre, les comtes, barons, archevêques et évêques, voulant essayer si, à force de conseils, de remontrances et de promesses brillantes, leurs protecteurs ne pourraient pas ébranler les volontés irrévocables de Philippe. Mais le Dieu de bonté et de miséricorde, qui n'abandonne jamais ceux qui espèrent en lui, et qui se plaît à humilier ceux qui présument trop de leur puissance, avait versé du haut du ciel les trésors de sa grâce dans l'ame du roi, l'avait éclairée des lumières du Saint-Esprit, échauffée de son amour, et fortifiée contre toutes les séductions des prières et des promesses de ce monde. Et je dois rendre ici témoignage à la vérité; c'est à Philippe qu'on peut appliquer justement cet éloge que l'on donne à sainte Agathe. Il eût été plus facile d'attendrir les rochers et de changer le fer en plomb, que de faire renoncer l'ame du roi très-chrétien à la résolution que Dieu lui avait inspirée.

Les Juifs infidèles voyant le peu de succès de leurs démarches, et ne pouvant plus compter sur l'influence des grands, qui leur avait toujours servi jusqu'alors à disposer à leur gré de la volonté des rois, ne virent pas sans étonnement la magnanimité et l'inébranlable fermeté du roi Philippe, et en furent interdits et comme stupéfaits. Ils s'écrièrent dans leur admiration: *Scema, Israel,* c'est-à-dire *écoute, Israel,* et commencèrent à vendre tout leur mobilier, car le temps approchait où ils allaient être contraints à sortir de toute la France, et ils savaient que rien ne pouvait reculer le terme qui leur était prescrit par l'édit royal. Ils se mirent donc, en exécution de ce décret, à vendre leur mobilier avec une promptitude surprenante, car pour leurs propriétés foncières, elles furent toutes dévolues au domaine royal. Les Juifs, ayant donc vendu leurs effets, en emportèrent le prix pour payer les frais de leur voyage, sortirent du pays avec leurs femmes, leurs enfans et tout leur train, l'an du Seigneur 1182, au mois de juillet, nommé chez les Juifs *tamuz,* la troisième année du règne de Philippe-Auguste. Il était entré dans sa dix-septième année le mois d'août précédent, à la fête de saint Symphorien, le 11 des calendes de septembre [1]. Ainsi la dix-septième année du roi fut accomplie un mois après le bannissement des Juifs, c'est-à-dire dans le mois d'août, car nous avons déjà dit qu'ils avaient été expulsés en juillet. Il ne lui restait donc plus, pour avoir dix-sept ans accomplis, qu'environ quinze jours ou trois semaines.

Après l'expulsion des Juifs infidèles et leur dispersion dans tout l'univers, le roi Philippe, toujours auguste, n'oubliant pas ses frères, ni sa glorieuse entreprise, voulut la consommer plus glorieusement encore qu'il ne l'avait commencée : il était alors au commencement de sa dix-huitième année, l'an 1183 de l'Incarnation du Seigneur. En effet, il fit d'abord purifier toutes les synagogues des Juifs (c'est ainsi qu'ils appelaient leurs écoles), où ils se rassemblaient tous les jours, sous le faux prétexte d'exercer leur religion et de faire leurs prières : il en fit ensuite des églises, que l'on dédia au service de Dieu, malgré l'opposition de tous les grands, et il y fit consacrer aussi des autels en l'honneur de notre Seigneur Jésus-Christ et de la bienheureuse mère de Dieu, Marie, toujours vierge. Il pensa en effet qu'il serait beau et honorable de faire chanter par le clergé et par tout le peuple chrétien les louanges du Dieu des miracles dans ces temples où, selon le témoignage de Jérôme sur Isaïe, on blasphémait tous les jours le nom de Jésus-Christ de Nazareth.

Tous les chevaliers, citoyens et autres bourgeois de la France, à la vue des prodiges que Philippe opérait de leur temps, par la grâce du Seigneur, pleins

[1] Le 22 août.

d'amour pour le bon naturel de ce jeune prince, et d'admiration pour ses œuvres, bénissaient Dieu, qui donnait un tel monarque aux hommes. En effet, pour peu qu'on veuille y faire attention, on trouvera réunies dans ce roi quatre vertus glorieuses, qu'il faut surtout considérer, selon Moïse, dans l'élection d'un prince, la puissance, la crainte de Dieu, l'amour de la vérité, la haine de l'avarice. Notre prince, je puis le dire sans craindre d'être démenti, est habile dans ses discours, équitable dans ses jugemens, adroit dans ses réponses, plein de prudence dans ses conseils, de fidélité dans ses promesses, d'activité dans ses entreprises. Ses ennemis redoutent sa valeur, ses sujets chérissent sa douceur, tous vantent sa bonté, car il réunit en lui l'éclat des plus brillantes qualités. Les citoyens d'Orléans, voulant imiter l'exemple de leur chef, c'est-à-dire du roi, commuèrent l'ancienne synagogue de leur ville en une église, et ils y instituèrent des prébendes perpétuelles où les clercs, reçus dans les ordres, célèbrent jour et nuit les offices divins pour le roi, pour tout le peuple chrétien, et pour le salut du royaume des Français. De même nous avons vu cet exemple suivi aussi pour l'ancienne synagogue d'Etampes, convertie de même en église. Au reste, nous trouvons dans les gestes des rois de France la preuve que long-temps avant nous les Juifs avaient déjà été expulsés et bannis une fois.

En effet, nous lisons dans les *Gestes des Francs* [1] qu'au temps où l'éloquent Dagobert régnait sur la France, l'empire romain était gouverné par Héraclius,

[1] Chronique sans mérite ni autorité, que nous n'avons point insérée dans notre collection.

prince profondément versé dans les beaux-arts, et surtout dans l'astronomie, car cette science était alors très-estimée, mais depuis que le nombre des fidèles s'est multiplié, elle a disparu, et on l'a bannie de toute la société des fidèles, comme une idolâtrie. Cet Héraclius écrivit au très-excellent roi Dagobert qu'il fallait chasser tous les Juifs de son royaume; ce qui fut fait. L'empereur avait lu dans les astres, qu'il observait souvent, que l'empire romain serait détruit par les circoncis. Mais il eut tort de croire que ces paroles désignaient les Juifs, car cette prédiction doit être accomplie, comme on sait, par la race des Agariens, nommés chez nous Sarrasins; et en effet, bientôt après, ils prirent et dévastèrent cruellement l'empire d'Héraclius, et Méthodius déclare qu'ils s'en empareront encore une fois à la fin des siècles. Ces peuples sont Ismaélites, c'est-à-dire descendans d'Ismael, et ils sont tous circoncis, parce que leur père Ismael, fils d'Abraham, était circoncis, comme on le voit dans les Ecritures. Méthodius, martyr, nous a laissé sur eux quelques prédictions : ils doivent un jour, à la fin des siècles, c'est-à-dire vers le temps de l'Antechrist, faire une seconde irruption et couvrir la face du monde, pendant huit octaves d'années, ou cinquante-six ans; la route qu'ils suivront s'appellera la voie de détresse, en mémoire des peines et des tribulations qui pèseront alors sur les Chrétiens. Ils tueront les prêtres dans les saints lieux, ils dormiront au pied de l'autel avec des femmes, ils attacheront leurs chevaux aux tombeaux des saints, c'est-à-dire ils feront des étables dans les églises, auprès de la tombe des saints martyrs, et tout cela arrivera pour punir la méchanceté des Chrétiens qui vivront alors. Josèphe dit aussi que tout l'univers sera leur demeure, et qu'ils occuperont les îles mêmes de la mer. Après cette courte digression, revenons à notre sujet, et parcourons, avec l'aide de Dieu, la quatrième année du règne de Philippe-Auguste, roi des Français.

La même année, c'est-à-dire l'an 1183 de l'Incarnation du Seigneur, et la quatrième année du règne de Philippe, roi très-chrétien, ce prince, sur la demande d'un grand nombre de ses sujets, et particulièrement d'après les conseils d'un de ses officiers qui paraissait servir avec la plus grande fidélité les intérêts de la couronne, traita avec les lépreux qui demeuraient hors des murs de Paris, et leur acheta, pour ses successeurs et pour lui, un marché qu'il fit transférer dans la cité, à la place nommée les Champeaux. Voulant concilier la beauté de cet établissement et la commodité des courtiers, il chargea le même serviteur, qui était fort habile dans ces sortes d'entreprises, de faire construire deux grandes maisons vulgairement appelées des *Halles*, pour que tous les marchands pussent venir par les mauvais temps y vendre leurs marchandises sans craindre la pluie, et les mettre en sûreté, pendant la nuit, contre les surprises et les vols. Pour plus grande précaution, il fit même élever un mur tout autour de ces halles, et l'on y pratiqua le nombre de portes nécessaires, qu'on tenait toujours fermées la nuit. Entre le mur extérieur et les halles, on construisit un étal couvert, pour que les marchands ne se vissent pas obligés d'interrompre leurs marchés par les temps pluvieux, et pour que leur trafic ne souffrît point de dommage.

Dans le même temps Philippe-Auguste, roi des Français, veillant toujours à l'accroissement et à la prospérité de son royaume, fit entourer d'un bon mur le bois de Vincennes, qui, sous le règne de ses prédécesseurs, n'avait jamais été fermé, et dont le passage était resté libre et public. Henri II, roi des Anglais, qui avait succédé à Etienne sur le trône d'Angleterre, ayant appris cette nouvelle, fit ramasser dans toute la Normandie et l'Aquitaine des bêtes sauvages, telles que des faons, des biches et des daims, des chevreuils, et autres, qu'il fit embarquer avec le plus grand soin sur un grand vaisseau, où l'on avait eu la précaution de préparer un abri et toute la nourriture qui pouvait leur être nécessaire, et les envoya au roi Philippe, son seigneur. Le bâtiment eut à faire un trajet considérable, car il remonta la Seine jusqu'à Paris. Le roi très-chrétien reçut ce présent avec reconnaissance, fit enfermer le gibier dans son parc de Vincennes, près Paris, et y établit des gardes à perpétuité.

[*Incident.*] A la même époque, un grand nombre d'hérétiques furent brûlés en Flandre par le respectable Guillaume, archevêque de Rheims, prêtre-cardinal du titre de Sainte-Sabine, légat du Siége apostolique, et par l'illustre Philippe, comte de Flandre.

[*Autre incident.*] La même année, le 20 mai, Henri le Jeune, roi d'Angleterre, mourut dans la fleur de son âge, à Martel en Quercy [1]. Son corps fut transféré à Rouen, dans la province autrefois nommée Neustrie, aujourd'hui Normandie.

La même année, sept mille Cotereaux et plus, fu-

---

[1] Henri dit *au Court Martel*, fils de Henri II. Il mourut le 11 juin, et non le 20 mai.

rent massacrés dans le Berri par les habitans du pays, réunis tous contre les ennemis de Dieu. Ces scélérats dévastaient et pillaient la terre du roi et traînaient ignominieusement à leur suite les hommes qui étaient tombés entre leurs mains. Ils poussaient leur impudence criminelle jusqu'à coucher avec les femmes de leurs prisonniers, sous les yeux mêmes de ces malheureux, et pour comble d'audace, ils incendiaient les églises consacrées à Dieu; ils emmenaient prisonniers les prêtres et les religieux, auxquels ils donnaient par dérision le nom de chanteurs; ils les insultaient au milieu même des tourmens, en disant : « Chantez donc, chanteurs, chantez-nous donc quel- « que chose. » En même temps ils leur donnaient des soufflets ou les frappaient honteusement avec de grosses verges. Quelques martyrs rendirent même dans cette flagellation leur ame bienheureuse au Seigneur; d'autres, après une longue captivité, sortaient enfin demi-morts de leur prison, en rachetant à prix d'argent leur liberté, et revenaient ensuite chez eux. Mais comment pourrons-nous rapporter le reste de ces atrocités sans donner un libre cours à nos soupirs et à nos larmes?

Dans le même temps, nos péchés ayant comblé la mesure, les Cotereaux attaquèrent les églises, les pillèrent, et inspirés par le démon, qui seul pouvait leur donner cette audace sacrilége, ils osèrent, de leurs mains fumantes encore de sang humain, retirer le corps de Notre-Seigneur des vases d'or et d'argent où il était conservé, selon l'usage, pour les derniers besoins des mourans; puis, ô douleur! ils le jetaient avec mépris à terre, et le foulaient aux pieds. Ils donnaient à leurs concubines le saint linge, que l'on appelle le corporal, dont elles faisaient des voiles pour orner leur tête : enfin ils prenaient les vases d'or ou d'argent qui servaient à contenir le Seigneur et à l'accomplissement du divin mystère, ils les emportaient sans respect et les brisaient à coups de marteaux ou de pierres. Les habitans de ce pays, à la vue de toutes ces horreurs, en donnèrent avis par leurs lettres à leur seigneur très-chrétien, Philippe, roi des Français. A cette triste nouvelle, enflammé d'un zèle divin, Philippe envoya son armée à leur secours. Quand ils eurent reçu ce renfort, ils se précipitèrent alors tous ensemble sur les ennemis, les massacrèrent sans pitié, depuis le plus petit jusqu'au plus grand, et s'enrichirent de leurs dépouilles. Le peuple, témoin de ce triomphe, revint en glorifiant et louant le Seigneur de tout ce qu'il avait vu et entendu.

Il existait entre le roi d'Aragon[1] et Raimond, comte de Saint-Gilles, une inimitié violente, dont l'origine remontait à une époque très-reculée ; et le diable, cet éternel ennemi du genre humain, avait toujours fait échouer par ses artifices toutes les tentatives de réconciliation entre ces deux seigneurs. Mais Dieu voyant l'oppression sous laquelle ses pauvres gémissaient, et prenant pitié de leur longue affliction, exauça leurs prières, et leur envoya un libérateur. Ce ne fut ni un empereur, ni un roi, ni quelque prince ecclésiastique ; le sauveur qu'il leur avait destiné était un pauvre homme nommé Durand. Le Seigneur, dit-on, lui apparut dans la ville du Puy, et lui donna une cédule où l'on voyait l'image de la bienheureuse vierge Marie assise sur un trône, tenant

---

[1] Alphonse II, roi d'Aragon, de 1162 à 1196.

dans ses bras un enfant qui paraissait être notre Seigneur Jésus-Christ. On y lisait aussi cette légende : *Agneau de Dieu, qui effacez les péchés du monde, donnez-nous la paix.* Tous les princes, grands et petits, et bientôt aussi tous les peuples, instruits de ce nouveau miracle du Seigneur, se rendirent, selon l'usage solennel, à la ville du Puy, le jour de l'Assomption de la bienheureuse vierge Marie. L'évêque de cette ville à la tête du clergé, du peuple et de la foule assemblée pour célébrer cette fête, firent venir ce Durand, qui n'était qu'un pauvre charpentier, le placèrent au milieu du peuple sur un lieu élevé, et l'écoutèrent dans un profond recueillement. En effet, il se mit à leur annoncer hardiment les volontés de Dieu et à leur prêcher l'oubli de leurs inimitiés et le rétablissement de la paix : puis il montra à tout le monde, comme gage de sa mission, la cédule sainte où l'on voyait gravée l'image de la bienheureuse vierge Marie. Alors tous les assistans, pleins d'admiration pour la bonté et la miséricorde du Seigneur, élevèrent la voix au milieu de leurs sanglots, et jurèrent devant Dieu, la main sur les saints Évangiles, qu'ils étaient résolus à assurer désormais la paix, par quelque moyen que ce fût. Le sceau de la bienheureuse vierge Marie devint le gage de la paix qu'ils avaient jurée. Ils le firent imprimer dans l'étain, et suspendirent cette empreinte sur leur poitrine. Ils portèrent aussi toujours avec eux des capuchons de toile blanche, taillés sur le modèle des scapulaires des moines, en mémoire de l'alliance qu'ils venaient de contracter. Mais ce qu'il y a de plus admirable, c'est que ce capuchon devint pour ceux qui le portaient la sauve-garde la plus sûre. Un homme en avait-il fait périr un autre dans quelque rencontre, le frère de sa victime, en voyant le meurtrier couvert du signe vénérable s'avancer au-devant de lui, oubliait aussitôt la perte qu'il avait faite, pour ne plus songer qu'au pardon ; il donnait, en gémissant et en versant des larmes, le baiser de paix au coupable, et l'emmenait même dans sa maison pour le faire asseoir à sa table. Ne peut-on pas dire avec justice que cette parole d'Isaïe trouvait pour la seconde fois son accomplissement : « Le loup habitera avec l'agneau, le léopard « se couchera auprès du chevreau, le veau, le lion « et la brebis demeureront ensemble, et un petit en- « fant les conduira tous[1]. » Car sans doute, par ces bêtes féroces qui vivent de meurtre et de rapine, il faut entendre les impies, les homicides, les ravisseurs, et par ces autres animaux, les hommes doux et simples de cœur. Et c'est d'eux que le prophète disait que le Christ leur imposait la loi d'habiter ensemble et de rester en paix. Et pourquoi cela ? Parce que la terre était remplie de la science du Seigneur. Cette réconciliation, opérée à la voix d'un homme de Dieu, fut respectée rigoureusement pendant quelque temps dans toute la Gothie.

L'an 1184 de l'Incarnation du Seigneur, le cinquième du règne de Philippe-Auguste, et le vingtième de son âge, il s'éleva des différends, comme c'est assez l'ordinaire dans les révolutions, entre le roi très-chrétien Philippe de France, et Philippe comte de Flandre. Il s'agissait d'une terre à laquelle on donne communément le nom de Vermandois. Le roi réclamait, à titre

[1] Isaïe, ch. 11, v. 6.

d'hoirie et de succession des rois de France, tout le Vermandois avec ses châteaux, ses bourgs et ses villages ; il offrait de prouver ses droits par le témoignage des clercs et des laïques, c'est-à-dire des archevêques, évêques, comtes, vicomtes et autres princes. Le comte de Flandre répondit aux réclamations de Philippe, qu'il avait long-temps occupé cette province sous le règne du roi très-chrétien Louis, d'heureuse mémoire, qu'il l'avait toujours possédée en paix sans aucune contestation, et qu'il était fermement résolu à ne jamais la laisser passer en d'autres mains, tant qu'il vivrait. Car en voyant la jeunesse du roi, il s'était flatté sans doute de le faire aisément renoncer à ses prétentions, à force de promesses ou de belles paroles. On disait aussi qu'il avait pour lui un grand nombre de princes. Mais ils ne firent que justifier le proverbe : « Ils n'ont produit que du vent, ils « n'ont ourdi que des toiles d'araignées. » Enfin, sur l'avis des princes et des barons, Philippe-Auguste convoqua tous les seigneurs de sa terre dans le beau château de Karnopolis, communément nommé Compiègne. Après leur avoir communiqué ses intentions, il leva une armée innombrable, qu'il réunit près d'Amiens. Le comte de Flandre, de son côté, apprenant l'arrivée du roi, triompha dans son cœur, et levant une armée contre Philippe, il osa prendre les armes contre le roi, son seigneur, et jura par la force de son bras qu'il se défendrait envers et contre tous.

Philippe-Auguste était dans la cinquième année de son règne, et dans la vingtième de son âge[1] quand il marcha contre cette province, à la tête de ses soldats,

[1] En 1185.

qui couvrirent la face de la terre comme des sauterelles. Le comte de Flandre voyant le roi suivi d'une armée si nombreuse, si brave, ne put défendre son cœur d'un sentiment de crainte, et ses gens perdant courage ne songèrent plus qu'à se ménager la ressource de la fuite. Le comte tint alors conseil ; il fit appeler près de lui le prince de la milice du roi, Thibaud, comte de Blois, sénéchal de France, et Guillaume, archevêque de Rheims, tous deux oncles du roi, tous deux dignes par leur fidélité éprouvée de la direction des affaires, que le roi leur avait confiée. Le comte de Flandre fit transmettre par leur médiation ces paroles au roi : « Seigneur, calmez votre in-
« dignation contre nous; venez vers nous avec des
« sentimens de paix, et disposez, selon votre bon
« plaisir, des volontés de votre serviteur. Mon sei-
« gneur et mon roi, la terre que vous réclamez, c'est-
« à-dire le Vermandois avec tous les châteaux et les
« villages de sa dépendance, vous seront remis en
« entier, librement et sans aucun retard. Cependant,
« si tel était le bon plaisir de votre majesté royale,
« je desirerais que votre munificence me laissât, ma
« vie durant, les villes de Saint-Quentin et de Pé-
« ronne à titre de présent royal, en vous réservant,
« pour vous ou pour vos héritiers au royaume de
« France, le droit de les reprendre après ma mort,
« sans aucune contestation. »

Aussitôt Philippe, roi très-chrétien, convoqua tous les archevêques, évêques, abbés, comtes et barons qui s'étaient rangés d'un accord unanime dans son parti pour dompter la fierté, et pour humilier l'orgueil de son ennemi. Il les consulta donc, et ils répondirent tous, comme d'une voix, qu'il fallait accepter les propositions du comte de Flandre. Après cette décision, on introduisit le comte de Flandre, qui, en présence de tous les princes et de la foule assemblée, rendit, selon toute justice, à Philippe, le Vermandois, qu'il retenait injustement depuis si long-temps; et aussitôt après cette renonciation publique, il mit le roi en possession de sa terre. Il s'engagea encore, sous la foi du serment, à réparer en entier, et sans délai, selon la volonté et les ordres du roi, tous les dommages qu'il avait pu causer à Baudouin, comte de Hainaut, et aux autres amis de Philippe. C'est ainsi que la paix se trouva rétablie, comme par miracle, entre ce roi et le comte, puisqu'elle fut conclue sans effusion de sang. Aussi tous les peuples, remplis d'allégresse, louaient et bénissaient Dieu, qui sauve ceux qui espèrent en lui.

Parmi tous les signes admirables que Dieu fit éclater sur la terre aux yeux de tous les hommes, en faveur du roi Philippe, son serviteur, il n'en est pas qui mérite plus notre admiration que celui dont nous allons parler. De bons chanoines d'Amiens nous ont rapporté que pendant le séjour du roi très-chrétien près de Boves, ses troupes, qui y étaient campées, couvraient les plaines de leurs chariots; les hommes et les chevaux foulaient au pied la moisson; les soldats, la faucille à la main, allaient au fourrage dans les champs, et coupaient la plus grande partie des grains, pour en nourrir leurs chevaux : enfin ils ne laissèrent presque sur la terre aucune trace de verdure. C'était le temps où les blés commencent à monter en épis et à se couvrir de fleurs, environ vers la

Saint-Jean-Baptiste. Mais, après le rétablissement de la paix, quelques chanoines d'Amiens, qui recueillaient ordinairement le fruit de leurs prébendes dans l'endroit où avait campé l'armée du roi, voyant la moisson battue par les chevaux, et foulée aux pieds sans aucun espoir de récolte, adressèrent à leur doyen et aux chapitres des plaintes sur l'état où ils se voyaient réduits par la perte de leurs grains ; ils réclamèrent humblement des secours, qu'ils croyaient dus à leur position, se fondant sur les liens d'une fraternité commune, pour espérer qu'on prélèverait cette année sur toutes les autres prébendes une indemnité pour les dédommager de leurs pertes. Enfin le doyen, après en avoir délibéré avec les chapitres, les pria d'attendre avec patience jusqu'à la récolte des moissons et la rentrée en grange, leur recommandant de recueillir avec soin le reste de la moisson que l'armée du roi de France avait détruite. Le chapitre s'engageait à suppléer abondamment à ce qui leur manquerait de leur récolte accoutumée. Mais qui pourrait le lire sans être frappé d'admiration, je dirai presque de stupeur? à la fin de la saison, par un miracle de la puissance divine, qui trompa l'attente universelle, les moissons, ruinées par l'armée du roi, fournirent cette année même une récolte si abondante et si merveilleuse, qu'après avoir battu les grains et vanné les blés, on trouva le centuple, non seulement des épis abattus et foulés aux pieds, mais de ceux mêmes qui avaient été coupés avec la faucille pour servir de fourrage aux chevaux. Au contraire, à la place qu'avait occupée l'armée du comte de Flandre, toute trace de verdure avait tellement disparu, qu'on n'y trouva pas cette année une herbe dans toute la plaine. Ces miracles, et tant d'autres, que le Seigneur a fait éclater pour son serviteur Philippe, roi très-chrétien, ne méritent-ils pas de trouver une place dans son histoire? Au reste les chanoines d'Amiens, et tout le peuple, témoins d'un pareil prodige, apprirent à craindre le roi, en voyant que la sagesse de Dieu était en lui, et qu'elle le guidait dans l'exécution de toute entreprise par ses leçons et par ses conseils, avec l'aide de celui qui est le prince et le principe de tout.

La même année, le mercredi 16 janvier, Héraclius, patriarche de Jérusalem, le prieur des Hospitaliers [1] d'outre-mer, et le grand-maître [2] des Templiers, envoyés en députation vers le roi de France très-chrétien, Philippe-Auguste, arrivèrent à Paris. En effet, les Sarrasins venaient d'entrer avec une grande armée dans les provinces chrétiennes d'outre-mer; ils avaient massacré un grand nombre de Chrétiens, et en avaient emmené beaucoup d'autres en captivité; ils avaient enlevé le Gué-Jacob, forte position qu'occupaient les Chrétiens; ils y avaient trouvé un grand nombre de frères de l'Hôpital et de soldats du Temple, dont les uns furent massacrés, les autres traînés en esclavage. Tous les Chrétiens d'outre-mer, craignant donc que les Sarrasins ne voulussent pousser l'audace jusqu'à s'emparer de la sainte cité de Jérusalem, et souiller par leurs profanations le temple du Seigneur, envoyèrent en France le patriarche et les deux maîtres de l'Hôpital et du Temple, pour apporter au roi très-chrétien des Francs les clefs de la sainte cité de Jérusalem et du tombeau sacré de Notre-Seigneur, en le priant hum-

[1] Roger de Moulins. — [2] Arnauld de Tourrouge.

blement, au nom du Seigneur, et de son amour pour la religion chrétienne, de venir promptement au secours de Jérusalem désolée. Après avoir échappé aux dangers d'une longue traversée, aux fréquentes incursions des pirates, aux fatigues de la marche, deux députés seulement purent gagner Paris, avec l'aide de Dieu, car le troisième, le maître du Temple, avait péri dans le voyage. A leur arrivée, le vénérable Maurice, évêque de Paris, à la tête d'une procession solennelle, composée du clergé et de tout le peuple de la ville, alla recevoir le patriarche comme un ange du Seigneur. Le lendemain, ce prélat célébra la messe dans l'église de Sainte-Marie, et prêcha devant le peuple.

A cette nouvelle, Philippe-Auguste, roi des Français, oubliant tout autre soin, alla trouver en toute hâte les envoyés, les accueillit avec honneur, en leur donnant le baiser de paix, et recommanda soigneusement à tous les prévôts et baillis de son royaume de payer les dépenses des députés sur les revenus du roi, partout où ils se présenteraient. Quand il se fut informé des motifs de leur voyage, son cœur paternel fut ému, et il convoqua à Paris un concile général de tous les archevêques, évêques et princes de son royaume. Après avoir délibéré en commun avec eux, il ordonna, en vertu de son autorité royale, à tous les archevêques, évêques et prélats des églises, d'adresser à tous les peuples de leur ressort force prédications et remontrances, pour les encourager à aller défendre à Jérusalem la foi des Chrétiens, contre les ennemis de la croix du Sauveur. Le roi Philippe était seul alors pour tenir les rênes du gouvernement, qu'il administrait avec tant de fermeté, car ses vœux n'avaient pu encore obtenir d'héritier de la vénérable reine Élisabeth, son épouse. Il se contenta donc d'envoyer dévotement à Jérusalem l'élite de ses grands, tous braves chevaliers, avec un grand nombre de fantassins armés, et de fournir, dit-on, aux frais de l'expédition sur les revenus de la couronne.

Cependant Hugues, duc de Bourgogne, rassembla son armée à l'extrémité de ses États, devant un château nommé Vergi, dont il poussa le siége avec vigueur, et qu'il entoura de quatre retranchemens. Il prétendait que ce château dépendait de sa juridiction; et il avait presque juré par serment que nulle intervention ne serait assez puissante pour le décider à lever le siége, avant d'avoir ce château en son pouvoir et réuni à ses domaines. Gui[1], seigneur de Vergi, voyant donc avec quelle impétuosité le duc poursuivait le projet de le dépouiller de sa terre, envoya au vaillant roi des Français, Philippe-Auguste, des députés chargés de lui remettre une lettre, où il lui communiquait ses desirs. Il l'engageait à venir prendre aussitôt possession du château de Vergi, dont il abandonnait pour toujours la propriété au roi et à ses successeurs. Le roi, toujours auguste, ayant lu ces lettres et donné audience aux envoyés, rassembla son armée, et vola au secours de Gui de Vergi, pour délivrer le faible de la tyrannie du fort, pour arracher le prince assiégé et captif aux mains avides de ceux qui venaient le piller. Son arrivée imprévue fit cesser le siége tout-à-coup. Il renversa de fond en comble les quatre retranchemens élevés par le duc, réprit le châ-

---

[1] Non pas Gui de Vergi, mais Hugues, son fils.

teau, y plaça des gardes, le soumit à perpétuité à son domaine, et le réunit au royaume de France. Peu de temps après, Gui de Vergi fit hommage au roi sous la foi du serment, et jura une fidélité éternelle à ses successeurs, et le roi tout aussitôt rendit généreusement au seigneur Gui et à ses héritiers le château de Vergi, avec toutes ses dépendances, en se réservant pourtant pour ses successeurs et pour lui le droit de seigneurie.

[*Incident.*] La même année[1] il y eut une éclipse partielle de soleil le premier jour de mai, à neuf heures, le soleil étant dans le signe du Taureau.

Peu de temps après[2], les évêques, abbés et autres religieux de toute la Bourgogne envoyèrent des députés au roi très-chrétien des Français, Philippe-Auguste, pour lui faire part de tous leurs griefs contre ledit Hugues, duc de Bourgogne, et pour en demander justice au roi. En effet, autrefois les pieux rois de France, enflammés du zèle de la foi chrétienne, comme Charles et ses successeurs, après avoir repoussé les Sarrasins, ennemis éternels de notre divine religion, et acheté la paix par tant de sueurs et de fatigues, fondèrent de leurs propres mains un grand nombre d'églises et de monastères en l'honneur de notre Seigneur Jésus-Christ, de la bienheureuse vierge Marie, mère de Dieu et de tous les saints. Ils assignèrent de plus à ces églises, sur leurs propres revenus, une dot suffisante pour satisfaire à tous les besoins des clercs qui s'y consacraient perpétuellement au service de Dieu. Quelques-uns d'entre eux choisirent même, pendant leur vie, ces églises qu'ils

[1] En 1185. — [2] En 1186.

avaient fondées, pour les recevoir après leur mort, et leur accordèrent toute sorte de priviléges. Clovis, par exemple, le premier roi de France qui reconnut la religion chrétienne, fut enseveli avec la vénérable reine Clotilde son épouse, dans l'église de Saint-Pierre à Paris, dont il était le fondateur, et qui bientôt changea de nom pour prendre celui de Sainte-Geneviève. Childebert fut aussi enseveli dans l'église qui avait été fondée antérieurement en l'honneur de saint Vincent martyr, et qui depuis a pris le nom de Saint-Germain-des-Prés. Clotaire 1er, qu'il ne faut pas confondre avec le père de Dagobert, repose dans l'église de Saint-Médard à Soissons; Dagobert, dans celle du bienheureux Saint-Denis, dont il est le fondateur, et son tombeau fut placé à droite du maître-autel. Enfin, Louis, de pieuse mémoire, père de notre roi Philippe-Auguste, fut enseveli dans l'église de Sainte-Marie-des-Barbeaux, qu'il avait aussi fondée.

Les rois de France, voulant donc assurer à jamais la liberté de ces églises, déclarèrent que quels que fussent les grands auxquels ils confieraient la garde des terres circonvoisines, ils se réservaient de prendre les églises sous leur juridiction et leur sauve-garde. Ils espéraient empêcher par cette mesure les grands qui seraient délégués par le souverain à la garde du pays, de faire peser sur les églises et le clergé les droits de corvées, de taille et autres moyens d'oppression. Cependant comme le duc de Bourgogne, au mépris des franchises royales accordées à ces églises, n'en accablait pas moins d'exactions nombreuses celles qui se trouvaient sur ses terres, Philippe fit droit aux plaintes des religieux. Il avertit deux ou trois fois, avec la plus grande bénignité, le duc lui-même, devant ses amis, au nom de l'amour de Dieu et de la fidélité qu'il devait au royaume de France, de restituer à ces églises tout ce dont il les avait dépouillées, et de ne plus se permettre désormais de pareils désordres ; il le menaça même, s'il refusait de rendre aux églises l'argent qu'elles réclamaient justement, d'en tirer une vengeance éclatante.

Le duc de Bourgogne, ayant entendu les intentions du roi très-chrétien, et connaissant la fermeté éprouvée du roi dans ses paroles comme dans ses œuvres, quand il s'agissait de servir le Seigneur, sortit tout interdit de la cour et revint en Bourgogne. Sa Majesté chrétienne lui avait ordonné de chercher promptement une occasion pour rendre aux églises la somme de trente mille livres parisis, dont il les avait dépouillées, et pour faire satisfaction au roi de ses violences. Mais comme le duc de Bourgogne inventait toujours quelque fraude pour reculer l'exécution d'un ordre auquel il ne voulait pas obéir, Philippe, toujours auguste roi des Français, prit les armes contre lui, et entra en Bourgogne à la tête de son armée, voulant combattre comme un brave chevalier du Christ pour la défense des églises et pour la liberté du clergé ; car la tyrannie du duc n'épargnait pas plus les prêtres que le peuple. Il assiégea le château nommé Châtillon [1]. Il fit élever des machines tout autour de la ville, et au bout de quinze jours ou trois semaines il commanda que l'on donnât vigoureusement l'assaut. Les assiégeans et les assiégés perdirent quelques hommes dans cette attaque. D'autres furent blessés,

[1] Châtillon-sur-Seine.

mais, grâces au secours de la médecine, ils recouvrèrent leur première santé. Enfin, la victoire se décida pour le roi; il prit Châtillon et y mit des gardes pour s'en assurer.

Le duc de Bourgogne, voyant qu'il ne pourrait résister au roi très-chrétien, prit un parti plus sage, et vint se jeter à ses pieds, lui demander pardon, et lui promettre de se soumettre au jugement prononcé par sa cour et de faire pleine et entière satisfaction à toutes les églises et aux clercs qui y servaient Dieu. Mais Philippe-Auguste, considérant avec sa prudence ordinaire que l'esprit de malice est répandu parmi les hommes sur la terre, et n'oubliant pas que de tout temps les pensées du duc avaient été tournées vers le mal, voulut prendre pour l'avenir des précautions également utiles à ses intérêts et à ceux des églises, car il avait entendu répéter bien des fois à des personnes qui avaient long-temps fréquenté la cour de son père Louis, d'heureuse mémoire, que le duc de Bourgogne avait souvent offensé le roi même, et qu'on le voyait alors venir chaque fois à la cour donner au prince l'assurance qu'il serait docile en toute occasion à ses royales volontés, et que Louis n'aurait pas désormais de serviteur plus fidèle; mais à son retour en Bourgogne, il ne manquait jamais de faire quelque nouvel outrage au pieux monarque. Philippe, dont ces renseignemens et beaucoup d'autres avaient assez éveillé la prudence, exigea des sûretés suffisantes. Il se fit donner trois châteaux à titre de garantie, à condition pourtant qu'il ne les garderait en son pouvoir que jusqu'au jour où la somme convenue, c'est-à-dire trente mille livres d'argent, serait rendue aux églises par le duc. Mais peu de temps après, le roi, mieux conseillé par ses amis, rendit au duc les trois châteaux, et de plus, voyant que ce dernier n'était pas en état de payer de ses propres deniers la somme due aux églises, il poussa la générosité jusqu'à lui donner en fief tout le domaine de Vergi. Après avoir ainsi rétabli la paix, le roi Philippe, toujours auguste, revint avec gloire dans son palais, à Paris, louant et glorifiant le Seigneur.

Quelques jours après, le roi Philippe, toujours auguste, dans un court séjour qu'il fit à Paris, se promenait dans sa cour royale, songeant aux affaires de l'État, dont il était sans cesse occupé. Il se mit par hasard à une fenêtre de son palais, d'où il se plaisait souvent à regarder par passe-temps le fleuve de la Seine; tout-à-coup des voitures traînées par des chevaux, au milieu de la ville, firent sortir, des boues qu'elles avaient soulevées sur leur passage, une odeur fétide, vraiment insupportable. Le roi, qui se promenait dans sa cour, ne put la soutenir lui-même, et dès lors il médita une entreprise dont l'exécution devait être difficile autant qu'elle était nécessaire, et dont les difficultés et les frais avaient toujours effrayé ses prédécesseurs. Ayant donc convoqué les bourgeois et le prévôt de la ville, il ordonna, en vertu de son autorité royale, que tous les quartiers et les rues de Paris fussent pavés de pierres dures et solides, car le roi très-chrétien aspirait à faire perdre à Paris son ancien nom. Cette ville avait été d'abord nommée Lutèce ou boueuse, à cause des boues pestilentielles dont elle était remplie; mais les habitans, choqués de ce nom, qui leur rappelait toujours une boue fétide, préférèrent l'appeler Paris, du nom de *Páris* Alexandre, fils de Priam, roi de Troie, car nous lisons dans les Gestes des Francs, que le premier roi des Francs qui exerça sur eux la puissance royale, fut Pharamond fils de Marcomir, dont le père était Priam, roi d'Austrie[1]. Ce Priam, roi d'Austrie, n'est pas le grand Priam, roi de Troie; mais il descendait d'Hector, fils de ce dernier prince, par Francion fils d'Hector, comme on peut le voir d'après le tableau qui suit :

### PRIAM, ROI DE TROIE.

*Frères.*

| Hector. | Troïle. |
|---|---|
| Francion, fils d'Hector. | Turchus, fils de Troïle. |

Priam, roi d'Austrie.
Marcomir son fils.
Pharamond, son fils, 1er roi dans la Gaule, régna 11 ans.
Clodion, son fils . . . . . . 20 ans.
Mérovée, de sa race . . . . . 17 ans.
Childéric, son fils . . . . . 20 ans.

Et comme il n'est pas rare de trouver des gens qui doutent de l'origine du royaume des Francs et des autorités sur lesquelles on se fonde pour faire remonter les rois de France jusqu'aux Troyens même, nous avons mis tous nos soins à recueillir ces renseignemens dans l'histoire de Grégoire de Tours, dans les chroniques d'Eusèbe et d'Idace, enfin dans les écrits d'une foule d'autres auteurs, pour déterminer avec l'exactitude que l'on voit cette généalogie.

[1] *Austrie* pour *Austrasie*.

Après la ruine de Troie, un grand nombre des habitans de cette ville s'enfuit, et se partagea ensuite en deux peuples. L'un se donna pour roi Francion, fils d'Hector, et par conséquent petit-fils de Priam, l'ancien roi des Troyens; l'autre suivit un fils de Troïle, fils de Priam. Il s'appelait Turc, et c'est de là, dit-on, que ces deux peuples ont pris le nom qu'ils ont conservé jusqu'aujourd'hui, de Francs et de Turcs. Bientôt s'étant avancés dans les terres, ils se trouvèrent en Thrace, sur les bords du Danube; mais Turc ne tarda pas à quitter Francion, son cousin, pour aller établir son royaume dans la Scythie inférieure. C'est là l'origine des Ostrogoths, des Hypogoths, des Vandales et des Normands. Francion, de son côté, se fixa dans le voisinage du Danube, et y fonda un État connu sous le nom de Sicambrie; il y régna lui et ses descendans l'espace de quinze cent sept ans, jusqu'au temps de l'empereur Valentinien, qui monta sur le trône l'an 376 de l'Incarnation du Seigneur; ils furent alors chassés de leur pays parce qu'ils refusaient de payer, comme les autres nations, un tribut aux Romains. Ils partirent donc sous la conduite de Marcomir, fils de Priam, roi d'Austrie, de Sonnon, fils d'Anténor, et de Genébaud; ils vinrent s'établir sur les bords du Rhin, dans un pays voisin de la Germanie et de l'Allemagne, appelé l'Austrie. Valentinien ayant ensuite essayé leur courage dans beaucoup de combats, sans pouvoir jamais les vaincre, les appela de leur propre nom peuples de Francs, c'est-à-dire dans la langue du nord, *Féranc* ou *Féroce* Bientôt les Francs accrurent tellement leur puissance, qu'ils finirent par soumettre toute la Ger-

4

manie et la Gaule, jusqu'aux monts Pyrénées et audelà. Plus tard encore, tandis que Sonnon et Genebaud demeurèrent en Austrie, Marcomir, fils de Priam, roi d'Austrie, qui descendait de Francion, petit-fils de Priam, roi de Troie, par une succession de générations inutile à détailler ici, vint occuper la Gaule avec les siens.

Bien d'autres Troyens encore survécurent à la ruine de leur patrie; entre autres le devin Hélénus, fils de Priam, qui se transporta avec douze cents guerriers dans le royaume de Pandrase, roi des Grecs. Ensuite Brutus les emmena avec sa troupe en Angleterre. Anténor s'arrêta sur les côtes de la mer Tyrrhénienne avec deux mille cinq cents hommes. Enée, après avoir long-temps erré sur les mers avec trois mille quatre cents fugitifs, aborda enfin en Italie, après beaucoup de fatigues. D'autres parens de Priam se dispersèrent encore de différens côtés, après la ruine de Troie. Enée débarqua en Italie avec son fils Ascagne, qui épousa, dans ce pays, Lavinie, fille du roi Latinus, dont il eut un fils nommé Filinus. Celui-ci entretint un commerce clandestin avec la nièce de sa mère : Brutus naquit de cette union illégitime, et depuis, s'étant mis à la tête des descendans d'Hélénus, fils de Priam, il s'allia avec Corinnée, petit-fils d'Anténor, et descendit dans l'île d'Albion, qu'il appela de son nom *Britannie* ou Bretagne. Charmé des agrémens de cette île, il y fonda la ville de Londres sur le modèle de l'ancienne Troie, et lui donna le nom de Trinovanti, c'est-à-dire Troie-Neuve. C'est de lui que descendent, dit-on, tous les rois d'Angleterre, et c'est du nom de Brutus que l'île prit celui de Bretagne.

Il ne faut pas oublier que les princes troyens occupèrent le trône en Austrie jusqu'au règne de Childéric, fils de Clovis, fils de Dagobert. Mais la dynastie royale étant alors éteinte, on vit commencer la domination des ducs, comme Pepin, Charles Martel et autres.

Marcomir, fils de Priam, roi d'Austrie, vint en Gaule avec sa troupe; il y trouva des hommes d'une vie simple, dont les pères ayant échappé au désastre de Troie, étaient venus avec Francion habiter en Sicambrie, le long du Tanaïs, près des Palus-Méotides. Ils y étaient restés un grand nombre d'années, et y avaient formé une nation puissante. Mais au bout de deux cent trente ans, vingt-trois mille Troyens quittèrent la Sicambrie, sous la conduite d'Ibor, pour aller chercher dans l'univers un pays qui leur plût. Ils traversèrent l'Allemagne, la Germanie et l'Austrie, pénétrèrent et se fixèrent dans les Gaules, à Lutèce, huit cent quatre-vingt-quinze ans avant l'Incarnation du Seigneur, et prenant le nom de Pâris-Alexandre, fils de Priam, ils s'appelèrent Parisiens, et conservèrent long-temps un genre de vie fort simple dans leur nouvelle patrie. D'autres veulent qu'ils aient tiré ce nom de Parisiens du mot grec *parrhisia*, qui signifie audace. Ils habitaient encore ce pays douze cent soixante-dix ans après leur émigration de la Sicambrie, quand Valentinien prit la couronne impériale. Il n'y avait pas alors de roi dans les Gaules, et chacun faisait ce qui lui semblait bon. Cependant ils étaient soumis aux Romains, et, à l'exemple de ces peuples, ils créaient tous les ans parmi eux des consuls chargés de gouverner.

C'est à cette époque que Marcomir entra dans les Gaules avec sa colonie. Les Parisiens, apprenant qu'il descendait des Troyens, lui firent un accueil honorable. Il les exerça dans l'art militaire, et leur apprit à se mettre à l'abri contre les incursions fréquentes des brigands, en élevant des remparts autour de leur ville. Les peuples reconnaissans le nommèrent protecteur de toute la Gaule. Pharamond, son fils, brave soldat, fut le premier qui prit le nom de roi des Francs, et qui porta la couronne. C'est lui qui, pour honorer la mémoire de Pâris, fils de Priam, roi de Troie, dont ces peuples avaient emprunté le nom, et pour plaire en même temps à ses sujets, donna le nom de Paris à la ville des Parisiens, nommée alors Lutèce, car tous les Troyens qui avaient survécu à la ruine de Troie avaient la prétention de répandre au loin leur nom sur toute la face de la terre. Pharamond fut père de Clodion; Clodion, du bon roi Mérovée, qui a fait donner aux autres rois de sa race le nom de Mérovingiens. Mérovée à son tour engendra Childéric, et Childéric eut pour fils Clovis, premier roi chrétien, dont nous allons nommer ici les descendans par ordre de succession, pour mieux les graver dans la mémoire.

Après Clovis vinrent Clotaire, Childéric[1], Clotaire et Dagobert. Ce dernier prince fonda l'église du bienheureux martyr Denis, et enrichit cette église d'une foule de dons. Dagobert fut père de Clovis; Clovis eut pour fils Clotaire, Childéric et Théoderic. Ces trois frères étaient donc fils de Clovis, qui avait pour père Dagobert 1er et sainte Batilde. Childéric engendra Dagobert; Dagobert Théoderic; Théoderic Clotaire. Après

---

[1] Chilpéric.

lui régna Ansbert, qui engendra Arnold; Arnold engendra saint Arnolphe, depuis évêque de Metz; saint Arnolphe Anchise; Anchise Amégisile; Amégisile Ansedun; Ansedun Pepin l'Ancien; celui-ci Charles Martel; ce dernier le roi Pepin, qui eut pour fils l'empereur Charlemagne. Charlemagne donna naissance à l'empereur Louis le Débonnaire, père de l'empereur Charles le Chauve. Celui-ci fit présent à l'église du bienheureux Denis d'un clou, d'une couronne d'épine et d'un bras du saint vieillard Siméon; il enrichit encore cette église d'un couvercle [1] d'or du plus grand prix, enchâssé dans des pierres précieuses, d'une croix d'or ornée aussi de pierres précieuses, du poids de quatre-vingts marcs, et d'une foule d'autres dons magnifiques qu'il serait trop long d'énumérer ici. Charles le Chauve engendra le roi Louis, qui eut pour fils Charles le Simple. C'est du temps de ce dernier prince que les Danois, venus de Scythie, à travers l'Océan, s'emparèrent de Rouen, sous la conduite de Rollon, leur chef, qui affligea de beaucoup de maux les églises de Dieu. Ce même Rollon subjugua toute la Neustrie, et l'appela Normandie, du nom de sa nation, car, dans leur langue barbare, ils s'étaient donné le nom de Normann, qui signifie homme du nord, parce qu'ils étaient venus en effet du septentrion, qui chez eux s'exprime par le mot *nort*, comme *mann* signifie homme. Mais Charles le Simple fit avec eux un traité, par lequel il céda sa fille en mariage à Rollon, et lui donna en même temps la Normandie. Rollon fut baptisé l'an 912 de l'Incarnation du Sei-

---

[1] *Crista*; je n'ai pu découvrir le mot qui correspond exactement à celui-ci.

gneur, et reçut le nom de Robert. C'est aussi à compter de cette époque que les Normands crurent dans la religion du Christ et furent soumis à la foi chrétienne. Plus tard, après un grand nombre d'années, Guillaume, surnommé le Bâtard, duc de Normandie, conquit l'Angleterre, où les descendans de Brutus cessèrent alors d'occuper le trône. Humfroi, le septième roi après lui, subjugua la Pouille, à laquelle Robert Guiscard, son fils, joignit la conquête de la Calabre; enfin Boémond y réunit la Sicile. Charles le Simple engendra Louis; Louis Lothaire; Lothaire Louis, qui fut le dernier roi de cette race. Après sa mort, les princes des Français se choisirent pour roi Hugues, duc de Bourgogne, fils du duc Hugues le Grand et surnommé Capet, qui engendra Robert; Robert engendra Hugues; Hugues Henri et son frère Eudes.

Le roi Henri ayant entendu dire qu'on avait trouvé à Ratisbonne, en Allemagne, dans l'abbaye du saint martyr Hermentran, des restes qu'on croyait ceux de Denis l'Aréopagite, envoya à l'empereur Henri des députés : ils étaient chargés de lui présenter ses lettres, où il le priait de différer la consécration de ces restes jusqu'à ce qu'il pût se convaincre pleinement, par des renseignemens certains, si le corps du saint martyr Denis l'Aréopagite, archevêque d'Athènes, disciple de saint Paul, se trouvait ou non en France, dans l'église fondée par Dagobert. A cette nouvelle, l'empereur envoya en France des hommes d'un grand savoir et d'une grande sagesse, pour vérifier le fait. A l'arrivée des envoyés de l'empereur, le roi Henri convoqua les archevêques, évêques et barons de tout le royaume, et les envoya tous, avec son très-cher frère Eudes, à l'église du bienheureux martyr Denis. Après avoir fait la prière, on apporta les trois vases d'argent de Denis, de Rustique et d'Eleuthère, tous trois scellés avec le plus grand soin, devant tout le peuple. Quand on ouvrit le vase du bienheureux martyr Denis, on y trouva tout son corps avec sa tête, excepté deux os du cou, qui sont conservés dans l'église de Vergi, et un os du bras, que le pape Etienne III emporta à Rome, et plaça dans une église aujourd'hui nommée l'Ecole des Grecs. A cette vue, les peuples, levant les mains au ciel, avec des larmes et des soupirs, se recommandèrent à Dieu, à la bienheureuse vierge Marie et aux saints martyrs; puis ils se retirèrent avec joie. Les envoyés retournèrent en toute hâte vers l'empereur, et lui firent un récit fidèle de tout ce qu'ils avaient vu et entendu. Cet événement eut lieu sous le pape Léon IX, l'an du Seigneur 1050. Après Henri régna Philippe, qui engendra Louis le Gros. Celui-ci donna naissance au roi Philippe, tué par un porc. Enfin ce prince eut pour successeur son frère, Louis le Bon, père de Philippe-Auguste.

Cependant, puisque nous avons exposé en peu de mots la succession de nos rois, cherchons à établir aussi l'époque fixe où la France commença à être gouvernée par des rois chrétiens. En le rapportant à l'Incarnation du Seigneur, nous suivrons les chroniques d'Idace et de saint Grégoire de Tours. Il faut donc savoir que saint Martin, évêque de Tours, se retira du monde la onzième année du règne de l'empereur Arcadius, c'est-à-dire l'an 407 de l'Incarnation du Seigneur; et depuis la mort de saint Martin jusqu'à celle de Clovis, premier roi chrétien des Francs il faut compter un intervalle de cent douze ans. Ainsi de l'Incarnation du Seigneur à la mort de Clovis, il y a cinq cent dix-huit ans; mais depuis la mort de Clovis jusqu'à la septième année du règne de Philippe-Auguste, il s'est écoulé six cent soixante-sept ans, donc la septième année du règne de Philippe-Auguste est la onze cent quatre-vingt-sixième de l'Incarnation du Seigneur.

Encore une autre preuve. C'est au temps d'Aiot (Aod), quatrième juge d'Israel, que remonte la fondation de Troie; cette ville subsista cent quatre-vingt-cinq ans. La prise de Troie eut lieu la treizième année du gouvernement d'Abdon, treizième juge d'Israel après Josué, et notre Seigneur Jésus-Christ naquit onze cent soixante-seize ans après la prise de Troie. Entre l'Incarnation du Seigneur et la mort de saint Martin se trouve un espace de quatre cent quarante-cinq ans, et un autre de cent douze ans entre la mort de saint Martin et celle de Clovis; enfin il s'était écoulé mille six cent soixante ans depuis la prise de Troie jusqu'à l'avénement de Clovis au trône. Rappelons-nous que Marcomir commença à régner en Gaule l'an du Seigneur 376. Ainsi depuis cette époque jusqu'à la sixième année du règne de Philippe-Auguste, roi des Francs, se sont écoulés huit cent dix ans. Nous avons cru devoir insérer ces détails dans notre ouvrage, sans préjudice de l'opinion des autres. Mais la nôtre est que tous les rois de France descendent de cette tige antique.

L'an 1185 de l'Incarnation du Seigneur, la sixième année du règne de Philippe-Auguste, et de son âge la vingt-unième, au milieu du carême, il y eut un tremblement de terre en Gothie, dans la ville d'Uzès. Le jour des nones du mois d'avril suivant (5 avril), il y eut une éclipse de lune partielle, la veille du dimanche de la Passion [1]. Le jour de Pâques suivant, Girard, prévôt de Poissy, versa dans les trésors du roi onze mille marcs d'argent, de son propre bien, et se retira ainsi de la cour. Il fut remplacé par le chambellan Gaultier.

Cependant Guillaume, natif de Gap, administrait avec tiédeur l'église de Saint-Denis, et le roi très-chrétien voyant avec peine sa faiblesse, songeait à mettre cette église sous la direction d'un autre chef. Un jour donc que quelques affaires de gouvernement obligèrent Philippe à passer par la ville de Saint-Denis, il descendit dans l'église, comme dans sa propre chambre. L'abbé Guillaume, instruit de l'arrivée du prince, fut frappé de crainte, car le roi lui demandait à cette époque mille marcs d'argent. Il appela tous les frères au chapitre, le dixième jour de mai, un samedi après nones, et là il se déposa lui-même et se démit de l'abbaye. Puis, les moines étant restés assemblés avec Hugues leur vénérable prieur, quelques frères furent députés au nom du chapitre, pour aller rendre compte au roi de ce qui venait de se passer, et pour lui demander le droit de se choisir librement leur abbé. Le roi, avec sa bonté accoutumée, leur accorda sur-le-champ leur demande, en les priant avec les marques de bienveillance les plus touchantes, au nom du respect qu'ils devaient à Dieu et à leur roi, de choisir sans dissension et sans discorde un homme d'un caractère honorable et sûr, dont la conduite éprouvée fût digne d'une église si fameuse, qui était

[1] En 1186.

la couronne du royaume de France et la sépulture des rois et des empereurs. Aussitôt que les frères furent de retour dans le chapitre, et qu'ils eurent rapporté la réponse du roi, Dieu voulut que tous les frères d'une voix unanime élurent pour abbé Hugues leur vénérable prieur, et que le roi très-chrétien vînt à l'instant en plein chapitre, en présence du clergé et du peuple, confirmer son élection. Il y mit pourtant cette condition et cette restriction royale, que le nouvel abbé, dans les premiers temps de son élévation, ne donnerait ou ne promettrait aucun emploi à quelque parent du prince, clerc ou laïque, ni à quelque seigneur de sa cour.

Le vénérable Hugues, se voyant ainsi à la tête de l'abbaye de Saint-Denis, n'oublia pas qu'il tenait son élection de Dieu seul et non de la main d'un homme ; et voulant conserver en entier l'antique dignité de cette sainte église, il invita avec empressement les deux évêques de Meaux et de Senlis à célébrer sa bénédiction dans cette même église. Ces deux prélats, en vertu d'un ancien réglement de l'église de Rome, sont tenus d'aider de leur ministère l'église de Saint-Denis, soit pour la consécration des autels, soit pour l'ordination des moines, et particulièrement l'évêque de Meaux. La bénédiction de Hugues fut donc célébrée par ces deux évêques dans l'église de Saint-Denis, en présence de sept abbés et d'une assemblée nombreuse de peuple et de clergé, le 15 des calendes de juin (18 mai), un dimanche.

Pendant que tout cela se passait en France, Bela, roi de Hongrie, de Pannonie, de Croatie, d'Avarie, de Dalmatie, etc., envoya des ambassadeurs à Philippe-

Auguste, roi très-chrétien des Français[1]. Il avait appris qu'Henri le Jeune, roi d'Angleterre, fils du roi Henri, sous lequel Thomas, évêque de Cantorbéry, souffrit son glorieux martyre, venait de rendre son ame à Dieu, et de laisser dans le veuvage Marguerite, sœur de Philippe, roi des Français. Séduit par l'honneur d'une alliance avec l'antique maison des rois de France, et par la haute réputation de religion et de sagesse de cette princesse, le roi de Hongrie desirait très-vivement obtenir sa main. Ses envoyés vinrent donc à Paris exposer humblement sa demande au roi Philippe. Il la reçut avec bienveillance, assembla les archevêques, les évêques et les grands de son royaume, dont il prenait ordinairement les sages avis dans ses entreprises; et après en avoir délibéré avec eux, il remit honorablement entre les mains des députés, Marguerite sa sœur bien-aimée, veuve du roi d'Angleterre, avec les évêchés et abbayes de ses terres, l'accorda au roi de Hongrie pour légitime épouse, et prodigua aux députés mêmes les dons de sa munificence royale. Ceux-ci, après avoir pris congé du roi, revinrent pleins de joie en Hongrie, ramenant avec eux Marguerite leur reine.

C'est encore à la même époque que l'illustre Geoffroi, comte de Bretagne, fils de Henri, roi d'Angleterre, vint à Paris et y tomba malade. Le roi Philippe, qui le chérissait tendrement, n'en fut pas plus tôt informé qu'il appela tous les médecins de Paris, et leur ordonna d'employer tous leurs soins et toutes les ressources de leur art pour sauver les jours du comte. Mais peu de jours après, malgré tous les efforts des

[1] En 1186.

hommes de l'art, ce prince entra dans la voie de toute chair, le 14 des calendes de septembre (19 août). Les citoyens de Paris et les chevaliers gardèrent son corps avec honneur et respect dans l'église de Sainte-Marie, jusqu'à l'arrivée du roi, et pendant ce temps-là les chanoines et les clercs de cette église célébrèrent avec la plus grande dévotion son service funèbre. Le jour suivant, le roi, accompagné du comte Thibaut, sénéchal de France, vint à Paris, fit embaumer le corps, qui fut ensuite placé dans un sarcophage de plomb, et enseveli dans cette même église, devant le maître-autel, par Maurice, évêque de Paris, en présence des abbés, des religieux, et de tout le clergé de la ville.

Après la célébration solennelle des funérailles de ce prince, Philippe revint dans son palais avec le comte Thibaut, le comte Henri, la comtesse de Champagne Marie sa mère, et Marguerite sa sœur, épouse du feu roi d'Angleterre (à cette époque elle n'avait pas encore été emmenée par les Hongrois); car le sort du grand prince dont il pleurait la mort, l'avait profondément affligé, et c'était pour lui prodiguer leurs consolations que ces seigneurs et plusieurs autres l'accompagnèrent à son retour. Cependant, au milieu même des consolations de l'amitié, ses derniers momens se représentaient toujours à son esprit, et toujours occupé, comme son excellent père, d'œuvres de bienveillance et de miséricorde, il établit pour lui-même, pour l'ame de son vénérable père Louis, et pour celle de son bien-aimé comte de Bretagne, quatre prêtres à perpétuité dans l'église de Sainte-Marie, où reposait le comte. Il assigna sur ses propres revenus les fonds nécessaires à l'entretien des deux premiers. La comtesse de Champagne se chargea du troisième, et le chapitre de Sainte-Marie promit de subvenir aux besoins du quatrième.

[*Incidens.*] Au commencement de l'an 1186 de l'Incarnation du Seigneur, la sixième année du règne de Philippe, le 25 mars, à onze heures de nuit[1], il y eut une éclipse de lune presque totale, la lune étant dans le onzième degré de la Balance, le soleil dans le onzième du Bélier, et la tête du Dragon dans le quatrième du Bélier. La lune s'obscurcit en partie, et se couvrit d'une couleur rougeâtre. Cette éclipse dura deux heures.

Parmi le grand nombre de bonnes œuvres du roi très-chrétien Philippe-Auguste, il en est quelques-unes que nous croyons dignes d'être consignées ici et transmises à la mémoire. Un jour, pendant le séjour du roi Philippe à Paris, il entendit parler des réparations qu'exigeait le cimetière des Champeaux, près de l'église de Saint-Innocent. Ce cimetière était jadis une grande place, ouverte à tous les passans ; les marchands y débitaient leurs marchandises, et les citoyens de Paris avaient l'habitude d'y ensevelir leurs morts. Mais comme l'écoulement des eaux du ciel qui venaient s'y réunir, et la fange dont la place était remplie, ne permettaient pas d'y ensevelir les corps avec assez de décence, le roi très-chrétien, toujours attentif aux occasions de faire des bonnes œuvres, considérant que c'était une entreprise à la fois honorable et nécessaire, fit entourer de toutes parts le cimetière d'un mur de pierre ; il y fit aussi pratiquer

[1] Cette éclipse eut lieu le 26 mars 1187.

un nombre suffisant de portes, avec ordre de les fermer la nuit, pour mettre cet endroit à l'abri de toute insulte; car il voulait, par cette décision fameuse que lui avait inspirée sa piété, donner à ses descendans craignant Dieu, l'exemple de faire garder avec honneur un cimetière qui renfermait les restes de tant de milliers d'hommes.

La cour des rois ou des autres princes est le rendez-vous ordinaire d'une foule d'histrions qui viennent leur extorquer de l'or, de l'argent, des chevaux ou des vêtemens, parce que les princes en changent souvent, et qui leur débitent à cet effet des plaisanteries toujours assaisonnées de flatteries. Pour être plus sûrs encore de plaire, ils s'étudient à caresser les goûts des princes, ils viennent en quelque sorte les inonder sans pudeur d'un déluge d'extravagances, de politesses risibles, de contes gais et licencieux. Nous avons vu des princes, ornés de robes dont les dessins avaient coûté une peine infinie, et où l'art le plus exquis avait semé les fleurs avec profusion, et qu'ils avaient peut-être payées vingt ou trente marcs d'argent, les porter à peine huit jours, et les abandonner ensuite au premier venu de ces histrions, qui ne sont pourtant dans le fait que des ministres du diable. O honte! le prix de ces robes aurait certainement suffi seul aux besoins de vingt ou trente pauvres, pendant une année toute entière. Quant au roi très-chrétien Philippe-Auguste, il vit bien que c'étaient là des frivolités qui ne pouvaient qu'être nuisibles à son salut; et se rappelant toujours, grâces à l'esprit divin, ces paroles qu'il avait entendues prononcer à des hommes religieux et saints, que : « Don-

« ner aux histrions c'est sacrifier aux démons, » il promit de grand cœur au Seigneur de toujours disposer, tant qu'il vivrait, de ses vêtemens au profit des pauvres, car l'aumône délivre de tout péché, et donne à ceux qui l'ont faite un grand pouvoir auprès de Dieu. « J'ai été nu, et vous m'avez revêtu[1], dit le Seigneur. » Ne vaut-il pas mieux en effet vêtir la nudité du Christ que d'encourir le péché, en donnant des habits à des flatteurs. Si les princes faisaient tous les jours de telles réflexions, on ne verrait pas tant de vagabonds courir le monde. Que les petits princes considèrent donc l'exemple de ce roi miséricordieux et pieux, qu'ils contemplent ses œuvres, et puissent-ils imiter sa piété et sa miséricorde, car ils doivent compter que le Seigneur jugera sans pitié celui qui n'aura pas fait miséricorde.

La même année, les astrologues d'Orient, juifs, sarrasins et même chrétiens, envoyèrent par tout l'univers des lettres où ils prédisaient avec assurance pour le mois de septembre de grandes tempêtes, tremblemens de terre, mortalité sur les hommes, séditions et discordes, révolutions dans les royaumes, et autres fléaux pareils. Mais l'événement ne tarda pas à démentir leurs prédictions. Voici quelle était la teneur de ces lettres :

« Dieu sait, et les calculs des nombres prouvent,
« qu'en l'année du Seigneur 1186, selon les Arabes
« 582, les planètes supérieures et inférieures se ren-
« contreront au mois de septembre dans la Balance.
« La même année, cette conjonction générale sera pré-
« cédée d'une éclipse de soleil partielle et de couleur
« de feu, le 21 avril, à une heure de nuit, avant

[1] Évang. selon saint Matthieu, ch. 25, v. 35.

« l'heure de Mercure. Cette année donc, les planètes se
« rencontrant dans la constellation orageuse de la Ba-
« lance avec la queue du dragon, il y aura un tremble-
« ment de terre mémorable, surtout dans les pays qui
« y sont sujets; il renversera les contrées ordinairement
« ébranlées par de pareilles secousses et accoutumées
« à ce fléau. Il s'élèvera de l'occident un vent fort et
« violent qui obscurcira le jour et infectera l'air par
« des miasmes impurs. Aussi la mortalité et la mala-
« die attaqueront beaucoup de monde : on entendra
« dans l'air un fracas horrible et des voix qui porte-
« ront l'épouvante dans tous les cœurs. Le vent sou-
« lèvera sur la surface de la terre le sable et la pous-
« sière, dont il ira couvrir les villes situées en plaine,
« surtout dans les pays arides situés sous le cin-
« quième climat. La Mecque, Balsara, Baldach [1], et
« Babylone, seront détruites de fond en comble,
« sans qu'il reste un coin de terre qui ne soit ense-
« veli sous la poussière et sous les sables. L'Egypte
« et l'Ethiopie deviendront inhabitables, et ce fléau
« étendra ses ravages de l'Occident à l'Orient. Dans
« l'Occident, s'élèveront des discordes et des sédi-
« tions parmi les peuples. On y verra un homme lever
« des armées innombrables et faire la guerre sur le
« bord des eaux. Le sang coulera à grands flots et gros-
« sira les fleuves débordés. Au reste, on doit regarder
« comme certain que la prochaine conjonction des
« planètes nous annonce des révolution politiques,
« l'excellence des Francs, le doute et l'ignorance
« parmi les Juifs, la destruction des Sarrasins, la
« gloire et l'exaltation de la sainte loi du Christ, et

[1] Bassora et Bagdad.

« une vie plus longue pour ceux qui naîtront ensuite,
« si telle est la volonté de Dieu. »

Voici encore d'autres lettres sur le même sujet :

« Les sages de l'Egypte ont fait ces prédictions
« pour le temps où toutes les planètes et la queue du
« dragon doivent se rencontrer dans le signe *Mora-*
« *naïm.* Au mois *eilul,* le 28 dudit mois, l'an 4946
« depuis le commencement du Seigneur, selon les
« Hébreux, vers le milieu de la nuit qui suivra le
« dimanche, les signes suivans commenceront et
« dureront jusqu'au mercredi suivant, à midi. Il
« s'élèvera de la grande mer un vent très-violent
« qui ébranlera les cœurs des hommes, enlèvera de
« terre le sable et la poussière à une telle hauteur,
« qu'il en couvrira les arbres et les tours, parce que
« la conjonction des planètes se fera dans la Balance,
« constellation des orages et des tempêtes; et, selon
« l'opinion des sages même, cette conjonction an-
« nonce un vent très-fort, qui doit briser les rochers
« et les montagnes. On entendra dans l'air des voix
« et des tonnerres, accompagnés d'un fracas épouvan-
« table, qui portera l'effroi dans tous les cœurs. Tou-
« tes les villes situées sous le cinquième climat se-
« ront ensevelies sous la poussière et sous les sables.
« Le vent soufflera d'abord de l'angle occidental à
« l'angle oriental, sans épargner aucune des villes de
« l'Egypte et de l'Ethiopie, la Mecque, Balsara, Ha-
« beb, Sennaar, l'Arabie, toute la terre d'Héla, Rama,
« Carmen, Segeste, Calla, Norrozasatan, Chebil, Tan-
« braste, Barach, parce que toutes ces contrées et
« toutes ces villes sont comprises sous le signe de

5

« la Balance. Les terres même des Romains ne seront
« pas plus à l'abri de ce fléau. A la suite de cette ré-
« volution des vents, il s'opérera cinq miracles. D'a-
« bord il s'élèvera en Orient un sage doué d'une sa-
« gesse *étrangère,* c'est-à-dire supérieure à la sagesse
« humaine; il marchera dans les voies de toute jus-
« tice, il enseignera la loi de vérité, tirera beaucoup
« d'hommes des ténèbres de l'ignorance et de l'incré-
« dulité, pour les faire entrer dans le chemin de la
« vertu et de la vérité; il montrera aux pécheurs le sen-
« tier de la justice, et ne s'enorgueillira point d'avoir
« mérité une place parmi les prophètes. 2° Un homme
« sortira de *Hélam,* qui lèvera des armées nombreu-
« ses et redoutables, fera un grand carnage parmi les
« nations, et ne vivra pas long-temps. 3° Un autre
« homme se lèvera, et dira : Je suis prophète. Il tien-
« dra un livre à la main, et dira : Je suis envoyé de
« Dieu et de ses prophètes; et ses prédications feront
« tomber les peuples dans l'erreur, et ses séductions
« en perdront plusieurs; mais ses prophéties retom-
« beront sur lui-même, et de même il ne vivra pas
« long-temps. 4° On verra dans le ciel une comète,
« c'est-à-dire une étoile chevelue ou à queue. Ce
« phénomène présagera des calamités, des tumultes,
« des guerres terribles, des sécheresses causées par la
« rareté des pluies, des combats cruels, des flots de
« sang versés dans l'Orient, et embrassera depuis les
« bords de l'*Hèbre* jusqu'aux dernières limites de
« l'Occident. Les justes et les vrais religieux seront
« opprimés et persécutés, ils verront même renverser
« les temples de la prière. 5° Il y aura une éclipse de
« soleil couleur de feu; son disque s'obscurcira tout

« entier, et la terre, au moment de l'éclipse, paraîtra
« plongée dans des ténèbres aussi épaisses qu'à l'heure
« de minuit, quand la lune n'éclaire pas, et que le
« ciel est chargé de nuages pluvieux. »

Nous nous sommes arrêtés assez long-temps sur ces sortes de prédictions. Revenons à l'histoire de la sixième année du règne de Philippe-Auguste.

Or, la même année [1], il s'éleva une contestation entre Philippe, roi très-chrétien, et Henri, roi d'Angleterre. Philippe exigeait d'abord de Richard, fils du roi d'Angleterre, et comte de Poitiers, l'hommage de tout le Poitou ; et Richard, d'après les instructions secrètes de son père, différait de jour en jour de le faire. En second lieu, Philippe demandait au roi d'Angleterre le château de Gisors, et autres châteaux adjacens, que Marguerite, sa sœur, avait reçus pour dot du roi Louis, son père, quand elle épousa l'illustre roi Henri, fils de Henri le Grand. Cependant voici les conditions qu'on avait stipulées. Le roi Henri devait posséder cette dot pendant sa vie, et la transmettre après lui à ses héritiers, si la reine lui en donnait. Si au contraire Marguerite ne laissait point d'enfans, à la mort du roi Henri la dot retournerait sans contestation au roi de France. Le roi d'Angleterre avait été déjà cité plus d'une fois à ce sujet, mais il avait toujours eu l'art d'inventer quelque empêchement pour différer de comparaître en jugement devant la cour du roi. Mais Philippe ne fut pas dupe des détours et des finesses du roi d'Angleterre ; et, voyant bien que les délais qu'il prétextait toujours pourraient porter préjudice aux intérêts

[1] En 1187.

de sa maison, il résolut d'entrer sur les terres de ce prince, à main armée.

Philippe avait alors vingt-deux ans; il régnait depuis sept années. L'an 1187 de l'Incarnation du Seigneur, il leva une armée nombreuse dans le Berri, et entra vivement dans l'Aquitaine, qu'il ravagea ; il y prit les châteaux d'Issoudun et de Graçai, et dévasta beaucoup d'autres forts et territoires environnans, jusqu'à Châteauroux. A cette nouvelle, Henri, roi d'Angleterre, et Richard, comte de Poitiers, levèrent aussi une grande armée, et ne craignirent pas de la mener à Châteauroux, contre le roi de France leur seigneur. Leur intention était de forcer le roi Philippe et son armée à lever le siége de cette place. Mais voyant la constance et le courage des Français, ils se contentèrent d'aller camper auprès d'eux. L'indignation s'empara de Philippe et de tous ses guerriers, et il fit ranger son armée en bataille. Les ennemis, redoutant la valeur éprouvée du roi Philippe, et l'ardeur naturelle aux Français, députèrent au camp des hommes honnêtes et religieux, accompagnés des légats de l'Eglise romaine, que le souverain Pontife avait envoyés en France, vers le roi Philippe, pour travailler à rétablir la paix. Les députés promirent, au nom du roi d'Angleterre et de Richard son fils, en donnant auparavant caution qu'ils s'en rapporteraient entièrement, pour toute leur querelle, au jugement de la cour du roi de France, et qu'ils étaient prêts à donner toute satisfaction. La trêve étant conclue, chacun rentra dans ses domaines.

Pendant que le roi faisait le siége de Châteauroux, il arriva un événement qui mérite d'être rapporté.

Richard, comte de Poitiers, avait fait passer dans la place un renfort de Cotereaux. Un jour, comme ils se trouvaient rassemblés sur une place devant l'église de Sainte-Marie, ils se mirent à jouer aux dés. L'un d'eux, monstre d'iniquité, possédé du démon, perdait à ce jeu détestable un argent mal acquis, et de colère il éclatait en blasphèmes contre la sainte-Vierge et contre Dieu. Puis, transporté de rage, il leva les yeux et vit, sculptée sur le portique de l'église, l'image de la bienheureuse Marie, tenant l'enfant Jésus dans ses bras, comme on la représente d'ordinaire, pour réveiller la mémoire ou ranimer la dévotion des laïques. Il la regarde avec des yeux étincelans de fureur, et vomit, dans son délire criminel, des torrens de blasphèmes contre notre reine commune et contre Dieu. O douleur ! ce misérable, ce nouveau Judas saisit une pierre, et, à la vue de tout le monde, la jette contre l'image sainte, et casse à l'enfant Jésus un bras, qui tombe par terre. Aussitôt (et nous tenons ce fait d'un grand nombre de gens qui se trouvaient au siége) le sang ruisselle en abondance de la blessure et coule à terre, où des personnes pieuses recueillirent ce sang précieux et furent guéries d'une foule de maladies diverses. Jean, dit Sans-Terre, fils cadet du roi d'Angleterre, que son père venait d'envoyer par hasard dans la place, fit enlever ce bras tout sanglant, et l'emporta avec lui, comme une relique digne d'honneur et de respect. Quant au malheureux Cotereau qui s'était rendu coupable d'un si affreux attentat sur l'image de la bienheureuse Vierge, le jour même il fut saisi du démon qui l'avait poussé à cette horrible action, et périt misérablement. Ses compagnons, à cette vue, furent frappés de crainte, et quittèrent Châteauroux, en louant le Seigneur qui ne laisse jamais le crime impuni, et en élevant jusqu'au ciel les mérites infinis de la bienheureuse vierge Marie, mère de Dieu. Les moines du lieu, témoins des miracles que le Seigneur y faisait éclater tous les jours, firent transporter l'image sainte dans le bas de l'église, en chantant des hymnes en son honneur. Et depuis elle n'a point cessé jusqu'à ce jour d'opérer quelque miracle, à la gloire de notre Seigneur Jésus-Christ et de la bienheureuse vierge Marie.

Cependant des messagers passaient des mers pour se rendre à la cour du roi Philippe. Ils venaient lui annoncer, avec des gémissemens et des soupirs, qu'en punition des péchés de la chrétienté, Saladin, roi d'Egypte et de Syrie, avait fait une invasion sur les terres des Chrétiens, situées au-delà des mers; qu'il en avait massacré sans pitié des milliers; qu'un grand nombre des frères du Temple et de l'Hôpital, avec les évêques et les barons du pays, étaient tombés sous le fer de ce cruel; qu'il avait pris la sainte croix et le roi de Jérusalem; et que, poursuivant le cours de ses iniquités, il avait en peu de jours subjugué la sainte cité de Jérusalem et toute la terre promise. Tyr, Tripoli, Antioche, et quelques autres châteaux forts, avaient résisté seuls à ses efforts.

L'an 1187 de l'Incarnation du Seigneur, le 4 septembre, à trois heures, il y eut une éclipse partielle de soleil dans le dix-huitième degré de la Vierge; elle dura deux heures. Le lendemain lundi 5 septembre[1],

[1] En 1187, le 5 septembre était un samedi et non un lundi.

à la onzième heure du jour ordinaire, naquit Louis, fils de Philippe-Auguste, illustre roi des Français. A sa naissance, la ville de Paris, dans laquelle il reçut le jour, fut remplie d'une telle allégresse, que pendant une semaine entière, tout le peuple ne cessa de chanter et de former des danses toutes les nuits, à la clarté des flambeaux, en rendant au Créateur un juste tribut d'actions de grâces. Au moment même où il vint au jour, on dépêcha des couriers dans toutes les provinces pour annoncer aux cours étrangères le bonheur de notre grand roi; et tous, dans les transports de leur joie, se mirent à louer et à bénir le Seigneur, qui avait daigné donner au royaume de France un héritier si grand et si digne d'elle.

La même année, au mois d'octobre, le jour de la fête de saint Luc, le pape Urbain III rendit son ame au Seigneur. Il avait siégé un an et demi. Il eut pour successeur Grégoire VIII, qui ne siégea qu'un mois et demi. La même année fut élu Clément III, romain de nation. N'oublions pas qu'on ne peut assigner d'autre cause raisonnable à cette succession rapide des souverains pontifes, que leurs propres fautes et l'indocilité de leurs sujets rebelles, qui ne voulaient pas rentrer dans le sein de la grâce; car personne ne peut se flatter de sortir de Babylone, c'est-à-dire de la confusion des péchés, par ses propres forces ou par le secours d'aucune science humaine; il faut avoir reçu du Ciel une grâce particulière. En effet, le monde vieillit tous les jours, et avec lui l'habitude du bien s'affaiblit, tombe en décrépitude ou plutôt en enfance, et abandonne l'homme à tous les débordemens de sa volonté coupable. Aussi remarquez bien que depuis l'année où la croix du Seigneur fut prise par Saladin dans les contrées situées au-delà des mers, tous les enfans qui sont nés ensuite n'ont plus que vingt ou vingt-deux dents, au lieu de trente ou de trente-deux qu'avaient les enfans d'autrefois.

A la fête de saint Hilaire, qu'on célèbre le 13 janvier, Philippe, roi de France, et Henri, roi d'Angleterre, se rendirent à une conférence entre Trie et Gisors. C'est là que, contre toute espérance, et par un miracle de la bonté divine, le Saint-Esprit fut envoyé du Ciel pour inspirer à ces deux princes une résolution digne d'eux. En effet, ils y prirent ensemble le signe de la divine croix, pour la délivrance du sépulcre du Seigneur et de la cité sainte de Jérusalem. Une foule d'archevêques, évêques, comtes, ducs et barons imitèrent leur exemple, parmi lesquels Gautier, archevêque de Rouen; Baudouin, archevêque de Cantorbéri; l'évêque de Beauvais [1], l'évêque de Chartres [2], le duc de Bourgogne [3], Richard, comte de Poitiers; Philippe, comte de Flandre; Thibaut, comte de Blois; Rotrou, comte du Perche; Guillaume des Barres, comte de Rochefort; Henri, comte de Champagne; Robert, comte de Dreux; le comte de Clermont [4], le comte de Beaumont [5], le comte de Soissons [6], le comte de Bar [7], Bernard de Saint-Valery, Jacques d'Avesnes, le comte de Nevers [8], Guillaume de Mellot, Drogon de Mellot, et une foule d'autres seigneurs enflammés aussi d'un saint zèle, mais dont il serait trop long de citer ici les noms. Les deux rois

---

[1] Philippe. — [2] Renaud. — [3] Hugues. — [4] Raoul. — [5] Matthieu. — [6] Raoul. — [7] Henri. — [8] Pierre.

firent élever dévotement une croix de bois sur le lieu même, en mémoire de l'engagement qu'ils venaient d'y contracter; ils y fondèrent une église, se jurèrent une alliance éternelle, et donnèrent à cet endroit le nom de Saint-Champ, parce qu'ils y avaient revêtu le signe de la sainte croix.

L'an du Seigneur 1188, au mois de mars, vers le milieu du carême, le roi Philippe convoqua à Paris une assemblée générale : tous les archevêques, évêques, abbés et barons du royaume y furent appelés, et on y revêtit du signe sacré de la croix un nombre infini de chevaliers et de gens de pied. Pour subvenir aux besoins pressans où il se trouvait (car il se disposait au voyage de Jérusalem), le roi décréta, avec l'assentiment du peuple et du clergé, une dîme générale pour cette année seulement. On nomma cet impôt la dîme de Saladin. Voici le décret :

### I. *Décret sur les dettes des Croisés.*

« Au nom de la Trinité sainte et indivisible. Amen. Il a été décidé par le seigneur Philippe, roi des Français, et par le conseil des archevêques, évêques et barons de sa terre :

« 1. Que les évêques, prélats, clercs des couvens et chevaliers qui ont pris le signe de la croix, auront deux ans, à compter de la première fête de la Toussaint, après le jour du départ du roi leur maître, pour acquitter les dettes qu'ils avaient contractées, soit avec des Juifs, soit avec des Chrétiens, avant que le roi n'eût pris la croix; c'est-à-dire qu'à la Toussaint prochaine, les créanciers recevront un tiers des créances, un autre tiers à la Toussaint suivante, et enfin le dernier tiers à la troisième fête de tous les saints. A dater du jour où quelqu'un aura pris la croix, les intérêts de ses dettes antérieures cesseront de courir.

« 2. Si un chevalier croisé, héritier légitime, fils ou gendre d'un chevalier qui n'a pas pris la croix, ou d'une veuve, est encore en puissance de père et mère, son père et sa mère participeront au bénéfice du présent décret pour la liquidation de leurs dettes.

« 3. Si leur fils ou gendre qui a pris la croix, n'est plus dans la dépendance de la famille, ou bien encore s'il n'est point chevalier, et qu'il n'ait point pris la croix, ils ne pourront s'autoriser de ce décret pour retarder le paiement de leurs dettes.

« 4. Les débiteurs qui auront des terres et revenus devront, dans la quinzaine de la prochaine fête de saint Jean-Baptiste, assigner à leurs créanciers des terres et des revenus sur les seigneurs dans le domaine desquels se trouveront leurs terres ; elles serviront à payer leurs dettes à l'époque fixée et selon les formes prescrites. Les seigneurs ne pourront mettre d'opposition à ces consignations, qu'autant qu'ils voudraient eux-mêmes payer le créancier de leurs propres deniers.

« 5. Ceux qui n'auraient ni terres, ni revenus suffisans pour garantir leurs dettes, donneront des répondans ou cautions pour la liquidation de leurs dettes, au terme marqué; et s'ils ont manqué, après la quinzaine de la Saint-Jean prochaine, de consigner des biens-fonds, ou, à défaut de terres, de donner des garans et cautions, ils ne pourront jouir du délai accordé aux autres.

« 6. Tout clerc ou chevalier croisé, débiteur d'un clerc ou chevalier qui aura pris aussi la croix, ne pourra être inquiété jusqu'à la Toussaint prochaine, en donnant toutefois sûreté de payer à ce terme.

« 7. Quiconque, après avoir pris la croix, aurait, huit jours avant la Purification de la bienheureuse Marie, ou après cette fête, donné pour sûreté à son créancier de l'or, de l'argent, du blé, ou tout autre effet mobilier, ne pourra exiger que celui-ci lui accorde les délais dont il est question ci-dessus.

« 8. Tout marché conclu avec un homme qui n'a pas pris la croix, pour l'usufruit de ses terres pendant un an, subsistera.

« 9. Si un chevalier ou un clerc a engagé ou sa terre ou ses revenus à un bourgeois, même croisé, ou à un clerc, ou à un chevalier non croisé, ou s'il les a consignés dans leurs mains pour quelques années, le débiteur n'en recueillera pas moins cette année le fruit de sa terre, et touchera ses revenus; et, en dédommagement de cette même année, le créancier gardera ensuite les terres et revenus engagés, un an de plus qu'il n'en aurait eu le droit. Toutefois cette année même, le créancier gardera la moitié du blé, pour la culture qu'il aura donnée aux champs ou aux vignes engagés.

« 10. Tout marché fait huit jours avant la Purification de la bienheureuse Vierge, ou depuis, est ratifié.

« 11. Pour toutes les dettes dont il obtiendra sursis, le débiteur devra donner une garantie au moins aussi bonne qu'il l'aurait donnée auparavant. S'il s'élève quelque contestation sur la validité des garanties, le conseil du seigneur sous lequel sera le créancier aura soin d'exiger une garantie au moins aussi bonne qu'auparavant. Si le seigneur n'amendait pas la garantie, il en serait référé au conseil du prince de la terre susdite.

« 12. Si quelque seigneur ou prince, dont la juridiction s'étend aux susdits créanciers et débiteurs, ne voulait pas, ou ne faisait pas exécuter le présent décret, relativement au sursis des dettes et aux consignations, il recevra une admonition du métropolitain ou de l'évêque. Quarante jours après cette admonition, s'il persévère, l'évêque ou le métropolitain pourra prononcer contre lui la sentence d'excommunication. Cependant, tant que le seigneur ou prince aura offert de prouver, en présence de l'évêque ou métropolitain, qu'il ne se refuse en rien aux justes demandes des créanciers, et même des débiteurs, et qu'il maintient le présent décret, l'évêque ou métropolitain ne pourra pas l'excommunier.

« 13. Aucun croisé, clerc, chevalier, ou tout autre, ne sera obligé de répondre en justice à un procès intenté depuis le jour où il aura pris la croix, avant son retour du saint voyage; il n'en sera pas de même, si le procès a été intenté avant qu'il eût pris la croix. »

## II. *Décret sur la dîme.*

« 1. Tous ceux qui n'ont pas pris la croix, quels qu'ils soient, donneront cette année la dîme au moins de tous leurs biens mobiliers et de leurs revenus, autant qu'ils en possèdent, excepté ceux qui font partie de l'ordre de Cîteaux, des Chartreux et de Fontevraud, et les lépreux, pour ce qui leur appartient en propre.

« 2. Nul ne pourra mettre la main sur les communes, que le seigneur même auquel la commune appartiendra. Cependant on n'en conservera pas moins les droits qu'on pouvait avoir auparavant sur quelqu'une de ces communes.

« 3. Quiconque aura la haute justice d'un pays, aura aussi la dîme de ce même pays ; et il est à savoir que ceux qui paieront les dîmes, les donneront sur tout leur mobilier et leurs revenus, sans prélever auparavant leurs dettes. Ils commenceront par donner la dîme, et paieront leurs dettes avec ce qui leur restera.

« 4. Tout laïque, chevaliers et autres, après avoir prêté serment sous anathème, et les clercs engagés sous peine d'excommunication, paieront la dîme.

« 5. Un chevalier non croisé donnera à son seigneur croisé, dont il sera homme-lige, la dîme de son propre mobilier et du fief qu'il tiendra de lui. S'il n'a de lui aucun fief, il paiera la dîme de son propre mobilier à son seigneur-lige ; il paiera la dîme de ses différens fiefs à chacun de ceux dont il les tiendra ; et s'il n'a point de seigneur-lige, c'est à celui dans le fief duquel il se lève et se couche, qu'il paiera la dîme de son propre mobilier.

« 6. En décimant une terre, quand on y trouvera des objets appartenans à d'autres qu'à celui qu'on a le droit de décimer, et quand le propriétaire de ces objets pourra prouver légitimement ses droits, on ne pourra pas les retenir.

« 7. Tout chevalier croisé, héritier légitime, fils ou gendre d'un chevalier non croisé, ou d'une veuve, aura la dîme de son père ou de sa mère.

« 8. Ne mettront la main sur les biens des archevêques, évêques, chapitres ou églises qui sont dans leur mouvance, que les susdits archevêques, évêques, chapitres, ou églises. Les évêques pourront en recueillir les dîmes et les remettre à qui de droit.

« 9. Tout croisé qui refuserait de payer la taille ou la dîme qui lui est imposée, sera pris par celui auquel il la devait pour en être par celui-ci disposé selon sa volonté. Celui qui l'aura pris ne pourra pas être excommunié pour cela. Quant à ceux qui donneront leur dîme dévotement, conformément aux lois, et sans contrainte, ils recevront de Dieu leur récompense. »

Deux ou trois mois après [1], c'est-à-dire entre la Pentecôte et la fête de saint Jean, Richard, comte de Poitiers, rassembla une armée, entra sur les terres du comte de Toulouse, que ce seigneur tient du roi des Français, et prit Moissac et d'autres places appartenant au même comte. A cette nouvelle, Raimond, comte de Toulouse, envoya des députés au roi très-chrétien, pour lui dénoncer les violences dont le comte Richard s'était rendu coupable, contre tout droit, et au mépris des derniers traités. En effet, le comte Richard venait par là de violer le traité conclu et juré l'année précédente [2] entre lui, le roi Henri son père, et Philippe, roi des Français près de Chaumont et de Gisors. Voici quelles en étaient les clauses : leurs terres devaient rester dans l'état où elles se trouvaient, quand ils avaient pris la croix, jusqu'à ce que les deux rois eussent accompli le service du Seigneur en terre sainte, au-delà des mers, et qu'ils eus-

---

[1] En 1188.

[2] La même année, au mois de janvier.

sent obtenu un heureux retour dans leurs États. Le roi Philippe, toujours auguste, en apprenant la rupture du traité, fut ému de colère; il se mit à la tête d'une armée, entra à l'improviste sur les terres de ses ennemis, prit Châteauroux, place importante, Buzançois, Argenton, et mit le siége devant Leuroux. Dans le court séjour du roi devant cette place, il se passa un événement vraiment digne d'être cité.

Il y a devant Leuroux un torrent qui, dans la saison des pluies, donne ordinairement une quantité d'eau suffisante; mais alors les chaleurs de l'été l'avaient mis à sec. Aussi le roi et toute son armée souffraient beaucoup de la soif et de la sécheresse (on était au fort de l'été), quand tout-à-coup du fond des entrailles de la terre sortit une eau si abondante, et qui s'accrut si miraculeusement, sans le secours des pluies, qu'elle vint baigner les chevaux jusqu'au ventre et rafraîchir toute l'armée, bêtes et gens. A la vue d'un pareil prodige, les peuples remplis d'allégresse se mirent à louer Dieu, qui fait tout ce qu'il veut sur la terre et dans les abîmes. L'eau dura tant que le roi continua le siége; et quelques jours après ce miracle il prit le château de Leuroux, qu'il donna à son cousin Louis, fils du comte Thibaud. Mais à peine eut-il quitté la ville, que les eaux retournèrent à leur première place, et ne reparurent plus.

On porta ensuite la guerre devant Montrichard. Le roi, arrêté quelque temps au siége de cette place, fit élever des machines tout à l'entour; la prise de cette ville lui coûta beaucoup de peine, mais enfin il l'emporta, la livra toute entière aux flammes, et détruisit de fond en comble une tour très-forte, défendue par cinquante chevaliers armés. Ensuite, il prit Palluau, Montrésor, Châtillon-sur-Cher, la Roche-Guillebaud, Culant, Montluçon ; enfin, il fit main basse sur toutes les possessions du roi d'Angleterre dans le Berri et dans l'Auvergne. Ce dernier, transporté de fureur, ramena son armée par les marches de Normandie, vers Gisors. Philippe en étant informé, marcha sur ses pas, prit en passant Vendôme, et le poursuivit jusqu'au château de Trou, dont il chassa honteusement le roi d'Angleterre et son fils Richard ; puis, il fit mettre le feu à tout le bourg. De son côté, le roi d'Angleterre, dans son passage sur la marche de Normandie, brûla le château de Dreux, et détruisit un grand nombre de villages jusqu'à Gisors; enfin, l'hiver survint, on conclut une trêve, et on demeura tranquille de part et d'autre.

Sur ces entrefaites, Richard, comte de Poitiers, demanda à son père l'épouse sur laquelle il avait des droits légitimes, la sœur de Philippe, roi des Français, que le roi Louis, d'heureuse mémoire, avait remise à sa garde, et en même temps il voulut faire reconnaître ses titres à la couronne; car on était convenu que celui des fils du roi d'Angleterre qui obtiendrait la main de cette princesse succéderait aussi au trône, après la mort de son père. Richard faisait valoir ses droits comme aîné des princes d'Angleterre, depuis la mort de Henri son frère. Le roi d'Angleterre, jaloux de son autorité, ne voulut pas y céder; Richard, comte de Poitiers, en fut indigné ; il abandonna ouvertement son père, passa dans le parti du roi très-chrétien des Français, fit hommage à ce prince en présence même du roi d'Angleterre, et lui prêta serment de fidélité.

[*Incidens.*] La même année 1188, le 2 février[1], un jeudi, il y eut une éclipse de lune totale à quatre heures de nuit ; elle dura trois heures. Le 4 des ides de février (10 février), pendant que j'étais à Argenteuil, des frères religieux, de la même église, tels que R. de Gisors, leur prieur, J. de Chartres, sacristain de l'église de Saint-Denis, et beaucoup d'autres frères, furent témoins d'une merveille qu'ils m'ont ainsi rapportée. La lune, qui désigne l'église, et qui était pleine alors, sembla peu de temps avant l'aurore, par une nuit très-sereine, descendre en un moment jusqu'à terre ; elle y resta quelque temps comme pour y reprendre des forces, et remonta ensuite graduellement dans le ciel, à la place qu'elle avait quittée.

La même année un poète fit, sur le roi Philippe, ces vers vraiment prophétiques :

Ce jeune lion marchera sur les traces de son père ;
Toujours fidèle à Dieu, il fera comme Louis la gloire de son peuple :
Brutus garde pour lui les glaives de ses quatre enfans*,
L'oie elle-même restera muette, quand Romulus entendra le bruit des épées.
Babylone se réjouira, et l'huile sainte coulera sur le front de ses citoyens.
Silo enrichie par les dons généreux des Français, sera aussi transportée de joie.
Ce fier lion terrassera tous les pays du monde,
Et son plus beau triomphe sera de voir rétablir la paix.
Terrible comme le lion, rapide comme le corbeau, doux comme l'agneau,
Il relèvera les murs de Jébus,
Et établira cinq jours de jeûne de plus.

[1] En 1189.
* C'est le seul sens que nous ayons pu attribuer à ce vers inintelligible
    *Servat ei Brutus catulorum quatuor enses.*

L'an du Seigneur 1189, au mois de mai, le roi Philippe, toujours auguste, mena son armée à Nogent-le-Rotrou, prit la Ferté-Bernard avec quatre autres châteaux forts, emporta le Mans, ville puissante, dont il chassa honteusement Henri, roi d'Angleterre, avec sept cents hommes d'armes, et s'étant mis à la tête d'une troupe d'élite, il le poursuivit jusqu'au château de Chinon : il revint ensuite au Mans, dont la citadelle, forte et bien défendue, n'était pas encore en son pouvoir. Enfin, après de longs efforts, il s'en rendit maître par le moyen des mineurs qui l'accompagnaient partout, et qui creusèrent des routes souterraines pour aller saper les murs. Peu de jours après, il conduisit ses troupes vers la ville de Tours : là, ayant fait dresser les tentes sur le rivage de la Loire, le roi s'avança seul au milieu du fleuve, sondant avec sa lance la profondeur des eaux, et, par un miracle qui ne s'était vu en aucun siècle, il trouva un gué, plaça dans le fleuve des signaux à droite et à gauche du chemin que l'armée devait suivre après lui, et le premier, il devança tous les autres dans la traversée de la Loire. Toute l'armée, voyant comme les eaux venaient de décroître miraculeusement en un moment, arracha les pieux, enleva les tentes, et tous, depuis le plus petit jusqu'au plus grand, suivirent les traces du roi. Quand ils furent ainsi transportés sur l'autre bord avec les armes et les bagages, les eaux du fleuve revinrent à leur première hauteur. Les habitans de Tours, témoins de ce prodige, apprirent à redouter le roi. Cet événement eut lieu la veille de la Saint-Jean-Baptiste. Mais pendant que le roi faisait le tour de la ville pour en découvrir le côté faible, ses ribauds, qui étaient chargés ordinairement de monter les premiers à l'assaut, coururent sous ses yeux attaquer Tours, escaladèrent les murs et s'en emparèrent subitement. Bientôt le roi reçut la nouvelle que la ville était en son pouvoir; il y plaça des gardes, et y demeura quelques jours, pour rendre à Dieu des actions de grâces solennelles.

Douze jours après, c'est-à-dire dans l'octave des apôtres saint Pierre et saint Paul, Henri, roi d'Angleterre, mourut à Chinon. Il avait assez heureusement réussi dans toutes ses entreprises jusqu'au règne de Philippe, roi des Français, que le Seigneur lui avait imposé comme un mors, pour dompter sa bouche rebelle, en punition du meurtre de saint Thomas de Cantorbéry, martyr; car Dieu voulait, par une telle vengeance, lui ouvrir les yeux de l'esprit, et le ramener dans le sein de l'Eglise notre mère. Il fut enseveli à Fontevrault, dans une abbaye de nonnes. Richard, son fils, comte de Poitiers, lui succéda. Dans les premiers jours de son avénement au trône, tout le château de Gisors fut la proie des flammes, et le lendemain comme il en sortait, le pont de bois se brisa sous ses pieds. Toute sa suite passa librement, Richard seul tomba dans le fossé avec son cheval. Quelques jours après, le roi Richard et le roi Philippe conclurent et terminèrent la paix entamée déjà dans les pourparlers de Philippe et de Henri. Le roi des Français, pour le bien de la paix, rendit à Richard, roi d'Angleterre, la ville de Tours et celle du Mans, ainsi que Châteauroux et tout son fief. Richard, de son côté, donna en échange au roi des Français et à ses successeurs, pour en jouir à perpétuité, tous les fiefs de Graçai et d'Issoudun, avec ceux qu'il possédait en Auvergne.

La même année 1189 [1], la dixième du règne de Philippe, le jour des ides de mars (15 mars), mourut la reine Elisabeth, épouse de Philippe, roi des Français; elle fut ensevelie à Paris dans l'église de Notre-Dame, la bienheureuse vierge Marie. Le vénérable évêque de Paris, Maurice, fit élever en mémoire de cette princesse un autel dans la même église, et le roi très-chrétien, toujours auguste, voulut, par des motifs pieux, que deux prêtres y fussent institués à perpétuité pour le repos de l'ame de son épouse et de tous ses prédécesseurs; il assigna à chacun de ces prêtres un fonds perpétuel de quinze livres *parisis* par an pour leur subsistance.

L'an du Seigneur 1190, à la fête de saint Jean-Baptiste, le roi Philippe, suivi d'un nombreux cortége, alla prendre congé, à l'église, du bienheureux martyr saint Denis. C'était un ancien usage des rois de France quand ils allaient à la guerre, d'aller prendre une bannière sur l'autel du bienheureux Denis, et de l'emporter avec eux comme une sauve-garde et de la faire placer au front de bataille. Souvent les ennemis effrayés à cette vue, et reconnaissant la bannière, prirent la fuite. Le roi très-chrétien alla donc aux pieds des corps des saints martyrs Denis, Rustique et Eleuthère, se mettre humblement en oraison sur le parvis de marbre, et recommanda son ame à Dieu, à la bienheureuse vierge Marie, aux saints martyrs et à tous les saints. Enfin, après avoir prié, il se leva, fondant en larmes, et reçut dévotement la

---

[1] En 1190.

jarretière et le bourdon des mains de Guillaume, archevêque de Rheims, son oncle, légat du Siége apostolique ; puis, partant pour combattre les ennemis de la croix de Dieu, il prit de ses propres mains, sur les corps des saints, deux étendards de soie, très-beaux, et deux grandes bannières ornées de croix et brochées en or, en mémoire des saints martyrs et de leur protection. Alors il se recommanda aux prières des frères, reçut la bénédiction du clou, de la couronne d'épines, et du bras de saint Siméon. Le mercredi après l'octave de saint Jean-Baptiste, il se rendit avec Richard, roi d'Angleterre, à Vézelay. Il y prit congé de tous ses barons, remit entre les mains d'Adèle, sa très-chère mère, et de Guillaume, archevêque de Rheims, son oncle, la garde et la tutelle de tout le royaume de France, et de Louis, son fils bien-aimé. Peu de jours après, il se rendit à Gênes, où il fit préparer avec le plus grand soin les vaisseaux, les armes, et les autres choses nécessaires à son voyage. Quant à Richard, roi d'Angleterre, il s'embarqua avec tous les siens à Marseille, et les deux rois catholiques ayant mis à la voile pour la défense de la sainte chrétienté, et s'abandonnant aux vents et à la mer pour l'amour de nôtre Seigneur Jésus-Christ, arrivèrent, après bien des dangers, à Messine.

Le roi Philippe, avant de sortir du royaume de France avait, en présence de ses amis et de ses conseillers assemblés à Paris, publié son testament, où il réglait ainsi les affaires de tout son royaume.

## Testament du roi Philippe.

Au nom de la Trinité sainte et indivisible; ainsi soit-il. Philippe, par la grâce de Dieu, roi des Français:

Le devoir d'un roi est de pourvoir à tous les besoins de ses sujets, et de sacrifier son intérêt personnel à l'intérêt public. Comme nous brûlons du desir d'accomplir le vœu de notre pélerinage, entrepris pour porter secours à la Terre-Sainte, nous avons résolu de régler, avec l'aide du Très-Haut, la manière dont on devra traiter en notre absence les affaires de notre royaume, et de faire nos dispositions en cette vie, dans le cas où il nous arriverait quelque malheur humain pendant notre voyage.

« 1. Nous ordonnons donc en premier lieu que: « Nos baillis choisiront pour chaque prévôté, et comme chargés de nos pouvoirs, quatre hommes sages, loyaux, et de bon témoignage. Les affaires des villes ne pourront se traiter sans leur conseil, ou sans le conseil de deux au moins d'entre eux. Quant à Paris, nous voulons qu'il y en ait six, tous preux et loyaux, dont voici les noms : T., A., E., R., B., N.

« 2. Nous avons aussi placé des baillis dans nos terres qui sont distinguées par des noms propres. Tous les mois, ils fixeront dans leurs baillages un jour, dit jour d'assises, où tous ceux qui auront à faire quelque plainte, recevront d'eux sans délai justice et satisfaction. C'est là aussi que nous recevrons satisfaction et justice. On y inscrira les forfaitures qui doivent spécialement nous échoir.

« 3. Nous voulons et ordonnons en outre que notre très-chère mère la reine (Adèle), et notre très-cher et très-fidèle oncle Guillaume, archevêque de Rheims, fixent tous les quatre mois un jour à Paris, où ils entendront les réclamations des sujets de notre royaume, et y feront droit pour l'honneur de Dieu et l'intérêt du trône.

« 4. Ordonnons encore que ce jour-là viendront devant eux des baillis de chacune de nos villes, et nos baillis tenant assises, pour exposer en leur présence les affaires de notre terre (de nos Etats).

« 5. Si un de nos baillis s'est rendu coupable de tout autre délit que meurtre, rapt, homicide ou trahison, et qu'il en soit convaincu devant l'archevêque, la reine et les autres juges nommés pour entendre des forfaitures de nos baillis, nous voulons qu'il nous soit envoyé trois fois par an des lettres, pour nous informer du bailli qui a forfait, de la nature du délit, de ce qu'il a reçu, de celui dont l'argent, les présens ou les services lui ont fait sacrifier le droit de nos gens ou le nôtre.

« 6. Nos baillis nous feront les mêmes rapports sur nos prévôts.

« 7. La reine et l'archevêque ne pourront dépouiller nos baillis de leurs charges, excepté pour crime de meurtre, de rapt, d'homicide ou de trahison : les baillis ne pourront infliger aux prévôts la même peine que dans les mêmes cas. C'est à nous qu'il est réservé, quand nous aurons eu connaissance de la vérité, de prendre une telle vengeance, qu'elle pourra servir aux autres de leçon.

« 8. La reine et l'archevêque nous rendront compte aussi trois fois par an de l'état et des affaires du royaume.

« 9. Si un siége épiscopal ou une abbaye royale vient à vaquer, nous voulons que les chanoines de l'église ou les moines du monastère vacant viennent devant la reine et l'archevêque, comme ils seraient venus devant nous pour leur demander le droit de libre élection ; et nous voulons qu'on le leur accorde sans contradiction. Au reste, nous donnons aux chanoines et aux moines le conseil d'élire tel pasteur qu'il plaise à Dieu, et qu'il serve bien le royaume. La reine et l'archevêque garderont entre leurs mains la régale tant que le prélat désigné n'aura été ni consacré, ni béni ; après quoi ils la lui rendront sans contradiction.

« 10. Voulons en outre que, s'il vient à vaquer une prébende ou un bénéfice ecclésiastique, quand la régale sera remise entre nos mains, la reine et l'archevêque aient soin de les conférer, par le conseil de frère Bernard, le mieux et le plus honorablement qu'ils pourront, à des hommes d'honneur et d'instruction, sauf les donations que nous avons faites à quelques autres par nos lettres-patentes.

« 11. Défendons à tous prélats des églises et à nos sujets de donner taille ni impôt, tant que nous serons au service de Dieu. Mais si Dieu, notre Seigneur, venait à disposer de nous, et qu'il nous arrivât de mourir, nous défendons expressément à tous les hommes de notre terre, clercs ou laïques, de donner ni taille, ni impôt, jusqu'à ce que notre fils (que Dieu daigne conserver sain et sauf pour son service) ait atteint l'âge où il pourra, avec la grâce du Saint-Esprit, gouverner le royaume.

« 12. Mais si quelqu'un voulait faire la guerre à notre fils, et que ses revenus ne fussent pas suffisans pour la soutenir, alors que tous nos sujets l'aident de leurs corps et de leur avoir, et que les églises lui donnent les mêmes secours qu'elles sont dans l'usage de nous donner.

« 13. De plus, défendons à nos prévôts et baillis de saisir un homme, ni son avoir, quand il offrira de bonnes cautions pour poursuivre son droit devant notre cour, excepté dans les cas d'homicide, de meurtre, de rapt ou de trahison.

« 14. Voulons encore que tous nos revenus, services et rentes, soient apportés à Paris à trois époques, 1º à la Saint-Remi, 2º à la Purification de la sainte Vierge, 3º à l'Ascension, et remis à nos bourgeois désignés, et à P. Maréchal. Si l'un d'eux venait à mourir, Guillaume de Garlande nommerait quelqu'un pour le remplacer.

« 15. Adam, notre clerc, assistera aux recettes de notre avoir, et les enregistrera. Chacun d'eux aura une clef de tous les coffres où on déposera notre avoir dans le temple. Le temple en gardera une aussi. On nous enverra de cet avoir ce que nous en demanderons dans nos lettres.

« 16. Si nous venions à mourir dans notre pélerinage, nous voulons que la reine, l'archevêque et l'évêque de Paris, et les abbés de Saint-Victor et de Vaux-Sernay [1], et le frère G... [2], fassent deux parts de notre trésor. Ils en distribueront la moitié à leur gré pour réparer les églises qui ont été détruites pendant nos guerres, et de manière qu'on puisse y célébrer le

[1] Dans le diocèse de Paris; et non pas Vaulx-Cernay en Albigeois.
[2] Le frère de Grandmont, le même que le frère Bernard, nommé à l'article 10.

service divin. Ils prendront sur cette même moitié de quoi soulager ceux qui ont été appauvris par nos tailles; et le reste de cette première part, ils le répartiront à leur volonté entre ceux qu'ils croiront en avoir le plus besoin, pour le salut de notre ame, du roi Louis, notre père, et de nos prédécesseurs. Quant à l'autre moitié, nous ordonnons aux gardiens de nos trésors et à tous les habitans de Paris de la conserver pour les besoins de notre fils jusqu'à ce qu'il soit en âge de gouverner l'Etat, avec l'aide et par la grâce de Dieu.

« 17. Mais si nous mourions tous deux, mon fils et moi, nous voulons que nos trésors soient remis entre les mains des sept personnes déjà nommées plus haut, afin qu'elles les distribuent à leur gré, pour notre ame et celle de notre fils. Aussitôt qu'on serait certain de notre mort, nous voulons que notre avoir, en quelque lieu qu'il se trouve, soit porté sur-le-champ à la maison de l'évêque de Paris, et qu'il y soit gardé, pour en faire l'usage que nous venons de dire.

« 18. Ordonnons encore à la reine et à l'archevêque de retenir entre leurs mains, jusqu'à notre retour du service de Dieu, tous les honneurs dont nous avons droit de disposer, quand ils viennent à vaquer, et qu'ils pourront conserver honnêtement, tels que nos abbayes, doyennés, et autres dignités. Ceux qu'ils ne pourront retenir, ils les donneront selon Dieu, et les assigneront d'après le conseil du frère G..., et toujours pour l'honneur de Dieu et le bien du royaume. Mais si nous mourions dans notre pélerinage, notre volonté est que les honneurs et dignités ecclésiastiques soient conférés aux plus dignes.

« Pour que la présente ordonnance soit ferme et stable, nous avons fait apposer à ce testament l'autorité de notre sceau et la signature du nom royal. Fait à Paris, l'an 1190 de l'Incarnation du Verbe, le onzième de notre règne, dans notre palais, en présence des témoins qui ont apposé plus bas leurs noms et leurs sceaux. *Signé* : Comte THIBAUD, notre maître-d'hôtel ; S. GILLES, bouteiller ; S. MATTHIEU, chambellan ; S. RAOUL, connétable. La chancellerie étant vacante :

« P. R. S. P.[1] »

Il ordonna aussi aux citoyens de Paris d'entourer d'un bon mur flanqué de tours, leur ville, qu'il aimait beaucoup, et d'y pratiquer des portes ; et nous avons vu cet ouvrage achevé en peu de temps. Il donna les mêmes ordres pour les villes et les châteaux de tout son royaume.

Revenons maintenant à ce qui se passait à Messine entre les deux rois, et suivons-les dans les régions d'outre-mer.

Quand le roi Philippe arriva à Messine, au mois d'août[2], il reçut un accueil honorable dans le palais du roi Tancrède, qui lui fournit libéralement des vivres, et qui même lui aurait donné une somme d'argent immense, si Philippe avait voulu épouser ou faire épouser à son fils Louis, une de ses filles ; mais le roi Philippe, par l'amitié qu'il portait à l'empereur Henri, ne voulut pas alors contracter

---

[1] Représentation inexacte du monogramme de Philippe, telle qu'on la trouve dans le manuscrit.

[2] Philippe-Auguste arriva à Messine le 16 septembre.

un pareil engagement. Son intervention et ses soins furent bientôt nécessaires pour terminer, entre le roi d'Angleterre et le roi Tancrède, quelques débats relatifs au douaire de la sœur de Richard. Le roi Tancrède donna, au roi d'Angleterre, quarante mille onces d'or, dont le roi Philippe n'eut que le tiers, quoiqu'il eût droit d'en exiger la moitié; mais il se contenta du tiers, par amour de la paix. Du côté du roi d'Angleterre, quelques nobles seigneurs fiancèrent une des filles du roi Tancrède à Arthur, prétendant au duché de Bretagne.

Philippe, roi des Français, célébra à Messine la nativité du Seigneur, et fit de riches présens à un grand nombre de soldats de sa terre, qui se trouvaient dans le besoin, depuis qu'une tempête sur mer leur avait enlevé leurs biens. Il donna, au duc de Bourgogne [1], mille marcs d'argent, six cents au comte de Nevers [2], quatre cents à Guillaume des Barres, quatre cents onces d'or à Guillaume de Mellot, trois cents à l'évêque de Chartres [3], trois cents à M. de Montmorenci [4], deux cents à Drogon [5], et deux cents encore à beaucoup d'autres, dont il serait trop long de citer ici les noms. Tout ce qu'on trouvait à acheter à Messine, était très-cher. Le froment valait vingt-quatre sols d'Angers le setier, l'orge dix-huit sols, le vin quinze sols, une poule douze deniers. C'est pourquoi le roi Philippe envoya demander au roi et à la reine de Hongrie des subsides en vivres. Il envoya aussi inviter l'empereur de Constantinople à venir secourir la Terre-Sainte. Il lui demanda sûreté pour le passage dans ses États à son retour, dans le cas où telle serait la

---

[1] Hugues. — [2] Pierre. — [3] Réginald. — [4] Matthieu. — [5] De Mellot.

volonté de Dieu, et s'engagea de son côté à les traverser en paix.

Peu de jours après, le roi des Français avertit le roi d'Angleterre de se trouver prêt à mettre à la voile, avec lui, pour le milieu de mars. Richard répondit qu'il ne pouvait appareiller avant le mois d'août; le roi lui réitéra ses injonctions et le somma, comme son homme-lige, de traverser la mer avec lui, selon le serment qu'il en avait fait. S'il tenait sa parole, Philippe lui permettait d'épouser, à Saint-Jean-d'Acre, la fille du roi de Navarre [1], que la mère du roi d'Angleterre y avait amenée. S'il refusait de s'embarquer, Philippe exigeait qu'il épousât sa sœur, à laquelle il était fiancé. Le roi d'Angleterre ne voulut admettre ni l'une ni l'autre de ces conditions. Alors le roi des Français somma ceux des seigneurs qui avaient donné leur parole, de rester fidèles à leur serment. Geoffroi de Rancogne et le vicomte de Châteaudun, au nom de tous les autres, répondirent qu'ils étaient tous prêts à tenir leur parole et le suivre quand il voudrait. Le roi d'Angleterre, dans sa colère, jura de les dépouiller de leurs domaines, et tint parole. C'est à dater de cette époque que la discorde, l'envie et la haine commencèrent à éclater entre les deux rois.

*Convention faite à Messine, en Sicile, entre Philippe, roi des Français, et Richard, roi d'Angleterre.*

Au nom de la Trinité sainte et indivisible; ainsi soit-il. Philippe, par la grâce de Dieu, roi des Français.

[1] Bérangère.

Faisons savoir à tous les hommes présens et avenir, qu'une paix solide vient d'être établie entre nous et notre ami, notre fidèle, notre frère, Richard, illustre roi d'Angleterre, qui s'est engagé lui-même par serment à la paix dont voici les clauses.

« 1. Nous permettons de bon cœur et de notre pleine volonté, audit roi, d'épouser librement qui il voudra, nonobstant la convention faite entre nous et lui relativement à notre sœur Alix, qu'il devait prendre pour épouse.

« 2. De plus, nous lui cédons, ainsi qu'aux héritiers mâles qui naîtront de lui et de son épouse, et qui tiendront sa terre après lui, Gisors, Neaufle, Neuchâtel de Saint-Denis et le Vexin-Normand avec ses appartenances.

« 3. De son côté, il est convenu que, s'il vient à mourir sans héritier mâle, né de son épouse et de lui, Gisors, Neaufle, Neuchâtel et le Vexin-Normand, avec ses appartenances, reviendront aussitôt à nous et aux héritiers mâles, nés de notre épouse et de nous.

« 4. Si nous mourions sans héritier mâle, né de notre épouse et de nous, pour nous remplacer et tenir notre terre après nous, nous voulons que Gisors, Neaufle, Neuchâtel et le Vexin-Normand, avec ses appartenances, reviennent au domaine de Normandie.

« 5. Si le roi d'Angleterre avait deux héritiers mâles, au moins, il est convenu que l'aîné tiendra de nous en chef tout ce qu'il doit tenir de nous en deçà de la mer d'Angleterre, et que l'autre tiendra de nous en chef l'une des trois baronies suivantes : le domaine de Normandie, ou celui de l'Anjou et du Maine, ou celui de l'Aquitaine et du Poitou.

« 6. En retour, ledit roi d'Angleterre nous a donné dix mille marcs d'argent, au poids de Troyes : il en paiera trois mille à nous ou à notre ordre, à la prochaine fête de la Toussaint à Chaumont, trois autres mille à la Toussaint suivante, deux mille à la troisième, et les deux autres mille à la quatrième fête de tous les saints.

« 7. En outre, avons ordonné et ordonnons, pour tous les fiefs que ses prédécesseurs ont tenus des nôtres, qu'il sera notre homme-lige, comme ses prédécesseurs l'ont été des nôtres, et nous l'avons reçu pour homme-lige de ces fiefs.

« 8. De son côté il nous a cédé le fief d'Issoudun, et de Graçai, avec toutes leurs appartenances, ainsi que tout ce qu'il possédait ou espérait posséder en Auvergne, à titre de fief ou de seigneurie.

« 9. Nous lui avons aussi cédé Cahors et le Quercy tout entier avec ses appartenances, excepté les deux abbayes royales de Figeac et de Souillac, avec leurs appartenances, qui sont à nous et nous restent.

« 10. Il s'engage à ne plus rien prendre de la terre du comte de Saint-Gilles, hormis ce qui a été stipulé plus haut, tant que le comte de Saint-Gilles voudra ou pourra recevoir justice en notre cour. Mais si le comte de Saint-Gilles faisait défaut de justice en notre cour, dès lors nous cesserions de défendre le comte de Saint-Gilles contre le roi d'Angleterre, ou du moins notre secours ne serait pas obligatoire.

« 11. Si les conditions de paix, ci-dessus stipulées, sont observées scrupuleusement, nous voulons et accordons que le roi d'Angleterre possède et conserve en paix toutes les tenances, en fief ou en seigneurie, qu'il avait le jour où il a pris le chemin de Jérusalem.

« 12. Pour l'observation réciproque des conventions arrêtées entre nous, nous donnons au roi d'Angleterre, comme otages et cautions, le comte de Ponthieu, avec tout son fief, c'est-à-dire que, si nous ne tenions pas fidèlement toutes les conventions, ledit comte ou son héritier, dans les trois semaines qui suivront la requête et sommation du roi d'Angleterre ou de son héritier, faite à lui-même en personne ou à sa résidence habituelle, se remettra sans aucune résistance au pouvoir du roi d'Angleterre, avec tous ses fiefs, pour faire exécuter les clauses de cette charte, jusqu'à ce que cette convention ait été respectée et confirmée.

« 13. Tous les autres qui ont signé plus bas sont aussi engagés, comme otages et cautions, aux mêmes termes que le susdit comte. Ils donneront leurs lettres-patentes au roi d'Angleterre, ou à son ordre, et prêteront serment de maintenir ces conventions de tout leur pouvoir, fidèlement et sans malice aucune. Ces cautions de l'observation du traité sont, après le comte, Bernard de Saint-Valery, ou celui de ses héritiers qui tiendra Saint-Valery après lui, avec tout son fief; Guillaume des Barres ou son héritier, avec tout son fief; Jean de Terrie, ou son héritier, avec tout son fief; le seigneur Chancelier, ou son héritier, avec tout son fief; Punen de.... [1], ou son héritier, avec

---

[1] Lacune dans le manuscrit. Il faut lire peut-être *Pincerna de Sanlys*, mentionné dans Bromton, col. 1193, comme mort au siége de Saint-Jean-d'Acre. Il se nommait Gui de Senlis, et était grand bouteiller du roi.

tout son fief; le comte Robert[1], ou son héritier, avec tout son fief; Hugues, du château de Thimer, ou son héritier, avec tout son fief; le comte du Perche[2], ou son héritier, avec tout son fief; le seigneur d'Issoudun[3], ou son héritier, avec tout son fief.

« 14. Le roi d'Angleterre promet encore de renvoyer en France, dans le premier mois de son retour, et sans aucune contradiction, ni sans aucun délai, notre sœur Alix, soit que nous vivions ou non.

« 15. Nous voulons encore qu'il nous rende les services et justices qu'il tient de nous, comme ses ancêtres les rendaient aux nôtres, sauf les conventions arrêtées plus haut.

« Le tout confirmé de l'autorité de notre sceau, en gage d'une éternelle durée.

« Fait à Messine, l'an 1190 de l'Incarnation du Verbe, au mois de mars. »

Philippe, roi des Français, brûlant du desir d'achever son entreprise, se mit en mer au mois de mars; et, quelques jours après, secondé par des vents favorables, il débarqua heureusement, avec toute sa suite, à Saint-Jean-d'Acre : c'était la veille de Pâques[4]. Toute l'armée, qui depuis long-temps était arrêtée au siége de Saint-Jean-d'Acre, le reçut avec des transports d'allégresse. On n'entendait de tous côtés que des hymnes et des louanges en son honneur; on versait des larmes de joie, il semblait que ce fût un ange du Seigneur qui descendait sur la terre. Aussitôt il se fit construire une maison si près des murs de la

---

[1] De Dreux. — [2] Rotrou. — [3] Eudes.
[4] Le 13 avril 1191.

ville, que les ennemis du Christ, avec leurs balistes et leurs arcs, y jetèrent des pierres ou des flèches, et souvent même plus loin encore. Mais bientôt il fit dresser à son tour ses machines, ses pierriers et autres engins, qui battirent si heureusement les murs de la ville, avant l'arrivée du roi d'Angleterre, qu'il ne fallait plus qu'un assaut pour prendre la place. Mais le roi des Français ne voulait pas le donner pendant l'absence du roi d'Angleterre. Quand ce prince fut arrivé [1], le roi des Français lui déclara aussitôt que le vœu général était de donner l'assaut. Le roi d'Angleterre, dans une entrevue pleine de cordialité, fut aussi d'avis qu'il fallait le donner, et convint d'y envoyer tous ses gens. Le lendemain matin, le roi Philippe se disposa à l'assaut avec les siens; mais le roi d'Angleterre défendit à ses troupes d'y prendre part, et retint même les Pisans, qui lui avaient prêté serment. Cependant on convint ensuite de part et d'autre de choisir dans les deux camps des dictateurs, tous hommes sages et preux, qui gouverneraient toute l'armée à leur gré. Les deux rois promirent, au nom de la foi, et jurèrent même par leur saint pèlerinage, d'exécuter aveuglément toutes les volontés des dictateurs. Les arbitres ordonnèrent au roi d'Angleterre d'envoyer les siens à l'assaut, de poser des gardes aux barrières, et de faire dresser ses machines et ses engins, à l'exemple du roi des Français. Richard ayant refusé de souscrire à ces ordres, Philippe délia les siens de l'obéissance qu'il leur avait fait jurer aux arbitres choisis pour commander.

Pendant la traversée, le roi d'Angleterre et les

---

[1] Le 8 juin 1191.

siens, en passant par l'île de Chypre, s'en emparèrent ; ils prirent en même temps l'empereur [1] de cette île, et sa fille, et emportèrent tous ses trésors. Enfin, après avoir laissé une bonne garnison dans l'île, Richard mit à la voile, et rencontra un vaisseau de Saladin, équipé avec un grand soin, et envoyé au secours de Saint-Jean-d'Acre. Ce bâtiment contenait un nombre infini de fioles pleines de feu grégeois, deux cent cinquante balistes, une quantité prodigieuse d'arcs et d'armes de toute espèce, et était monté par des guerriers valeureux : mais Richard les tua tous, et le vaisseau fut brisé et coulé à fond. Les nôtres prirent encore, près de Tyr, un autre vaisseau de Saladin, repoussé par des vents contraires ; il était aussi chargé d'armes, mais l'équipage n'était pas nombreux ; il venait également au secours de la cité d'Acre.

La même année, Frédéric, empereur très-chrétien de Rome et d'Allemagne, étant venu dans les régions d'outre-mer avec son fils [2], le duc de Bohême, et toute son armée, entra dans la voie de toute chair entre Nicée, ville de Bithynie, et Antioche [3]. Sa mort fut un grand sujet de tristesse pour tous les Chrétiens ; il laissa son armée toute entière entre les mains de son fils, le duc de Bohême, qui s'échappa avec un petit nombre de soldats, les amena devant Acre, et subit aussi bientôt la loi de la nature. L'empereur Frédéric eut pour successeur son fils Henri, prince actif, redoutable à ses ennemis, libéral et magnifique avec ceux qui approchaient sa personne.

---

[1] Isaac Comnène. — [2] Frédéric.
[3] Le 25 juillet 1190.

L'an du Seigneur 1191, le 17 avril, mourut le pape Clément. Il avait occupé le Saint-Siége pendant deux ans et cinq mois. Célestin, romain de nation, lui succéda.

La même année, aux mois d'août, de juin et de juillet, les pluies qui tombèrent en trop grande abondance corrompirent l'air, au point que les grains germèrent au milieu des champs, dans leurs épis et sur leurs tiges, avant qu'on eût pu les récolter.

La même année, le 23 juin, la veille de la Saint-Jean-Baptiste, pendant que les deux rois étaient au siége de Saint-Jean-d'Acre, il y eut une éclipse de soleil dans le septième degré du Cancer, la lune se trouvant dans le sixième degré de la même constellation, et la queue du Dragon dans le douzième. Elle dura quatre heures.

Le mois suivant, le 23 juillet, Louis, fils du roi, commença à être attaqué d'une maladie très-grave, que les médecins nomment dysenterie. Tout le monde désespérant de sa vie, voici le remède auquel on eut recours, d'un commun accord : le saint monastère du bienheureux Denis s'étant mis dévotement en jeûnes et en prières, prit le clou et la couronne du Seigneur, avec le bras du saint vieillard Siméon, et marcha nu-pieds, fondant en larmes, accompagné d'une procession du peuple et du clergé jusqu'à l'église de Saint-Lazare, près Paris. On pria Dieu, on bénit le peuple, et bientôt tous les couvens de religieux de Paris, le vénérable Maurice, avec ses chanoines et son clergé, une multitude infinie d'écoliers et d'habitans, accoururent, pieds nus, les larmes aux yeux, portant avec eux les corps et les reliques des saints. Tout le monde se réunit, et la procession, dont les chants étaient entrecoupés de soupirs et de sanglots, arriva jusqu'au palais du roi, où Louis était malade. On fit un sermon au peuple, qui se mit ensuite à prier le Seigneur pour son jeune prince, en versant des larmes abondantes. On fit toucher à l'enfant royal le clou, la couronne d'épines et le bras de saint Siméon, qu'on lui appliqua en croix sur tout le ventre, et le même jour, il fut sauvé du danger où il se trouvait. Bien plus, le même jour, à la même heure, son père Philippe, qui était alors dans les régions d'outre-mer, fut sauvé de la même maladie. Quand le jeune Louis eut baisé les reliques et reçu la bénédiction, toutes les processions se rendirent à l'église de Notre-Dame. Là, après avoir chanté les louanges du Seigneur, la procession de la bienheureuse Marie, accompagnée de beaucoup d'autres, reconduisit le couvent de Saint-Denis jusques aux portes de la ville, en chantant des hymnes saintes, et en payant à Dieu un juste tribut de louanges et de reconnaissance; puis ils se bénirent réciproquement avec leurs reliques, et chacun se retira chez soi. Les chanoines de Notre-Dame et le peuple revenaient, pleins de joie d'avoir vu de leur temps les reliques de saint Denis portées à Paris, car on ne voit nulle part que jusque là elles aient jamais été portées hors de la ville de Saint-Denis, dans quelque péril imminent. Il ne faut pas non plus oublier que le même jour, grâces aux prières du clergé et du peuple, la sérénité du ciel et la salubrité de l'air furent rendues à l'univers, car le Seigneur avait fait descendre long-temps la pluie sur la terre, en punition des péchés des hommes.

La même année, l'évêque de Liége, fuyant la colère de l'empereur Henri, s'arrêta quelque temps à Rheims. Il reçut un accueil honorable chez le vénérable Guillaume, archevêque de Rheims, qui le logea dans sa propre maison et pourvut à tous ses besoins. Mais, peu de jours après, l'empereur, poussé par le démon, envoya quelques soldats, ou plutôt quelques suppôts de Satan, vers l'évêque de Liége. Ce prélat, plein de douceur et de piété, les reçut avec honneur et les fit asseoir à sa table comme des amis et des frères; car ils se disaient injustement dépouillés de leurs biens par l'empereur, et leur langage adroit et perfide servait la malice de leur cœur. Ils méditaient leur horrible projet, et bientôt ils accomplirent leur iniquité. En effet, au bout de quelques heures, ils entraînent l'évêque hors de la ville sous prétexte de se promener, tirent leurs épées et massacrent lâchement l'oint du Seigneur, parce qu'il avait été élu et consacré, selon les réglemens canoniques, contre le vœu de l'empereur; les coupables prirent la fuite et retournèrent au plus vite trouver leur maître.

La même année [2], le comte Thibaud, seigneur pieux et miséricordieux, sénéchal du roi des Français, le comte de Clermont [3], le comte du Perche [4], le duc de Bourgogne [5] et Philippe comte de Flandre, qui se trouvaient au siége de Saint-Jean-d'Acre, furent rappelés par le Seigneur et entrèrent dans la voie de toute chair. La terre du comte de Flandre, qui ne laissait pas d'autre héritier, fut dévolue à son neveu

---

[1] Albert, évêque de Liége, fut assassiné le 23 novembre 1192.
[2] En 1191.
[3] Raoul. — [4] Rotrou — [5] Hugues.

Baudouin, fils du comte de Hainaut, qui depuis devint empereur de Constantinople.

La même année, le 23 août, par le conseil du seigneur Guillaume, archevêque de Rheims, de la reine Adèle et de tous les évêques, les corps des bienheureux martyrs, Denis, Rustique et Eleuthère, avec les vases d'argent pur où ils étaient religieusement scellés et renfermés, furent tirés de leurs tombeaux et placés sur l'autel avec les autres corps des saints qui reposent dans cette même église. On voulait, par un spectacle si imposant, engager de tous côtés les fidèles à venir joindre leurs larmes et leurs soupirs, à lever avec Moïse leurs mains pures vers le Seigneur, et à lui adresser des prières pour la délivrance de la Terre-Sainte, pour le salut du roi de France et de toute son armée. Car ce n'est pas dans la force des armes, c'est dans les mérites et la miséricorde du Christ, que les Chrétiens placent leur confiance; ce n'est pas sur eux, c'est sur Dieu qu'ils se fondent, pour triompher des peuples infidèles et pour terrasser les ennemis de la sainte Croix. A la Saint-Denis suivante, on ouvrit un vase d'argent où était contenu le corps du saint martyr Denis, en présence des vénérables évêques de Senlis [1] et de Meaux [2], d'Adèle, reine des Français, d'un grand nombre d'abbés et religieux. On y trouva, comme nous l'avons déjà dit, son corps tout entier avec sa tête. On les montra dévotement à tous les fidèles serviteurs de Dieu, qui avaient été amenés des pays les plus éloignés par des motifs pieux et pour dissiper les erreurs des Parisiens. On garda la tête du saint martyr Denis. On la plaça honorablement

[1] Geoffroi — [2] Simon.

dans un vase d'argent, et on remit dévotement les corps des saints, avec leurs vases, sous l'autel, dans les caveaux de marbre d'où on les avait tirés. Quant à la tête, pour exciter la dévotion des fidèles, on la montra toute l'année aux étrangers, et à la Saint-Denis suivante on la replaça aussi dans son vase avec le corps.

Pendant que ces choses se passaient en France, le roi Philippe, avec l'assistance des fidèles serviteurs de Dieu, ayant dirigé contre les murs d'Acre ses pierriers et ses machines, livra à la ville un assaut si violent, que les ennemis de la croix du Christ, c'est-à-dire les gardes de Saladin, Limathous et Carachous, ses satrapes, avec leurs nombreux soldats, se virent forcés de capituler et de se rendre. Ils promirent avec serment, pour avoir la vie sauve, de rendre en entier aux rois de France et d'Angleterre, avant d'être mis en liberté, la vraie croix du Seigneur, que Saladin possédait, et tous les prisonniers chrétiens qui se trouveraient dans ses Etats. C'est dans cet assaut qu'Albéric, maréchal du roi de France, seigneur magnanime et guerrier intrépide, fut surpris et massacré par les païens, à la porte même de la ville. La tour appelée maudite, qui depuis long-temps avait été si funeste à nos gens, venait enfin d'être minée par les mineurs du roi ; elle n'était plus soutenue que sur les étais de bois qu'ils y avaient dressés, et il ne restait qu'à y mettre le feu pour consommer sa ruine. Mais les païens, voyant bien qu'ils ne pouvaient résister aux rois, aux princes et aux autres chrétiens, après une conférence où l'on régla la capitulation et les conditions déjà mentionnées, remirent au mois de juillet, entre les mains de nos rois et seigneurs, la ville d'Acre avec leurs armes, leurs munitions, et des provisions de bouche abondantes. Les peuples chrétiens, à leur entrée dans la ville, versaient des larmes de joie; ils élevaient leurs mains vers le ciel, et s'écriaient à haute voix : « Béni soit le Seigneur notre Dieu, qui a regardé en « pitié nos travaux et nos peines et humilié sous nos « pieds les ennemis de la sainte croix, avec leurs for- « ces et leur courage dont ils étaient si fiers. » Les Chrétiens se partagèrent entre eux les vivres qu'on trouva dans la place. Les corps les plus nombreux en eurent une plus forte part : on en donna moins aux troupes moins nombreuses. Tous les captifs furent réservés pour les rois, qui en firent un partage égal. Le roi des Français céda sa part au duc de Bourgogne; il lui laissa aussi une grande quantité d'or et d'argent avec des provisions considérables; il lui confia en même temps le commandement de toutes ses armées, car il était alors attaqué d'une maladie très-grave, et d'ailleurs il avait de violens soupçons contre le roi d'Angleterre, qui envoyait secrètement courriers sur courriers à Saladin, et échangeait des présens avec son ennemi. Philippe appela donc ses seigneurs à un conseil intime, régla les affaires de l'armée, et prit congé des siens. Alors, et après beaucoup de pleurs, se confiant aux vents et à la mer, il partit avec trois galères seulement, qu'un Génois nommé Roux de Volta lui avait procurées : Dieu voulut qu'il abordât sur les côtes de la Pouille : là, après avoir recouvré quelque peu de santé, quoique bien faible encore, il se mit en voyage, passa par la ville de Rome, visita le temple des apôtres, reçut la bénédiction de Célestin, pontife romain, et rentra en France vers le temps de la Nativité du Seigneur.

Quant au roi d'Angleterre, étant resté dans la terre des Infidèles, il somma les captifs qu'il avait en son pouvoir, Limathous et Carachous, ainsi que les prisonniers des autres princes, d'accomplir leurs promesses et de rendre sans délai à la sainte chrétienté, selon leurs derniers sermens, la croix du Seigneur que possédait Saladin, et tous les Chrétiens retenus captifs dans ses Etats. Mais, voyant que ces misérables ne pouvaient tenir les promesses qu'ils avaient jurées, le roi d'Angleterre entra dans une grande colère, fit mener hors de la ville tous les prisonniers païens, et fit trancher la tête à plus de cinq mille d'entre eux, ne conservant que les plus puissans et les plus riches dont il exigea des sommes immenses pour racheter leur vie; puis il leur rendit la liberté. Il vendit aussi aux Templiers, pour vingt-cinq mille marcs d'argent, l'île de Chypre qu'il avait prise dans la traversée. Mais bientôt il la leur retira et en vendit la propriété perpétuelle à Guï, ancien roi de Jérusalem. Il ruina de fond en comble la ville d'Ascalon, pour laquelle les païens lui offrirent beaucoup d'or et d'argent. Il arracha aussi, devant la ville d'Acre, l'étendard du duc d'Autriche des mains d'un seigneur, le brisa avec outrage et mépris pour insulter le duc, et le jeta dans un cloaque impur. Mais comme notre propos n'est pas d'écrire l'histoire et la vie du roi d'Angleterre, retournons au récit des actions de notre roi Philippe.

A son retour en France, Philippe, roi des Français, célébra la Noël à Fontainebleau, et, peu de jours après, se rendit en toute hâte à l'église du bienheureux martyr Denis, pour y faire ses oraisons. Le saint couvent alla le recevoir en procession avec Hugues, abbé du lieu, et le conduisit dans l'église, en chantant des hymnes et des cantiques de louanges. Après ses prières, le roi se prosterna devant les reliques des saints, rendant grâces à Dieu et aux bienheureux martyrs de l'avoir sauvé du milieu de tant de dangers redoutables; et comme gage d'amour et de charité, il alla déposer humblement sur l'autel un très-beau manteau de soie.

La même année, quelques mois après seulement, et le 18 mars, le roi Philippe, qui se trouvait à Saint-Germain-en-Laye, apprit la mort ignominieuse que des Juifs venaient de faire subir à un Chrétien. Aussitôt, enflammé d'un saint zèle pour la foi, et sensible aux outrages de la religion chrétienne, il part, laissant ignorer à ses familiers où il va, et marche avec la plus grande célérité vers le château de Bray[1]. Il arrive donc tout-à-coup, place des gardes aux portes du château, fait prendre les Juifs, et livre aux flammes plus de quatre-vingts d'entre eux. Car la comtesse du château s'était laissée corrompre par les riches présens des Juifs et leur avait abandonné un Chrétien, faussement accusé de vol et d'homicide. Les Juifs, fidèles à leur vieille haine contre les Chrétiens, lui avaient lié les mains derrière le dos, et lui mettant une couronne d'épines sur la tête, l'avaient conduit par toute la ville en le frappant à coups de bâton : ils finirent par le pendre au gibet, et cependant ils disaient autrefois, à l'époque de la passion de Notre-Sei-

[1] Bray-sur-Seine.

gneur : « Il ne nous est pas permis de faire mourir personne[1]. »

La même année, le 14 mai, on vit dans le Perche, près de Nogent, des armées de chevaliers descendre sur la terre du haut des airs, et après s'y être livré un combat merveilleux, tout-à-coup elles disparurent. A cette vue, les habitans, saisis de frayeur, s'en retournèrent, en frappant sur leurs poitrines.

L'an du Seigneur 1192, le 20 novembre, il y eut une éclipse de lune partielle, après minuit, dans le sixième degré des Gémeaux ; elle dura deux heures. Le 6 des ides du mois de mai (10 mai) suivant, au temps des Rogations, un prêtre anglais de nation, nommé Guillaume, renommé pour la sainteté de sa vie et l'innocence de ses mœurs, retourna vers le Seigneur. Il demeurait à Pontoise. Après sa mort, Dieu opéra sur son tombeau un grand nombre de miracles : des aveugles revirent la lumière, des boiteux furent guéris, une foule d'autres malades recouvrèrent leur première santé. Enfin, le renom de ce grand homme, répandu dans l'univers, attira de tous côtés un grand nombre de pélerins au lieu de sa sépulture.

La même année, l'iniquité des Chrétiens ne faisant que s'accroître, le roi Philippe reçut, à Pontoise, des lettres d'outre-mer, où on l'avertissait que le perfide Richard, roi d'Angleterre, faisait envoyer en France des Arsacides[2] pour lui arracher la vie ; ils venaient en effet d'assassiner, en Terre-Sainte, un marquis[3], parent du roi, brave chevalier qui avait signalé, dans ce pays, son courage et sa puissance avant l'arrivée

---

[1] Evang. selon saint Jean, chap. 18, v. 31.
[2] Assissins. — [3] Conrad de Montferrat.

des deux rois. A la lecture de ces lettres, Philippe, enflammé de colère, quitte aussitôt le château de Pontoise et reste en proie à mille inquiétudes pendant plusieurs jours. Comme ces bruits portaient le trouble dans son ame, et que ses alarmes croissaient de jour en jour, il tint conseil avec ses familiers, et envoya des députés au *vieillard*, roi des Arsacides, pour savoir plus sûrement de lui-même quelle foi il fallait ajouter à ces rapports. En attendant leur retour, le roi, pour plus de sûreté, s'entoura de gardes-du-corps toujours armés d'une massue d'airain, et veillant alternativement toute la nuit près de sa personne. Quand les députés furent revenus, les lettres du Vieux de la montagne prouvèrent à Philippe la fausseté de ces bruits, et rassuré par les rapports de ses envoyés, qui avaient approfondi avec soin cette affaire, il ne tint plus aucun compte des nouvelles mensongères qui l'avaient troublé, et son ame fut plus tranquille.

Le roi d'Angleterre se disposant à revenir dans ses Etats, confia au comte Henri, son neveu [1], jeune prince d'un rare mérite, toute la terre d'outre-mer, que les Chrétiens occupaient alors, et lui laissa son armée, puis il s'embarqua; mais une tempête s'étant levée, le vent emporta le vaisseau qu'il montait vers les côtes d'Istrie, entre Aquilée et Venise. Le roi fit naufrage, mais Dieu permit qu'il se sauvât avec quelques gens de sa suite. Un certain comte, nommé Mainard de Zara, et le peuple du pays, ayant appris que Richard venait d'aborder, et se rappelant aussitôt tout le tumulte que ce prince avait excité, pour la perte de son ame, dans la Terre-Promise, se mirent à sa pour-

[1] Henri de Champagne.

suite dans l'intention de le faire prisonnier, contre l'usage des États chrétiens, qui garantissent un libre passage à tous les pèlerins sur leur territoire. Ils mirent le roi en fuite, et prirent huit de ses chevaliers. Richard passa ensuite par un bourg de l'archevêché de Saltzbourg, nommé Freysingen, où Frédéric de Saint-Sauve lui prit encore six chevaliers. Le roi fut réduit à s'enfuir pendant la nuit avec trois hommes seulement; il se dirigea vers l'Autriche. Léopold, qui en était duc et parent de l'empereur, ayant fait garder la route et placer partout des soldats, finit par trouver le roi d'Angleterre dans un village voisin de Vienne. Il fut pris dans une pauvre cabane où il s'était caché : le duc lui enleva tout ce qu'il avait, et le mois de décembre suivant, il le livra à l'empereur Henri. Henri, à son tour, le garda en prison, contre toute justice, pendant un an et demi. Richard, après avoir été obligé de se soumettre à une foule de contributions et à des exactions de tout genre, donna enfin à l'empereur deux cent mille marcs d'argent pour racheter sa liberté, et repassa par mer en Angleterre; car il craignait d'être encore retenu prisonnier par le roi des Français, qu'il avait tant offensé, s'il essayait de passer sur ses terres.

Henri, comte de Champagne, neveu des deux rois du côté maternel, jeune héros du plus heureux caractère, voyant toute la province d'outre-mer affligée par le départ des deux rois, fidèle à la piété de ses pères et docile à la voix de Dieu, céda aux prières de quelques seigneurs qui restaient comme lui dévoués au service du Christ, et résolut de rester dans la Terre-Sainte avec les siens, sans craindre les fatigues, les peines, les privations qu'il faudrait subir pour porter la croix de Jésus-Christ, prêt à faire dans l'occasion le sacrifice de sa vie même, plutôt que de revenir honteusement dans ses terres sans avoir visité le sépulcre du Seigneur. Les chevaliers du Temple et de l'Hôpital de Jérusalem, ainsi qu'un grand nombre d'autres pèlerins qui étaient venus concourir à la délivrance de la Terre-Sainte, voyant la résolution du jeune comte, et pleins d'admiration pour sa grandeur d'ame autant que pour sa noble constance dans la cause de Dieu, le choisirent unanimement pour roi de la cité sainte, et lui donnèrent pour épouse la fille du roi de Jérusalem, louant et bénissant le Seigneur qui avait suscité à la Terre-Sainte un sauveur et un libérateur, du sang des rois de France.

L'an du Seigneur 1193, le 12 avril, le roi Philippe leva des troupes et alla prendre Gisors; peu de temps après, il réduisit en son pouvoir tout le Vexin normand, que le roi d'Angleterre avait usurpé. Après la réduction de Gisors et de toute la Marche de Normandie, le roi Philippe rendit à Saint-Denis, Neufchâtel[1], que le roi d'Angleterre Henri, et après lui son fils Richard, avaient long-temps gardé par force, contre tout droit.

Ce fut alors que Saladin, roi de Syrie et d'Egypte, mourut à Damas, laissant pour successeur ses deux fils, l'un nommé Saphadin, en Syrie, l'autre nommé Méralice, en Egypte.

La même année, à la fête du bienheureux Denis, un enfant qui venait de mourir subitement fut porté

[1] En Bray.

dévotement, par ses parens, dans l'église du bienheureux martyr Denis. Ils le placèrent sur l'autel en face des saintes reliques, et s'écrièrent avec des larmes et des soupirs : « Saint Denis, venez à notre aide. » Aussitôt le Seigneur ressuscita l'enfant en présence de tout le peuple, par les mérites et l'intercession des saints martyrs.

Vers le même temps, le roi Philippe députa Etienne, évêque de Noyon, personnage vénérable, à Canut, roi des Danois, pour le prier et le supplier de daigner lui envoyer une de ses sœurs, qu'il voulait prendre pour légitime épouse. Le roi des Danois accueillit avec empressement cette demande, et remit entre les mains des envoyés du roi de France, Ingeburge, la plus belle de ses sœurs, jeune princesse qu'embellissaient encore la sainteté et l'innocence de ses mœurs. Elle partit comblée des présens de son frère, se confia aux vents et à la mer, et trouva à Arras Philippe, roi des Français, qui accourait plein de joie, avec les évêques et les grands de son royaume, au devant de la princesse, depuis long-temps l'objet de ses vœux. C'est dans cette ville qu'elle devint sa légitime épouse et qu'elle fut couronnée reine des Français; mais, ô prodige! ce jour même le roi, sans doute à l'instigation du diable, ou, selon d'autres, par les maléfices de quelques sorcières, ne vit plus qu'avec horreur cette épouse si long-temps desirée. Peu de jours après, ses évêques et barons dressèrent un tableau généalogique qui établissait des degrés de parenté entre Philippe et son épouse, par Charles, comte de Flandre, et la censure ecclésiastique rompit aussitôt ce mariage. Cependant, la reine Ingeburge, ne voulant plus retourner en Danemarck, se décida à rester en France dans quelque saint lieu ; car elle aimait mieux conserver la continence conjugale et consacrer à la prière le reste de sa vie, que d'altérer la pureté de ses premiers engagemens, en acceptant un nouvel époux. Cependant on accusa d'injustice l'acte qui avait autorisé la rupture de ce mariage; les Danois se plaignirent au pontife romain, et Célestin envoya en France ses légats, savoir : Melier, prêtre-cardinal, et Cenci, son diacre. Ils vinrent à Paris, convoquèrent un concile des archevêques, évêques et abbés du royaume; ils s'occupèrent de renouer le mariage entre le roi Philippe et son épouse Ingeburge. Mais bientôt ils devinrent comme des chiens muets qui ne peuvent plus aboyer, et craignant même pour leur peau, ils finirent par ne rien décider.

La même année, le dixième jour de novembre, il y eut une éclipse totale de lune qui dura deux heures.

La même année aussi un possédé fut guéri miraculeusement, dans l'église du bienheureux martyr Denis.

Aux approches du mois de février, le roi Philippe ayant levé une armée, fit une nouvelle incursion en Normandie. Il y prit les villes d'Evreux, Neubourg, Vaudreuil, soumit d'autres places fortes, en détruisit plusieurs, fit un grand nombre de prisonniers, et mit le siége devant Rouen. Mais, après avoir examiné les fortifications de cette ville, et calculé ce qu'une pareille attaque lui coûterait, il désespéra du succès ; et, dans les transports de sa fureur, il fit mettre le feu à ses pierriers et à ses machines, puis se retira enfin, vers le saint temps du carême; il cessa la guerre, et conclut avec Jean, surnommé Sans-Terre, frère du roi d'Angleterre, un traité d'alliance peu sûr, car l'événement lui prouva bientôt toute la mauvaise foi de son ennemi.

*Convention arrêtée à Paris entre Philippe, roi des Français, et Jean, frère de Richard, roi d'Angleterre, l'an 1194.*

« Jean, comte de Mortain, à tous ceux qui les présentes lettres verront, salut.

« On vous fait savoir à tous que telles sont les conventions faites entre moi et mon très-cher seigneur Philippe, roi de France :

« 1. Qu'il doit avoir en perpétuité, dans la Normandie, toute la terre qui est en deçà de la Seine, depuis le lieu où elle se jette dans la mer, jusqu'au pays de France, en suivant le cours de ce même fleuve, et de ce côté de la Normandie où est située Rouen, excepté la ville de Rouen elle-même, et deux lieues à l'entour.

« 2. En outre le roi de France doit avoir Vaudreuil avec le château et ses appartenances, et toute la partie de Normandie qui est en deçà de la rivière dite Iton, en suivant le cours de cette rivière jusqu'à Chesnebrin, avec Chesnebrin et ses appartenances, et le château de Verneuil avec ses appartenances, et la ville d'Ivry avec ses appartenances et autres châteaux forts, et terres en deçà de l'Iton.

« 3. En Touraine, le roi de France doit avoir la ville de Tours avec ses appartenances jusqu'à Azay et le fief de Montrichard et d'Amboise, ainsi que Montbazon avec ses appartenances. Le château de Loches, celui de Châtillon, celui de Buzençois, avec leurs appartenances, resteront à perpétuité au roi de France.

« 4. Quant au comte [de Blois] Louis, mon parent, il aura les châteaux de Troo et de la Châtre avec leurs appartenances, et les fiefs de Freteval et de Vendôme.

« 5. Le comte du Perche [Geoffroi] aura en Normandie les châteaux de Moulins et de Bonmoulins avec leurs appartenances.

« 6. Le comte d'Angoulême tiendra sa terre du roi de France, savoir : celle dont il lui a fait hommage; et il tiendra de moi l'autre terre qu'il doit tenir de moi.

« 7. Je ferai la paix avec le comte de Saint-Gilles, à la considération et par le conseil du roi de France.

« 8. Je donnerai à Philippe de Giene quelque terre sur celles que je pourrai conquérir, toujours par l'avis et en considération du roi de France.

« 9. L'église de Saint-Martin de Tours aura en Poitou, en Anjou, dans la Touraine, dans le Maine, ses droits, ses libertés et ses coutumes, comme elle les avait au temps de Geoffroi comte d'Anjou, et de Guillaume comte de Poitou.

« 10. Moi, j'aurai la ville de Rouen avec deux lieues à l'entour, toute la terre de Normandie, excepté la portion qu'il est convenu que le roi de France doit avoir, toute la terre du Maine, de l'Anjou, de l'Aquitaine, de la Touraine, excepté ce que le roi de France et le comte Louis, mon neveu, doivent avoir en Touraine, comme il est écrit plus haut.

« 11. Pour ces terres, je ferai au roi de France et à ses successeurs les rois de France, des services et justices en leur cour, pour chaque fief, autant que chaque fief le comporte, et comme mes prédécesseurs l'ont fait à l'égard de ses prédécesseurs. Si j'avais deux héritiers ou davantage, chacun d'eux tiendrait du roi de France la baronie qu'il posséderait.

« 12. Pour ceux qui feront alliance avec le roi de France, je leur donnerai de la terre, en considération et par l'avis du roi de France.

« 13. Si Richard mon frère, roi d'Angleterre, voulait faire la paix avec le roi de France, et m'offrait aussi la paix pour moi-même, je ne pourrais l'accepter sans le consentement du roi de France. Et si le roi de France faisait la paix avec le roi d'Angleterre, il la ferait aussi pour moi, de manière que je tiendrais du roi de France, s'il était possible, la terre que j'avais en deçà de la mer, avant la paix : si cette condition ne pouvait être convenue, et que son avis fût que je fisse la paix en tenant du roi d'Angleterre la terre que je possédais avant la paix, du moins je la tiendrais du roi d'Angleterre à condition que je ne serais forcé, pour aucune cause, de venir à sa sommation, mais qu'il suffirait de me représenter dans mes actions et dans mes réponses par un avocat ou par un envoyé, et que je ne serais pas tenu d'aller à l'armée ou aux rendez-vous des chevaliers, mais seulement d'envoyer autant de chevaliers qu'il aurait été convenu dans le traité de paix, quand on fera la paix.

« 14. Le comte Louis, mon neveu, tiendra du roi de France en fief et hommage les châteaux de Troo et de la Châtre avec leurs appartenances, et les fiefs de Freteval et de Vendôme; et le comte du Perche tiendra de moi Moulins et Bonmoulins.

« 15. En outre le roi de France a accordé à notre ami et féal Hugues, évêque de Coutance, que s'il vient à faire la paix avec Richard, mon frère, roi d'Angleterre, il fera participer ce même évêque à la paix, de manière que ledit évêque aura son église de Coutance et ses possessions avec les droits y appartenant, aussi librement et paisiblement qu'avant la guerre. Et si le roi d'Angleterre ne lui tenait pas paix dont on serait convenu, le roi de France y prendrait le même intérêt que si le roi d'Angleterre avait violé les articles relatifs au roi de France lui-même.

« 16. J'ai donc juré en personne, que j'observerai toutes les susdites conventions, et que je les tiendrai en bonne foi et sans malice. Le roi de France de son côté a fait jurer par Barthélemi [1], son chevalier, qu'il observera aussi en bonne foi et sans malice les susdites conventions.

« Pour que le présent traité soit ratifié et considéré comme immuable, je l'ai scellé de mon sceau.

« Fait à Paris, l'an du Verbe incarné 1193 [2], au mois de janvier. »

L'an du Seigneur 1194, Michel, doyen de Paris, fut élu patriarche de Jérusalem ; mais Dieu en ayant ordonné autrement, il fut nommé archevêque quinze jours après par le clergé de Sens, avec l'assentiment du roi Philippe et de tout le peuple de cette ville, et sacré archevêque le huit des calendes du mois de mai suivant (24 avril). Je regrette que mes moyens ne me permettent pas de louer dignement sa sagesse et son

---

[1] De Roye.
[2] En 1194.

habileté dans la direction des écoles de Paris, aussi bien que ses largesses infinies, et toutes les vertus dont il donna l'exemple avant de recevoir le titre d'archevêque.

La même année, un petit enfant de la Courneuve, âgé de trois ans, que l'on avait trouvé noyé, fut ressuscité par les prières et les mérites du bienheureux martyr Denis.

Trois mois après, le dixième jour de mai, le roi Philippe leva une armée, entra en Normandie et mit le siége devant Verneuil. Il y était depuis trois semaines, et avait déjà détruit une partie des murs quand il reçut la nouvelle que la ville d'Evreux, où il tenait garnison, venait d'être prise par les Normands, que ses chevaliers avaient été faits prisonniers, et plusieurs même d'entre eux honteusement décapités. Aussitôt le roi, troublé et enflammé de colère, abandonne le siége, marche sur les Normands, les met en fuite, renverse de fond en comble la ville même, et, dans les transports de sa fureur, détruit aussi les églises de Dieu. Le reste de l'armée, qu'il avait laissé sous les murs de Verneuil, découragé par l'absence du roi et par la défense des assiégés, plia tout-à-coup tentes et pavillons, laissant à l'ennemi la plus grande partie des vivres. Ils battirent en retraite pour aller retrouver le roi. Les assiégés, après leur départ, sortirent de la ville et s'enrichirent des provisions et des dépouilles que les Français avaient abandonnées en toute hâte.

La même année, le quinzième jour de juin, Guillaume, comte de Leicester, homme brave et de grand cœur, fut fait prisonnier par le roi Philippe, et emprisonné à Etampes. De son côté, le roi d'Angleterre prit Loches à la tête de son armée, chassa les chanoines de Saint-Martin de Tours, les dépouilla violemment de leurs biens, et fit beaucoup de mal aux églises de Dieu dans ces contrées.

La même année, dans le Beauvaisis, entre Clermont et Compiègne, tombèrent des pluies accompagnées de tonnerres, de foudres et de tempêtes, telles qu'on n'en trouve point de comparables dans l'histoire la plus reculée. Des pierres de la grosseur d'un œuf, de forme triangulaire ou carrée, tombèrent du ciel avec la pluie, et détruisirent complétement tous les vergers, les vignes et les moissons. Des villages furent aussi réduits en cendres par la foudre ou par l'incendie. On vit souvent, au milieu de ces orages, des corbeaux voler dans les airs de tous côtés, portant dans leur bec des charbons ardens, dont ils embrasaient les maisons. Des hommes et des femmes périrent frappés de la foudre. Tous ces miracles saisissaient le peuple d'étonnement; et l'on vit encore dans ces jours malheureux une foule d'autres prodiges. Ces grandes merveilles doivent nous inspirer un effroi salutaire, et détourner les hommes de la pratique du vice. En même temps, dans l'évêché de Laon, le château de Chaumont fut aussi, dit-on, consumé par le feu du ciel. La même année, l'église de la bienheureuse Marie à Chartres fut la proie des flammes. La même année encore un homme de Vierzon fut délivré de prison à Rouen, par les prières du bienheureux Denis.

Philippe, roi des Français, ayant appris que le roi d'Angleterre avait chassé et dépouillé de leurs biens les clercs de l'église de Saint-Martin de Tours, prit en revanche toutes les églises de son territoire, appartenant aux évêchés ou abbayes qui étaient au pouvoir du roi d'Angleterre, et se laissant séduire par de mauvais conseils, il chassa les moines et les clercs qui s'y consacraient au service de Dieu, s'appropria leurs revenus, et même accabla sans ménagement d'exactions odieuses et extraordinaires les églises de son propre royaume. Il amassa aussi beaucoup de trésors en différens lieux et se réduisit à des dépenses modiques, disant que ses prédécesseurs les rois de France, pour avoir été trop pauvres et n'avoir pu dans des temps de nécessité donner une paie à leurs chevaliers, s'étaient vu enlever par la guerre une bonne partie de leurs États. Cependant la véritable intention du roi, en amassant ainsi des trésors, était de les faire servir à délivrer la terre de Jérusalem du joug des païens, à la rendre aux Chrétiens, et à défendre vigoureusement le royaume de France contre ses ennemis, quoi qu'en disent certains indiscrets qui, faute d'avoir bien connu les projets et la volonté du roi, l'ont accusé d'ambition et de cupidité. Mais comme il avait appris à l'école de la sagesse qu'il est un temps pour amasser, aussi bien que pour dépenser ses trésors, il saisit l'occasion de mettre les siens en réserve, pour avoir plus à répandre dans les temps d'un besoin pressant, comme le prouvent jusqu'à l'évidence les villes qu'il a fortifiées, les murs qu'il a réparés, et les châteaux innombrables qu'il a fait élever.

Quelque temps après, comme le roi Philippe passait avec son armée sur la terre du comte Louis, le roi d'Angleterre sortit tout-à-coup des bois avec une troupe nombreuse de chevaliers, et enleva de vive force les sommiers du roi Philippe, chargés de ses deniers, de beaucoup d'argent et de riches bagages. Pendant que cet événement se passait sur la terre de Louis, comte de Blois, Jean-Sans-Terre et le comte d'Arundel, avec leur armée et les bourgeois de Rouen, assiégèrent Vaudreuil, où le roi Philippe tenait garnison. Mais au bout de sept jours, le roi Philippe survint pendant la nuit avec quelques arbalétriers, et fondit sur le camp des ennemis, au point du jour. Aussitôt les Normands prirent la fuite et se retirèrent dans les bois, abandonnant pierriers et machines de toute espèce, avec tout l'attirail de guerre, et une grande abondance de vivres. Quelques-uns d'entre eux furent tués dans leur fuite, d'autres pris et mis à rançon.

La même année [1], l'empereur Henri soumit à son pouvoir toute la Pouille, la Calabre et la Sicile, qui lui appartenaient par droit héréditaire, du chef de sa femme.

La même année, mourut Raimond, comte de Toulouse : il eut pour successeur son fils Raimond, parent du roi des Français par Constance, sœur du roi Louis.

Une température funeste, des tourbillons, des orages, des grêles détruisirent les vignes et les moissons, et produisirent, l'année suivante, une violente famine.

L'an du Seigneur 1195, au mois de juillet, le roi d'Angleterre rompit la trêve, et la guerre recommença. Alors le roi Philippe renversa de fond en comble Vaudreuil, où il tenait garnison, et quelques jours après, c'est-à-dire le 19 août, il donna pour épouse

[1] En 1194.

au comte de Ponthieu sa sœur Alix, que Richard, roi d'Angleterre, lui avait renvoyée.

Dans le même temps, le roi des Moaviades, nommé Hémimomelin, c'est-à-dire roi des Croyans, entra dans les Espagnes avec une armée innombrable de Moaviades et dévasta les terres des Chrétiens. Hildefonce[1], roi de Castille, marcha à sa rencontre avec une nombreuse armée, lui livra bataille et fut vaincu[2]. Il s'enfuit du combat avec un petit nombre des siens ; laissant, dit-on, plus de cinquante mille Chrétiens sur le champ de bataille. Il faut attribuer ce désastre à la conduite du roi Hildefonce, qui opprimait sans pitié ses chevaliers pour élever la puissance des paysans. Aussi ses chevaliers appauvris n'avaient plus d'armes ni de chevaux, et les paysans, qui n'avaient pas l'habitude des armes, s'enfuirent précipitamment devant les Moaviades, qui coururent à leur poursuite et en firent un horrible carnage.

Pendant que ces événemens se passaient en Espagne, Richard, roi d'Angleterre, levant partout des soldats, vint assiéger le château d'Arques, où le roi des Français tenait garnison. Mais, peu de jours après, Philippe survint avec six cents chevaliers d'élite, tous enfans de France, mit les Normands en fuite, détruisit la ville de Dieppe, emmena les habitans et brûla les vaisseaux. A son retour, comme il passait avec les siens le long de ces bois, que le peuple appelle des *forêts*, le roi d'Angleterre sortit à l'improviste de ces forêts, avec ses gens, et tua quelques chevaliers de l'arrière-garde.

[1] Alphonse IX.
[2] Le 18 juillet 1195.

Merchadier, qui était alors chef des Cotereaux, détruisit avec sa troupe un faubourg d'Issoudun en Berri, prit la place, et y mit garnison pour le compte du roi d'Angleterre. Mais peu de temps après on fit une trève, et les deux rois cessèrent la guerre.

La même année, autres calamités; les pluies inondèrent les campagnes, et les grains germèrent en épis, avant même qu'on pût en faire la récolte. Ces pluies excessives, jointes à l'intempérie de l'année précédente, amenèrent une si grande cherté, que le froment se vendait à Paris seize sols le setier, l'orge dix sols, la mouture treize ou quatorze sols, le sel quarante sols. C'est pourquoi le roi Philippe, touché de compassion pour les misères publiques, fit distribuer à ses frais de larges aumônes aux pauvres, et publia des lettres où il exhortait, en termes affectueux, les évêques, les abbés, et tout le peuple de son royaume, à suivre son exemple. Le couvent de Saint-Denis donna aux pauvres tout l'argent qu'il avait à sa disposition.

La même année, un prêtre nommé Foulques commença à prêcher dans les Gaules. Ses prédications et ses instructions salutaires convertirent beaucoup d'usuriers et les engagèrent à restituer le fruit de leurs usures aux pauvres chrétiens.

Le mois de novembre suivant, au terme convenu, la trève expira, et la guerre recommença entre les deux rois. Philippe assembla son armée dans le Berri, près d'Issoudun, où le roi d'Angleterre se trouvait aussi avec son armée. Au moment où de part et d'autre on se disposait bravement au combat, tout-à-coup, par un miracle de la puissance divine, qui change quand il lui plaît les conseils des rois, et confond les pensées des peuples, le roi d'Angleterre, contre l'attente générale, déposa les armes et vint dans le camp des Français avec une suite peu nombreuse. Là, en présence de tout le monde, il fit hommage au roi Philippe du duché de Normandie et des comtés de Poitiers et d'Angers : les deux rois jurèrent aussi, dans le même lieu, le maintien de la paix, et remirent à l'octave de l'Epiphanie l'entrevue où ils devaient s'occuper de régler et de consolider entre eux cette paix. Le rendez-vous fut donné entre Vaudreuil et le château Gaillon, et les deux armées retournèrent pleines de joie dans leurs foyers. Mais le roi Philippe, qui n'oubliait jamais le bienheureux Denis, son défenseur et son patron, ne manqua pas de se rendre à l'église du saint martyr, où il offrit humblement sur l'autel, comme gage de son amour, un manteau de soie du plus grand prix, en reconnaissance des bienfaits de Dieu et des saints martyrs.

Le 15 du mois de janvier suivant, les archevêques, évêques et barons des deux royaumes se rendirent à la conférence, et la paix fut solennellement réglée entre les deux rois; de part et d'autre on la confirma par serment et par otages, telle qu'elle est contenue dans cet acte authentique.

## Convention de paix entre Philippe, roi des Français, et Richard, roi d'Angleterre.

« Richard, par la grâce de Dieu roi d'Angleterre, duc de Normandie et d'Aquitaine, comte d'Anjou, à tous ceux qui ces présentes verront, salut en Dieu.

Nous vous faisons savoir que telles sont les conventions de paix arrêtées entre notre seigneur Philippe, illustre roi des Français, et nous, la veille de Saint-Nicolas, entre Issoudun et Charost :

« 1. Que nous cédons en perpétuité à Philippe et à ses héritiers légitimes, Gisors, Neaufle et le Vexin normand ; à cette condition, qu'Etienne de Long-Champ doit avoir Baudemont et ses terres, et qu'il les tiendra du roi de France.

« 2. Pour Hugues de Gournay, voici ce qu'il en sera. Son hommage reste au roi de France tant que ledit Hugues vivra, s'il ne veut pas revenir à moi ; et après sa mort, tout son fief de Normandie doit revenir à nous et à nos héritiers.

« 3. La terre que ledit Hugues possédait en Angleterre et en Normandie doit être donnée à Richard de Vernon, par suite de l'échange que le roi de France doit faire avec le même Richard, pour le château de Vernon, en lui donnant quatre-vingts livres parisis de rente ; et si la susdite terre de Hugues ne valait pas quatre-vingts livres par an, le roi de France parfairait le reste sur sa propre terre. Ainsi Richard et son fils, de mon aveu et par mon ordre, ont cédé, en perpétuité, Vernon avec sa châtellenie, au roi de France et à ses héritiers, en foi de quoi ils ont prêté serment.

« 4. En outre nous tenons aussi pour bien et dûment confirmée, la cession que le comte de Leicester a faite en perpétuité à notre seigneur Philippe, roi de France, du château de Pacy[1], tant en fief qu'en domaine, avec sa châtellenie et ses appartenances.

---

[1] Sur Eure : On trouve souvent ce mot écrit *Passy*.

« 5. Nous cédons encore à perpétuité, au roi de France et à ses héritiers, par droit d'hérédité, Neufmarché, Vernon, Gaillon, Pacy, Ivry, Nonancourt, avec leurs châtellenies. Il est à savoir qu'on posera des limites entre le fort de Gaillon et le fort de Vaudreuil, au milieu du chemin, et qu'à partir de ces limites jusqu'à la Seine d'une part, et jusqu'à l'Eure de l'autre, tout ce qui sera du côté de Gaillon appartiendra au roi de France, et tout ce qui sera du côté de Vaudreuil m'appartiendra.

« 6. Nous cédons aussi à perpétuité au même roi Philippe et à ses héritiers l'Auvergne, fief et domaine, et tout ce que nous y possédons, avec ce que nous pouvions prétendre d'y posséder un jour.

« 7. De plus, si le comte de Leicester, ou Richard de Vernon, ou son fils, ou quelqu'un de nos gens, à l'occasion des fiefs et domaines que nous cédons au roi dans ce traité de paix, faisait quelque tort à Philippe ou aux siens, nous remettrions leurs terres entre les mains du roi de France, et lui en garantirions la possession jusqu'à réparation du dommage que Philippe ou les siens auraient pu souffrir, ou bien nous nous chargerions nous-mêmes de les satisfaire de nos propres deniers, et nous chasserions les coupables de notre terre.

« 8. Pour établir une paix solide entre nous et notre seigneur le roi des Français, il nous cède et nous abandonne à perpétuité, ainsi qu'à nos héritiers Issoudun, Graçay, et tous les fiefs dépendans d'Issoudun et de Graçay, le fief de la Châtre, de Saint-Chartier, de Châtillon-sur-Cher, pour les posséder, aux mêmes conditions qu'André de Chauvigny les tenait du roi des Français, et le fief de Château-Meillan, comme Eudes de Dôle le tenait du roi de France; Souillac, avec ses dépendances, excepté ce qui était encore entre les mains du comte de Saint-Gilles et des siens, ou des vicomtes de Touraine et des siens, la veille de la Saint-Michel. Si le roi de France voulait bâtir un fort à Ville-Neuve-sur-Cher, il pourra le faire.

« 9. Nous conservons le comté d'Eu, avec toutes ses appartenances, comme le comte d'Eu et les siens l'ont toujours tenu; le comté d'Aumale, avec ses appartenances, Arques et Driencourt, avec leurs appartenances. Les terres des chevaliers de Hugues de Gournay, qui nous ont suivi à la guerre, leur seront rendues; ils en feront hommage et service à Hugues de Gournay, mais sans aucun préjudice de la fidélité qu'ils nous devaient.

« 10. Le roi de France nous donne encore Beauvoir et son territoire, et tout le reste de la terre qui appartenait à mes hommes ainsi qu'à moi, avant que je l'eusse perdue dans ma captivité en Allemagne: seront exceptées les terres déjà désignées pour devenir la propriété perpétuelle du roi des Français et de ses héritiers, selon nos conventions.

« 11. Nous et le comte de Saint-Gilles nous posséderons au même titre toute la terre que nous tenions la veille de Saint-Nicolas, et nous agirons et construirons sur cette terre à notre volonté, comme sur la nôtre. Le comte de Saint-Gilles aura le même droit de son côté. Si le comte de Saint-Gilles refusait cette condition, le roi des Français, notre seigneur, ne lui prêtera pas secours contre nous, et nous pourrions lui faire tout le mal qu'il nous plairait par le fer ou par le feu. Si nous ne voulions retenir ce que nous aurions pris, quand le comte de Saint-Gilles voudrait faire la paix, nous lui rendrions toute la terre que nous aurions conquise depuis la veille de Saint-Nicolas; le comte en ferait autant avec nous. Si le comte de Saint-Gilles ne veut pas entrer dans la paix actuelle, nous ne lui ferons ni guerre, ni dommage, tant qu'il réclamera l'arbitrage du roi de France.

« 12. Le comte de Périgueux aura sa terre, comme il l'avait quand il s'est retiré de nous. Il en sera de même du vicomte de Broque. Le comte d'Angoulême, et ses hommes, recouvreront leurs terres, et ces trois seigneurs nous feront hommage et service comme devant.

« 13. Le vicomte de Touraine tiendra du roi des Français ce que de droit, et de nous aussi ce qu'il en doit tenir. Quant à Fortunat de Gordon, si nous pouvons prouver par serment de vingt ou trente hommes légitimes que nous avons tenu pendant au moins un an et un jour les deux châteaux de Casal et de Pérille, après quoi nous les aurions remis audit Fortunat, et que nous veuillions les posséder encore, le roi de France, notre seigneur, ne s'entremettra point dans cette affaire.

« 14. Pour les maisons du Châteauneuf de Tours, nous en référerons au conseil de l'archevêque de Rheims, et de Drogon de Mellot.

« 15. Pour Andely, ni le roi de France, notre seigneur, ni nous, n'en réclamons fief ou hommage; et s'il arrivait que l'archevêque de Rouen envoyât sur la terre du roi de France ou des siens une sentence d'excommunication ou d'interdit, le roi de France, notre seigneur, pourra l'assigner aux Andelys et aux possessions que l'archevêque y peut avoir, avec leurs appartenances, jusqu'à ce que deux diacres ou prêtres choisis *ad hoc* par le roi de France, sous serment et en bonne foi, aient décidé avec deux autres diacres ou prêtres choisis par nous, sous serment et en bonne foi, si l'interdiction ou l'excommunication a été mal ou dûment prononcée. S'ils décident qu'elle est juste, le roi des Français rendra audit archevêque les Andelys, avec ce qu'il en aura tiré dans cet intervalle, conformément à la décision des arbitres. Si, au contraire, la sentence de l'archevêque est trouvée injuste, ce que le roi de France aura tiré des Andelys et de ses appartenances sera au détriment de l'archevêque, qui lèvera en outre l'interdit ou l'excommunication. Le présent article est réciproque pour nous.

« 16. Si quelqu'un de ces arbitres venait à mourir, de part ou d'autre, il serait de même remplacé par un autre, que l'un de nous choisirait sous serment.

« 17. A la mort de l'archevêque, les revenus des Andelys et de ses appartenances demeureront entre les mains du chapitre de la bienheureuse Marie de Rouen, jusqu'à ce qu'il ait un successeur. Et nous promettons de ne faire aucun mal aux arbitres pour leurs décisions.

« 18. Les Andelys ne pourront être fortifiés.

« 19. Nous ferons restituer par notre seigneur, le roi de France, tout ce qu'il a pris aux églises que nous avons sur sa terre, et le roi de France exigera de nous la même restitution. Ni nous, ni le roi de

France, ne pourrons désormais, dans quelque guerre que ce soit, prendre ou surprendre rien qui appartienne aux églises, sur les terres l'un de l'autre; et des deux côtés, les églises jouiront des mêmes libertés que pendant la paix.

« 20. Nous ne nous entremettrons plus des hommes du royaume de France, ni des fiefs qui lui appartiennent, ni lui des nôtres, sauf toutefois les services que nous devons au roi de France, pour les fiefs que nous tenons de lui, selon qu'ils le comportent.

« 21. Nous ne recevrons pas non plus d'hommes-liges du roi de France contre lui, tant qu'il vivra, ni lui de nos hommes-liges, pendant notre vie.

« 22. Après tout cela, le comte de Leicester, et tous les prisonniers ou otages, seront délivrés de part et d'autre, selon le partage qui en a été fait.

« 23. Nous avons juré en bonne foi que nous tiendrons ces conditions, et le roi de France de même.

« En confirmation de toutes ces conventions, nous les avons munies de notre sceau. Fait entre Gaillon et Vaudreuil, l'an du Seigneur MCXCV (1196, mois de janvier). »

L'an du Seigneur 1196, au mois de mars, il y eut une inondation et des débordemens qui submergèrent, dans plusieurs endroits, des villages entiers avec leurs habitans, et rompirent les ponts de la Seine. Le clergé et le peuple de Dieu, à la vue des signes et des prodiges qui les menaçaient dans le ciel et sur la terre, craignirent un second déluge; et le peuple fidèle se mit en dévotion avec des gémissemens, des larmes et des soupirs, passant les jours dans les jeûnes et les prières. On faisait des processions, à pieds nus, on criait vers le Seigneur, pour qu'il pardonnât au repentir, pour qu'il détournât des pécheurs, dans sa clémence, le fouet de sa colère, et qu'il daignât les exaucer, recevant en miséricorde leur pénitence et la satisfaction qu'ils lui offraient du fond du cœur. Le roi Philippe suivit lui-même ces processions, comme le plus humble de ses sujets, avec des larmes et des soupirs. Le saint couvent du bienheureux Denis, portant le saint clou du Seigneur, avec la couronne d'épines et le bras du saint vieillard Siméon, élevant sa voix et ses soupirs vers le Seigneur, bénit les eaux en croix, et dit : « Au nom du signe de la sainte Pas-« sion, que le Seigneur ramène ces eaux dans leur « lit. » Et en effet, quelques jours après, la colère de Dieu fut apaisée, et les eaux rentrèrent dans leur lit.

La même année, au mois de mai, Jean, prieur de l'église Saint-Denis, fut fait abbé de Corbie.

La même année, au mois de juin, Baudouin, comte de Flandre, fit hommage au roi Philippe, à Compiègne, en présence de Guillaume, archevêque de Rheims, de Marie, comtesse de Champagne, et de beaucoup d'autres.

La même année et dans le même mois, le roi Philippe prit une épouse du nom de Marie, fille du duc de Bohême et de Méranie[1], et marquis d'Istrie.

Mais peu de temps après, Richard, roi d'Angleterre, au mépris des sermens et des conventions que nous avons transcrites, attaqua les armes à la main Philippe, roi de France. Il surprit, par ruse, et rasa le château de Vierzon, en Berri, quoiqu'il eût juré au

---

[1] Moravie.

seigneur de Vierzon de ne lui faire aucun dommage. Aussi le roi, rassemblant son armée, alla mettre, sans délai, le siége devant Aumale. Pendant que Philippe était arrêté sous les murs de cette place, le roi d'Angleterre se rendit maître, par fraude et par trahison, du château de Nonancourt, dont il corrompit la garnison à prix d'argent. Il y fit entrer lui-même des soldats et des arbalétriers avec des armes et des provisions en abondance, puis il revint contre le roi avec ses Normands et ses Cotereaux. Le roi des Français fit dresser tout autour de la ville assiégée ses pierriers et ses machines, et l'assaillit bravement pendant sept semaines et plus; mais les assiégés ne se défendaient pas avec moins de bravoure, repoussaient à leur tour les Français par la force, et souvent même en faisaient un grand carnage. Un jour le roi d'Angleterre fit une sortie contre l'ennemi à la tête des siens, mais, à la vue des Français, il tourna le dos et s'enfuit. C'est dans cette fuite que l'on prit, avec quelques autres chevaliers, Gui de Thouars, brave homme de guerre, redouté de ses ennemis. Les Français revinrent alors au siége, qu'ils poussèrent avec vigueur nuit et jour. Enfin, ils parvinrent à faire une brèche à l'une des tours, avec leurs pierriers et leurs mangoneaux. A la vue de ses murs ouverts, la garnison, moyennant une somme d'argent donnée au roi Philippe, obtint de se retirer paisiblement, la vie sauve, avec ses armes, son avoir, ses chevaux. Quelques Français, ignorant les intentions et la volonté du roi, blâmèrent cette capitulation; mais quand les assiégés furent sortis de la ville, et retirés en sûreté chez eux avec leurs biens, Philippe rasa le château. Enfin il revint à Gisors, et peu de jours après assiégea Nonancourt. Il fit dresser ses machines autour de la place, pressa vivement le siége, et en peu de temps se rendit maître du château, dans une action mémorable où il prit quinze chevaliers, dix-huit arbalétriers, et beaucoup d'autres, sans parler des vivres qu'il y trouva en abondance : il confia la garde de cette ville au comte Robert de Dreux.

La même année, le onzième jour de septembre, Maurice, de vénérable mémoire, évêque de Paris, le père des pauvres et des orphelins, retourna en paix dans le sein du Seigneur. Dans le nombre infini des bonnes actions de sa vie, il faut compter quatre abbayes qu'il a fondées à ses frais, et dotées avec la plus grande dévotion, savoir : Hériviau, Hermerie, Ierre et Gif, sans parler de bien d'autres, dont il serait trop long de citer les noms. En un mot, tout ce qu'il avait en propre il le donnait aux pauvres, et comme il croyait fermement à la résurrection des corps, dont il savait que bien des habiles de son temps étaient encore en doute, il voulut en mourant guérir leur incrédulité, et se fit donner un rouleau, où il écrivit ces mots : « Je sais que mon Rédempteur est vivant, et que je « ressusciterai de la terre au dernier jour, que je ver- « rai mon Dieu dans ma chair, que je le verrai, dis- « je, moi-même et non un autre, et que je le contem- « plerai de mes propres yeux. C'est-là l'espérance que « j'ai et qui reposera toujours dans mon cœur[1]. » Quand il fut à l'extrémité, il ordonna à ses fidèles et à ses familiers d'étendre ce rouleau sur sa poitrine pour que tous les hommes lettrés qui viendraient le jour de sa mort assister à ses funérailles, s'affermissent, en lisant

[1] Job, chap. 19, v. 25-27.

ces saints caractères, dans la croyance de la résurrection de tous les corps, pour ne plus en douter. Il eut pour successeur Eude, né à Souilly, frère d'Henri, archevêque de Bourges, et qui fut loin d'imiter la vie et les mœurs de son prédécesseur.

L'an du Seigneur 1197, Baudouin, comte de Flandre, renonçant ouvertement à la fidélité qu'il devait au roi des Français, fit alliance avec Richard, roi d'Angleterre, et ils affligèrent de mille maux Philippe et son royaume.

*Confédération entre Richard, roi d'Angleterre, et Baudouin, comte de Flandre, contre Philippe, roi des Français.*

« Nous faisons savoir à tous ceux qui verront cet écrit que telle est l'alliance et la convention faite entre Richard, roi d'Angleterre, et Baudouin, comte de Flandre et du Hainaut, son parent :

« 1. Que ledit roi d'Angleterre ne pourra faire paix ou trêve avec le roi de France sans la volonté et le consentement dudit comte; et ledit comte ne fera ou ne pourra faire paix ni trêve avec le roi de France sans la volonté et le consentement du roi d'Angleterre. Si, par hasard, ils venaient d'un commun accord à faire ensemble paix et alliance avec le roi des Français, et que ce dernier déclarât ensuite la guerre à l'un ou à l'autre, ledit comte et le roi d'Angleterre seraient tenus tous deux de se prêter mutuellement aide et secours du mieux qu'ils pourraient, et comme ils l'ont fait à l'époque où ce traité a été conclu entre eux.

« 2. Il faut observer que cette alliance et cette convention ne doit pas durer seulement tout le temps de la guerre, mais qu'elle les engage à jamais eux et leurs héritiers, soit en paix, soit en guerre. De sorte que, si le roi d'Angleterre viole ce traité et cette convention, ceux qui l'ont jurée pour le roi d'Angleterre se rendront prisonniers dudit comte dans le premier mois, après qu'ils en auront été bien informés, sans attendre la sommation dudit comte. De même si ledit comte manque au traité convenu, ceux qui l'ont juré pour lui se rendront prisonniers du roi d'Angleterre dans le premier mois, après qu'ils en auront été bien informés, sans attendre la sommation dudit roi.

« 3. A juré l'observation exacte de la présente convention, pour le roi d'Angleterre, et sur l'ame dudit roi, Jean, comte de Mortain, son frère ; le même comte jure aussi l'exécution rigoureuse du traité, pour lui-même et sur son ame, aussi bien que ceux dont suivent les noms :

Othon, comte de Poitou ; Baudouin, comte d'Aumale ; Guillaume Maréchal, Guillaume de Humet, connétable de Normandie ; Hugues de Gournay, Robert d'Harcourt, Robert, fils de Roger ; Guillaume, comte d'Arundel ; Roger de Torny, Guillaume, sénéchal de Normandie ; Robert Marmion, Robert Bertran, Raoul, comte de Chester ; Guillaume de l'Etang, Guillaume de Caty, Robert Tecson, Pierre du Bois, Hugues de Colones, Germain de Fournival, Foulques Stainel, Symphorien de Kyma, Hubert de Carency, Guillaume de Hundescot, Vauquelin de Ferrières, Hascoil de Solmy, Raoul d'Ardres, qui ont juré en Normandie, devant ledit roi d'Angleterre et ledit Baudouin, comte de Flandre.

« 4. Robert, comte de Leicester ; Raoul, comte d'Eu,

Guillaume de Varennes, Guillaume de Malion, Guerin de Clapion, Robert de Tresgoz, Henri de Bohun, Guillaume, fils d'Hamon, Philippe de Columbar, Guillaume Maengot, Renaud Basset, Henri de Ferrières, Johel de Mayenne, Guillaume de Mortemar, Hugues de Ferrières, Rogon de Sarcy, Robert, comte de Meulan; Thomas Basset, Alain Basset, Robert de Tiebouill, Gauthier Pippard, Richard de Humet, Guillaume Mallet de Gerarville, Henri Bistet, Henri d'Estouteville, Guillaume de Mowbray, Guillaume Martel, Robert, fils de Gautier, ont prêté le même serment en Normandie, en présence du même roi, de Liger, châtelain de Gand, et de Nicolas de Condé, qui ont été envoyés à cet effet en Normandie par ledit comte de Flandre.

« 5. Ledit comte Baudouin a signé de sa propre main le serment par lequel il s'engage à exécuter fidèlement ce traité et cette convention, et avec lui ont juré ses frères, Philippe, comte de Namur; et Henri, ses barons et ses autres hommes, dont voici les noms:

Roger de Courtray, Hugues de Saint-Hubert, Regnier de Trie, Nicolas de Condé, Théodore, fils du comte Philippe; Autel Sacherell, Théodore de Beuvron, Baudouin de Commines, Guillaume de Hundescot, Simon d'Haveret, Henri de Parkendal. Les susdits témoins ont juré, en Normandie, en présence du roi d'Angleterre et du comte de Flandre, excepté ledit comte de Namur, qui l'a juré en Flandre en présence de Baudouin, comte d'Aumale; de Guillaume de Hundescot, et de Guillaume de l'Etang, qui ont été envoyés à cet effet en Flandre par le roi d'Angleterre.

« 6. Gautier d'Avesne, Gérard, prévôt de Bruges;

Baudouin, chambellan; Poilly de Villiers, Gérard de Bailleul, Siger, châtelain de Gand ; Eustache de Malines, Gosvin de Wavres, Auguste de l'Arbre, Hugues de Ruet, Gautier de Stotenghen, Gérard de Rode, Théodore de Formente, Raoul Millepieds, Henri de Bailleul, Gérard de Puz, Gérard de Stailhon, Eustache de Ruet, Roger, châtelain de Courtray ; Regnier Desmonts ont prêté le même serment en Flandre pour le comte de Flandre, en présence desdits Baudouin, comte d'Aumale, Guillaume de Hundescot, et Guillaume de l'Etang. »

Renaud, fils du comte de Dammartin, fit une alliance entièrement pareille avec le roi d'Angleterre. C'était pourtant à l'affection sincère et à la familiarité du roi de France qu'il devait son comté et la main de la comtesse de Boulogne, mais il céda aux instigations du diable, et, malgré ses traités, au mépris de ses sermens, il vint, les armes à la main, attaquer le roi de France, son seigneur. Il se joignit aux Cotereaux et autres ennemis du roi des Français pour ravager et piller ses terres, et pour affliger le royaume d'une foule de maux.

La même année, le vendredi 24 octobre, mourut Hugues de Foucault, abbé de Saint-Denis, à la troisième heure du jour. Il eut pour successeur Hugues de Milan, prieur de Sainte-Marie d'Argenteuil.

La même année, mourut Henri, empereur des Romains, qui avait soumis la Sicile à son pouvoir tyrannique, et avait fait périr dans ce pays un grand nombre d'hommes distingués par leur naissance; sans respect pour la religion chrétienne, il avait aussi égorgé des évêques et des archevêques. En outre, à l'exemple de ses prédécesseurs, il avait accablé l'Eglise romaine sous le poids de sa tyrannie. C'est pour cela que le pape Innocent III s'opposa à l'élection de Philippe, son frère, excommunia tous ses partisans, et se déclara ouvertement pour Othon, fils du duc de Saxe, qu'il fit couronner roi de Germanie à Aix-la-Chapelle.

Vers le même temps, Henri, comte de Troyes, qui, depuis le retour des deux rois, avait reçu dans les pays d'outre-mer, le titre de roi de Jérusalem, mourut à Acre. Son frère, Thibaut, lui succéda au comté de Troyes.

La même année [1], le 8 janvier, le pape Célestin III retourna vers le Seigneur. Il eut pour successeur Innocent III, romain de nation, qui portait auparavant le nom de Lothaire.

La même année, mourut l'illustre Marie, comtesse de Troyes, sœur de Philippe, roi de France, du côté paternel; et de Richard, roi d'Angleterre, du côté maternel. Elle était aussi mère des deux seigneurs nommés plus haut, Henri, roi de Jérusalem, et Thibaut, comte de Troyes.

La même année, c'est-à-dire trois ans après les premières prédications du prêtre Foulques, le Seigneur Jésus-Christ opéra, par ce saint prêtre, une foule de miracles. Par ses oraisons et par l'imposition des mains, il rendait la vue aux aveugles, l'ouïe aux sourds, la parole aux muets, l'usage de leurs jambes aux boiteux, sans compter d'autres prodiges qu'il serait trop long d'énumérer, et que la trop grande incrédulité des hommes nous force de passer sous silence.

[1] En 1198.

L'an du Seigneur 1198, ce Foulques s'associa, pour l'aider dans ses prédications, un prêtre nommé Pierre de Roissy, du même évêché de Paris; c'était un homme lettré et, je crois aussi, plein de l'esprit de Dieu. Tous les jours, en accompagnant les diverses prédications, il retirait quelques ames du péché d'usure, et plus encore des fureurs de la luxure. Il sut même ramener à la continence conjugale des femmes qui vivaient dans des lieux de prostitution, et s'y livraient, à vil prix et sans pudeur, à tous les passans; car elles ne choisissaient pas même leurs complices. D'autres qui montraient du dégoût pour le mariage, et ne voulaient se consacrer qu'au service de Dieu, prirent l'habit régulier et furent placées dans la nouvelle abbaye de Saint-Antoine, à Paris, qu'on venait de fonder pour elles. D'autres encore allèrent, pieds nus, faire divers pélerinages et se condamnèrent à divers travaux. Mais, pour savoir dans quelle intention chacun aura prêché, il faut examiner la fin; car c'est la fin qui déclare évidemment les intentions secrètes des hommes; c'est par les œuvres qu'on juge les cœurs.

Outre ces deux prêtres, Herluin, moine de Saint-Denis, né à Paris, homme versé dans la connaissance des lettres sacrées, alla prêcher sur les côtes de la Bretagne. Son ministère et ses prédications eurent un plein succès. Une foule innombrable de Bretons reçurent la croix de sa main, et tout-à-coup traversant les mers avec d'autres pélerins, abordèrent, sous sa conduite, au port d'Acre; mais là, se trouvant divisés et sans chef, ils n'accomplirent rien d'utile.

Cette année, on vit apparaître des prodiges nouveaux. A Rosoy, en Brie, au moment du sacrifice divin, le pain se changea visiblement en chair sur l'autel, et le vin en sang. Dans le Vermandois, un chevalier mort ressuscita, prédit à bien des personnes les événemens futurs de leur vie, et vécut ensuite long-temps sans boire et sans manger. Dans la Gaule, aux approches de la Saint-Jean-Baptiste, il tomba du ciel, pendant la nuit, une rosée de miel qui s'attacha aux épis dans les champs, de manière que bien des personnes, en portant ces épis à leur bouche, sentaient en effet un goût de miel véritable. Dans un orage, la foudre tua un homme à Paris, et une grêle soudaine dévasta dans quelques endroits les vignes et les moissons. Peu de jours après, au mois de juillet, il y eut encore un orage violent : depuis Tremblay jusqu'au monastère de Chelles et ses environs, les moissons, les vignes, les bois, tout fut détruit. En effet, on vit tomber du ciel, des pierres de la grosseur d'une noix; dans d'autres endroits, elles étaient grosses comme des œufs, ou même plus grosses encore, s'il faut en croire la renommée. Le bruit public annonçait aussi la naissance de l'Antechrist à Babylone, et nous menaçait de la fin du monde. Pendant ces trois dernières années, les moissons détruites par des pluies excessives, refusèrent à l'homme sa nourriture, et amenèrent en France une grande disette.

La même année, au mois de juillet, le roi Philippe, contre l'attente générale et malgré son propre édit, rappela les Juifs à Paris, et fit éprouver de grandes persécutions aux églises de Dieu. Aussi, dès le mois de septembre suivant, la veille de la Saint-Michel, il en fut bien puni. Le roi d'Angleterre parut à l'improviste, et vint surprendre le roi de France avec quinze cents hommes d'armes, un grand nombre de Cotereaux, et une multitude infinie d'hommes de pied. Il ravagea le Vexin dans les environs de Gisors, détruisit un fort nommé Courcelles, brûla plusieurs villages dans la campagne, et emmena le butin qu'il y avait trouvé. Le roi Philippe, enflammé de colère, voulait pénétrer jusqu'au château de Gisors, avec cinq cents chevaliers seulement, mais le passage n'était pas facile, les ennemis lui fermaient le chemin. A cette vue, avec une ardeur égale à son courage, il s'élance furieux au milieu des rangs ennemis, et après avoir combattu vaillamment à la tête d'un petit nombre de chevaliers, il s'échappe sain et sauf, grâces à la miséricorde divine, et parvient à Gisors, laissant beaucoup de ses chevaliers prisonniers et le reste en fuite.

Parmi les prisonniers qui tombèrent entre les mains de Richard, dans cette déconfiture, se trouvaient Alain de Roussy, Mathieu de Marle, le jeune Guillaume de Mellot, Philippe de Nanteuil, et plusieurs autres dont je ne puis écrire les noms, car mon ame est trop émue de ces souvenirs : et ainsi le roi d'Angleterre s'en retourna cette fois triomphant, et distribua nos dépouilles.

Le roi de France, troublé de ce triste événement, au lieu de rappeler en sa mémoire l'offense qu'il avait faite au Seigneur, rassembla une armée, entra en Normandie et ravagea le pays jusqu'à Neubourg et Beaumont-le-Roger. Il rapporta de cette expédition un grand butin, et aussitôt après il congédia ses troupes, de manière que chacun rentra dans ses foyers; bien des personnes trouvèrent que ce n'était pas agir prudemment. En effet, le roi d'Angleterre, à cette nouvelle, vint peu de jours après avec ses Cotereaux, commandés par Merchadier, pour piller le Vexin et le Beauvaisis. L'évêque de Beauvais, brave homme de guerre, et Guillaume de Mellot, se mirent vivement à sa poursuite, pour lui enlever le riche butin qu'il avait fait; mais il leur dressa des embûches, les fit prisonniers, et les garda long-temps en prison. Le comte de Flandre prit en même temps Saint-Omer.

Philippe, duc de Souabe, frère de l'empereur Henri, avait pour lui la plus grande partie de l'empire, mais Othon, son rival, fils du duc de Saxe, soutenu par Richard, son oncle, roi d'Angleterre, le comte de Flandre, et l'archevêque de Cologne, fut couronné, à Aix-la-Chapelle, roi de Germanie. Philippe, roi des Français, fit alliance avec ledit Philippe, roi d'Allemagne et duc de Souabe, espérant, avec son aide, soumettre le comte de Flandre, et résister plus aisément au roi d'Angleterre.

*Alliance entre Philippe, roi des Romains, et Philippe, roi des Français, particulièrement contre Richard, roi d'Angleterre, et Othon, élu roi des Romains.*

« Moi, Philippe, roi des Romains, toujours auguste, je fais savoir, etc., que, vu l'attachement réciproque qui a toujours uni le seigneur Philippe, roi des Français avec Frédéric notre père, et Henri notre frère, de pieuse mémoire, tous deux empereurs des Romains, nous avons résolu de former, avec notre très-cher ami

Philippe, illustre roi des Français, l'alliance suivante, pour le bien de la paix et pour l'utilité publique.

« 1. Nous lui prêterons aide, particulièrement contre Richard, roi d'Angleterre, le comte Othon, son neveu, Baudouin, comte de Flandre, Adolphe, archevêque de Cologne, et contre tous ses autres ennemis, de bonne foi et sans malice, partout où notre honneur nous permettra de le faire, et toutes les fois que nous en trouverons l'occasion et le temps.

« 2. Si quelqu'un de notre empire porte dommage audit roi des Français, ou à son royaume, sans réparer ses torts par nous ou par nos gens, par paix ou par droit, dans des termes convenables, quarante jours après que nous en aurons reçu la nouvelle dudit roi de France (si nous sommes en deçà les monts), ou que l'évêque de Metz l'aura appris (si nous sommes par delà les monts), le seigneur roi des Français pourra se venger du coupable sans aucun obstacle, et nous l'y aiderons de bonne foi.

« 3. Nous ne retiendrons pas en notre empire quelque homme que ce soit, du royaume de France, soit clerc, soit laïque, contre la volonté de notre très-cher ami Philippe, roi de France.

« 4. Ledit roi de France pourra, quand il le voudra, se venger du comte de Flandre, sur la terre que ledit comte a dans l'empire, soit en fief soit en domaine, sans aucun obstacle.

« 5. Si nous venions à savoir que quelqu'un cherchât à porter dommage à l'illustre roi des Français, ou à son royaume, nous lui promettons de bonne foi que nous déjouerons ces complots; ou, si nous ne pouvons les déjouer, que nous ne manquerons pas du moins de les lui dénoncer.

« 6. Et, quand nous serons couronné empereur, avec l'aide de Dieu, nous renouvellerons ces conventions avec l'illustre roi des Français, et les confirmerons de notre sceau.

« 7. Nous avons promis entre les mains de Nivelon, respectable évêque de Soissons, l'accomplissement fidèle de tous ces articles; et de même, sur notre ordre, nos dévoués seigneurs et princes : Conrad, évêque de Wirtemberg; Bertrand, évêque de Metz; Chietelme, évêque de Constance; Théoderic de Greuch, Frédéric de Ceorle, Hartmann de Kirchberg, Geoffroi de Vehingre, Evrard d'Everstein, comtes; et de notre côté, Trusard, notre chambellan, Garnier de Rossewich, Garnier de Bollands, Garnier de Ceangue, chevaliers, ont juré qu'ils feront de bonne foi tous leurs efforts pour nous faire observer et tenir ces conditions. Nous le ferons jurer encore par un évêque et un archevêque.

« Donné à Worms, l'an 1198 de l'Incarnation du Verbe, le premier de notre règne, le 3 des calendes de juillet, de la main de Conrad, *pronotaire* de la cour impériale. »

Sur ces entrefaites, le pape Innocent III envoya en France le légat Pierre de Capoue, diacre cardinal de Sainte-Marie, pour établir la paix entre Philippe, roi des Français, et Richard, roi d'Angleterre. Cet homme vénérable vint en France vers l'époque de la Nativité du Seigneur; mais la paix étant trop difficile à rétablir, il ne put y réussir. Il obtint seulement, sur la foi des deux rois, une trêve de cinq ans. Encore le roi d'Angleterre fit toujours intervenir quelques ruses, pour empêcher qu'elle ne fût confirmée par des otages.

L'an du Seigneur 1199, le huitième jour d'avril, Richard, roi d'Angleterre, mourut d'une blessure grave qu'il reçut près de Limoges. Il venait d'assiéger un château nommé par les Limousins Chalus-Chabrol, pendant la semaine de la Passion du Seigneur, à l'occasion d'un trésor qu'un soldat y avait trouvé, et que le prince avide voulait à toute force se faire rendre par le vicomte de Limoges, car c'est chez lui que s'était réfugié le soldat qui avait fait cette découverte. Comme Richard était arrêté sous les murs du château dont il faisait le siége, et auquel il livrait tous les jours quelque nouvel assaut, un arbalétrier lui lança tout-à-coup un trait dont il fut percé. La blessure fut mortelle ; et, quelques jours après, le roi d'Angleterre entra dans la voie de toute chair. Ses restes reposent à Fontevrault, dans une abbaye de moines, auprès de son père. Quant au trésor qui fut l'occasion de sa mort, c'était, dit-on, un empereur, de l'or le plus pur, assis avec sa femme, ses fils et ses filles, à une table d'or. L'inscription indiquait exactement le temps où ils avaient vécu. Le roi Richard eut pour successeur son frère Jean, surnommé Sans-Terre, qui fut couronné, le jour de l'Ascension suivante, à Cantorbéry.

Alors le roi des Français, profitant de l'heureux changement que la mort de Richard avait apporté dans les affaires, prit Evreux, avec les forts voisins, Avrilly, Aquigny, y laissa garnison, et dévasta toute la Normandie jusqu'au Mans. Arthur, encore enfant, comte de Bretagne et neveu du roi d'Angleterre, entra dans l'Anjou avec une troupe considérable, se rendit maître du comté d'Angers; et, ayant trouvé le roi des Français au Mans, il lui fit hommage, et lui jura fidélité, ainsi que sa mère [1].

Cependant Philippe, comte de Namur, frère du comte de Flandre, fut pris, pendant le mois de mai, près du château de Lens, par Robert de Blois et par Eustache de Neuville, avec douze chevaliers, et livré au roi Philippe, avec un prêtre nommé Pierre de Douai, qui avait plus d'une fois cherché à nuire aux intérêts du roi de France. L'évêque élu de Cambrai [2] fut pris aussi par Hugues d'Amelencourt; et à cette nouvelle, Pierre de Capoue, légat de la sainte Église romaine, mit toute la France en interdit. Mais, trois mois après, le roi, mieux conseillé, remit en liberté Pierre de Douai, et le rendit à la sainte Église.

Aliénor [3], autrefois reine d'Angleterre, vint trouver le roi Philippe à Tours, et lui fit hommage du comté de Poitiers, qu'elle possédait à titre d'héritage. Le roi amena alors à Paris le jeune Arthur, le 28 juillet. Trois jours après, c'est-à-dire le 30 du même mois, il se rendit humblement en pèlerinage à l'église de Saint-Denis, et y déposa dévotement sur l'autel un manteau de soie, qu'il offrit à Dieu et aux saints martyrs, comme gage de son amour et de sa piété.

Au mois d'octobre [4], les deux rois jurèrent une trêve jusqu'à la Saint-Jean suivante. La même trêve fut aussi jurée entre Baudouin, comte de Flandre, et Philippe, roi des Français.

---

[1] Constance. — [2] Jean de Béthune. — [3] Eléonore de Guienne.
[4] En 1199.

La même année, mourut Henri, archevêque de Bourges. Il eut pour successeur Guillaume, abbé de Chaulieu. Au mois de novembre suivant, Michel, archevêque de Sens, homme de grand savoir en théologie, et agréable à Dieu, retourna vers le Seigneur. Il eut pour successeur Pierre de Corbeil, autrefois précepteur du pape Innocent, dont l'autorité et la protection conférèrent d'abord à ses mérites l'évêché de Cambrai, puis celui de Sens.

La même année, au mois de décembre, le jour de la fête de saint Nicolas, il y eut un concile convoqué à Dijon par Pierre, prêtre-cardinal, et légat de Rome. Tous les évêques, abbés et prieurs du royaume y furent réunis. Mais comme Pierre voulait, en haine du roi, faire placer tout son royaume en interdit, les envoyés de Philippe en appelèrent au Siége de Rome. Cependant le cardinal, loin de déférer à l'appel, n'en porta pas moins la sentence d'interdiction, en présence de tous les évêques réunis, recommandant seulement de la tenir secrète jusque vingt jours après la Nativité du Seigneur. Et en effet, vingt jours après la Nativité, toute la terre du roi des Français fut mise en interdit. Le roi, transporté de colère en apprenant que ses évêques y avaient donné leur consentement, les chassa de leurs siéges, dépouilla clercs et chanoines de tout ce qu'ils possédaient, les renvoya de sa terre et confisqua leurs biens. Enfin, pour comble d'outrages, il enferma dans le château d'Étampes Ingeburge, sa légitime épouse, cette sainte reine, ornée de toutes les vertus, modèle d'innocence, qui déjà, depuis long-temps, était privée des consolations de sa famille. Non content de ces excès, il porta le trouble dans toute la France : les chevaliers, qui étaient accoutumés autrefois à jouir d'une entière liberté, furent tiercés, aussi bien que leurs hommes; c'est-à-dire que le roi les dépouilla violemment du tiers de leurs biens. Il imposa aussi à ses bourgeois des tailles insupportables, et les accabla sous le poids d'exactions inouies.

L'an du Seigneur 1200, au mois de mai, le jour de l'Ascension du Seigneur, Philippe, roi des Français, et Jean, roi d'Angleterre, conclurent ensemble la paix, entre Vernon et l'île des Andelys. Cette pièce authentique, scellée de leur sceau, contient exactement toutes les conditions qu'ils arrêtèrent entre eux pour le rétablissement de la paix et le partage des terres.

*Traité de paix conclu à Gueuleton entre Philippe, roi des Français, et Jean, roi d'Angleterre.*

« Jean, par la grâce de Dieu, roi d'Angleterre, seigneur d'Irlande, duc de Normandie et d'Aquitaine, comte d'Angers et de Poitiers, à tous ceux qui ces présentes lettres verront, salut. Vous saurez que tel est le traité de paix conclu entre notre seigneur Philippe, illustre roi de France, et nous :

« 1. Nous garderons à Philippe et à ses héritiers la paix que le roi Richard, notre frère, a faite avec lui, entre Issoudun et Charot, à l'exception des articles auxquels la présente charte apporte quelques changemens, d'apres les rétractations que notredit frère a faites, concernant cette paix.

« 2. Nous donnons à Philippe et à ses héritiers, comme héritier direct du roi Richard, notre frère, la

---
¹ En 1200.

ville et le pays d'Evreux, avec tous ses fiefs et domaines circonscrits dans les limites suivantes. Les limites sont au milieu de la route, entre Evreux et Neubourg. Tout ce qui sera dans l'intérieur de ces bornes, du côté de la France, appartiendra au seigneur Philippe; tout ce qui sera de l'autre côté, vers Neubourg, sera à nous. Et autant notre seigneur le roi de France aura de terre vers Neubourg, autant il en recevra vers Conches et Aquigny de la même mesure, du côté où est située l'abbaye de Noé, en suivant le cours de l'Iton.

« 3. Quant à Quillebeuf, quelle que soit sa position, nous le donnons au roi de France. Tillières, avec ses dépendances, et Danville nous restent soumis. Cependant le seigneur de Bresolles aura ce qu'il doit avoir dans la seigneurie de Tillières, comme le comte de Tillières possédera aussi ce que de droit dans la seigneurie de Bresolles.

« 4. Nous avons aussi cédé au seigneur Philippe, dans l'évêché d'Evreux, tout ce qui est dans les limites; l'évêque d'Evreux en répondra au roi de France et à ses héritiers. L'évêque d'Evreux répondra de même à nos héritiers et à nous de tout ce qui sera hors de ces limites.

« 5. Il est à savoir que ni le seigneur roi de France, ni nous, ne pourrons construire au-dessous des bornes établies entre Neubourg et le pays d'Evreux, ni à Quillebeuf; le roi de France de son côté, comme nous du nôtre, nous ne pourrons le faire que dans les bornes prescrites. De plus, les forts de *Portes* et de *Landes* seront détruits incontinent, sans qu'on puisse y reconstruire d'autres forts.

« 6. Nous avons fait donner au roi de France par l'héritier direct d'Evreux, tout ce que le comte d'Evreux possédait dans ces limites.

« 7. Voici pour le Vexin normand. Nous et nos héritiers, nous garderons fiefs et domaines, au même titre que le seigneur archevêque de Rouen les tenait avant l'échange des Andelys, et tout le reste du Vexin nous demeure. Le roi de France ne pourra élever de forts ni au-delà de *Gamaches*, du côté de la Normandie, ni au-delà des limites de la forêt de Vernon, mais seulement au-dessous. Nous ne pourrons de même construire au-delà des bornes de la forêt des Andelys, mais seulement au-dessous.

« 8. Nous avons donné à Louis, fils du roi de France, pour son mariage avec la fille du roi de Castille, notre nièce, le fief d'Issoudun, celui de Graçai, et les fiefs de Bourges, comme André de Chauvigny les tenait du roi d'Angleterre, et le roi de France sera saisi de tous ces fiefs jusqu'à la consommation dudit mariage. Quelque chose qu'il arrive avant l'accomplissement de ce mariage, le seigneur roi de France tiendra lesdits fiefs toute sa vie, et après sa mort ils reviendront à nos héritiers ou à nous, si ledit Louis n'a pas d'héritiers de ladite Blanche, notre nièce.

« 9. Si nous mourions sans héritiers de notre épouse légitime, nous donnons de plus en mariage aux mêmes futurs avec lesdits fiefs, celui de Hugues de Gournay, en deçà de la mer d'Angleterre, aux mêmes titres qu'ils le tiennent de nous ; et celui d'Aumale et celui du comte du Perche, en deçà de la mer d'Angleterre, aux mêmes titres encore qu'ils les tiennent de nous.

« 10. En outre, nous avons donné au seigneur roi de

France vingt mille marcs sterling, au taux où ils sont, c'est-à-dire à raison de 13 sous 4 deniers le marc, pour son rachat et pour les fiefs de Bretagne que le roi de France nous a cédés. Nous recevrons Arthur en homme-lige, et c'est de nous qu'il tiendra la Bretagne.

« 11. De notre côté, comme héritier direct, nous tiendrons du seigneur roi de France tous les fiefs, comme notre père et Richard notre frère les ont tenus du seigneur roi de France, et selon les lois des fiefs, excepté les fiefs susdits qui restent au roi de France, selon nos conventions ci-dessus.

« 12. Pour le comte d'Angoulême et le vicomte de Limoges, nous les recevrons en hommage, et nous leur remettrons leurs droits.

« 13. Pour les comtes de Flandre et de Boulogne, voici ce qu'il en sera. Le comte de Flandre tiendra de la terre du roi de France ce qu'il en tient, et le seigneur roi de France aura fief et domaine de ce qu'il possède au comté de Boulogne : tout ce que le comte de Ponthieu tient maintenant de cette terre, fief et domaine, demeure au roi de France et au comte de Ponthieu.

« 14. Pour ce que le comte de Flandre tient de la terre du roi de France, il en fera hommage-lige au seigneur Philippe. Et si ledit comte de Flandre, ou quelques hommes du roi de France qui soient ou doivent être plutôt les hommes du roi de France que les nôtres, voulaient causer dommage ou porter préjudice au roi de France, nous ne pourrions leur prêter aide ou les retenir, contre le seigneur roi de France; et pareillement le roi de France, conformément à la présente convention, ne pourra retenir ou défendre ceux qui seraient ou devraient être plutôt nos hommes que les siens.

« 15. Dans ces conventions nous nous engageons aussi envers le roi de France à ne donner aucun secours à notre neveu Othon, ni d'argent, ni de chevaliers, ni par nos gens, ni par nous-même, ni par tout autre, sans le conseil et l'assentiment du seigneur roi de France.

« 16. Pour Arthur, nous ne lui retrancherons rien de son fief ou de son domaine de Bretagne, sans un jugement légitime de notre cour.

« 17. Nous avons donné pour sûreté au roi de France les hommes dont suivent les noms : Baudouin, comte d'Aumale; le comte Guillaume, maréchal; Hugues de Gournay, Guillaume de Humet, connétable de Normandie; Robert d'Harcourt, Jean des Prés, Guillaume de Ket, Roger de Touny, Garnier de Clapion, qui ont juré de passer au roi de France avec tous les fiefs qu'ils ont en deçà de la mer, si nous ne gardons pas les conditions de la présente paix.

« 18. Le seigneur roi de France nous a pareillement donné pour sûreté les hommes dont suivent les noms : le comte Robert de Dreux, Geoffroy, comte du Perche; Gervais du Châtel, Guillaume de Garlande, Barthelemy de Roie, Gauthier l'aîné, chambellan; Ursion son fils, Philippe de Lévis, Gauthier le jeune, chambellan, qui ont également juré de venir à nous avec tous leurs fiefs, si le roi de France ne garde pas les conditions de la présente paix.

« 19. Les susdits otages et nous, avons juré d'observer de bonne foi et sans malice toutes ces conventions, et pour leur donner une sanction plus durable, nous avons apposé à la présente page l'autorité de notre sceau.

« Fait à Gueuleton, l'an 1200 de l'Incarnation du Seigneur, au mois de mai. »

Or, le lundi suivant, Louis, fils unique du roi des Français, épousa dans le même lieu Blanche, fille d'Alphonse, roi de Castille, et nièce de Jean, roi d'Angleterre ; et pour ce mariage le roi Jean céda tous les forts, villes et châteaux, enfin toute la terre que le roi des Français lui avait prise, à Louis et à ses héritiers, à perpétuité. Il lui donna même sans contradiction toute sa terre en deçà de la mer, après sa mort, s'il venait à mourir sans héritier légitime.

L'an du Seigneur 1201, à la Nativité de la bienheureuse Vierge, Octavien, évêque d'Ostie et de Velletri, vint en France en qualité de légat. Le roi, par ses conseils, parut se résigner à recevoir en grace la reine Ingeburge, et éloigna pour quelque temps celle qu'il avait depuis épousée. Alors Octavien et Jean de Saint-Paul, prêtre-cardinal, tous deux légats du Siége apostolique, convoquèrent à Soissons, dans le mois d'avril, un concile auquel assista le roi Philippe, avec les archevêques, évêques et princes de tout le royaume. On y traita pendant quinze jours de la rupture ou de la confirmation du mariage de la reine Ingeburge. Après bien des débats et des disputes entre les jurisconsultes, le roi, ennuyé d'un si long retard, laissa là les cardinaux et les évêques, et partit un matin avec son épouse Ingeburge, sans avoir seulement salué le concile : il se contenta de lui faire savoir par ses envoyés qu'il emmenait avec lui son épouse, parce qu'elle était à lui, et qu'il ne voulait plus désormais s'en séparer. A cette nouvelle, le concile fut dissous, au grand étonnement des cardinaux, et des évêques qui s'étaient réunis pour prononcer l'interdit. Jean de Saint-Paul s'en retourna tout honteux, mais Octavien resta en France, et cette fois Philippe échappa aux Romains.

La même année, le 24 mai, mourut Thibaut, comte de Troyes, à l'âge de vingt-cinq ans ; et comme il n'avait pas d'héritier mâle, le roi des Français prit sa terre sous sa garde et sous sa tutelle, avec son épouse et sa fille unique. Mais bientôt la comtesse de Troyes sa femme, qu'il avait laissée enceinte, mit au monde un fils.

La même année, le 31 mai, Jean, roi d'Angleterre, vint en France. Il y fut reçu avec honneur par le roi Philippe. On lui fit donner une place d'honneur dans l'église de Saint-Denis, où il fut conduit dans une procession solennelle, au chant des hymnes et des cantiques ; puis le roi des Français le ramena à Paris, où les habitans lui firent un accueil plein de respect. Après cette réception brillante, il fut conduit au palais du roi, où l'on pourvut avec magnificence à tous ses besoins. Des vins de toute espèce furent tirés pour lui des celliers du roi de France, et prodigués à Jean et à sa suite. Le roi de France lui donna avec libéralité des présens de tous genres, de l'or, de l'argent, de riches habillemens, des destriers d'Espagne, des palefrois, et bien d'autres objets précieux. Puis le roi d'Angleterre prit congé de Philippe, après ces marques d'amour et de bonne intelligence, et se retira dans ses Etats.

La même année, avant le retour d'Octavien à Rome, Marie, la seconde femme de Philippe, fut rappelée par le Seigneur, et entra dans la voie de toute chair. Le roi en avait eu un fils, nommé Philippe, et une fille nommée Jeanne. Il l'avait gardée cinq ans contre le droit et contre la volonté de Dieu. Quand Marie fut morte, Philippe sollicita et obtint une déclaration du pape Innocent III, qui reconnut les enfans de cette princesse pour héritiers légitimes du roi de France, et la confirma par une bulle. Cette condescendance fut loin d'être approuvée de tout le monde.

La même année, le roi Philippe assembla son armée, et vint à Soissons. Il se proposait de ravager la terre du comte de Rhétel[1], et celle de Roger du Rosoy. Ces seigneurs avaient persécuté tyranniquement les églises de Dieu, et les avait dépouillées de leurs biens : le roi les avait en vain mandés par lettres et par envoyés, ils refusaient de venir à sa cour ; mais quand ils surent la prochaine arrivée de Philippe, ils se hâtèrent d'aller à sa rencontre. Ils lui donnèrent des sûretés et des otages, et jurèrent de restituer entièrement, selon la volonté du roi, ce qu'ils avaient enlevé aux églises, et de donner satisfaction de l'offense qu'ils avaient faite à leur seigneur et roi : Philippe revint alors à Vernon, où il eut, entre cette ville et l'île des Andelys, une conférence avec le roi d'Angleterre. Voici quel en était le sujet.

Le roi des Français somma Jean, roi d'Angleterre, comme son homme-lige, de venir, quinze jours après Pâques, à Paris pour faire une réponse satisfaisante aux

---

[1] Hugues, fils de Manassé.

plaintes de Philippe, relativement aux comtés d'Angers, de Poitiers et au duché d'Aquitaine : mais comme le roi d'Angleterre, au lieu de venir en personne au jour marqué, ne voulut pas même envoyer une réponse satisfaisante, le roi des Français tint conseil avec ses princes et barons, rassembla une armée, entra en Normandie, et prit le petit fort de Boutavant, qu'il détruisit. Orgueil, Mortemer, et toute la terre que tenait Hugues de Gournay, tombèrent bientôt en son pouvoir. A Gournay il fit Arthur chevalier, en lui livrant le comté de Bretagne, qui lui était dévolu par droit héréditaire : il y ajouta même les comtés d'Angers et de Poitiers, qu'il s'était acquis par le droit des armes; enfin, il lui donna un secours de deux cents chevaliers, avec une somme d'argent considérable. Le roi reçut alors Arthur en qualité d'homme-lige à perpétuité, et le comte de Bretagne prit ensuite congé du roi, et se retira dans le mois de juillet.

*Arthur, duc de Bretagne, fait hommage à Philippe, roi des Français.*

« 1. Arthur, duc de Bretagne et d'Aquitaine, comte d'Anjou et du Maine, à tous ceux qui les présentes lettres verront, salut. Vous saurez que nous avons fait à notre très-cher seigneur Philippe, illustre roi des Français, hommage-lige contre tous ceux qui peuvent vivre ou mourir, relativement aux fiefs de Bretagne, d'Anjou, du Maine, de Touraine, quand nous les aurons conquis, avec la grâce de Dieu, l'un ou l'autre, sauf toutes les tenances auxquelles étaient obligés notre seigneur et ses hommes, le jour même où il a défié

Jean, roi d'Angleterre, et selon les restrictions qu'il y avait faites dans la dernière guerre où il a assiégé Boutavant. De manière que, lorsque je recevrai les hommages de l'Anjou, du Maine et de la Touraine, je ne les recevrai que sous les conditions convenues entre nous, et si je manque à ces conventions, hommes et fiefs passeront au seigneur Philippe, pour lui prêter aide contre moi.

« 2. De plus, nous avons fait encore hommage-lige à notre seigneur et roi, du domaine du Poitou, quand nous l'aurons en notre pouvoir, si telle est la volonté de Dieu. Les barons du Poitou, qui sont de l'empire du seigneur Philippe, et les autres qu'il voudra désigner, lui feront hommage-lige de leurs terres contre tous ceux qui peuvent vivre ou mourir; ils me feront aussi hommage-lige, d'après ses ordres et sans préjudice de la fidélité qu'ils lui doivent.

« 3. Si l'illustre roi de Castille réclame aussi quelque droit sur notre terre, on s'en rapportera au jugement de la cour de notre seigneur le roi de France, si notre seigneur le roi de France ne peut pacifier d'un consentement commun ledit roi de Castille et nous.

« 4. Voici pour la Normandie. Le roi de France, notre seigneur, retiendra pour lui autant qu'il lui plaira de la terre de Normandie, et ce qu'il a conquis et ce que le seigneur lui laissera conquérir encore.

« Fait à Gournay, l'an du Seigneur 1202, au mois de juillet. »

Peu de jours après, Arthur s'était engagé trop hardiment, avec une troupe peu nombreuse, sur la terre du roi d'Angleterre, celui-ci survint à l'improviste avec une multitude infinie de gens armés, le défit et le prit avec Hugues le Brun, Geoffroi de Lusignan, et plusieurs autres chevaliers. Le roi Philippe, ayant appris ces nouvelles, abandonna aussitôt le siége du château d'Arques, parut avec son armée devant Tours, prit la ville et la livra aux flammes. Le roi d'Angleterre, de son côté, arriva à la tête des siens, après le départ du roi de France, et détruisit entièrement la même ville avec son château. Quelques jours après, le roi d'Angleterre prit le vicomte de Limoges[1], et l'emmena avec lui. Cependant Hugues le Brun, le vicomte de Thouars[2], Geoffroi de Lusignan et le vicomte de Limoges étaient tous hommes-liges du roi d'Angleterre, mais depuis qu'il avait enlevé, par perfidie, la femme[3] de Hugues le Brun, fille du comte d'Angoulême (et cet outrage, joint à d'autres griefs des mêmes seigneurs du Poitou, lui avait aliéné leur fidélité), ils s'étaient alliés, sous serment et par otages, au roi des Français. L'hiver survint, et les deux rois cessèrent la guerre sans paix ni trêve, après avoir garni leurs frontières.

Nous avons cru dignes de trouver place dans cette histoire les faits mémorables qui illustrèrent dans Constantinople les barons de France, secondés par le doge de Venise[4] avec ses Vénitiens et sa flotte : c'étaient Baudouin, comte de Flandre; Louis, comte de Blois; Etienne du Perche, le marquis de Monferrat[5], et beaucoup d'autres braves et vaillans guerriers qui avaient pris la croix pour la délivrance de la Terre-Sainte, après la mort du roi Richard. Mais pour

---

[1] Gui. — [2] Aimeri. — [3] Isabelle. — [4] Henri Dandolo. — [5] Boniface.

mieux graver dans la mémoire l'enchaînement des faits, je vais entrer dans plus de détails.

De notre temps, nous avons vu régner à Constantinople l'empereur Emmanuel, prince également illustre et par sa magnificence et par la sainteté de sa vie. Il avait un fils nommé Alexis, qui épousa Agnès, fille de Louis, roi très-chrétien des Français. Après la mort de l'empereur Emmanuel, son fils Alexis fut jeté dans les flots de la mer [1] par l'ordre d'Andronic, son oncle, qui voulait régner à sa place. Agnès, son épouse, demeura dans un saint veuvage. Andronic jouit plus de six ans de l'heureux succès du crime qui lui avait donné l'empire. Enfin, Conzerac [2] survint tout-à-coup, fit attacher le tyran au poteau dans les carrefours de Constantinople, et pour prix de ses forfaits voulut qu'il servît de but à ses archers, en sorte qu'il fut percé à coups de flèches.

Conzerac monta sur le trône à sa place. Il avait un frère [3], brave guerrier, mais plein d'iniquité, à qui il avait confié le pouvoir impérial, comme à un frère bien-aimé, tellement qu'il ne lui manquait que la couronne et le titre d'empereur. Enfin, cédant aux instigations du diable, et à son avidité du pouvoir, cet ambitieux commença par s'assurer, à force de largesses, des grands de l'empire; puis le cruel fit crever les yeux de Conzerac, son seigneur et son frère, et ne craignit pas d'usurper le titre d'empereur [4]. Il voulait faire subir au fils [5] de Conzerac le même sort qu'à son père, mais

---

[1] En 1183.
[2] Isaac l'Ange. — [3] Alexis.
[4] En 1195.
[5] Alexis.

ce jeune prince, protégé par la miséricorde de Dieu, sortit du noir cachot où il était retenu, s'enfuit des côtes de la Grèce, pour venir trouver en Allemagne sa sœur et Philippe, son beau-frère, roi de Germanie. En entrant en Italie, ce jeune héros rencontra quelques Français qui y allaient aussi.

Les Français, ayant débarqué à Venise, reçurent du jeune Alexis des envoyés qui leur exposèrent à la fois la triste destinée du père et du fils, et les sollicitèrent de rendre l'empire à ces deux princes. Pour prix de leurs services, on leur promettait de payer pour eux trente-trois mille marcs d'argent qu'ils devaient aux Vénitiens : on leur donnerait en sus l'argent convenu pour le passage; le jeune empereur marcherait avec eux et avec les forces de son empire à la délivrance de la Terre-Sainte, et pourvoirait, à ses frais, à tous les besoins de leur armée. Enfin, il devait unir l'Eglise de Constantinople à l'Eglise de Rome, et la soumettre au Pape son seigneur, comme un membre à son chef. On fit venir l'enfant, on lui fit prêter serment d'observer inviolablement les conditions proposées par les envoyés, et aussitôt les Français, braves et fidèles, se confiant aux vents et à la mer, emmenèrent tranquillement Alexis à travers les flots, et allèrent aborder à Constantinople.

Les Grecs qui étaient hors de la ville, à la vue de l'audace des Français et de la confiance intrépide qu'ils montraient dans le secours du Seigneur, prirent la fuite sans attendre le combat, et rentrèrent dans les murs de Constantinople. Mais les Français, après sept jours de siége par terre et par mer, après des prodiges de valeur, après des victoires remportées dans leurs combats journaliers, virent enfin l'empereur, qui s'était jusque là tenu caché derrière ses murailles, sortir, à la tête de soixante mille cavaliers et d'une multitude infinie de fantassins armés. Il les rangea donc en bataille pour combattre contre les Français. Ceux-ci, malgré l'infériorité de leur nombre, n'en attendaient pas le combat avec moins d'impatience et de joie, car ils comptaient sur une victoire assurée. Combien leur courage s'enflamma plus encore, lorsqu'ils virent le traître, qui régnait à Constantinople, se réfugier presque aussitôt dans ses murs, après de vaines bravades; car il les menaçait de venir le lendemain leur livrer bataille, et le lâche s'enfuit secrètement la nuit même avec sa femme et ses enfans. Le jour suivant, les Français donnèrent un rude assaut à la ville, escaladèrent les murs avec une ardeur admirable, se précipitèrent au bas des remparts sur les Grecs, avec leur audace accoutumée, et en firent un grand carnage.

Cependant le doge de Venise, ayant su que les Français, cernés par la multitude des Grecs, allaient être massacrés et succomber sous le nombre, vint aussitôt à leur secours avec ses Vénitiens; il fit avancer sa flotte, pour prendre part au combat, et marcha lui-même à leur tête. Il était vieux, et son corps affaibli par l'âge, mais son ame n'avait rien perdu de son courage; et on le vit, le casque en tête, se joindre des premiers aux Français dans le combat. Cette vue sembla leur donner une force nouvelle et ranimer leur audace; la bataille recommença avec plus de chaleur, le tyran impie et perfide fut repoussé avec ses hérétiques forcenés, qui voulaient donner à nos enfans un second baptême. La ville de Constantinople est emportée vaillamment par les Français et les Vénitiens réunis. Le vieux Conzerac passa de sa prison dans le palais impérial ; son jeune fils fut reçu dans Constantinople aux acclamations du peuple et du clergé, qui chantèrent à l'envi ses louanges, et il fut solennellement couronné du précieux diadème, dans la grande église et dans le palais de l'empereur.

Le fils de Conzerac l'aveugle ayant donc recouvré le trône, acquitta aussitôt les dettes des Français, leur paya exactement le prix du passage, et fournit à leur armée des vivres en abondance, aux dépens du fisc impérial. Le doge de Venise, et ses Vénitiens, jurèrent de fournir des vaisseaux aux Français et le secours de leur flotte, promettant aussi que si Dieu favorisait leur entreprise, comme ils étaient loin d'en douter, ils ne les abandonneraient jamais qu'après avoir entièrement soumis et confondu les ennemis de Jésus-Christ. Ils furent encore entraînés à cette promesse par les libéralités de l'empereur, qui leur fit donner cent mille marcs d'argent, pour les bons offices qu'ils avaient rendus aux Français, et qu'ils devaient leur rendre encore.

Le jeune empereur étant mort dans une bataille, Baudouin, comte de Flandre, fut élu et couronné empereur, de l'avis du doge de Venise et des autres princes, aussi bien que de l'accord général du peuple et du clergé [1]. C'est lui qui unit et soumit, avec le consentement des princes de sa cour, l'église d'Orient au pape et à la sainte Église romaine, comme un membre à son chef. Tels sont les exploits que nous trouvons détaillés dans leurs écrits ; mais nous de-

---

[1] En 1204.

vons, avec l'aide de Dieu, espérer de leur valeur des progrès plus étonnans encore en Terre-Sainte, quand il suffira d'un homme pour en poursuivre mille, et que deux guerriers pourront en mettre dix mille en fuite.

L'an du Seigneur 1202, dans la première quinzaine après Pâques, le roi des Français ayant levé une armée entra en Aquitaine, et, avec l'aide des Poitevins et des Bretons, prit plusieurs forts. C'est alors que le comte d'Alençon [1] forma une alliance avec le roi Philippe, et mit toute sa terre sous la garde de ce prince. Celui-ci revint ensuite en Normandie, avec son armée, s'emparer de Conques, de l'île des Andelys et de Vaudreuil.

Pendant que ces choses se passaient en France, le pape Innocent III envoya vers les deux rois de France et d'Angleterre l'abbé de Casemar, pour rétablir entre eux la paix. Conformément aux ordres du pape, son seigneur, il s'adjoignit l'abbé de Trois-Fontaines, et exposa avec lui les volontés du pape aux deux princes. Il leur recommanda de convoquer les archevêques, évêques et grands de tout le royaume, pour faire devant eux la paix, en ménageant leurs droits réciproques, et de rétablir dans leur premier état les abbayes de nonnes et de moines, aussi bien que les autres églises détruites dans le cours de leurs guerres. Philippe reçut communication de cette injonction à Mantes, dans l'octave de l'Assomption de la bienheureuse Vierge Marie ; il interjeta appel, en présence des évêques, abbés et barons du royaume, et on renvoya cette affaire à l'examen du souverain pontife.

Le dernier jour du même mois, le roi de France

---

[1] Robert.

rassembla une armée, et assiégea Radepont. Ayant fait élever autour de la place ses tours de bois ambulantes, et dresser ses autres machines de guerre, il prit la ville en quinze jours de siége. Il fit prisonniers vingt chevaliers qui s'étaient bravement défendus, cent sergens et trente arbalétriers. Quand il eut repris des forces et réparé son armée, il assiégea Gaillard, le mois de septembre suivant. C'était un château fort, que le roi Richard avait fait construire sur une roche élevée qui dominait la Seine, près de l'île des Andelys. Le roi des Français et son armée furent arrêtés au siége de cette place pendant plus de cinq mois, car il ne voulait pas livrer d'assaut à ce fort, pour épargner le sang de ses hommes, et pour ne pas endommager les murs et la tour. Il espérait amener les assiégeans à se rendre par la famine et la disette. Cependant, comme il se doutait qu'ils chercheraient à fuir, il fit creuser de bons fossés tout autour de la place; son armée y dressa ses tentes, et l'on éleva dix tours de bois sous les murs. Enfin, aux approches de la fête de saint Pierre [1], le roi des Francs fit dresser ses pierriers, ses mangoneaux, une tour ambulante, une machine en bois dite *truie*, et livra bravement l'assaut. Les assiégés se défendirent de même, et repoussèrent vivement les attaques des Français. Mais au bout de quinze jours, la veille des nones de mars, les Français s'emparèrent du château, à la suite d'un grand combat, où les murs avaient été brisés. On y fit prisonniers trente-six chevaliers, braves guerriers, et qui avaient fait une belle défense; quatre de leurs compagnons étaient morts pendant le siége.

[1] En 1202.

L'an du Seigneur 1203, Philippe, roi des Français, ayant rassemblé son armée, entra en Normandie, le 6 des nones de mai (2 mai); il prit Falaise, château très-fort, Domfront, et un bourg très-riche que le peuple nomme Caen. Il soumit aussi tous les environs, jusqu'au mont Saint-Michel, en péril de mer. Les Normands vinrent ensuite lui demander merci, et lui livrèrent les villes confiées à leur garde, Coutance, Bayeux, Lisieux et Avranche, avec leurs châteaux et leurs faubourgs; pour Évreux et Sées, il les avait déjà en son pouvoir. De toute la Normandie, il ne restait plus que Rouen, ville très-opulente, pleine de nobles hommes, et capitale de la Normandie toute entière, Verneuil et Arques, villes fortes, bien situées et bien défendues. A son retour de Caen, le roi laissa d'abord des garnisons dans les villes et dans les châteaux; puis il mit le siège devant Rouen. Les Normands, voyant qu'ils ne pouvaient pas se défendre, ni attendre de secours du roi d'Angleterre, songèrent à se rendre. Cependant ils prirent sagement leurs précautions pour conserver fidélité au roi d'Angleterre; ils demandèrent humblement au roi des Français, pour leur ville et pour Verneuil et Arques, villes liguées avec Rouen, une trêve de trente jours, qui finissait à la Saint-Jean. Dans cet intervalle, ils pourraient envoyer prier le roi d'Angleterre de leur donner du secours dans un danger si pressant. S'il s'y refusait, les Normands s'engageaient à remettre entre les mains de Philippe le victorieux, roi des Français, leurs biens, leurs personnes, la ville et lesdits châteaux, en donnant pour otages soixante fils de bourgeois de Rouen.

*Convention faite entre les citoyens de Rouen et le roi des Français, pour la reddition de la ville.*

« Pierre Després, et les autres chevaliers qui sont avec lui à Rouen, les jurés et la commune de ladite ville, à tous ceux qui les présentes lettres verront, salut. Toute notre ville saura que telles sont les conventions entre le seigneur roi de France et nous, excepté le comte de Meulan [1], Guillaume le Gros, Roger de Thoëni et ses fils, que le seigneur roi de France a exclus de toutes les conventions suivantes :

« 1. Le seigneur roi de France nous a donné une trêve de trente jours, à compter du premier du présent mois de juin, à telle condition que si Jean, roi d'Angleterre, dans les trente jours convenus, ne fait pas la paix avec le roi de France, et à sa volonté, ou s'il ne le repousse pas d'ici par la force des armes, nous livrerons audit roi de France, ou à son ordre, la ville de Rouen toute entière, avec ses forteresses. En foi de quoi nous avons juré, moi, Pierre Després, Geoffroi du Bois, Henri d'Estouteville, Robert de Hivesneval, Thomas de Panillac, Richard de Huillecher, Pierre de Hottot, et tous les autres chevaliers qui sont à Rouen jureront aussi, l'observation fidèle de ces conventions, le premier dimanche après l'Ascension du Seigneur.

« 2. Pour les bourgeois ont juré : moi, Robert, maire ; Geoffroi, changeur ; Mathieu Legros, Hugues, fils de la vicomtesse ; Raoul de Chilliac, Jean Lucas, Raoul Grommet, Enard de la Rive, Jean de Fesard,

[1] Robert.

Clerambaut, Jean Batiecot, Roger Malasne, Wallon de la Rive, Hosmond Poirier, Bernier Fabre, Guillaume Grommet, Guillaume Freschet, Robert de Mesnil-le-Lac, Auger de Surrives, Robert du Châtel, Nicolas de Dieppe, Robert Poirier, Robert de Villars, Roger de Gautier, Robert de Maupalu, Silvestre de Gatteville, Martin de Courvoisier, Hugues, neveu de Wallon; Richard de Saint-Wandrégisile, Geoffroi Villain, Petit, pêcheur; Lucas de Baudry, Guillaume Meunier; et tous les autres bourgeois de Rouen, doivent jurer pareillement l'exécution fidèle du traité, le premier dimanche après l'Ascension du Seigneur.

« 3. En garantie des conventions précédentes et de celles qui vont suivre, les soussignés doivent donner des otages au roi de France à l'Ascension prochaine : moi, Pierre Després, je donnerai Guillaume, mon neveu, fils de Jean Després; Renaud du Bois donnera Geoffroi son fils; Geoffroi du Bois donnera Guillaume son neveu, fils de sa sœur Have, et tous les autres chevaliers qui ont des forteresses doivent livrer au seigneur roi de France des otages pour l'honneur de Jean Després et de Jean de Roberet.

« 4. Nous aussi, bourgeois de Rouen, nous devons livrer pareillement au roi de France, pour la prochaine Ascension, en garantie des conventions précédentes et de celles qui vont suivre, quarante otages, tant fils que proches héritiers de nos familles, au choix du roi.

« 5. Nous livrerons encore audit roi de France la barbacane entière, qui est à la tête du pont du côté du roi, avec dix pieds d'eau de la Seine en long, en face du pont, où le roi pourra construire et élever une forteresse à volonté, et quand il lui plaira. Outre ces dix pieds, nous détruirons quatre arches du pont, à sa volonté, et quand il lui plaira ; et à la tête de ces arches que nous aurons détruites du côté de Rouen, nous ouvrirons ou nous boucherons une porte, selon la volonté dudit roi.

« 6. Après l'exécution des conventions susdites et des suivantes, le roi fera remise aux chevaliers, bourgeois et sergens d'armes qui se trouvaient à Rouen le premier du présent mois de juin, de toutes les tenances dont ils étaient saisis ledit jour, s'ils lui rendent hommage et service; cependant les services qu'ils feront audit roi seront toujours mesurés sur les droits de leurs fiefs et de leurs terres.

« 7. Les chevaliers et bourgeois du comté d'Eu qui se trouvaient ledit jour à Rouen, seront saisis de leurs terres, et agiront avec le comte d'Eu comme ils le doivent.

« 8. Les bourgeois de Driencourt, d'Eu et d'Aumale recouvreront leurs tenances et rendront les services attachés auxdites tenances, selon leurs droits, pourvu cependant qu'ils reviennent dans le lieu de leurs tenances.

« 9. Les chevaliers et valets de la terre du comte Robert d'Alençon qui se trouvaient aussi ledit jour à Rouen, seront de même saisis de leurs terres, et agiront envers le comte Robert, comme de droit.

« 10. Après l'accomplissement de toutes ces clauses, ainsi qu'il a été dit plus haut, et qu'il sera dit plus bas ; après que nous aurons rendu en entier audit roi la ville de Rouen avec toutes ses forteresses, il nous garantit de son côté la liberté des péages et les coutumes y appartenant, telles que nous les avions en Normandie, excepté dans le comté d'Evreux, dans le Vexin normand, à Pacy-sur-Eure, sur la terre de Hugues de Gournay, depuis Pont-de-l'Arche, du côté de Rouen, par eau et par terre, ainsi que dans le Poitou, l'Anjou, le Maine et la Gascogne.

« 11. Ledit roi de France fera donner un sauf-conduit aux chevaliers et sergens qui se trouvaient à Rouen le premier du présent mois de juin, et qui n'auront pas voulu accepter ces conditions dans les trente jours prescrits, s'ils préfèrent se retirer, soit par terre, soit par eau.

« 12. Ledit roi de France pourra mener et ramener par eau ses vaisseaux, navires et galères sans marché d'achat, à moins que ce marché ne soit à son profit; et si les gens dudit roi qui se trouveraient sur ses vaisseaux ou navires prenaient quelque chose qui appartînt à nous ou à d'autres, soumis aux présentes conventions, à compter du 1er de juin, le roi ferait rendre à nous ou à ceux qui sont soumis à ces conventions, tout ce que nous pourrions légitimement prouver, et par témoins légitimes, avoir appartenu à nous ou à ceux qui ont pris part à ces conventions, sans exception.

« 13. Après ces trente jours, les chevaliers et sergens qui étaient au 1er juin à Rouen, pourront aller aux tenances qu'ils occupaient ledit jour. Et si dans l'intervalle ils font hommage audit roi des terres dont ils étaient saisis ce jour-là, le roi les recevra en qualité d'hommes de ces terres.

« 14. Les marchands de Rouen pourront porter leurs marchandises par terre et par eau, pendant ces trente jours, sur la terre dudit roi, et les rapporter sans pain ni blé, en payant leurs coutumes et péages légitimes où ils le doivent; et après l'accomplissement de toutes les susdites conventions, ledit roi nous rendra nos otages.

« 15. Moi, Robert, maire de Rouen, je jurerai avec vingt autres, que loin d'avoir fait décapiter des hommes du roi de France dans la ville de Rouen, nous en avons éprouvé plus de douleur que de joie; et si nous pouvons atteindre les coupables, nous les livrerons nous-mêmes à discrétion au seigneur roi de France.

« 16. Voici pour Verneuil et Arques. Si les hommes de Verneuil veulent faire la paix avec le seigneur roi et lui donner sûreté, ils n'auront qu'à le lui faire savoir pour l'Ascension prochaine, et ledit roi leur accordera une trêve, aux mêmes conditions qu'à nous.

« 17. De même, si ceux d'Arques veulent faire la paix avec le seigneur roi, et lui donner bonne sûreté, ils n'auront qu'à le lui faire savoir pour l'Ascension prochaine, et ledit roi leur accordera la trêve, aux mêmes conditions qu'à nous.

« 18. Ledit roi nous a garanti l'observation de ces conditions, en foi de quoi ont juré les soussignés: Hervey, comte de Nevers; Robert, comte de Dreux; Pierre, comte d'Auxerre; Dreux de Mellot, connétable; Gui de Dampierre, Barthelemy de Roye, Guillaume de Garlande, Henri Clément, maréchal; Jean de Roboret, Albert de Hangest; Gauthier l'aîné, chambellan; Gaucher de Châtillon, le comte Guillaume de Joigny, Gaucher son frère, le comte Milon de Bar, Robert de Courtenay, Gauthier le jeune, Hugues de Malaunet, Raoul Ploquet, Raoul de Roye.

« Fait devant Rouen, l'an du Seigneur 1204, le 1ᵉʳ de juin. »

A la Saint-Jean, les bourgeois ne recevant aucun secours du roi d'Angleterre acquittèrent leur promesse, et livrèrent sans contradiction au roi des Français la ville de Rouen, cité opulente, capitale et principauté de toute la Normandie, avec les deux châteaux dont il a été parlé plus haut. Il y avait trois cent seize ans que cette ville avec toute la Normandie avait cessé d'appartenir aux rois de France. C'était le Danois Rollon qui, étant survenu avec ses païens, l'avait enlevée par le droit des armes à Charles le Simple. Bientôt après, à la Saint-Laurent[1], le roi Philippe rassembla une armée, entra en Aquitaine, prit la ville de Poitiers avec toute la terre voisine, châteaux, bourgs, villages environnans, et les barons de cette terre lui prêtèrent serment de fidélité, comme ils avaient coutume de le faire à leur seigneur-lige. L'hiver le força de quitter La Rochelle, Chinon et Loches, après avoir laissé ses troupes au siége de ces deux dernières places. Il revint en France.

Aux approches de la solemnité de Pâques, l'an 1204, le roi Philippe convoqua les comtes, ducs et magistrats du royaume de France, leva plusieurs milliers de fantassins armés, des archers à cheval, fit partir devant lui ses bagages, avec des vivres en abondance pour les besoins de l'armée, et lui-même se mit bientôt en marche, et vint à Loches avec des chars, des chevaliers, des archers, et un immense attirail de machines de siége. Il les fit dresser autour

[1] Le 10 août 1204.

du château, qu'il prit d'assaut. Il y fit prisonniers environ cent vingt hommes d'armes, tant chevaliers que sergens. Il donna le château à Dreux de Mellot, après lui avoir fait prêter serment de fidélité et avoir mis garnison dans la place. Puis, il dirigea toute son armée sur Chinon, et y dressa son camp, avec un grand appareil de machines de siége. Peu de jours après, il fit assaillir vivement le château et l'emporta. Les chevaliers, arbalétriers et fantassins qu'il y trouva en grand nombre, et qui avaient fait une courageuse résistance, furent conduits en prison à Compiègne. Il fit fortifier encore le château, puis il y laissa garnison, et revint en France vers la Saint-Jean-Baptiste.

L'an du Seigneur 1205, Philippe, roi des Français, offrit à l'église du bienheureux Denis l'Aréopagite, comme un gage de dévoûment et d'amour, les précieuses reliques que Baudouin, empereur de Constantinople, avait prises avec crainte et respect, au milieu des jeûnes et des prières, dans la sainte chapelle des Empereurs, qu'on appelle la Gueule-du-Lion. C'était un morceau de la sainte croix où fut attaché le Sauveur du monde. Il était long d'un pied; et pour la grosseur, on aurait pu le tenir dans la main, entre le pouce et l'index réunis. Il y avait aussi des cheveux de notre Seigneur Jésus-Christ encore enfant; une épine de la couronne de Notre-Seigneur; une côte et une dent de l'apôtre Philippe; un tissu de lin blanc, dans lequel notre Sauveur fut enveloppé dans sa crèche, et enfin son manteau de pourpre. La croix fut placée dans un vase d'or orné de pierres précieuses, et proportionné à sa grandeur. Les autres reliques sont conservées dans un autre vase d'or. Le roi très-chrétien remit donc de sa propre main ces offrandes précieuses à Henri, abbé de Saint-Denis, le 7 des ides de juin, à Paris. L'abbé, charmé de la munificence du roi, les reçut avec une joie qu'il exprimait assez par ses larmes, et se rendit jusqu'à la foire en chantant des psaumes, et récitant des oraisons. Là, vint à sa rencontre une procession des moines de Saint-Denis, couverts d'aubes et de chapes de soie, les pieds nus, accompagnés de tout le peuple et de tout le clergé. Il donna dans le même endroit la bénédiction avec les saintes reliques, qu'on alla déposer, au son des cloches, au chant des hymnes et des cantiques, dans l'église du trois fois bienheureux Denis, sur les corps des saints martyrs, dans de grands vases d'or pur couverts de pierres précieuses. C'est là qu'elles reposent, avec la tête du précieux martyr Denis lui-même, et l'épaule de saint Jean-Baptiste. Béni soit le Seigneur en toutes choses, lui, dont la divine bonté m'a permis, à moi, son indigne serviteur, à un misérable pécheur, déjà presque accablé par la vieillesse, de voir encore un si beau jour!

L'an du Seigneur 1206, la veille des calendes [1] de mars, il y eut une éclipse partielle de lune à la sixième heure du jour, dans le seizième degré des Poissons. Le mois de juin suivant, la veille des nones, mourut à Paris la reine Adèle, mère du roi des Français. Depuis elle fut ensevelie à Pontigny, en Bourgogne, auprès de son père Thibaut, comte de Troyes

---

[1] Il faut lire le 5 des ides ou le 11 mars; les tables astronomiques rapportent cette éclipse à l'an 1207.

et de Blois, dans l'abbaye même dont on m'a dit qu'il était fondateur.

La même année, au mois de juin, le roi Philippe rassembla ses hommes, et entra en Poitou, sur la nouvelle que Jean, roi d'Angleterre, avait abordé à La Rochelle avec une armée nombreuse. Louis, fils unique du roi, fut quelque temps malade à Orléans, mais il se rétablit bientôt, grâces à la miséricorde divine. Philippe conduisit son armée d'abord à Chinon, puis il fit fortifier Poitiers. Après avoir laissé des garnisons suffisantes de chevaliers et de sergens dans Loudun, Mirebel et autres châteaux qu'il possédait en cette terre, il revint à Paris. Mais Jean prit Angers, qu'il détruisit entièrement. Le vicomte de Thouars, oubliant la fidélité qu'il devait au roi des Français, fit alliance avec le roi d'Angleterre. Philippe l'ayant appris, retourna en Poitou avec une forte armée, et ayant rangé son armée en bataille, il ravagea la terre du vicomte de Thouars, sous les yeux du roi d'Angleterre, qui était alors à Thouars même. Enfin les deux rois convinrent d'une trêve de deux ans, à compter de la Toussaint. Philippe revint en France, et Jean reprit le chemin de l'Angleterre.

*Conditions de la trêve de deux ans conclue entre Jean, roi d'Angleterre, et Philippe, roi des Français.*

« Jean, par la grâce de Dieu, roi d'Angleterre, seigneur d'Irlande, duc de Normandie et d'Aquitaine, comte d'Angers, à ceux qui les présentes verront, salut. Vous saurez que voici la forme de la trêve conclue pour deux ans entre le roi de France et nous, à compter du dernier vendredi qui a précédé la fête de saint Luc l'évangéliste.

« 1. Le roi de France aura les hommes et les alliés qui ont combattu ouvertement pour lui contre nous dans cette dernière guerre, et nous aurons pareillement pour hommes et pour alliés ceux qui ont ouvertement combattu pour nous contre le roi de France dans cette guerre. Cependant durant cette trêve, nous n'aurons plus ni terre, ni hommes, ni alliés au-delà de la Loire, du côté d'Angers, dans la Normandie, le Maine, la Bretagne, la Touraine et l'Anjou.

« 2. Le roi de France et nous, nos hommes, nos alliés et les siens, nous tiendrons nos terres comme nous les tenions le vendredi avant la Saint-Luc. S'il s'élève quelque différend sur la *tenure* des hommes du roi de France, on le terminera par la parole et le serment de Raoul, comte d'Eu; de Hugues, comte de Châtellerault, nommés à cet effet par le roi de France, d'une part; de l'autre, par la parole et le serment de Savari de Mauléon et Guillaume de Chantmerle, nommés aussi par nous à cet effet.

« 3. De même, s'il s'élève quelques différends sur la tenure de nos hommes, en deçà de la Loire, du côté du Poitou, ils seront encore terminés par la parole et le serment desdits jurés.

« 4. Si l'on fait des infractions à la trêve pour la prise d'un château, ou de quelques vilains, ou de quelque butin, réparation sera faite par ces quatre jurés, dans l'espace de quarante jours, après qu'ils auront rendu leur sentence sur la sommation qui leur en aura été faite.

« 5. Si les infractions reposent sur la prise d'une forteresse ou d'un château muré (fortifié), ou de la personne d'un baron, réparation sera faite encore par les mêmes arbitres, dans l'espace de quarante jours, après qu'ils auront rendu leur sentence, ou, s'ils ne veulent donner tous leur avis, deux seulement suffiront. Après l'expiration des quarante jours, on pourra, sans infraction, rompre la trêve.

« 6. Cette trêve sera garantie, du côté du roi de France, par le comte de Bretagne (Gui de Thouars); Hugues Lebrun (comte de la Marche); le comte d'Eu; Geoffroi de Lusignan; Gui, vicomte de Limoges; Hugues, comte de Châtellerault; Guillaume de Mauléon; Thibaut de Blazon; Gérard de Toch; Sulpice d'Ambaz; Gérard Sonnebaut, vicomte de Bruges; Eschivard de Preuilly.

« 7. De notre côté, par Aimeri, vicomte de Thouars; Savari de Mauléon; Guillaume de Mausée; Guillaume Meingot; Henri, archevêque; Gérard Martel; Baudouin de Maulevrier; Thibaut de Crispin; Raoul de Marthai; Gérard de Taun; Gautier de Rançogne; Renaud Desponts le jeune; Thibaut de Chabot.

« 8. Tous les susnommés jureront de part et d'autre de tenir fidèlement la trêve, et exigeront qu'on l'observe fidèlement avec eux et avec leurs hommes.

« 9. Si quelques-uns des quatre arbitres nommés pour décider des tenures et des infractions à la trêve avaient des empêchemens légitimes, ils se feraient remplacer par d'autres, dont ils répondraient par serment, jusqu'à ce qu'ils pussent reprendre eux-mêmes leurs fonctions. Si l'un des quatre mourait pendant la trève, le parti auquel il appartiendrait le remplacerait par un autre capable de lui succéder.

« 10. Les hommes et les terres du roi de France, comme les nôtres, seront compris dans cette trève. On pourra, dans l'intervalle, aller, venir, trafiquer en sûreté dans les deux royaumes, excepté dans la cour du roi de France et dans la nôtre, où nuls ne seront admis que les religieux et les marchands connus, sans le congé du roi de France, ou sans le nôtre. En attendant, les terres seront communes, et les marchands pourront aller et venir, selon les usages légitimes de l'ancien temps.

« 11. Le roi de France a fait jurer cette trève pour lui, et sur son ame. Nous avons fait de même. Philippe a reçu le serment que Guillaume des Roches, Maurice de Créon, Guillaume de Guerche et Geoffroi d'Ancenis, ont fait, par notre ordre, de tenir l'exécution de la trève.

« 12. Le roi de Castille sera compris dans cette trève, s'il le veut; et pendant cette trève, il pourra terminer ses différends avec nous, si cela nous convient.

« Fait à Thouars, l'an du Seigneur 1206, au mois d'octobre. Témoins : Pierre des Roches, évêque de Winchester; Guillaume Brière; Robert, fils de Gautier. De la main de Hugues, archidiacre de Wells, près Thouars, le 26 octobre, la huitième année de notre règne. »

La même année, au mois de décembre, en punition des péchés des hommes, il y eut une telle inondation causée par les débordemens et les pluies, que jamais les hommes de notre temps n'en avaient vu à Paris de semblables, et que personne ne se rappelait avoir entendu dire qu'il y en eût eu de pareilles avant lui. Trois arches du Petit-Pont furent rompues, bien des maisons renversées, de grands dommages causés en tous lieux. C'est pourquoi le couvent de Saint-Denis fit une procession, les pieds nus, avec son abbé Henri, tout le peuple et le clergé, et bénit les eaux avec le clou, la couronne d'épines et le saint bois de la croix du Seigneur. Après cette bénédiction, qui fut accompagnée d'un déluge de pleurs, les eaux commencèrent aussitôt à baisser. Béni soit en toutes choses le Seigneur, qui sauve ceux qui espèrent en lui.

L'an du Seigneur 1207, le roi Philippe rassembla une armée, entra en Aquitaine, dévasta la terre du vicomte de Thouars, prit Parthenay, détruisit plusieurs autres forts, en laissa d'autres avec garnison, sous la garde de son maréchal [1] et de Guillaume des Roches. Il revint ensuite à Paris.

L'année suivante, c'est-à-dire 1208, Eudes, évêque de Paris, mourut le 3 des ides de juillet. Pierre, trésorier de Tours, lui succéda.

La même année, le susdit maréchal et Guillaume des Roches, ayant rassemblé près de trois cents chevaliers, attaquèrent à l'improviste et défirent le vicomte de Thouars et Savari de Mauléon, qui étaient entrés sur les terres du roi avec des troupes nombreuses, et remportaient de leur expédition un grand butin. Dans cette défaite, on prit quarante chevaliers du Poitou, et même plus. Parmi eux se trouvaient Hugues de Thouars, frère du vicomte; Aimeri de Lusignan, fils du vicomte; Porcelain, et bien d'autres braves guer-

[1] Henri Clément.

riers dont je ne veux pas citer ici les noms. Tous ces prisonniers furent envoyés, sous bonne garde, à Paris, au roi de France. Une trêve mit fin à la guerre.

La même année, un certain comte palatin, que dans la langue du pays on appelle landgrave, c'est-à-dire comte du Palais, tua Philippe, roi des Romains. Après sa mort, Othon, fils du duc de Saxe, s'efforça d'obtenir l'empire, par l'entremise et par l'autorité du pape Innocent III.

La même année, le pape envoya en France un légat. Il se nommait Gualon ; c'était un diacre-cardinal du titre de Sainte-Marie-du-Porche, habile dans la jurisprudence, doué de mœurs irréprochables, assidu à visiter toutes les églises, plein de bienveillance et de dévotion en particulier pour celle de Saint-Denis.

Le pape Innocent écrivit alors au roi Philippe et à tous les princes de son royaume, pour leur recommander avec instance d'aller, avec une nombreuse armée, en vrais catholiques et en fidèles serviteurs de Jésus-Christ, envahir la terre de Toulouse, d'Albi, de Cahors, de Narbonne et de Bigorre, pour y détruire tous les hérétiques qui infestaient le pays. Si la mort venait à les surprendre dans ce voyage, ou dans cette guerre contre les Infidèles, le pape, au nom de Dieu, et par l'autorité des apôtres Pierre et Paul, aussi bien que par la sienne, leur donnait l'absolution de tous les péchés commis depuis le jour de leur naissance, dont ils se seraient confessés, sans en avoir fait pénitence.

FIN DE LA VIE DE PHILIPPE-AUGUSTE,
PAR RIGORD.

# VIE

DE

# PHILIPPE-AUGUSTE,

Par GUILLAUME LE BRETON*.

* Voir la *Notice* mise en tête du poème de *la Philippide*.

# VIE

DE

# PHILIPPE-AUGUSTE.

---

Les illustres faits et gestes de Philippe le Magnanime, roi de France, depuis la première année de son sacre jusqu'à la vingtième année de son règne, sont consignés dans les archives de l'église du bienheureux Denis, martyr, ayant été, en style assez clair et élégant, confiés à la perpétuelle mémoire, par maître Rigord, clerc de cette même église. Comme les actions que ce même roi fit dans la suite ne sont pas dignes d'une moindre louange, et même méritent beaucoup plus d'éloges, moi Guillaume, Armoricain de nation, et revêtu de la prêtrise, qui me suis trouvé présent, non seulement à la plus grande partie de ces actions, mais encore aux actions précédentes du même roi, et les ai vues de mes propres yeux, je les consigne par écrit en style simple et ordinaire, non que je veuille m'en attribuer quelque gloire et obtenir le nom de chronographe ou d'historiographe, mais afin qu'il n'arrive pas que les illustres faits d'un si grand homme soient rapportés par les grands et sages docteurs autrement que de la manière conforme à la vérité. Et comme ce petit ouvrage de maître Rigord est entre les mains de peu de gens, et que le plus grand nombre de personnes n'en a point encore connaissance, j'ai rapporté sommairement toutes les choses qui y sont contenues au long, je les ai racontées dans ce léger ouvrage de la manière que je les ai vues et comprises, ajoutant brièvement ce que ledit auteur avait omis, et j'ai renfermé dans un seul et court volume les actions de ce vertueux roi qui précédèrent l'époque ci-dessus rapportée, et celles qui la suivirent. Que les hommes lettrés, doués d'un esprit plus fécond, lisent et apprennent cette histoire véritable; et que, sans mélange de faux, ils célèbrent, d'un style plus élevé, et en vers véridiques, les louanges de ce très-vaillant et très-chrétien roi de France. En effet, les actions magnifiques se suffisent à elles-mêmes, si elles sont racontées avec vérité et simplicité, et ne demandent qu'un style véridique, n'ayant besoin, pour être louées, du secours d'aucune fausseté. Il arrive souvent qu'un écrivain, cherchant à plaire, défigure en partie les faits : j'ai pensé qu'il fallait, de toutes manières, éviter ce défaut, en rapportant les gestes d'un homme si illustre. Comme il s'agit du royaume des Français, notre récit commencera par parler de leur origine, afin que, leur origine étant connue, nous commencions, dans l'ordre convenable, l'histoire de leurs actions : en effet, il faut chercher d'où vient quelqu'un, avant de chercher ce qu'il fait.

Comme nous l'avons appris des chroniques d'Eusèbe, d'Idace, de Grégoire de Tours, et de beaucoup d'autres, et du rapport de tous les anciens, Hector, fils de Priam, eut un fils appelé Francion. Troïlus, fils de ce même Priam, roi d'Asie, eut, dit-on, aussi un fils nommé Turc. Après la destruction de Troie, la plus grande partie des habitans s'étant échappée, se divisa en deux peuples, dont l'un se choisit pour roi Francion, ce qui lui fit donner le nom de Franc. Les autres nommèrent pour chef Turc, d'où les Turcs tirèrent leur nom. Celui-ci se rendit, avec ce même peuple qui l'avait suivi depuis la ruine de Troie, dans la Scythie inférieure, vers le septentrion, et régna dans ce pays. C'est de lui que sortirent les Ostrogoths, les Visigoths et les Normands, les Goths et les Vandales. Francion, avec son peuple, parvint jusqu'au Danube, bâtit une ville, appelée Sicambrie, et y régna. Lui, et ceux qui l'avaient suivi, s'emparèrent de tout le pays aux environs du Danube et du Tanaïs, et des Palus-Méotides, et devinrent une grande nation.

Deux cent trente ans s'étant écoulés, vingt-trois mille d'entre eux les quittèrent, sous la conduite d'Hybor, pour chercher un endroit plus commode à établir leur domination, et, passant par l'Allemagne, la Germanie et l'Autriche, ils vinrent dans la Gaule. Là ayant trouvé un endroit très-agréable et très-commode sur la Seine, ils y bâtirent une ville, qu'ils appelèrent Lutèce, à cause de la bourbe qui remplissait ce lieu, et se donnèrent le nom de Parisiens, de Pâris, fils de Priam, ou plutôt ils furent appelés ainsi du mot grec *Parrhesia,* qui signifie audace. Ils y demeurèrent mille deux cent soixante ans, depuis le temps qu'ils avaient quitté Sicambrie, et avant la venue des Francs, menant pendant long-temps une vie très-simple. Ils n'avaient pas de roi, mais chacun faisait ce qui lui paraissait juste. Soumis alors aux Romains, ils créaient, selon leur coutume, des consuls annuels pour gouverner le peuple. C'est ainsi qu'ils vécurent jusqu'à l'arrivée des Francs.

Francion et ses descendans régnèrent à Sicambrie et dans le pays voisin pendant mille cinq cent sept ans, jusqu'à Priam, roi d'Autriche, lequel étant mort fut remplacé par son fils Marcomir. Les Francs ayant refusé de payer un tribut aux Romains, selon la coutume des autres nations, Valentinien, empereur chrétien, les chassa du pays qu'ils habitaient, l'an de l'Incarnation 366. Etant sortis de ce pays, sous la conduite dudit Marcomir, de Somnon, fils d'Antenor, et de Genebaud, les Francs habitèrent sur les bords du Rhin, entre la Germanie et l'Allemagne, un pays appelé Austrasie. Valentinien, les ayant poursuivis dans beaucoup de combats, et n'ayant pu les vaincre, les appela Francs, comme qui dirait *Ferancs*, à cause de leur férocité. La force des Francs augmenta tellement depuis ce temps, qu'ils subjuguèrent par leur valeur admirable toute la Germanie et la Gaule jusqu'aux Pyrénées. Ensuite Somnon et Genebaud étant restés dans le même pays, c'est-à-dire en Austrasie, Marcomir et ses Francs, après un grand nombre de combats, vinrent à Lutèce, où ils trouvèrent les Parisiens vivant simplement; lorsqu'ils surent qu'ils descendaient de la même origine, ils firent alliance, et devinrent un même peuple.

Dans ce temps-là, régnait l'empereur Valentinien; le pape Damase gouvernait l'Église; et Augustin et Jérôme expliquaient la sainte Écriture.

Il s'en échappa d'autres encore de la ruine de Troie, comme le poète Hélénus, fils de Priam, qui, avec mille deux cents hommes, demeura dans le royaume de Pandras, en Grèce. Antenor, avec deux mille deux cents hommes, habita dans la Thyrrénie. Énée, avec trois mille quatre cents hommes, passa en Italie, après de grands travaux, avec son fils Ascagne. Le fils de cet Ascagne, appelé Sylvius, engendra illégitimement, de la petite-fille de son père, Brutus, qui, étant arrivé à l'âge adulte, se transporta en Grèce, où il trouva un peuple innombrable de Troyens d'origine, qui y étaient restés avec Hélénus, et fut créé leur roi. Ayant quitté ce pays avec eux, il se joignit à Turnus et à Corinée, et vint par mer dans le pays de la Gaule, à l'endroit où le fleuve de la Loire se jette dans l'Océan. Voulant réduire la Gaule sous leur domination, ils livrèrent aux Gaulois, sur les bords de la Loire, un combat, dans lequel périt Turnus. On l'ensevelit avec honneur dans une superbe pyramide qu'on montre encore aujourd'hui non loin de Tours. La ville de Tours dut à Turnus sa première fondation et son nom.

Brutus, avec Corinée et d'autres quittèrent ce pays, et vinrent par mer à une île appelée Albion, s'y établirent, et l'appelèrent Bretagne, du nom de Brutus. Une partie de cette île fut appelée Cornubie ou Cornouaille, de Corinée, qui y régna. Long-temps après, attaqués dans beaucoup de combats par les Saxons, conduits par Orsa et Hengiste, ils furent repoussés, pour la plus grande partie, vers l'Armorique, appelée à présent la petite Bretagne. Maintenant, revenons à l'histoire des Francs.

Marcomir ayant été reçu avec honneur par les Parisiens, leur enseigna l'usage des armes, et, à cause des fréquentes incursions des Latins et des ennemis, fit garnir les villes de remparts, et devint le défenseur de toute la Gaule. Il eut pour fils un valeureux guerrier, appelé Pharamond, qui le premier fut paré du diadème des Francs; cependant il ne fut pas chrétien. Pour plaire aux Parisiens, il changea le nom de Lutèce, et fit appeler leur ville Paris.

Après Pharamond, régna Clodion, son fils; après Clodion, Mérovée, son fils; après Mérovée, Childéric, son fils. Childéric engendra Clovis, qui, le premier des rois des Francs, fut chrétien, et, par l'effet d'un très-grand miracle de Dieu, reçut le baptême des mains de Remi, archevêque de Rheims.

Pendant que le saint évêque instruisait ledit roi Clovis, il arriva, par l'œuvre du diable, affligé d'un si grand avantage remporté par les Chrétiens, que l'ampoule, qui contenait le saint chrême, tomba, et fut brisée. C'est pourquoi beaucoup de gens conseillèrent au roi de ne pas recevoir le baptême, disant que si Dieu avait voulu qu'il fût chrétien, il n'aurait pas permis que l'ampoule fût brisée; mais ils éprouvèrent bientôt que toutes choses tournent en bien à ceux à bon droit nommés saints, car le saint archevêque, en présence du roi et de tous les autres, obtint du Seigneur, par de saintes prières et de saintes larmes, que Dieu lui envoyât, par les mains d'un ange, une ampoule céleste, pleine d'huile angélique, et que, devant tous, elle fût, pendant sa prière, déposée entre ses mains. Elle servit non seulement à sacrer ledit Clovis, mais elle sert pour toujours à sacrer tous les rois de France, en quoi la dignité du royaume et des rois de France l'emporte incomparablement sur tous.

Clovis engendra Clotaire; Clotaire engendra Chilpéric, qui engendra Clotaire; Clotaire engendra Dagobert, qui fonda et dota magnifiquement l'église du martyr Denis l'Aréopagiste. Dagobert engendra Clovis; celui-ci eut de sainte Batilde Childéric, Clotaire et Thierry. Childéric engendra Dagobert, sous lequel fut maire du palais Ébroïn, dont il est fait mention dans la vie de Léger. Dagobert engendra Thierry, qui engendra Clotaire.

Après Clotaire, régna Théodebert. Théodebert engendra Arnould, qui engendra saint Arnoul, dans la suite évêque de Metz. Arnoul engendra Anchise ou Ansegise; Ansegise ou Ansegisile engendra Pepin; Pepin engendra Charles Martel; Charles Martel ou *Tudites* engendra Pepin le Bref, qui eut de Berthe Charlemagne, empereur. Charlemagne engendra l'empereur Louis, qui engendra l'empereur Charles le Chauve, qui fit présent à l'église de Saint-Denis du clou et de la couronne d'épines, et de beaucoup d'autres objets très-précieux. Charles le Chauve engendra Louis le Blanc ou le Bègue, qui engendra Charles le Simple.

Dans ce temps, les Dans ou Danois, sous la conduite de Rollon, vinrent de la Scythie, et s'emparèrent de toute la Neustrie, qu'ils appelèrent *Normandie*, mot formé de ces deux noms, *nort*, qui signifie *septentrion*, et *mann*, qui veut dire *homme*. Ils ravagèrent la petite Bretagne et beaucoup d'autres pays dans le royaume des Francs, et détruisirent toutes les églises; ils renversèrent entièrement Lune, ville de Toscane, très-florissante alors, croyant, dit-on, que c'était Rome. De là, étant revenus en France, ils firent enfin alliance avec Charles le Simple. Rollon, ayant pris pour femme la fille de ce roi, fut baptisé et appelé Robert, et tous les autres Normands furent faits chrétiens avec lui, l'an de l'Incarnation du Seigneur 907.

Beaucoup d'années s'étant écoulées, Guillaume le Bâtard, duc de Normandie, de la race de Rollon ou Robert, à cause d'une trahison que le roi Harold avait faite à sa femme, sœur de ce même Guillaume, navigua vers l'Angleterre, tua Harold dans un combat, et s'empara de tout le pays. Alors finirent les rois de la race de Harold, qui avaient chassé à main armée les Bretons de l'Angleterre.

Ledit Rollon engendra Guillaume Longue-Épée, qui engendra Richard, après lequel régna Robert, son frère, père de Guillaume le Bâtard, roi d'Angleterre. Celui-ci engendra le roi Guillaume, auquel succéda le roi Henri, son frère.

Humfroi, le septième descendant dudit Rollon ou Robert, conquit la Pouille. Robert, son fils, surnommé Guiscard, y ajouta la Calabre; cependant la conquête toute entière est attribuée au seul Guiscard. Boémond y ajouta la Sicile; et le duc Roger, qui dans la suite mit la couronne sur sa tête, y ajouta encore l'Afrique. C'est pourquoi, sur son bouclier, était gravé ce vers en lettres d'or :

> La Pouille, la Calabre, la Sicile, l'Afrique, me sont soumises.

Charles le Simple engendra Louis, roi fainéant. Louis engendra Lothaire, qui engendra Louis, le dernier de cette race royale. Ce Louis étant mort sans héritier, les Francs choisirent pour leur roi Hugues *Capet,* duc de Bourgogne ou des Allobroges. Hugues

*Capet* engendra Robert, qui engendra Hugues, Henri et son frère Eudes, au temps du pape Léon ix, l'an de l'Incarnation du Seigneur 1050. Après Henri, régna Philippe, qui engendra Louis le Gros. Louis le Gros engendra Philippe et Louis; mais le jour du martyre de saint Gervais à Paris, par un hasard étonnant, un porc s'étant venu mettre entre les jambes du cheval de Philippe, celui-ci fut jeté à terre, et se tua; c'est pourquoi Louis le Pieux succéda sur le trône à son père Louis le Gros. Louis le Pieux engendra comme par miracle, dans sa vieillesse, Philippe le Magnanime, qui règne maintenant, et a été appelé Dieudonné, parce que son très-saint père demandait toujours à Dieu un enfant mâle, et suppliait tous les religieux de prier pour lui le Seigneur à ce sujet, parce qu'il avait beaucoup de filles, et point de fils. Enfin ses prières furent exaucées, et Dieu lui donna un fils, à savoir Philippe, qui règne maintenant. Ce fils lui naquit l'an de l'Incarnation du Seigneur 1165, au mois d'août, le 11 des calendes de septembre, à la fête de Timothée et de Symphorien.

Ce Louis, comme tous les abbés de l'ordre de Cîteaux s'étaient réunis, comme ils ont coutume de le faire tous les ans, dans un même monastère, se coucha à terre au milieu du chapitre, les mains étendues pour prier. Comme tous lui criaient de se relever, il ne le voulut jamais faire que lorsque, ayant présenté son oraison devant le Seigneur, ils lui affirmèrent, de la part du Dieu tout-puissant, qu'il aurait bientôt un enfant mâle.

[*Événemens.*] L'an de l'Incarnation du Seigneur 1165, le comte Eudes fut chassé du duché de la petite Bretagne, qu'il gouvernait alors. Conan le Petit, fils du duc Alain, lui succéda.

Le comte Eudes fut accueilli par Louis le Pieux, roi des Français, qui, ayant des querelles et des guerres dans le pays de Lyon, y envoya ce même Eudes avec une armée. Eudes, très-exercé à la guerre, défit tous les ennemis dans un combat, prit le comte de Mâcon, qui commandait les autres, et les força de satisfaire aux plaintes du roi de France, ainsi qu'il le leur prescrivit.

L'an de l'Incarnation du Seigneur 1163, Hervée, comte de Léon [1], chevalier d'une très grande bravoure, qui fit en Angleterre et dans d'autres pays beaucoup de glorieuses guerres, dans lesquelles il perdit un œil, fut pris par ruse avec Guidomar, son fils, et ils furent renfermés dans une prison à Châteaulin. Mais Haymond, évêque de Léon, avec les chevaliers et le peuple, ayant pris les armes, assiégèrent le château. Conan le Petit, duc de Bretagne, leur prêta secours, et les aida en personne ; ayant assiégé et pris d'assaut le château, ils délivrèrent le comte Hervée et son fils. Le vicomte de Fage, son frère et son fils, auteurs de cette fourberie, furent renfermés dans une prison à Daoulas, et réduits à périr de faim et de soif. La même année, ce même pays fut en proie à une violente famine.

L'an de l'Incarnation du Seigneur 1069, l'évêque Haymond fut chassé de son évêché par le vicomte Guidomar, son frère. C'est pourquoi Conan le Petit, ayant rassemblé une armée, entra avec ledit évêque sur le territoire de Léon, livra bataille audit Guidomar et à ses fils, et les défit près de Coman, dans un

[1] Saint Paul de Léon.

lieu appelé *Méchouet*, ce qui signifie *il y eut honte*.

Dans ce temps, saint Thomas, archevêque de Cantorbéry, était exilé en France, et traité et accueilli avec honneur par le très-chrétien Louis le Pieux, roi des Français.

L'an de l'Incarnation du Seigneur 1170, fut couronné Henri, fils aîné de Henri roi d'Angleterre, qui persécutait saint Thomas.

L'an de l'Incarnation du Seigneur 1171, saint Thomas souffrit le martyre dans son église, des soldats ayant été envoyés par le roi Henri, le lendemain de la fête des saints Innocens. Peu de temps après, Haymond, évêque de Léon, fut tué, le jour de la Conversion de saint Paul, dans un lieu appelé *Rengar*, nom qu'on traduit par *foi*.

L'an de l'Incarnation du Seigneur 1179, le jour de la Toussaint, Philippe le Magnanime fut sacré roi, du vivant de son père Louis le Pieux, alors septuagénaire. Le même Philippe le Magnanime, lorsqu'il avait quinze ans, avait souvent entendu dire à ses compagnons de même âge que lui, pendant qu'il jouait avec eux dans le palais, que les Juifs immolaient tous les ans un Chrétien, et se partageaient son cœur; c'est pourquoi ayant, depuis cette circonstance, conçu contre eux de la haine, il résolut de les chasser tous de son royaume.

Dans ce temps, saint Richard fut crucifié par les Juifs, et souffrit le martyre; son corps repose dans l'église des saints Innocens, à Paris, dans un lieu appelé Champeaux; et jusqu'à présent il s'y est opéré, par la prière, des choses merveilleuses.

La même année que fut couronné Philippe le Magnanime, Hébon, dans le pays de Bourges, Imbert, dans le pays de Lyon, et le comte de Châlons, commencèrent à opprimer les églises, à persécuter le clergé, et s'efforcèrent de détruire les priviléges et immunités des églises. Mais le magnanime roi, voulant consacrer à Dieu et aux églises les prémices de ses exploits, les dompta, à la tête d'une puissante armée, et rétablit les libertés des églises.

La même année, beaucoup de grands de son royaume tramèrent une conspiration contre lui; mais les ayant défaits et abattus plus vite qu'il ne l'espérait, il les reçut en grâce. Parmi eux était Étienne, comte du château de Sancerre, qu'on appelait *avaricum* dans le temps de Jules César. Quoiqu'il fût oncle du roi et frère de la reine Adèle, il osa attaquer le roi; mais, ne pouvant résister à la force royale, il fut bientôt vaincu et dépouillé de ses honneurs, et soumit sa tête à l'obéissance du roi.

L'an de l'Incarnation du Seigneur 1180, seconde année du règne de Philippe le Magnanime, le jour de l'Ascension du Seigneur, Philippe le Magnanime se mit de nouveau la couronne sur la tête dans l'église de Saint-Denis, et la respectable reine Élisabeth, sa femme, fille de Baudouin, comte de Hainaut, fut sacrée dans cette même église.

La même année, le jeudi 14 des calendes d'octobre (18 septembre), mourut, dans la ville royale, le très-pieux roi Louis, père dudit Philippe le Magnanime; son corps fut transporté à un couvent de l'ordre de Cîteaux, appelé Barbul, qu'il avait lui-même fondé, et, après avoir été couvert d'aromates, y fut enseveli avec honneur.

L'an de l'Incarnation du Seigneur 1181, Philippe le Magnanime, cherchant dans les premières actions de son règne à plaire à Dieu et au Christ, défendit que personne, soit en jouant, soit d'une autre manière, osât blasphémer, en jurant par la tête, le ventre, ou tout autre membre de Dieu. Comme il avait en haine les Juifs, et qu'il les entendait accuser de beaucoup de blasphèmes contre le nom de Jésus-Christ, il déchargea tous leurs débiteurs de ce qu'ils leur devaient, retenant pour le fisc la cinquième partie de toute la somme.

L'an de l'Incarnation du Seigneur 1182, Philippe le Magnanime chassa tous les Juifs du royaume, après leur avoir accordé un délai pour vendre leurs meubles et préparer ce qui leur était nécessaire pour sortir, avant de les chasser entièrement. Il retint pour le fisc leurs maisons, leurs vignes, et autres propriétés.

L'an de l'Incarnation du Seigneur 1183, Philippe le Magnanime fit bâtir dans toutes les villes et les châteaux des églises, au nom de Jésus-Christ et des saints, dans les endroits où étaient les synagogues des Juifs.

La même année, Philippe le Magnanime, jaloux d'augmenter le royaume et le fisc, établit à Paris la foire appelée foire de Saint-Lazare, qui se faisait à la maison des lépreux, et la réunit au fisc, d'après la volonté des lépreux et des ministres de l'endroit, leur assignant une pension annuelle proportionnée à l'estimation de la foire, et qu'ils touchent encore chaque année sur le fisc, sans peine et sans tumulte.

La même année, Philippe le Magnanime entoura le bois de Vincennes d'un mur très-solide et très-commode, et y renferma une très-grande quantité de chevreaux, de daims et de cerfs.

La même année, et le 13 des calendes de juin (19 mai), mourut, dans un château dit de Martel, Henri le Jeune, roi d'Angleterre, qui avait pour femme la sœur de Philippe le Magnanime. Son corps fut transporté dans la ville de Rouen, et enseveli avec honneur.

La même année, dans le pays de Béziers, on tua en un seul jour sept mille Cotereaux, appelés vulgairement routiers, qui avaient attaqué les frontières du royaume, et massacrant tous les habitans, sans avoir égard ni à l'âge, ni au sexe, ni à la religion, ni à la sainteté du lieu, les forçaient par divers tourmens à payer de l'argent pour se racheter. Le roi, l'ayant appris, envoya une armée au secours des habitans de cette province, et les routiers furent tous massacrés, depuis le plus grand jusqu'au plus petit.

L'an de l'Incarnation du Seigneur 1184, il s'éleva une dissension entre Philippe le Magnanime et Philippe, comte de Flandre, son parrain, qui ne voulait pas lui rendre le Vermandois, qui lui appartenait. C'est pourquoi ledit comte, avec un grand orgueil, fit une excursion, à la tête d'une immense armée, dans le territoire du roi, brûlant et ravageant ce qu'il y trouvait, jusqu'à la ville de Senlis, et attaqua Béthisy. Mais le roi étant arrivé, il se retira aussitôt, assiégea Corbeil, ville très-florissante, et détruisit ses derniers retranchemens.

Le roi ayant rassemblé une armée à Compiègne, se hâta de marcher au secours des assiégés. Le comte ayant appris son arrivée, se retira. Le roi assiégea un château appelé Boves. Le comte campa en face de l'armée du roi; mais dans l'espace de peu de jours, des hommes de bien ayant interposé leur médiation, il fit sa paix avec le roi, lui rendit le Vermandois, et, lui prêtant serment, se soumit à sa volonté sur toutes choses.

C'était le temps où les blés poussaient déjà en paille et en épis : l'armée du roi occupait un espace de quatre milles tout en champs. La moisson fut en partie foulée aux pieds, en partie tranchée par les faulx. Ensuite le temps de la moisson étant arrivé, elle abonda en plus grande quantité qu'auparavant, et avec une plus grande fertilité que dans les autres lieux. Mais on ne put, dans les lieux qu'occupaient les Flamands, trouver aucun épi. Quelques chanoines de l'église d'Amiens voyant les blés entièrement ravagés, comme on l'a dit, par l'armée du roi dans la terre dont ils attendaient la dîme, supplièrent les autres chanoines leurs confrères de réparer miséricordieusement cette perte, au moins en partie, sur les autres dîmes. Ceux-ci leur conseillèrent d'attendre le temps de la moisson, disant que si Dieu avait pitié d'eux, ce serait tant mieux; qu'autrement, ils leur accorderaient bien volontiers ce qu'ils demandaient. Le temps de la moisson étant arrivé, ainsi que nous l'avons dit, ils ne souffrirent aucun déchet dans leurs provisions accoutumées.

Quelques jours après, il arriva que Hugues, duc de Bourgogne, assiégea Vergy; comme, averti par le roi, il ne voulut jamais lever le siége, le roi, à la prière de Gui, seigneur de ce château, rassembla une armée, s'avança contre le duc et le mit en fuite. Peu de temps après, le même roi Philippe, touché par les plaintes réitérées des églises que le duc opprimait, assiégea Châtillon, très-noble château situé sur les bords de la Seine, le prit d'assaut, et força le duc, bon gré mal gré, à rendre aux églises et au clergé trente mille livres qu'il leur avait enlevées par force, d'après l'estimation qu'il fit des pertes.

L'an de l'Incarnation du Seigneur 1185, Marguerite, noble reine d'Angleterre, veuve de Henri le Jeune, roi d'Angleterre, et sœur de Philippe le Magnanime, roi des Français, épousa l'illustre Béla, roi de Hongrie, qui avait envoyé à Philippe le Magnanime une solennelle ambassade pour le supplier de la lui acorder.

Vers le même temps, Philippe le Magnanime, dans sa pieuse et royale indignation pour la boue dégoûtante des quartiers de Paris, les fit tous paver de pierres carrées.

L'an de l'Incarnation du Seigeur 1186, Philippe le Magnanime, desirant toujours plaire à Dieu par de saintes œuvres, fit orner et entourer d'un mur de pierre un cimetière public d'une grandeur et d'une commodité admirables, dans un lieu près des Saints-Innocens, appelé Champeaux.

La même année, le 14 des calendes de septembre, mourut Geoffroi, noble duc de Bretagne, comte de Richemont, fils de Henri, roi d'Angleterre. Philippe le Magnanime, qui avait pour lui une admirable affection, le fit embaumer d'aromates, et fit enterrer son corps avec honneur dans le chœur de l'église de Sainte-Marie à Paris. Comme marque de son affection, il établit pour toujours, de ses propres fonds, dans l'église de Paris, quatre prébendes sacerdotales, à l'usage de quatre prêtres qui y devaient perpétuellement célébrer la messe pour les morts.

L'an de l'Incarnation du Seigneur 1187, quelques astrologues menteurs osèrent prédire avec une audace extrême, qu'au mois de septembre suivant il viendrait du nord-ouest un vent très-violent qui détruirait tous les édifices, et ferait périr une immense quantité d'hommes et d'animaux. A la lettre la prédiction fut fausse; mais on peut l'entendre, dans un sens caché, de la persécution de Saladin, qui, dans le temps où ce vent devait, disait-on, venir, détruisit tous les Chrétiens de l'église d'Orient, s'empara de la sainte cité de Jérusalem et de toutes les autres villes, à l'exception de Tyr, de Tripoli, d'Antioche, et de quelques châteaux très-bien fortifiés qu'il ne put jamais prendre.

La même année, le lundi, jour des nones de septembre, à la onzième heure du jour, naquit, à Philippe le Magnanime, d'Elisabeth, sa très-chaste épouse, un fils nommé Louis.

La même année, c'est-à-dire la septième du règne de Philippe le Magnanime, et la vingt-deuxième de son âge, il s'éleva une dissension entre lui et Henri, roi d'Angleterre, parce que Richard, fils de celui-ci, sommé plusieurs fois, refusait de faire hommage audit Philippe pour le comté de Poitou, en quoi il était approuvé de son père. Ledit Henri tenait, au préjudice du roi Philippe, Gisors et d'autres villes qui en dépendaient, que Louis le Pieux avait données en dot avec Marguerite sa fille, à Henri, roi d'Angleterre. Mais celui-ci étant mort sans enfans, et ladite Marguerite mariée à Béla, roi de Hongrie, la dot devait revenir à l'héritier. Henri, après beaucoup de sommations, la lui ayant refusée, le roi rassembla une armée dans le pays de Bourges, entra dans le territoire d'Aquitaine, et prit d'assaut une ville très-florissante nommée Ursellodun, et appelée vulgairement Issoudun. Il prit aussi Graçai, ravagea tout le pays jusqu'à Châteauroux, détruisit beaucoup de remparts, et assiégea Châteauroux. Mais Henri, roi d'Angleterre, et le comte Richard, son fils, ayant rassemblé une armée, vinrent s'opposer à lui. Philippe le Magnanime, saisi d'indignation, rangea son armée pour leur livrer bataille; mais ceux-ci ne pouvant soutenir l'audace des Français et le grand courage du roi, envoyèrent une députation et se soumirent en toutes choses au jugement de la cour royale.

Peu de jours après, à cause de nos péchés, Saladin, roi de Syrie et d'Egypte, s'empara de la sainte cité de Jérusalem et de toute la terre de promission, excepté de Tripoli, d'Antioche, et d'un petit nombre de châteaux très-bien fortifiés, que les Sarrazins ne purent jamais prendre. Déjà il avait emporté la sainte croix, et presque tous les Chrétiens avaient péri dans cette guerre.

La même année, à la fête de Saint-Luc, au mois d'octobre, mourut le pape Urbain III, auquel succéda Grégoire VIII, qui ne siégea que pendant huit semaines. Il eut pour successeur Clément III, romain de nation.

Au mois de janvier suivant, à la fête de Saint-Hilaire, une entrevue eut lieu à Gisors entre Philippe le Magnanime et Henri, roi d'Angleterre. Dans cette entrevue, tous deux inspirés de Dieu, prirent la croix, ainsi que presque tous leurs grands et les prélats des églises. Ce lieu fut appelé Saint-Champ, parce qu'on y prit la croix.

L'an de l'Incarnation du Seigneur 1188, Philippe le Magnanime tint un concile à Paris, dans lequel un nombre infini d'hommes prirent la croix.

Peu de temps après, le comte Richard, au mépris des traités conclus à Gisors entre lui et le roi Henri son père d'une part, et le roi Philippe de l'autre, ayant rassemblé une armée, entra dans le territoire de Toulouse que le comte de Saint-Gilles tenait en fief du roi des Français. Cette infraction donna lieu à une nouvelle guerre entre les rois de France et d'Angleterre. Le roi Philippe le Magnanime entra avec une forte armée sur leur territoire, et prit la noble forteresse de Châteauroux, Busançois, Argenton et Leuroux. Pendant que le roi était occupé au siége de cette ville, comme l'armée souffrait du manque d'eau, un torrent situé en cet endroit, et qui ordinairement avait de l'eau dans les temps pluvieux, desséché entièrement alors par l'ardeur de l'été, par un divin miracle abonda d'eau au point que les hommes et les bêtes de somme burent tant qu'ils voulurent et s'y baignèrent. Mais le roi s'en étant retourné, il revint à sa première sécheresse.

Le roi s'étant éloigné de là, assiégea Montrichard, renversa entièrement une tour très-fortifiée dans laquelle étaient cinquante chevaliers, et prit un grand nombre d'autres châteaux en toute l'Auvergne et Montluçon. De là, poursuivant vigoureusement le roi d'Angleterre qui se tournait avec son armée vers la frontière de la Normandie, il prit Vendôme sur son chemin.

Le roi d'Angleterre étant venu jusqu'à Gisors, et le roi de France jusqu'au château de Chaumont, et étant éloignés l'un de l'autre de quatre milles, le jour fixé pour traiter de la paix, le roi Philippe et les Français se tenaient au milieu des champs, exposés à l'ardeur du soleil, qu'ils pouvaient à peine supporter. Henri, roi d'Angleterre, et les Normands, étaient assis à l'entrée de Gisors, sous l'ombrage d'un orme épais qui leur servait comme de dais, et dont les branches très-touffues et élevées à la hauteur de huit pieds au-dessus de terre se courbaient en forme de voûte, et couvrant un espace de terrain très-étendu, offraient tant aux gens fatigués qu'aux promeneurs, un abri agréable par l'ombrage et la beauté délicieuse du lieu, et le donnaient avec la même générosité qu'elles l'offraient.

Philippe et les Français, indignés de la tranquillité du roi d'Angleterre et des siens pendant qu'ils étaient brûlés par un soleil insupportable, comme l'entrevue durant déjà depuis deux jours la paix ne pouvait se conclure, prirent les armes et volèrent promptement vers ce lieu. En ayant fait fuir honteusement le roi d'Angleterre et les siens, et en ayant tué et submergé dans le fleuve un grand nombre pendant qu'ils entraient dans le château, ils coupèrent cet orme à coups de haches, comme si c'eût été une forêt de bois, et le renversèrent tout-à-fait avec leurs haches et leurs coignées. Le matin du jour suivant, le roi d'Angleterre étant venu d'abord à Vernon, et ensuite à Pacy-sur-Eure, brûla le territoire des Français jusqu'à Mantes. Philippe l'ayant appris, quoiqu'il eût déjà partagé et licencié en partie son armée, marcha vers Mantes avec un petit nombre de gens, et passant outre, parvint jusqu'à l'armée du roi d'Angleterre, et tâcha de lui livrer bataille. Mais le roi d'Angleterre ayant rassemblé et rappelé son armée, se retira dans un château appelé Ivry-sur-Eure.

Quelques jours après, le comte Richard fit alliance avec le roi Philippe, parce que son père refusait de lui rendre sa femme, sœur du roi Philippe le Magnanime.

La même année, le jeudi 4 des nones de février (2 février), à la quatrième heure de la nuit, il y eut une éclipse totale de lune qui dura pendant trois heures. Le quatre des ides du même mois (10 février), dans un bourg appelé Argenteuil, peu avant l'aurore, la lune parut à quelques-uns descendre vers la terre, et, après un court espace de temps, remonter de nouveau.

L'an de l'Incarnation du Seigneur 1189, Philippe le Magnanime, ayant rassemblé une armée à Nogent-le-Rotrou, ville située dans le Perche, s'éloigna de là, et s'empara, avec une grande force, d'un château appelé la Ferté-Bernard, et de Montfort-le-Rotrou, et assiégea la très-noble ville du Mans, qu'il prit jusqu'à la citadelle, et dont il chassa avec ignominie Henri, roi d'Angleterre, avec sept cents chevaliers et une multitude infinie d'hommes d'armes. Après l'avoir ainsi mis en fuite, il assiégea et prit la citadelle. De là, par une marche rapide, il conduisit son armée vers la très-florissante ville de Tours. Le pont ayant été détruit par les habitans et les gens du roi d'Angleterre, comme il n'y avait aucun chemin par lequel on pût s'approcher de la ville, et qu'on ne trouvait pas de passage dans la Loire, le roi lui-même, assis sur son cheval, chercha un gué avec la lance qu'il portait à la main ; et en ayant enfin trouvé un meilleur qu'il ne l'espérait et qu'on n'a coutume d'en trouver dans ce fleuve, il fit passer son armée, et prit la ville d'assaut dans l'espace de peu de jours.

Après la prise de Tours, une entrevue eut lieu entre les deux rois, et la paix fut rétablie entre eux dans un lieu appelé Colombiers. Peu de jours après, pendant que le roi Philippe était encore dans ce pays, Henri, roi d'Angleterre, mourut dans le château de Chinon, et fut enseveli dans un couvent de moines, appelé Fontevrault. Son fils Richard lui succéda, et la paix fut conclue entre lui et Philippe le Magnanime, qui lui rendit les villes de Tours et du Mans, et Châteauroux avec tout son fief; Richard abandonna à perpétuité au roi Philippe et à ses successeurs Issoudun, avec toutes ses appartenances, et tout ce que de droit il pouvait réclamer sur l'Auvergne, quoique cependant le roi Philippe eût pu retenir tout cela par le droit de la guerre.

La même année, mourut la reine Élisabeth, femme de Philippe le Magnanime. Elle fut enterrée dans l'église de Sainte-Marie, à Paris. On établit pour toujours, en l'honneur de sa mémoire, dans cette église, deux prêtres, à chacun desquels on assigna quinze livres de revenu par an.

L'an de l'Incarnation du Seigneur 1190, à la fête de saint Jean-Baptiste, le roi Philippe se mit en route vers le pays d'outre-mer pour le service de la sainte croix. Après avoir confié le soin du royaume à Adèle, sa mère, et à Guillaume, archevêque de Rheims, il alla à Gênes, ville d'Italie, où il s'embarqua, après avoir fait auparavant un testament et accompli toutes choses dans les formes.

Dans le même temps, Richard, roi d'Angleterre, s'en alla avec les siens au service de la sainte croix, et se rendit à Marseille, où il s'embarqua.

Dans le même temps, par l'ordre qu'en avait donné le roi Philippe à son départ, on éleva tout autour de la ville de Paris, depuis le côté du nord jusqu'à la Seine, des murs, avec des tourelles et des portes très-bien faites.

Les deux rois, avec leur armée, naviguèrent vers Méchine ou Messine, ville de Sicile, et, par la médiation du roi Philippe, la paix fut rétablie entre Tancrède, roi de Sicile, et Richard, roi d'Angleterre, au sujet de la dot de la sœur dudit roi d'Angleterre. Là, le roi Philippe distribua beaucoup de dons à ses grands et à ses chevaliers, pour dédommagement des biens que leur avait fait périr une tempête sur la mer.

Peu de jours s'étant écoulés, le roi d'Angleterre, sommé par le roi Philippe d'épouser sa sœur, comme son serment l'y tenait engagé, et de se préparer à traverser la mer au milieu de mars, ne voulut faire ni l'un ni l'autre. Bien plus, il épousa Bérengère, fille du roi de Navarre, et voulut différer son voyage jusqu'au mois d'août suivant. Le roi Philippe déclara à ses grands qu'il était tenu par serment de partir lui-même sans retard; et ceux-ci étant de son avis, le roi mit en mer, et arriva heureusement à Saint-Jean-d'Acre, où il aborda la veille de Pâques.

Ensuite le roi Richard s'embarquant, alla à Chypre, prit cette île avec son empereur et sa fille, et emporta tous ses trésors ; il arriva enfin à Acre, et trouva les murs de la ville déjà abattus et emportés par le courage du roi Philippe et des Français.

L'empereur Frédéric étant aussi parti pour le service de la sainte croix avec une multitude infinie de Teutons et d'autres peuples, entra dans la voie de toute chair entre Nicée, ville de Bithynie, et Antioche. Il eut pour successeur à l'empire Henri, son fils.

L'an de l'Incarnation du Seigneur 1191, mourut le pape Clément, qui eut pour successeur Célestin, Romain de nation.

La même année, en automne, il y eut une si excessive abondance de pluies, que presque toute la moisson germa sur la terre où elle était encore en grains. D'où il arriva que pendant toute l'année, à peine on put trouver du pain qui ne causât des nausées à ceux qui le mangeaient.

La même année, au mois d'août, Louis, fils du roi Philippe, tomba malade à Paris ; mais on fit pour lui tant de processions et de prières au Seigneur, que bientôt, par un très-grand miracle de Dieu, il fut rendu à une santé parfaite. Cependant l'infatigable courage des Français prit la ville d'Acre au mois de juillet. On n'accorda la vie aux Sarrasins qui y étaient renfermés, qu'à condition qu'ils rendraient aux Chrétiens tous les Chrétiens que Saladin tenait en captivité, et le saint bois de la vivifiante croix. Saladin n'ayant pas voulu, ou n'ayant pas pu le faire, lesdits Sarrasins, et tous les autres qu'on retenait captifs, à l'exception de quelques hommes puissans, furent tués hors des portes de la ville d'Acre, au nombre de plus de sept mille.

Dans le même temps, la veille de la fête de saint Jean-Baptiste, au septième degré du Cancer, la lune étant au sixième degré du même signe, et la queue du Dragon étant au douzième degré, il y eut une éclipse de soleil qui dura pendant quatre heures, avant la prise d'Acre. Il périt au siége de cette ville beaucoup d'illustres hommes, le comte Thibaut, porte-enseigne des Français; Hugues, duc de Bourgogne; Philippe, comte de Flandre; le comte de Clermont; le comte du Perche, et beaucoup d'autres grands et très-fameux hommes.

Le très-saint évêque de Léon[1] fut tué à Rheims, métropole des Français, par des clercs envoyés par l'empereur Henri, et qui, feignant d'avoir été chassés par lui, après avoir été reçus avec amitié par ce saint évêque et être demeurés long-temps chez lui comme de fidèles amis, trouvant enfin l'occasion de se promener avec lui, l'emmenèrent hors des murs de la ville, et le tuèrent.

Cependant Richard, roi d'Angleterre, envoyait souvent des députés vers Saladin, et ils échangeaient tous deux des présens; c'est pourquoi le roi Philippe eut pour suspect le roi Richard. Ensuite ledit roi Philippe fut retenu par une très-violente maladie. Quelques-uns disent qu'il avait bu du poison qui lui avait été présenté par des traîtres; c'est pourquoi il était accablé d'une si forte maladie, qu'il perdit les ongles des mains et des pieds, les cheveux et presque toute la surface de la peau. C'est pourquoi, par le conseil de ses fidèles, après avoir confié le soin des captifs et le commandement de toutes choses au duc

---

[1] Saint-Pol de Léon.

de Bourgogne et à d'autres qu'il en présuma capables, et avoir laissé pour la défense de la Terre-Sainte cinq cents chevaliers avec une somme suffisante prise sur le fisc, il se disposa à retourner dans son pays, et vint à Rome, où, ayant visité la demeure des apôtres, il reçut la bénédiction du pape Célestin, son parent. Il revint en France, peu de jours avant la Nativité du Seigneur, un peu remis de sa maladie.

Au mois de mars suivant (dans un château appelé Bray-sur-Seine), les Juifs, avec la permission de la comtesse de Champagne, mère du comte Robert, couronnèrent d'épines un certain Chrétien, et, après l'avoir fouetté par les rues, le crucifièrent. Philippe le Magnanime l'ayant appris, touché de compassion pour la chrétienté, s'approcha en personne dudit château, et fit brûler plus de quatre-vingts Juifs.

L'an de l'Incarnation du Seigneur 1192, le vingtième jour du mois de novembre, il y eut une éclipse partielle de lune, au septième degré des Gémeaux, et elle dura pendant deux heures.

Ensuite l'iniquité et la méchanceté des hommes allant toujours croissant, le roi Philippe fut informé que des hommes de la nation des Assissins avaient été, par l'ordre du roi Richard, envoyés pour le tuer, comme ils avaient tué dans ce temps, près d'Acre, Conrad, marquis de Montferrat. C'est pourquoi ledit roi Philippe se créa dès lors de très-fidèles gardes de son corps, et porta presque toujours à la main une masse d'airain ou de fer, et ses gardes prirent aussi alors la coutume de porter des massues à la main, coutume qu'ils ont conservée jusqu'à présent. Le roi, fort troublé, envoya des députés vers le Vieux de la Montagne, roi des Arsacides (ou Assissins), afin de connaître promptement et pleinement par lui la vérité de la chose. Pendant ce temps néanmoins le roi, pour plus grande sûreté, établit des gardes de son corps, qui avaient toujours à leur main des massues d'airain, et veillaient alternativement autour de lui pendant la nuit. Les messagers étant retournés vers le roi, il reconnut par la lettre du Vieux, que ces bruits étaient faux, et ayant, par le rapport de ses messagers, appris la vérité, dont il s'informait d'eux avec soin, son esprit, méprisant ce bruit trompeur, ne fut plus tourmenté par de faux soupçons.

Il y a parmi les Assissins une croyance que Dieu déteste ; si, par obéissance à leur seigneur, ils tuent un homme, ou font quelque autre chose, ils croient qu'aussitôt le crime commis, ils seront sauvés.

Peu de temps après, le roi Richard, ayant confié à Henri, comte de Champagne, le commandement des affaires, retourna dans son pays. Comme il avait offensé beaucoup de gens, il en craignait beaucoup. Il écarta de lui autant qu'il put l'éclat de la dignité royale. Cependant, dans le territoire du duc d'Autriche, il fut reconnu, livré à l'empereur Henri, et long-temps renfermé dans une prison. Ayant enfin donné pour sa rançon cent mille marcs d'argent, il fut mis en liberté, après beaucoup de fatigues et des périls infinis, et passa enfin en Angleterre.

L'an de l'Incarnation du Seigneur 1193, Philippe le Magnanime prit Gisors et tout le territoire du Vexin, ainsi que la plus grande partie des confins de la Normandie, et rendit à l'église de Saint-Denis Neufchâtel, que le roi d'Angleterre lui avait enlevé et retenait injustement.

Dans ce temps mourut Saladin, roi de Syrie et d'Egypte, auquel succédèrent ses deux fils, Saphadin qui régna sur la Syrie, et Meralice qui gouverna l'Egypte.

La même année Philippe le Magnanime prit pour femme dans la ville d'Amiens, Indeburge, sœur de Canut, roi des Danois. Le jour même qu'elle fut bénie et couronnée, on dit que, par l'effet de sorts et de maléfices, le roi commença à moins l'aimer, et à la priver des droits qui lui appartenaient sur son lit et sa personne. Enfin, ayant été prouvé qu'il existait entre eux un lien de parenté, elle fut séparée de lui. Cependant elle ne quitta pas la France, et reçut du fisc ce qui lui était nécessaire pour vivre.

Au mois de février suivant, Philippe le Magnanime prit les villes d'Evreux, Neubourg, le Vaudreuil et beaucoup d'autres villes, et assiégea Rouen, dont il ne put s'emparer.

L'an de l'Incarnation du Seigneur 1194, Michel, doyen d'un chapitre de Paris, homme saint et instruit dans la théologie, fut élu patriarche de Jérusalem; mais, avant de se mettre en route, il fut créé archevêque de Sens.

La même année, Philippe le Magnanime assiégea Verneuil, et battit vigoureusement cette ville durant l'espace de trois semaines. Pendant qu'il était occupé à ce siége, Jean, surnommé Sans-Terre, frère de Richard, roi d'Angleterre, qui avait feint de s'allier avec le roi Philippe, s'approcha de ceux qui gardaient Evreux pour le parti du roi Philippe, et les ayant enveloppés par ruse, les fit tous décapiter et fit attacher leurs têtes à des pieux autour de la ville. Cependant il ne put s'emparer de la citadelle. A la nouvelle de cet événement, le roi Philippe leva le siége de Verneuil, et, marchant vers Evreux, emporté de fureur, brûla la ville, et de là, traversant et ravageant le territoire de la Normandie, il vainquit dans un combat, et prit Guillaume, comte de Leicester, homme d'une très-grande bravoure, l'ayant surpris dans un bois avec un grand nombre de chevaliers armés, et il le fit renfermer dans une prison avec beaucoup d'autres.

A la fin du mois de juin suivant, l'église de Sainte-Marie de Chartres fut consumée par un incendie allumé par hasard; mais ensuite les fidèles la réparèrent et construisirent un pavé en pierres des plus admirables et des plus merveilleux.

Cependant Richard, roi d'Angleterre, ayant rassemblé une armée, recouvra Beaumont, château très-bien fortifié et situé sur la Rille. Pendant que le roi Philippe faisait route par le territoire du comte de Blois, le même roi Richard lui dressa des embûches dans un lieu appelé *Belfou,* s'empara des bagages du roi avec l'argent et différens meubles, et lui fit éprouver de grandes pertes, car il lui enleva son seing et les livres des comptes du fisc.

Cependant Jean-Sans-Terre avec le comte David, le comte d'Arondel, les habitans de Rouen et une multitude infinie de Normands, assiégèrent Vaudreuil. Philippe le Magnanime l'ayant appris, quitta Bourges où il était, et marchant avec la plus grande diligence, à la tête de quelques hommes d'armes, arriva à l'improviste; après trois jours de marche, fondit sur leur camp, les mit tous en fuite dans les bois voisins, en tua et en prit un grand nombre pendant qu'ils fuyaient.

La même année, l'empereur Henri s'empara de la Calabre, de la Sicile et de la Pouille.

L'an du Seigneur 1195, le roi Richard renvoya à Philippe sa sœur qu'il devait épouser. Elle fut aussitôt donnée en mariage au comte de Ponthieu. La trève étant expirée et la guerre recommençant, le roi Philippe rasa Vaudreuil, qu'il tenait fortifié, ce dont le roi Richard ayant été témoin, fut violemment indigné.

La même année, il y eut dans le pays une violente famine, qui fut causée par l'excessive agitation de l'air et les fréquentes tempêtes arrivées l'année précédente. Mais le roi Philippe, et, à son exemple, le clergé, le peuple et tous les grands, firent de très-abondantes aumônes, et soulagèrent les besoins des pauvres.

Dans ce temps, Alphonse, roi de Castille, opprimait les nobles hommes de son royaume, et élevait les hommes de peu, négligeait les chevaliers et revêtait d'armes les paysans qu'il préférait aux nobles; c'est pourquoi Dieu offensé lui fit bientôt éprouver sa vengeance, car dans le même temps le Miramolin, roi des Moaviades, pénétrant en Espagne, livra bataille audit roi de Castille, le vainquit, et tua cinquante mille Chrétiens.

La même année, le roi Richard assiégea un château très-fortifié appelé Arques. Mais Philippe le Magnanime étant survenu avec ses Français, le força de s'enfuir, et s'avançant un peu plus, entra à main armée dans le très-fameux port et la très-opulente ville appelée Dieppe, sur la mer d'Angleterre, la livra aux flammes, et en emmena un butin immense et de précieuses dépouilles. Mais à son retour, pendant qu'il faisait route à travers les forêts, le roi Richard se cacha en embuscade, et les ayant attaqués à l'improviste, en tua un grand nombre des derniers bataillons.

Marcharder, commandant des Cotereaux ou routiers, prit Issoudun, et le fortifia pour le roi Richard.

Il y eut des intempéries, des pluies et des tempêtes intolérables, la moisson germa en grain, d'où il s'éleva une violente famine. Mais le roi Philippe distribua de généreuses aumônes, excita et engagea les prélats, les grands et tous les riches à soutenir les pauvres, comme l'année précédente.

Foulques, prêtre, et ses disciples, prêchèrent la parole de Dieu, et un grand nombre de gens cessèrent d'exercer des usures, et un grand nombre de gains usuraires furent restitués.

Le roi Philippe d'un côté, et le roi Richard de l'autre, ayant rassemblé une armée, se tenaient prêts à combattre dans le pays de Bourges, près d'Issoudun. Là, le roi Richard revenant à lui-même, contre l'espérance de tous, déposa les armes, vint trouver son seigneur le roi Philippe, et fléchissant le genou, lui fit hommage. Ainsi la paix fut rétablie et jurée entre eux.

L'an du Seigneur 1196, il survint tout-à-coup une inondation d'eaux et de fleuves, qui détruisit les ponts en beaucoup de lieux, et renversa plusieurs villes. Mais le clergé et le peuple ayant crié vers le

Seigneur, et fait de fréquentes processions, où le roi Philippe lui-même marcha nu-pieds parmi les premiers, ce déluge cessa.

La même année Baudouin, comte de Flandre, fit à Compiègne hommage à son seigneur le roi Philippe; le même Philippe, peu de jours après, prit en mariage Marie, fille du duc de Moravie et de Bohème, et marquis d'Istrie.

Peu de temps après, le roi Richard, méprisant la sainteté des sermens, prit par ruse un château appelé Vierzon, dans le territoire de Bourges, et y mit le feu, ce qui donna lieu à de nouvelles discordes entre lui et le roi Philippe.

Dans le même temps, le roi Philippe assiégea un château très-bien fortifié appelé Aumale, et demeura plus de sept semaines à ce siége.

Cependant le roi Richard, ayant donné de l'argent aux gardes, s'empara de Nonancourt, le fournit d'hommes d'armes et de provisions, et s'en revenant mena son armée vers Aumale pour en faire lever le siége; mais au premier choc, il fut mis en fuite et perdit beaucoup des siens. Dans ce combat fut pris Gui de Thouars, qui fut ensuite duc de Bretagne, ayant épousé Constance, mère d'Arthur et duchesse de Bretagne.

Après avoir pris et détruit de fond en comble le château d'Aumale, Philippe le Magnanime, par une puissante force et un admirable assaut, recouvra Nonancourt, et prit beaucoup de braves chevaliers et des arbalétriers, qui étaient là combattant pour Richard.

La même année, le jour des ides de septembre, mourut en bonne vieillesse, Maurice, évêque de Paris, homme de sainte mémoire, rempli de bonnes œuvres et d'aumônes. Il fut enterré dans le monastère de Saint-Victor. Parmi ses autres saintes œuvres dignes de louanges, il fonda, dota et enrichit quatre abbayes. Il eut pour successeur Eudes de Souillac, frère de l'archevêque de Bourges.

L'an du Seigneur 1197, Baudouin, comte de Flandre, méprisant l'hommage et la foi qui le liaient au roi Philippe, s'allia avec le roi Richard, ainsi que Renaud de Dammartin, à qui le roi Philippe avait donné en mariage, comme ami et fidèle, la comtesse de Boulogne, et avec elle tout le comté.

La même année mourut l'empereur Henri. Comme il avait fait périr un très-grand nombre d'évêques et d'archevêques, et avait, comme ses prédécesseurs, opprimé l'Eglise romaine, le souverain pontife s'opposa à l'élection de Philippe son frère, et favorisa celle d'Othon, fils du duc de Saxe.

La même année, Henri, comte de Troyes, établi roi de Jérusalem, mourut à Acre. La même année aussi mourut Marie, comtesse de Troyes, mère dudit roi Henri, et sœur du roi d'Angleterre du côté de sa mère.

La même année mourut le pape Célestin, auquel succéda Innocent III, Romain de nation, et appelé auparavant Lothaire; et la stérilité et la famine duraient encore.

Dans ce temps, un chevalier, dans le territoire du Vermandois, après avoir été mort, ressuscita, et ayant joui de la vie pendant un grand nombre de jours sans manger ni sans boire, dit beaucoup de choses qui devaient arriver, et qui cependant paraissaient incroyables.

A Rosoy, bourg de la Brie, pendant qu'un prêtre célébrait la messe, le vin dans son calice se changea visiblement en sang, et le pain en chair. Dans le territoire de Chartres, dans une ville appelée Baillau, l'hostie dans les mains du prêtre se changea en chair. Dans le territoire de Paris, en un château appelé Marli, on entendait un certain esprit parler dans la maison d'un pauvre homme, disant qu'il était l'ame d'un homme de la Sicile nommé Robert. Dans beaucoup d'endroits, il tomba du ciel une rosée de miel. Cependant la famine durait encore.

L'an du Seigneur 1198, au mois de juillet, le roi Philippe, avec deux cents chevaliers et quelques gens d'armes de Mantes, marcha vers Gisors, rencontra le roi Richard à la tête de mille cinq cents chevaliers et d'une multitude infinie de Cotereaux et autres. Mais le magnanime roi dédaignant de reculer, avec une courageuse témérité passa au milieu d'eux, et combattant vigoureusement, conduit par la main de Dieu, s'échappa sain et sauf; mais quatre-vingt-dix de ses chevaliers furent pris dans ce combat. Nous croyons que ce malheur lui arriva, parce que, contre l'opinion de tous, il avait ramené les Juifs dans son territoire, et, contre sa coutume, un peu persécuté quelques églises. C'est pourquoi le Seigneur lui envoya cet échec et celui qu'on va lire.

Le roi, indigné d'avoir éprouvé une si grande ignominie, rassembla, pour se venger, une multitude infinie de chevaliers et de gens d'armes, et entra dans la Normandie, qu'il commença à ravager. Mais, dans l'espace de peu de jours, contre la volonté et l'opinion de ses grands, il licencia son armée, et renvoya chacun chez soi. Le roi Richard, profitant de cette crainte de Philippe et de la faveur de sa fortune, entra dans le pays de Beauvais avec Marchader, chef des Cottereaux ou routiers, non seulement ravagea ce pays, mais prit et retint long-temps en prison l'évêque de ce pays et Guillaume de Mellot, hommes nobles et braves guerriers, lesquels s'efforçaient de chasser les pillards et défendre leur pays; son cœur s'enfla, et il dit avec un grand orgueil qu'il partagerait même les quartiers de Paris à ses chevaliers.

Ses forces et son audace s'étaient surtout accrues par la défection du comte de Flandre et du comte de Boulogne. Ils n'étaient pas les seuls qui eussent quitté le parti de l'intrépide roi Philippe le Magnanime; mais Louis, comte de Blois, et presque tous les autres grands de son royaume, s'étaient traîtreusement soustraits à son obéissance, les uns en secret, les autres ouvertement. C'est pourquoi le pape Innocent envoya en France le légat Pierre de Capoue, homme sage et instruit en théologie, pour rétablir la paix entre eux. A peine put-il obtenir qu'ils conclussent une trêve de cinq ans, en se remettant des gages de leur foi.

Pendant que ces choses se passaient en France, Philippe, duc de Souabe, et frère de l'empereur Henri, appuyé des conseils et des secours du roi des Français, s'empara d'une très-grande partie de l'empire. Othon, fils du duc de Saxe, soutenu par le secours du roi d'Angleterre, son oncle, en subjugua une aussi grande partie. L'un et l'autre furent couronnés rois d'Allemagne par des partis opposés, et se livrèrent beaucoup de combats.

Dans ce temps, au fond de l'Armorique, dans le pays des Oscimores (diocèse de Léon), un démon entra dans le corps d'un chevalier pendant qu'il était à table; et, se mettant à l'agiter, parla ouvertement par sa bouche. Un prêtre ayant été appelé lorsqu'il arriva dans la maison, le démon cria que le livre que le prêtre avait dans son sein était son plus grand tourment. C'était le livre des Exorcismes. Il disait qu'il n'avait pas été envoyé pour ce chevalier-là, mais pour faire plus de mal dans d'autres pays. Enfin, ayant été exorcisé, il se retira quelques jours après.

Vers le même temps, un chevalier mort dernièrement, ou, pour parler plus vrai, un démon, avec la figure, la forme, l'habillement et le cheval qu'il avait avant la maladie dont il mourut, apparut dans le même diocèse à un de ses hommes d'armes, qui se promenait après dîner dans des champs où la moisson avait été faite le même jour, et lui dit : « Monte. » Il monta en croupe derrière lui, pour que le cheval le conduisît où il voudrait. Lorsqu'ils eurent ainsi chevauché deux cents pas ou davantage, il vit une foule innombrable de cavaliers qui l'attendaient en ce lieu. Comme ils réprimandaient le chevalier du retard qu'il avait apporté, et que le chevalier répondait : « Allons donc, » ledit homme d'armes qui était monté avec lui sur son cheval, saisi alors d'horreur, se jeta à terre. Ne pouvant se soutenir sur ses jambes, il demeura là jusqu'au lendemain entre deux sillons couverts de chaume, rempli d'horreur et d'épouvante. Le même matin, je le vis raconter ce fait en présence de l'évêque du lieu, et me montrer l'endroit, à moi et à d'autres.

Peu de temps après, un homme noble, mort en ce diocèse, apparut à l'un de ses serviteurs, c'est-à-dire à l'un des serfs de sa glèbe, et lui dit d'aller dire de sa part à l'exécuteur de son testament de distribuer plus fidèlement ses legs et ses aumônes, parce qu'il était sûr qu'y mettant de la fourberie, il en retenait pour lui une grande partie. En disant ces mots, il saisit de ses doigts la cuisse du paysan, et disparut. Les traces de ses doigts parurent long-temps après sur la cuisse du paysan en cinq endroits, qu'ils avaient noircis et brûlés hideusement. Ces événemens, et de semblables, arrivent fréquemment dans ce pays, et les habitans ne s'en étonnent pas.

L'an de l'Incarnation du Seigneur 1199, Dieu visita le royaume des Français. Car le roi Richard fut tué dans le territoire de Limoges, où il assiégeait le château de Chalus, la première semaine de la Passion du Seigneur, à l'occasion d'un trésor qui y avait, dit-on, été trouvé. Un chevalier lui ayant, du haut d'une tour, lancé une flèche, lui fit à l'épaule une blessure, dont il mourut dans l'espace de peu de jours. Aussitôt qu'il fut mort, Philippe le Magnanime prit, après Pâques, et fortifia Évreux et les villes d'alentour. Le comte de Namur, frère du comte de Flandre, fut pris avec douze chevaliers d'élite, près d'un château nommé Lens, dans le pays de Fleurus, maintenant appelé la Flandre.

Le jeune Arthur, duc de la petite Bretagne, prit la très-noble ville d'Angers et le Mans, et en chassa honteusement Jean-Sans-Terre, son oncle, qui, faisant voile vers l'Angleterre, fut couronné roi de ce pays. Arthur fit hommage à Philippe le Magnanime du comté du Mans, d'Angers et de Tours, et fut conduit à Paris.

Une trêve fut conclue entre le roi Jean et le roi Philippe. Le comte de Flandre et d'autres qui avaient abandonné le parti du roi Philippe, prirent la croix.

Pierre de Capoue, légat du Siége apostolique, ayant convoqué un concile à Dijon, ville des Allobroges, jeta un interdit sur tout le royaume de France, parce que le roi ne vivait pas avec sa femme, et en avait pris une autre. Cette sentence fut portée à la fête de saint Nicolas, mais l'exécution en fut retardée jusqu'à la Nativité, et peu de temps après, le roi Philippe envoya vers le seigneur pape Innocent une solennelle ambassade, composée de Pierre de Corbeil, archevêque de Sens, et d'autres hommes de bien, pour obtenir son absolution et celle du royaume de France.

L'an de l'Incarnation du Seigneur 1200, la paix fut rétablie entre les deux rois. Louis, fils du roi Philipppe, prit en mariage Candide, fille d'Alphonse, roi de Castille, et nièce du roi Jean. Le comte de Boulogne, quoiqu'il le méritât peu, fut reçu en grâce par le roi Philippe.

La même année, Octavien, évêque d'Ostie et de Velletri, fut envoyé en France en qualité de légat du Siége apostolique; par ses conseils, le roi rejeta en apparence sa concubine, et reçut à moitié grâce sa femme, sans cependant remplir envers elle les devoirs du mariage.

L'an du Seigneur 1201, Thibaut, comte de Troyes, mourut âgé de vingt-cinq ans. La même année, le roi Jean fut reçu avec honneur à Paris par le roi Philippe, et comblé de beaucoup de dons.

Le jeune Philippe et sa sœur Marie, que le roi Philippe avait eus de sa concubine, furent légitimés par le pape Innocent. La même année, Octavien, légat du seigneur pape, étant encore en France, Marie, cette femme qui avait illégitimement épousé le roi, mourut, et fut ensevelie avec honneur dans un monastère, dans l'église de Saint-Corentin, éloignée de six mille pas du château de Nantes, et où le roi Philippe fonda une abbaye de cent vingt vierges, qui servent continuellement le Seigneur, sous les ordres d'une abbesse.

Cependant de fréquentes plaintes étaient portées au roi Philippe le Magnanime, du pays d'Aquitaine, contre le roi Jean, parce que cedit roi Jean avait par ruse enlevé des mains de Hugues le Brun la fille du comte d'Angoulême, fiancée audit Hugues le Brun, homme très-noble parmi les Aquitains, et s'était emparé par trahison de quelques châteaux de ce même Hugues, du comte d'Eu et de Geoffroi de Lisieux, qui demeuraient pour son service dans la grande Bretagne. Le roi Philippe sommait le roi Jean de lui faire hommage du duché d'Aquitaine, et du comté de Tours et d'Angers. Ledit roi Jean, après avoir fait plusieurs fois défaut, déclara enfin qu'il se soumettrait sur toutes ces choses aux ordres de la cour de son seigneur, et au jour fixé, accorda, pour plus sûre garantie, deux châteaux, que le roi Philippe le Magnanime devait posséder pendant ce temps, en sorte que, s'il refusait de quelque manière d'obéir au jugement de la cour, le roi Philippe retiendrait pour toujours ces châteaux pour lui et ses successeurs. Le roi Philippe envoya donc des messagers vers lesdits châteaux, nommés Tilliers et Boutavant, pour en prendre possession. Mais le roi Jean, oubliant son traité, refusa de les livrer, ne vint point au jour fixé pour le jugement, et n'envoya personne pour répondre à sa place.

Il faut savoir que le roi Richard peu d'années auparavant, une trêve ayant été conclue entre lui et le roi Philippe, avait bâti une forteresse sur les bords de la Seine, dans un lieu appelé Portejoie, afin que de là il pût de quelque manière recouvrer sa terre. S'avançant peu à peu, il fit construire dans une île, auprès du bourg des Andelys, une autre forteresse, et bâtit dans le même endroit, sur les bords de la Seine, du côté de l'orient, une ville très-agréable, dans un lieu très-fortifié. Elle était entourée d'un côté par la Seine, et de l'autre par un étang très-vaste et très-profond d'où naissaient deux ruisseaux, qui pourraient bien être appelés rivières, et qui se jetaient dans la Seine aux deux entrées de la ville. Il fit construire des ponts sur ces deux ruisseaux, fit élever, tant à l'entrée qu'autour de la ville, des tours en pierre et en bois, avec des plates-formes et des ouvertures pour les arbalétriers. Cette ville était dominée par une roche élevée, entourée d'un côté par la Seine, et de l'autre par des collines presque aussi hautes que le rocher, entrecoupées de vallées. Il fit bâtir sur ce rocher élevé une citadelle, qu'il environna d'un mur très-haut et de fossés très-profonds, taillés à vif dans le roc. Hors de ces fossés, il fit aplanir une colline, et les environna de murs et de tours très-hautes. Il enferma la troisième colline par des fossés placés de distance en distance, et fortifia le tout de murs excessivement élevés et de fossés. Il appela cette forteresse *Gaillard,* mot qui en français exprime la *pétulance.* De là, s'avançant de quatre mille pas, il construisit sur les bords de la Seine un autre rempart, qu'il appela Boutavant, qui signifie *pousse en avant,* comme qui dirait : Je m'étends en avant pour recouvrer ma terre.

Le roi Philippe, se voyant trompé par le roi Jean, qui lui avait renvoyé ses messagers les mains vides et frustrés de leur espoir, assiégea avec une grande multitude d'hommes d'armes le château de Boutavant, le prit, et le détruisit de fond en comble. Quittant ce lieu, il prit de vive force Orgueil et Mortemar, et assiégea Gournay. C'était un château très-agréable, situé dans une plaine arrosée, entouré d'un mur de pierre et de larges et profonds fossés remplis d'eau, plein d'hommes braves et nombreux, et près duquel était un très-bel étang, plein jusqu'au bord d'une eau courante qu'arrêtait une digue large et haute, construite par la main des hommes. Le roi Philippe, afin d'arriver plus promptement à son but, se servit d'un ingénieux artifice pour faire couper et percer la digue. Aussitôt qu'elle fut rompue, on eût vu comme un nouveau et soudain déluge projeter ses eaux bouillonnantes avec une rapidité aussi grande et des tourbillons aussi impétueux que le Rhône lorsqu'il se jette dans la Saône, s'élancer à travers les prés, les moissons, les maisons, comme un ravage envoyé par Dieu, renverser tout, et non seulement abattre les murs de Gournay, mais les rouler avec lui dans sa tortueuse rapidité ; et si ceux qui étaient dans la citadelle et dans la ville ne se fussent mis à l'abri, et n'eussent gagné les montagnes et les bois, ils eussent péri dans les flots de ce nouveau déluge.

Le roi Philippe le Magnanime ayant ainsi pris Gournay, le fit rétablir, et résolut de le tenir sous une sûre garde et de le conserver toujours pour lui et ses successeurs. Dans le même lieu, Arthur, qui avait épousé la fille du roi Philippe, fut revêtu de la main dudit roi de l'écharpe de chevalier, et fait chevalier. Avec la permission du roi et l'argent qu'il en avait reçu, il entra avec des chevaliers dans l'Aquitaine et assiégea Mirebeau. Il appela à son aide les Bretons, les gens de Bourges et les Allobroges ; mais, par l'ordre du roi, il ne les attendit point. Ne les ayant pas attendus, quoiqu'ils se hâtassent de venir vers lui, mais se confiant témérairement en ce petit nombre et en sa nouvelle chevalerie, il éprouva que les Poitevins n'avaient acune fidélité ; car le roi Jean, son oncle, étant arrivé, il fut défait et pris dans un combat, ainsi que les autres qui étaient avec lui.

Dans ce temps, le roi Philippe assiégeait le château d'Arques ; mais, à la nouvelle de ce qui était arrivé, il leva le siége, conduisit son armée vers l'Aquitaine, et assiégea Tours, qu'il prit et brûla. Peu de temps après, Jean reprit cette ville, et la détruisit de fond en comble ainsi que tout le château.

d. Cependant les comtes de Flandre, de Blois et du Perche, et d'autres grands qui avaient abandonné le parti du roi Philippe leur seigneur, se voyant par la mort du roi Richard privés de secours et de conseils, prirent la croix, et se mettant en route pour le saint pélerinage, arrivèrent à Venise, et ayant fait alliance avec le doge, les citoyens et les chevaliers de cette ville, ils naviguèrent vers l'Esclavonie, qui est la Dalmatie, prirent la ville de Zara et la rendirent au doge de Venise; de là ils firent voile vers Constantinople, l'assiégèrent, et la prirent, non sans un grand miracle de Dieu et un vigoureux courage; et là Baudouin, comte de Flandre, fut nommé empereur de cette ville.

L'an de l'Incarnation du Seigneur 1202, le roi Philippe ayant rassemblé une armée, entra dans l'Aquitaine, et prit beaucoup de châteaux. Pendant qu'il s'en revenait, Robert, comte d'Alençon, se remit à lui, et lui livra toute sa terre pour en faire à sa volonté. Ensuite il prit Conches et Vaudreuil.

Peu de temps auparavant, Jean avait assiégé Alençon; Philippe le Magnanime l'ayant appris, et n'ayant pas le temps de rassembler une armée, marcha à grandes journées vers un château appelé Moret, où un grand nombre de chevaliers s'étaient réunis avec des armes et des chevaux de guerre, pour faire leur apprentissage dans les armes. Il les emmena avec lui; et, marchant à grandes journées, il se hâta d'aller délivrer les assiégés; mais le roi Jean avec son armée, levant le siége et abandonnant les tentes et différens ustensiles et machines, chercha son salut dans la fuite.

Vers le même temps, ledit roi Jean, avec une immense armée, assiégea un château appelé Bresolles; mais les Français étant arrivés, il s'éloigna sans être venu à bout de son dessein, et après avoir perdu les grandes dépenses qu'il avait faites.

Cependant le vénérable abbé de Casmar, de l'ordre de Cîteaux, fut envoyé en France par le souverain pontife pour rétablir la concorde entre les deux rois.

Mais le clergé et les grands ayant interposé leur appel, de la part du roi Philippe, cette négociation ne put s'achever.

La même année le roi Jean tenait Arthur dans une prison. Il prit Dol, Fougères, et tout ce territoire.

A la fin du mois d'août de la même année, Philippe le Magnanime, après avoir vigoureusement assiégé Radepont pendant trois semaines, prit cette ville avec vingt braves chevaliers et beaucoup d'autres hommes de guerre qui la défendaient. De là il s'approcha de Gaillard pour l'assiéger. Le siége de ce château fait voir clairement tout ce que peut faire dans un prince la sagesse unie au courage. Le lecteur en sera facilement convaincu en lisant attentivement ce qui va suivre.

D'abord il assiégea la forteresse, située, comme il est dit plus haut, dans une île. Il campa sur la rive méridionale de la Seine, du côté du midi, et ayant dressé des pierriers et des machines de guerre, il commença, en lançant des pierres, à endommager les remparts couverts de claies. Mais les assiégés se mettaient peu en peine des pierres, des flèches, et de tous les traits qu'on leur lançait ainsi et dont ils se tenaient à l'abri sous les voûtes et les égoûts. On ne pouvait trouver aucun accès vers eux, parce qu'ils avaient lancé des flammes sur le pont qui était du côté des assiégeans, et l'avaient brûlé, ne conservant que l'autre pont, par lequel on allait dans la ville. Le roi, voyant qu'il ne viendrait à bout de rien de cette manière, fit amener de différens ports une quantité innombrable de bateaux, non de bateaux creux, mais plats, sur lesquels on a coutume de transporter les hommes, les bêtes de somme et les chariots d'un des bords de la Seine à l'autre, les fit joindre ensemble par les flancs d'une rive à l'autre, et construisit ainsi un pont d'un plancher de bois admirable. Il assura par des pieux très-forts, enfoncés de distance en distance, les bateaux qui soutenaient le pont, et y plaça des tours en différens endroits. En dessous du pont, et sur quatre bateaux qui étaient très-larges, il fit élever deux tours en bois, munies de claies entrelacées de toutes parts d'une ferrure indestructible, très-difficile à emporter. Le pont étant construit, il fit passer la plus grande partie de son armée au delà de la Seine, et passa lui-même avec elle : il campa de l'autre côté de la Seine, et attaqua l'île par un double siége.

Cependant, Jean, roi d'Angleterre, n'était pas très-éloigné de ce lieu, et avait rassemblé une très-grande armée : comme il n'osait combattre les Français de jour, il s'efforça de les attaquer par ruse. C'est pourquoi il envoya au plus fort de la nuit des Cotereaux et des routiers, avec un petit nombre de chevaliers, contre ceux qui étaient restés au delà de la Seine, non contre ceux qui étaient dans le camp, mais contre les goujats sans armes et autres gens qui ont coutume de suivre l'armée pour porter les fardeaux et remplir d'autres fonctions de cette sorte, que dédaignent les hommes de plus haut lieu. Ils attaquèrent ceux qu'ils trouvèrent hors du camp, accablés de sommeil et de vin, et en tuèrent plus de deux cents. Un cri s'éleva dans le camp; ils se levèrent avec précipitation, et s'enfuirent vers le pont en si grand nombre, qu'il en fut rompu et qu'ils ne purent passer la Seine, ni recevoir du secours de ceux qui étaient en dedans du pont. Mais les chevaliers et d'autres de meilleur courage, parmi lesquels on remarquait surtout Guillaume des Barres, prirent les armes et s'opposèrent à leur fuite, et, les forçant de s'arrêter, arrivèrent en poussant des cris jusqu'à l'ennemi, qu'ils mirent vaillamment en fuite, et en tuèrent et prirent un grand nombre. A peine les avaient-ils fait fuir, qu'à la lumière de l'aurore ils aperçurent des vaisseaux de course, remplis d'hommes d'armes, qui arrivaient par le milieu du lit du fleuve; mais leur arrivée fut découverte, plus vite qu'ils n'y comptaient, par l'armée qui, comme nous l'avons dit, était troublée et sur ses gardes. On plaça de nombreux bataillons sur les deux bords du fleuve et sur le pont, qui était déjà réparé, et les archers avec des hommes d'armes montèrent sur les tours dont nous avons parlé. Cependant ceux qui garnissaient les bords du fleuve ne purent empêcher d'aucune manière les gens de la flotte de venir par le milieu du lit presque jusqu'au pont. Ceux qui étaient dans les tours de bois firent, à force de bras, d'arbalètes et de machines, tomber sur eux tant de pièces de bois, de pierres, de flèches et de traits, qu'ils les forcèrent, bon gré mal gré, à se retirer avec une perte très-considérable.

Dans l'armée de France étaient des jeunes gens très-agiles, habiles dans l'art de nager, parmi lesquels était un nommé Gobert, de Mantes. Un rempart de deux rangs de pièces, liées l'une à l'autre, traversait la rivière d'une rive à l'autre, pour boucher le chemin aux vaisseaux qui viendraient par eau au secours des Français. Cesdits jeunes gens, avec une admirable vigueur et une légèreté extrême, portés sur l'eau par le mouvement de leurs mains et de leurs pieds, renversèrent et brisèrent ces palissades en différens endroits. S'étant encore en nageant approchés de l'île, ils lancèrent du feu sur un rempart de bois qui entourait la forteresse, et le brûlèrent entièrement. Dégarnis de remparts, voyant déjà leurs murs brisés en beaucoup d'endroits, et ne pouvant plus se tenir dans les fortifications déjà endommagées, ou courir çà et là comme ils avaient coutume de le faire, sur la plate-forme du château, à cause des pierres et des traits qu'on leur lançait fréquemment du haut des tours situées sur la rive, ils se soumirent à la volonté du roi, avec le château et tous leurs biens. Le château de l'île étant pris, il fut facile de prendre la ville, qui est dans cette même île, et d'assiéger la Roche Gaillard. Après avoir fait réparer les ponts et bien fortifié la ville et l'île, le roi Philippe y plaça des hommes d'armes et des sentinelles continuelles avec des provisions, afin d'empêcher la fuite de ceux qui étaient dans la Roche, et mena son armée vers Radepont, comme nous l'avons dit plus haut. Chaque jour les assiégés combattaient avec les nôtres, non que les nôtres les attaquassent, l'escarpement et la hauteur du rocher et la fortification du lieu ne leur permettaient pas de le faire; mais les assiégés, comme des hommes honnêtes et braves, descendaient chaque jour dans la plaine et combattaient avec eux, leur faisaient éprouver des pertes, et en recevaient d'eux également.

Au temps des vendanges, le roi Philippe retourna au siége de Gaillard. Voyant le lieu inexpugnable, il voulut les tenir enfermés et les affaiblir par la famine, afin de s'emparer ensuite plus facilement du château. Il fit faire un double rang de fossés de deux cents pieds de largeur, depuis un étang qui était dans le bas de la montagne, jusqu'au sommet de ladite montagne, et de là jusqu'au fleuve de la Seine, renfermant dans cette enceinte entre les fossés et le château les vallées naturelles qui entouraient le château de toutes parts. Il fit construire en cet endroit, de doubles bretêches, à savoir des petits châteaux de bois très-bien fortifiés, placés à égale distance, entourés de deux rangs de fossés, et munis de ponts carrés, tournans à volonté. Il remplit d'hommes d'armes, non seulement ces petits châteaux, mais toute la surface intérieure des fossés, et il entoura ainsi les assiégés de fossés et d'hommes, en sorte que personne ne pouvait parvenir jusqu'à eux, et qu'aucun d'entre eux ne pouvait s'enfuir. Nos sentinelles, garanties par les fossés, ne craignaient rien ni du dehors ni du dedans, parce que les assiégés étant en très-petit nombre, et n'osant quitter le château, ne pouvaient combattre avec eux. On les tint ainsi assiégés pendant tout l'hiver, au moyen de cet admirable rempart. Un grand nombre d'habitans s'étaient renfermés avec leurs biens dans l'enceinte du château; mais Roger et d'autres, à qui le soin en avait été confié, voyant qu'à cause de cette multitude de gens, les vivres pourraient leur manquer, fit sortir du château un grand nombre de personnes, à savoir les plus faibles, et garda les forts pour combattre. Ce que lui voyant faire plusieurs fois, le roi Philippe s'aperçut que par là les assiégés pourraient soutenir plus long-temps le siége, et donna ordre à tous les assiégeans de ne plus laisser personne sortir du château.

Les vivres diminuant, Roger sépara de nouveau tous ceux qu'il croyait lui devoir être nécessaires et propres à la défense du château, et renvoya tous les autres, hommes, femmes et petits enfans, au nombre de plus de quatre cents, et dès qu'ils furent dehors, on ferma la porte du château. Empêchés par les nôtres de sortir, et ne pouvant rentrer dans le château, repoussés également des deux côtés et accablés de traits, ils restèrent dans les vallées et les avenues entre les assiégeans et les assiégés, et menèrent pendant trois mois une pauvre et misérable vie, ne soutenant leur déplorable existence qu'avec des herbes, qu'encore ils ne trouvaient que rarement dans l'hiver, et avec de l'eau pure. Il ne faut pas s'étonner que les ennemis ne les reçussent pas; mais on doit non seulement s'étonner, mais s'affliger de ceux qui les avaient mis dehors, parce que c'étaient leurs amis et leurs parens. Qui ne serait ému d'indignation en les voyant exposer à la mort ceux à qui ils devaient une participation commune de ce qu'ils mangeaient, quelque petite qu'elle fût! Ces malheureux dévorèrent des chiens chassés du château. Parmi eux une femme étant accouchée, ils mangèrent aussitôt son enfant. Une poule qui par hasard s'envola du château parmi eux, fut dévorée aussitôt avec ses plumes et ses excrémens par les plus forts d'entre eux.

Un grand nombre d'entre eux étant donc morts de faim, il arriva qu'un jour le roi Philippe traversa le pont, et alla dans l'île pour voir où en était le siége; ayant entendu les cris de ces malheureux, et connaissant leurs misères, il fit délivrer tous ceux d'entre eux qui vivaient encore. Une personne qui l'a vu, a affirmé qu'au moment où ils sortaient, l'un d'entre eux tenait encore dans la main la cuisse d'un chien qu'il mangeait; presque tous moururent après avoir pris de la nourriture.

Au mois de mars suivant le roi Philippe rassembla une armée, s'avança vers le siége de Gaillard, et fit aplanir les collines intérieures en différens endroits, pour y dresser des machines et des pierriers. Il fit faire un chemin couvert et caché par des palissades et des claies, depuis le sommet de la montagne jusqu'aux fossés du château, pour mettre en sûreté ceux qui portaient les terres et remplissaient les fossés. Il dressa un petit fort très-élevé et couvert de palissades et de claies, le fit mener presque jusqu'aux fossés, et construisit des mantelets qu'on pouvait mouvoir, et sous lesquels se cachaient en sûreté ceux qui assiégeaient le château. Cependant les assiégés ne mettaient pas moins d'activité à se défendre, faisant usage de pierriers et de mangonneaux, au moyen desquels ils repoussaient les nôtres avec perte, et ils en tuaient un grand nombre à coups de flèches et de pierres lancées contre eux.

Il y avait une tour en pierre, d'une largeur et d'une hauteur extraordinaires, placée dans l'angle de deux murs qui s'étendaient de chaque côté. Les Français, sous leur chemin couvert et sous l'abri des mantelets, étant parvenus jusqu'au bord des fossés, s'emparèrent de cette tour de la manière suivante. Les fossés n'étant encore remplis qu'à moitié par des amas de terre, les Français, impatiens du retard, placèrent des échelles par lesquelles ils descendirent en étendant

sur eux leurs boucliers. Aussitôt ils roulèrent leurs
échelles jusqu'à l'autre côté du fossé, et montèrent
jusqu'au pied de la tour, dont ils commencèrent, en
se mettant à l'abri sous leurs boucliers, à couper les
pierres au moyen de houes et de pieux. Ils firent
une ouverture dans laquelle ils purent se cacher, et
creusant le mur à droite et à gauche, ils le soutinrent
avec de petites pièces de bois, de peur qu'il ne s'écrou-
lât subitement sur eux. Lorsqu'ils eurent assez creusé,
ils mirent le feu aux bois, et se retirèrent par le chemin par lequel ils étaient venus. Dès que les bois
eurent été consumés par le feu, la tour s'écroula
tout-à-coup, combla le fossé, et livra un passage aux
Français pour se précipiter dans le château. Mais,
au même moment, les assiégés brûlèrent tous les édifices qui étaient dans ce retranchement, et retardèrent
leur impétuosité. Le feu s'étant éteint, nous nous em-
parâmes du premier retranchement; nous prîmes le
second et celui où était la citadelle avec plus de difficulté, de la manière qu'on va voir.

Le roi Jean avait construit une chapelle très-élevée
hors des murs auxquels elle était attenante par les la-
trines, ce qui paraissait contraire à la religion. Elle
avait une fenêtre du côté de l'orient. Pierre de Bogis,
que nous appellions ainsi par plaisanterie, à cause
de la petitesse de son nez, jeune homme d'une grande
bravoure et d'un courage éprouvé, ayant aperçu cette
fenêtre, s'avança avec quelques gens, chercha et
trouva difficilement, non loin du fleuve, des fossés
moins grands. Les ayant traversés, il vint vers ladite fenêtre; mais ne pouvant y atteindre, et n'ayant
pas d'échelle pour y monter, il monta sur le dos

d'un de ses compagnons, et de là s'élançant atteignit la fenêtre de la main, et y restant long-temps suspendu avec une étonnante légèreté, il entra dans la chapelle, jeta une corde à ses compagnons, et les tira vers lui. Les assiégés en étant instruits, lancèrent des flammes sur la chapelle et tous les édifices, et, se retirant dans le troisième rempart où était la citadelle, nous abandonnèrent ainsi le second retranchement. Bogis et ceux qui étaient avec lui se cachèrent sous une voûte jusqu'à ce que l'incendie eût cessé. Nous pensions qu'ils avaient péri dans les flammes. Nos mineurs étant arrivés, à l'abri des mantelets, jusqu'au troisième rempart, minèrent le mur, et trois pierres ayant été lancées par un grand pierrier appelé chadabule, une partie du mur creusé s'écroula, et offrit une ouverture par laquelle entrèrent nos hommes d'armes et nos chevaliers. Ils s'emparèrent de tout ce qu'ils trouvèrent à l'intérieur, et prirent quarante chevaliers, cent vingt hommes d'armes, et beaucoup d'autres. C'est ainsi que dans l'espace de trois semaines le roi Philippe s'empara de tout le château de Gaillard; il le rétablit admirablement, et le retint pour lui, y mettant des habitans et des vivres en abondance.

L'an de l'Incarnation du Seigneur 1203, aussitôt après l'octave de Pâques, Philippe le Magnanime entra dans la Normandie avec une grande multitude d'hommes d'armes, et vint jusqu'à une ville appelée Falaise, à cause de la solidité du rocher sur lequel est bâtie toute la ville, et par lequel elle est entourée. Après qu'il l'eut assiégée pendant sept jours, quoiqu'un grand nombre la jugeassent imprenable, les citoyens craignant de perdre leurs maisons et leurs biens, d'accord avec les hommes d'armes et ceux qui étaient dans la citadelle, se soumirent à la volonté du roi, eux et tout le château. Autant en firent les habitans du pays de Caux et de Bayeux; et ainsi le roi Philippe s'empara plus tôt qu'il ne l'espérait de tous les châteaux environnans.

Gui de Thouars, qui gouvernait le duché de Bretagne, entra dans la Neustrie, par la partie inférieure de ce pays, avec quatre cents chevaliers et une armée immense de Bretons, et assiégea le Mont-Saint-Michel. Quoique ce château fût déjà, par sa situation naturelle, par la difficulté de son accès et le reflux quotidien de la mer, assez fortifié et inexpugnable, le roi d'Angleterre l'avait cependant fait entourer, vers la partie supérieure de la montagne, de remparts, de fortifications, de tours en bois et en pierre, en sorte qu'on croyait qu'aucun mortel ne pourrait jamais s'en emparer. Comme c'est la coutume de cette mer de croître ou de décroître plus ou moins à chaque phase de la lune, selon que cette planète croît ou décroît, c'était alors le temps où la lune décroissait, environ le septième jour de son décours; c'est pourquoi le reflux diminuait, et la mer était moins enflée. Pendant quatre jours continuels, les flots se retirant laissèrent libre et sèche la plus grande partie du rivage, du côté de l'orient jusqu'à l'entrée de la ville. Pendant cet intervalle de temps, les Bretons armoriques, à qui les effets de cette mer sont parfaitement connus, assiégèrent le Mont; et, sachant que bientôt, au jour accoutumé, le rivage tout autour du Mont serait couvert de flots à la distance de deux mille pas, pour ne pas abandonner le château sans l'avoir pris, ils brisèrent la porte qui offrait seule une entrée dans la ville, et mirent le feu aux maisons. La flamme aussitôt embrasant tout, et s'élevant en haut, comme il est dans sa nature, consuma bientôt et réduisit en cendres toute la forteresse avec les maisons des citoyens et les habitations des moines, et toute l'église, circonstance que je ne rapporte qu'en frémissant de douleur. Après quoi, ils s'emparèrent d'Avranches avec la même fureur, et incendièrent un grand nombre de bourgs; et ainsi ravageant et dévastant, ils vinrent jusqu'à Caen. Là, le roi Philippe les ayant attendus, il eut avec eux un entretien, et les envoya vers Pontorson et Mortain, leur adjoignant le comte de Boulogne et Guillaume des Barres, avec un grand nombre de chevaliers français et même de routiers, qui s'étaient donnés à lui près Falaise. Pour lui, avec le reste de l'armée, il retourna vers le pays de Rouen, et prit de vive force une forteresse appelée par le peuple barbacane, et solidement bâtie à la tête du pont de Rouen. Les citoyens ayant brisé le pont, opposant autant qu'ils purent pendant quarante jours des obstacles à la force, et retardant leur reddition par des suspensions d'armes et de légers et rares combats, livrés d'intervalle en intervalle, furent enfin forcés de se rendre et de lui remettre leur ville.

Le roi Jean était déjà repassé en Angleterre, abandonnant misérablement à des routiers le gouvernement de la guerre et le soin des lieux fortifiés. C'est pourquoi le roi Philippe put, avec moins de frais, de fatigues et de temps, subjuguer non seulement Rouen, mais toute la Normandie, qui, depuis le temps de Rollon le Danois jusqu'à cette époque, soustraite à la domination des rois des Français, mais non cependant à leur suzeraineté, avait été pendant plus de trois cents ans en la possession des ducs et rois héritiers de Rollon, rendant cependant aux rois des Français les services annuels, selon la coutume féodale. Maintenant elle est possédée et gouvernée en une paix solide par le roi Philippe, comme par son véritable seigneur.

Cependant Cadoc et ceux que le roi avait chargés de poursuivre la guerre s'emparèrent de la ville d'Angers. Le roi, à l'automne suivant, entra en Aquitaine, prit la très-florissante ville de Poitiers, et assiégea en même temps Chinon et Loches, châteaux non seulement très-bien fortifiés par leurs remparts, mais distingués par leurs édifices, leurs habitans et le site, qui en est très-agréable. Après qu'il eut pris la très-forte citadelle que le roi Richard avait depuis long-temps. . . . . . . . . . . [1] L'hiver étant arrivé, le roi envoya vers les deux châteaux un grand nombre de braves hommes de guerre qui ne cessèrent pendant tout l'hiver d'assiéger ces châteaux et de livrer de fréquens combats à leurs défenseurs, et retourna lui-même en France.

L'an de l'Incarnation du Seigneur 1205, aussitôt après Pâques, ayant rassemblé une armée, Philippe le Magnanime alla retrouver ceux des siens qui assiégeaient Loches en son nom. Ayant assailli vigoureusement cette ville, il s'en empara, et la remit au noble homme Drogon de Mellot. De là, il vint à Chinon, qu'il prit après un vigoureux siége, et garda pour lui. Il renferma dans des prisons de Compiègne et de quelques autres villes les chevaliers et beaucoup

[1] Il y a ici une lacune.

d'hommes de guerre qui avaient été pris dans ces deux châteaux. Il prit dans le château de Loches Girard d'Argues.

L'an de l'Incarnation du Seigneur 1205, le vicomte de Thouars, homme très-considérable parmi les Aquitains par sa naissance et son pouvoir, par la médiation de son frère Gui, duc de Bretagne, fit alliance avec le roi Philippe. Le roi lui donna la très-noble ville de Loudun et la sénéchaussée de tout le Poitou; mais la discorde s'étant élevée entre eux, il ne put en jouir pendant seulement quelque temps.

L'an du Seigneur 1206, la veille des calendes de mars, à la cinquième heure du jour, au sixième degré des Poissons, il y eut une éclipse partielle de soleil.

La même année, la veille des nones de juin, mourut la reine Adèle, mère du roi Philippe. Elle fut ensevelie auprès de son père Thibaud le Grand, comte palatin de Trèves, dans le monastère de Pontigny, de l'ordre de Cîteaux.

La même année, l'inimitié s'étant déclarée entre le roi Philippe, le vicomte de Thouars et son frère Gui, duc de Bretagne, Philippe le Magnanime voulut dompter une fois pour toutes la rebellion des Poitevins, et s'avança avec une grande armée vers Nantes, ville la plus florissante des Armoriques, qui lui fut aussitôt rendue, ledit Gui se soumettant entièrement à sa volonté. De là, le roi, laissant tout le Poitou pacifié comme il le croyait, revint en France par la Normandie, et reçut aussitôt des nouvelles certaines de l'arrivée du roi Jean, qui s'était approché de La Rochelle. Se rendant à Chinon, le roi envoya des hommes d'armes et des chevaliers en garnison dans la ville de Poitiers et dans d'autres châteaux qu'il possédait dans ce pays, et retourna en France. Le vicomte de Thouars, et beaucoup d'autres Poitevins, s'allièrent avec le roi Jean; il vint avec eux vers Angers, prit cette ville, et dévasta et incendia tout le territoire d'Angers, le pays de Nantes et de Rennes, et toute la terre appelée la Mée; et les maux se multiplièrent dans ce pays.

Le roi Philippe rassembla une armée, et entra dans l'Aquitaine; car le roi Jean, ayant appris son arrivée, s'était tourné vers ce pays. Il dévasta toute la terre du vicomte pendant que Jean demeurait au même lieu, à la tête de son armée, sans oser lui livrer bataille. Le roi Jean, envoyant une députation à Philippe, le supplia par ruse de conclure la paix, et lui fixa un jour comme pour avoir une entrevue avec lui au sujet de la paix. Pendant que Philippe, roi de France, était en pourparlers à ce sujet avec ces envoyés, le roi Jean se retira secrètement; et comme le roi de France, le lendemain, attendait pour l'entrevue au lieu qu'il avait désigné aux députés, le roi d'Angleterre atteignait déjà le port de La Rochelle, d'où il s'en retourna en Angleterre.

Au mois de décembre suivant, il y eut une inondation, produite par les pluies qui tombèrent, telle que depuis un siècle on n'en avait pas ouï raconter de pareille. Le pont de Paris appelé Petit-Pont s'écroula; dans les rues, l'eau s'élevait jusqu'au second étage des maisons, et personne ne pouvait entrer dans sa maison ou dans une autre, ni en sortir sans bateau. Mais, après des oraisons et une procession du clergé et du peuple, l'eau se retira.

La même année, mourut Barthélemi, archevêque de Tours, auquel succéda le très-saint homme Geoffroi, archidiacre de Paris, qui siégea pendant un an et demi.

L'an de l'Incarnation du Seigneur 1207, mourut Gautier, archevêque de Rouen, dont le siége demeura vacant pendant près d'un an.

Le roi Philippe, ayant de nouveau rassemblé une armée, entra dans l'Aquitaine, ravagea la terre du vicomte de Thouars, prit Parthenay, et détruisit un grand nombre de forteresses, situées aux environs. Il en fortifia cependant quelques-unes, et les retint sous sa garde.

L'an de l'Incarnation du Seigneur 1208, mourut Eudes, évêque de Paris, auquel succéda Pierre, trésorier de Saint-Martin de Tours, et frère du chambellan Gautier.

La même année, Henri Maréchal, Guillaume des Roches et le vicomte de Melun, avec trois cents chevaliers, combattirent dans le Poitou contre Savari de Mauléon et le vicomte de Thouars, qui, avec une grande multitude d'hommes d'armes, avaient attaqué la terre du roi de France, et remportaient du butin. Ils les vainquirent, et, reprenant le butin, les défirent dans ce combat. Ils prirent onze chevaliers poitevins éprouvés à la guerre, parmi lesquels étaient Hugues, frère du vicomte; Henri de Lisieux, fils dudit vicomte; Portaclée et d'autres.

La même année, mourut Philippe, élu empereur. A sa mort, Othon s'efforça, par le moyen du pontife de Rome, d'obtenir l'empire.

La même année, le cardinal Galon fut envoyé en

France par le souverain pontife en qualité de légat. La même année, presque tous les grands et prélats du royaume de France, prenant la croix du Seigneur sur leur poitrine, marchèrent dans la Provence et le territoire des Albigeois, pour extirper les différentes hérésies qui s'étaient multipliées dans ces pays et affaiblissaient de tout leur pouvoir la foi catholique.

L'an du Seigneur 1209, le saint jour de la Pentecôte, auprès de Carnopolis, noble château qu'on appelle maintenant Compiègne, Louis, fils aîné du roi Philippe, fut, par la main de son père, revêtu de l'écharpe de chevalier avec une si brillante solennité, une si belle réunion des grands du royaume, une telle multitude d'hommes et une si excessive abondance de vivres et de dons, qu'on n'a point lu nulle part qu'il y en ait eu de semblables jusqu'à ce jour.

Pendant le règne du roi des Français Philippe le Magnanime, fils de Louis le Pieux, la vingt-huitième année de ce règne, et de l'Incarnation du Seigneur 1209, Juchelle de la Mée, homme noble et fidèle, se rendit vers Philippe, roi des Français, et se plaignit à lui de ce que quelques-uns avaient bâti, du côté septentrional de la petite Bretagne, appelée anciennement Armorique, au dessus de la mer, sur un rocher élevé, un château nommé *Guarplie,* mot breton qui signifie en français *pli mou* ou *sur pli,* parce qu'il est bâti sur la sinuosité d'un golfe, ou parce que la mer, dans son reflux, vient mollement s'y replier sur elle-même; et qu'au moyen de ce château, ils avaient ouvert un libre passage vers la grande Bretagne, appelée maintenant Angleterre. Ils l'avaient muni d'armes, d'hommes, de vivres et de machines de guerre, y recevaient les Anglais, ennemis du royaume, et faisaient beaucoup souffrir la province environnante. Sur les instances dudit Juchelle, le roi Philippe rassembla une armée auprès du château de Mantes, et y envoya avec le comte de Saint-Paul ledit Juchelle. Le château, assiégé vigoureusement, fut pris d'assaut. Philippe y mit garnison de ses fidèles, et le confia audit Juchelle.

Tous les barons et évêques appelés à cette armée s'étaient rassemblés à Mantes, et ayant envoyé leurs hommes à cette expédition, d'après l'ordre du roi, ainsi qu'ils le devaient, les évêques d'Orléans et d'Autun revinrent chez eux avec leurs chevaliers, disant qu'ils n'étaient tenus d'aller à la guerre ou d'y envoyer une armée, que lorsque le roi la faisait en personne. Comme ils ne pouvaient alléguer aucun prétexte, et que la coutume générale était contre eux, le roi leur demanda de réparer cette offense. Les évêques l'ayant refusé, le roi confisqua leurs régales, à savoir seulement les biens temporels qu'ils tenaient de lui en fief, les laissant jouir en paix de la dîme et autres choses spirituelles, car le roi très-chrétien craignait d'offenser l'Église de Dieu et ses ministres. Lesdits évêques jetèrent un interdit sur la terre et les hommes du roi, envoyèrent vers la cour de Rome, et s'y rendirent en personne. Le seigneur pape Innocent III ne voulant point enfreindre ou changer en rien les droits et coutumes du royaume, ils firent une réparation au roi, et recouvrèrent après deux ans tout ce que le roi leur avait confisqué. Cependant les revenus que le roi avait touchés pendant ces deux ans lui restèrent entièrement, selon la coutume du royaume, au sujet des fiefs saisis par la faute des vassaux, si ce n'est que le roi accorda, de sa grâce, à chacun d'eux trois cents livres. Ayant donc reconnu leur méfait passé, ils donnèrent promesse au roi, par écrit, ainsi qu'il leur demanda, de lui garder la fidélité qu'ils lui devaient.

Dans ce temps, l'étude des lettres florissait à Paris. Nous ne lisons pas que les écoles eussent jamais été fréquentées à Athènes ou en Égypte, ou, dans quelque partie du monde que ce fût, par un aussi grand nombre de gens que ceux qui venaient habiter ladite ville pour s'y livrer à l'étude. Il en était ainsi, non seulement à cause de l'agrément extrême du lieu et de la surabondance des biens de toutes sortes qui y affluaient, mais aussi à cause des libertés et des prérogatives spéciales de défense dont le roi Philippe, et son père avant lui, avaient gratifié ces écoles. Tandis que dans cette très-noble ville on rencontrait l'enseignement complet et parfait [1], non seulement sur les sept arts libéraux, mais sur les questions de droit canon et civil, et sur les moyens qui ont été écrits de guérir le corps humain et lui conserver la santé, on y étudiait encore avec plus d'ardeur les saintes Écritures et les questions de théologie. Dans cette sainte faculté étudiait un clerc, nommé Amaury, natif d'un lieu appelé Bène, dans le territoire de Chartres, très-habile dans l'art de la logique, et qui, après avoir dirigé les écoles de cette science et des autres arts libéraux, se mit à étudier

[1] *Trivium* et *quadrivium*. On désignait sous le nom de *trivium* la grammaire, la rhétorique et la dialectique, et sous le nom de *quadrivium* l'astrologie, la géométrie, l'arithmétique et la musique.

les saintes Écritures. Cependant il eut toujours pour s'instruire et apprendre une manière propre à lui, une opinion particulière et un jugement comme séparé des autres. C'est pourquoi, dans la théologie même, il osa assurer constamment que tout Chrétien était tenu de croire qu'il était un membre du Christ; que personne ne pourrait être sauvé s'il n'avait cette opinion, pas plus que s'il ne croyait pas à la naissance et à la passion du Christ, ou aux autres articles de la foi, parmi lesquels il osait dire audacieusement qu'on devait compter celui-là. Les catholiques l'ayant universellement contredit en cela, il fut forcé de se rendre vers le souverain pontife, qui, ayant appris ce qu'il avançait et la contradiction qu'il avait éprouvée de la part des écoles de l'université, prononça une sentence contre lui. Il revint à Paris, et fut contraint par l'université de déclarer de sa bouche qu'il pensait le contraire des opinions qu'il avait professées d'abord; je dis de sa bouche, car de cœur il ne revint jamais de sa première doctrine. Saisi, dit-on, d'ennui et d'indignation, il tomba malade, se mit au lit, et mourut bientôt. Il fut enseveli dans le monastère de Saint-Martin-des-Champs.

Après sa mort, s'élevèrent des gens infectés de sa vénéneuse doctrine, qui, remplis d'un savoir plus subtil qu'il ne faut, imaginèrent des erreurs nouvelles et inconnues, et des inventions diaboliques propres à effacer le nom du Christ et à bannir du monde les saintes vérités du nouveau Testament. Parmi d'autres erreurs, ils s'efforçaient impudemment d'affirmer que le pouvoir du Père avait duré tant que la loi de Moïse avait été en vigueur; que, comme il est écrit :

« Les anciens le céderont aux nouveaux venus, » la venue du Christ avait aboli la haute autorité de l'ancien Testament, et que la nouvelle loi a été en vigueur jusqu'à ce temps. Ils disaient qu'à l'époque où nous étions, devait finir l'autorité du nouveau Testament, et que le temps du Saint-Esprit commençait; que dans ce temps, la confession, le baptême, l'eucharistie, et autres choses sans lesquelles il ne peut y avoir de salut, ne devaient plus avoir lieu désormais, et que celui qui serait seulement inspiré intérieurement de la grâce du Saint-Esprit pourrait être sauvé sans aucun acte extérieur. Ils étendaient tellement la vertu de la charité, qu'ils disaient que, si l'action qui autrement serait un péché était faite en vue de la charité, elle cessait d'être un péché. C'est pourquoi ils commettaient, au nom de la charité, des viols, des adultères et autres voluptés du corps, et promettaient aux femmes avec lesquelles ils péchaient, et aux simples qu'ils trompaient, l'impunité de leur péché, annonçant Dieu comme bon seulement, et non comme juste.

Le bruit en parvint secrètement au vénérable Pierre, évêque de Paris, et à frère Garin, conseiller du roi Philippe. Ils envoyèrent en secret un clerc, nommé maître Raoul de Namur, prendre avec soin des informations sur les hommes de cette secte. Ledit Raoul, homme adroit et rusé, véritable catholique, feignait merveilleusement, auprès de chacun d'eux à part, d'être de leur secte, et ils lui révélaient leurs secrets comme à un confrère, ainsi qu'ils le croyaient. Ainsi un grand nombre de prêtres, de clercs, de laïques et de femmes de cette secte, qui s'étaient longtemps tenus cachés, furent, par la volonté de Dieu, découverts, pris, amenés à Paris, convaincus, condamnés, et dégradés des ordres dans lesquels ils étaient, dans un concile tenu en cette ville. Ils furent traduits devant la cour du roi Philippe, qui, comme un roi très-chrétien et catholique, ayant appelé ses gardes, les fit tous brûler, hors de la porte de Paris, dans un lieu appelé Champeaux. On épargna les femmes et les autres gens simples qui avaient été corrompus et trompés par les principaux sectaires. Comme il fut évidemment constaté que l'hérésiarque Amaury, dont nous avons parlé plus haut, était originairement l'auteur de cette secte, quoiqu'il fût mort, à ce qu'on pensait, et eût été enseveli dans la paix de l'Église, il fut excommunié et condamné après sa mort par tout le concile. Il fut jeté hors du saint cimetière, et ses os et ses cendres furent dispersés dans le fumier. Béni soit le Seigneur en toutes choses !

Dans ce temps, on lisait à Paris des ouvrages composés, dit-on, par Aristote, et qui apprenaient la métaphysique. Ils avaient été récemment apportés de Constantinople, et traduits du grec en latin. Comme non seulement, par des maximes subtiles, ils donnaient occasion à ladite hérésie, mais qu'ils pouvaient encore en engendrer de nouvelles, on ordonna de les brûler, et il fut défendu, sous peine d'excommunication, dans ce même concile, d'oser jamais les transcrire, les lire ou les tenir, de quelque façon que ce fût.

Gui, comte d'Auvergne, faisait à beaucoup de gens toutes sortes d'injustices; et de nombreuses plaintes sur sa cruauté parvinrent aux oreilles du roi Philippe le Magnanime; repris et blâmé par le roi, en lettres et par des députés, il ne cessa pas ses cruautés. Bien plus, mettant la main sur l'Église de Dieu, il détruisit avec violence un monastère royal, et prit l'évêque de Clermont. La nouvelle en étant parvenue au roi, à qui appartenait spécialement, comme par vertu de nature, l'habitude de ne jamais laisser impunies les injures des églises, il rassembla une armée, et dépouilla le comte d'Auvergne de son héritage.

L'an de l'Incarnation du Seigneur 1210, le pape Innocent III, contre la volonté de Philippe, roi des Français, de la plus grande partie des Romains, et même de beaucoup de grands de l'Empire, couronna empereur de Rome Othon, fils du duc de Saxe, dont le père, le duc de Saxe, convaincu du crime de lèse-majesté, avait été condamné par l'empereur Frédéric et par le jugement de tous les barons de l'Empire, et chassé pour toujours de son duché. Le pape exigea de lui à ce couronnement le serment de le laisser entièrement en paix, lui et l'Église de Rome, sur le patrimoine et les droits de saint Pierre, et de les défendre contre tous. Le serment ayant été juré, et les actes publics faits et confirmés par le seing impérial, le même jour qu'il reçut la couronne, il vint témérairement, contre son serment, signifier au pape qu'il ne pouvait lui abandonner les châteaux qu'avaient un certain temps possédés ses ancêtres. C'est pourquoi, et à cause aussi du remboursement de quelques dépenses que les Romains demandaient légitimement à l'empereur, et de quelques offenses que les Teutons firent aux Romains, la discorde s'éleva entre ces deux peuples. Les Romains ayant livré bataille aux Teutons, un grand nombre de ceux-ci furent tués, et ils éprouvèrent de grandes pertes; au point que, dans la suite, l'empereur, traitant avec les Romains de la réparation des dommages qu'ils avaient éprouvés, dit qu'il avait perdu dans cette guerre onze cents chevaux, en outre des hommes qui avaient été tués et des autres pertes qu'ils avaient subies. De là, l'empereur s'en retournant, selon le projet qu'il en avait depuis long-temps, s'empara des châteaux et forteresses d'Aquapendente, Radicofrano, Santoquirco et Montefiascone, appartenant au domaine de saint Pierre, et de presque toute la Romanie. De là, passant dans la Pouille, il attaqua le territoire de Frédéric, fils de l'empereur Henri, et prit un grand nombre de villes et de châteaux dans le royaume de Pouille, qui est tout en entier du patrimoine et du fief de saint Pierre. Le seigneur pape ayant envoyé vers lui des messagers et des députés, comme il ne voulut aucunement restituer les châteaux dont il s'était emparé, et que même il faisait dépouiller ceux qui se rendaient à Rome par ses pillards, qu'il avait placés dans les châteaux, il prit conseil de ses frères, et promulgua contre l'empereur une sentence d'excommunication. Et comme il ne voulait point revenir à résipiscence, s'emparait même de plus en plus des biens de l'Église, et obstruait le chemin à ceux qui se rendaient à Rome, le châtiment dut croître en proportion de l'opiniâtreté, et le pape délia tous ses sujets de leur serment de fidélité envers lui, défendant, sous peine d'anathème, de l'appeler empereur, ou de le regarder comme tel. C'est pourquoi le landgrave de Thuringe, l'archevêque de Mayence, l'archevêque de Trèves, le duc d'Autriche, le roi de Bohême, et beaucoup d'autres, tant séculiers qu'ecclésiastiques, abandonnèrent son parti.

L'an de l'Incarnation du Seigneur 1211, les mêmes barons d'Allemagne, par le conseil de Philippe, roi de France, élurent Frédéric, fils de l'empereur Henri, et prièrent le pape de confirmer son élection. Quoiqu'il le voulût bien, il ne l'accorda pas sur-le-champ, parce que la coutume de l'Église romaine est de prononcer avec gravité, et de ne rien accorder de nouveau, si ce n'est difficilement et avec réflexion; et de plus, parce qu'il n'aimait pas cette maison. Ledit Frédéric, appelé par les barons, et par le conseil du roi des Français, vint par mer à Rome, et fut reçu avec honneur par le souverain pontife et les Romains. De là, il se rendit par mer à Gênes, où il fut accueilli avec grande joie et honneur, étant soutenu par Boniface, marquis de Montferrat, par les citoyens de Pavie et de Crémone, par presque toutes les villes de la Lombardie, et surtout par le marquis d'Est. Il traversa les Alpes, entra en Allemagne, et vint à Constance. C'est une chose digne de mémoire que quiconque s'efforce d'opprimer l'Église de Dieu, est bientôt renversé. Le même jour, Othon devait venir dans cette ville, et il avait déjà envoyé en avant ses serviteurs et ses cuisiniers, qui avaient préparé un repas. Lui-même n'était plus qu'à trois lieues de la ville lorsque Frédéric y entra avec soixante chevaliers, suivi bientôt après d'Othon, qui savait son arrivée, et venait à la tête de deux cents chevaliers. Mais Frédéric ayant été reçu, on ferma la porte à Othon, et il fut repoussé ignominieusement avec les siens. On dit que si Frédéric eût tardé trois heures de plus, il ne serait jamais entré en Allemagne. Othon, repoussé ainsi avec outrage de la ville de Constance, s'approcha de Brisack, dont il ne fut pas repoussé avec moins de déshonneur qu'il ne l'avait été de Constance, parce que les Teutons accablaient d'outrages et d'injures les habitans de cette ville, et déshonoraient leurs filles et leurs femmes. Frédéric fut reçu par les barons de Brisack, comme par les barons de l'Empire, avec joie et honneur.

La même année, s'abouchèrent à Vaucouleurs ledit Frédéric et Philippe le Magnanime, roi des Français, par la médiation de l'évêque de Metz. Le roi n'y assista pas cependant en personne, mais y envoya Louis, son fils aîné, avec les grands du royaume. Ils firent alliance, et renouvelèrent pour toujours les liens d'amitié qui avaient uni leurs prédécesseurs.

La même année, le roi Philippe le Magnanime entoura, vers le midi, Paris d'un mur allant des deux côtés jusqu'à la Seine, renferma dans des murs une très-grande étendue de terrain et força les possesseurs de champs et de vignobles de louer à des habitans, pour y bâtir de nouvelles maisons, ou bien d'en faire construire eux-mêmes, afin que toute la ville, jusqu'aux murs, parût pleine de maisons. Il fortifia les autres villes, châteaux et forteresses du royaume, par des remparts et des tours inexpugnables. Louable et admirable justice d'un prince! quoique par le droit écrit il eût pu, pour l'avantage public du royaume, faire construire des murs et des fossés sur les fonds des autres, préférant l'équité à son droit, il compensa, sur son propre fisc, les pertes que ses sujets encouraient par là.

La même année un roi sarrazin, appelé Mammolin, mot qui, dans leur langue, signifie *roi des rois,* ayant rassemblé une armée innombrable de païens, attaqua les frontières de l'Espagne, et vint avec des paroles très-orgueilleuses offrir la bataille aux Chrétiens. Ceux-ci combattirent dans la foi et au nom de Jésus-Christ, le vainquirent, et tuèrent presque tous ceux qui étaient avec lui. Vaincu, couvert de honte, il s'en retourna presque seul chez lui. A ce combat assistèrent un grand nombre d'hommes braves et forts du royaume de France, et le roi d'Aragon, très-loyal chevalier, qui envoya à Rome, comme signes de victoire, la lance et la bannière de ce Mammolin, qui sont encore placées dans l'église de Saint-Pierre, dans un lieu élevé, et pour manifester à jamais la faveur et la miséricorde par lesquelles le Christ avait, dans ce combat, accordé la victoire aux siens, quoiqu'ils fussent en petit nombre en comparaison des ennemis.

L'an de l'Incarnation du Seigneur 1212, sous le règne, comme on l'a dit, du très-chrétien Philippe le Magnanime, roi des Français et fils du très-saint roi Louis le Pieux, Renaud de Dammartin, comte de Boulogne, détruisit une certaine forteresse, récemment bâtie dans le pays de Beauvais par Philippe, évêque de Beauvais et parent du roi, parce que cette forteresse lui semblait pouvoir nuire à la comtesse de Clermont sa parente. C'est pourquoi ledit évêque abattit une autre petite forteresse que ledit comte avait nouvellement fait construire dans la forêt de Halmes. De là une guerre s'éleva entre ledit comte d'un côté, et de l'autre entre ledit évêque, ses neveux et les fils du comte Robert. Le comte de Boulogne était suspect au roi, non seulement à cause de cette guerre, mais parce qu'il avait muni de vivres et d'hommes d'armes un château inexpugnable appelé Mortain, et situé sur les confins de la petite Bretagne et de la Normandie, et parce qu'on disait qu'il envoyait, au préjudice du royaume et du roi, des députés vers l'empereur Othon et Jean, roi d'Angleterre.

Le roi lui demanda donc qu'il lui livrât ses châteaux. Le comte s'y refusant contre le droit et la coutume du pays, le roi rassembla une armée, s'avança vers ledit château, que sa situation naturelle et les fortifications de l'art semblaient rendre inexpugnable, l'assiégea pendant trois jours, et, le succès passant toute espérance, le prit d'assaut le quatrième jour. Après avoir garni le château de ses fidèles, il mena son armée dans le pays de Boulogne; mais le comte voyant les forces du roi, auxquelles il n'était pas en état de résister, remit à Louis, fils aîné du roi Philippe, tout le comté de Boulogne et tous ses châteaux, qu'il tenait en fief de lui. Le roi s'était déjà emparé de tout le comté de Mortain, de celui de Dammartin, de celui d'Aumale, de la ville de Lillebonne, de Domfront et de toutes leurs dépendances. Dépouillé de tous ces biens, qu'il tenait tant des bienfaits que de la permission du roi, le comte quitta le royaume, se rendit auprès du comte de Bar son parent, et demeura avec lui.

Ce comte Renaud avait beaucoup de louables qualités, et beaucoup de défauts blâmables : il opprimait les églises de Dieu, ce qui l'avait fait excommunier presque perpétuellement; il dépouillait les pauvres, les orphelins et les veuves, persécutait par haine les nobles ses voisins, et, d'après la permission qu'il en avait obtenue du roi, qui avait eu beaucoup d'amitié pour lui, il détruisait leurs fortifications. Quoiqu'il eût une très-noble femme, de laquelle il tenait le comté de Boulogne, et dont la fille était mariée au seigneur Philippe, fils du roi, méprisant ses embrassemens, il se livrait à la débauche avec d'autres femmes, et promenait publiquement avec lui ses concubines. Ayant donc été excommunié, il se tourna vers les excommuniés, et fit alliance avec l'empereur Othon et Jean, roi des Anglais, excommuniés tous deux par la bouche du souverain pontife : Othon, parce qu'il s'emparait du patrimoine de saint Pierre, et Jean, parce qu'il ne permettait pas à Etienne, homme d'une réputation sainte, et consacré archevêque de Cantorbéry par le souverain pontife, de siéger sur le siége épiscopal ; que même il avait chassé tous les évêques de son royaume, avait réuni au fisc et converti pour son propre usage, depuis sept ans, tous les biens de l'Église et les bénéfices des clercs et des moines noirs et blancs. Ledit saint archevêque et les autres évêques, généreusement accueillis par le roi Philippe, étaient en exil dans le royaume de France.

Avant cependant d'avoir conclu alliance avec lesdits rois, le comte Renaud avait instamment demandé par des députés la restitution de sa terre et de ses châteaux. Le roi lui offrait de les lui rendre, s'il voulait se soumettre au jugement de la cour royale et des barons du royaume. Mais le comte demandait absolument la restitution, et refusait le jugement ; et comme le roi ne voulait la lui faire qu'avec des conditions, il alla d'abord, comme nous l'avons dit, vers Othon, et ensuite par la Flandre vers le roi Jean, et conclut alliance avec l'un et l'autre.

*Acte de l'hommage fait par Renaud, comte de Boulogne, à Jean, roi d'Angleterre, contre Philippe, roi des Français.*

« A tous les fidèles du Christ qui le présent écrit verront, Renaud de Dammartin, comte de Boulogne, salut. Sachez que j'ai rendu foi et hommage au seigneur Jean, roi d'Angleterre, comme à mon seigneur-lige, et que je le servirai fidèlement, tant que je vivrai, contre tous les mortels. Je ne conclurai pas sans lui de paix ni de trêve avec le roi de France ou avec Louis, son fils, ni avec quelque autre que ce soit que je saurai être son ennemi. J'ai juré de ma propre main d'observer fidèlement et fermement ces promesses ; et Simon, mon frère, et mes fidèles Wallon de Chapelle, Hugues de Bestelly, Jean de Lestes, Audin, mon frère, et Robert, maréchal, l'ont juré avec moi. Et pour plus grande garantie de cet acte, je lui remettrai les otages suivans : Ida, ma femme ; deux fils de Guillaume de Fiennes, le fils de Jean de Seningham, le fils ou la fille du comte de Cluny, Simon, fils de Julien de Canewel ; le fils de Daniel de Betencourt, le fils d'Anselme, échanson ; le fils de Beronde Colebred, le frère de Baudouin de Rivière, et le fils de Guillaume d'Odri ; et de plus, j'ai fait cet acte pour mon seigneur roi. Témoins, etc. »

« Jean, par la grâce de Dieu, roi, etc., à tous ses fidèles qui la présente lettre verront, etc. Sachez que nous avons accordé à notre amé et fidèle Renaud de Dammartin, comte de Boulogne, l'assurance que nous ne conclurions sans lui ni paix ni trêve avec le roi de France, ni avec son fils Louis; et si nous pouvons par une paix ou par une trêve recouvrer notre terre ou la sienne, il sera tenu de recevoir sa terre; et si, d'après quelque circonstance, il ne voulait point la recevoir, nous ne négligerions pas pour cela de recevoir la nôtre. Si nous voulons conclure une trêve, s'il le desire, il y sera compris; et si par hasard il lui semble avantageux, et s'il est de sa volonté de n'y point être compris, il n'y sera point compris, et conservera pour lui les possessions qu'il tiendra à cette époque même; en sorte cependant qu'il ne forfaira pas au roi des Français pour le fief que nous tiendrons alors dudit roi. Et si nous faisons la paix avec le roi de France, ledit comte aura pour sa terre les mêmes garanties que celles que nous aurons pour la nôtre.

« Sont témoins de cet acte le seigneur Pierre, évêque de Winchester; Guillaume, comte de Salisbury, notre frère; Geoffroi, fils de Pierre, comte d'Essex; Raoul, comte de Chester; Guillaume le Maréchal, comte de Pembroke; Guillaume de Varenne, comte de Surrey; Roger Bigod, comte de Norfolk; Saher de Quincy, comte de Winchester; Guillaume d'Arundel, comte de Sussex; le comte David, Albéric de Vere, comte d'Oxford; Gautier de Gray, notre chancelier; l'abbé de Seleby, Henri, archidiacre de Huntingdon; Henri de Vere, Guillaume de Briwer, Robert, fils de Gautier; Henri de Tournay; Pierre, fils de Herbert; Warin, fils de Gerold; Thomas Basset, Matthieu, fils de Herbert; Hugues de Newill, R. de Burgal, Simon de Patishul, Brian de Lisle, Jean, fils de

Hugues ; Philippe d'Aubigny, Henri, fils de Girauld ; Guillaume de Chanteloup, notre sénéchal; Guillaume de Harcourt, Gilbert de Clare, Geoffroy de Mandeville, Hugues Bigod, Geoffroi de Say, Adam de Keret, châtelain de Berg; Guillaume de Creset, Hugues de Bones, Eustache de Moines, Thomas Keret.

« Donné par la main de maître Richard de Marisc, à Lameh, le 4 de mai, la quatorzième année de notre règne. »

La même année, le roi Philippe tint dans la ville de Soissons, le lendemain du dimanche des Rameaux, une assemblée à laquelle assistèrent tous les grands du royaume et le duc de Brabant, auquel le roi Philippe fiança dans cette ville même la jeune Marie sa fille, veuve de Philippe, comte de Namur. Le duc, aussitôt après l'octave de la Pâque, l'épousa solennellement. On traita dans cette assemblée du projet de passer en Angleterre, et il plut à tous les barons, qui promirent de fournir du secours et de passer eux-mêmes en Angleterre avec le roi. Le seul Ferrand, comte de Flandre, refusa son secours au roi, à moins qu'auparavant il ne lui rendît deux châteaux, à savoir Saint-Omer et Aire, que tenait Louis, fils aîné du roi. Le roi lui offrit un échange calculé sur une juste estimation de ces châteaux. Ferrand, refusant de libérer le roi à cette condition, se retira, parce que déjà alors, comme il parut bien depuis, il s'était allié avec le roi Jean, par l'intermédiaire du comte de Boulogne.

L'an de l'Incarnation du Seigneur 1213, la flotte étant préparée pour passer en Angleterre, le roi Philippe le Magnanime reçut en grace Isemberge sa femme, fille du roi des Danois, dont il s'était séparé pendant plus de six ans, ce qui occasiona une grande joie parmi le peuple; car on ne trouvait dans le roi rien qui fût digne de blâme, si ce n'est seulement qu'il privait sadite femme des droits qu'elle avait sur sa personne, quoiqu'il lui accordât magnifiquement toutes les autres choses qui lui étaient nécessaires. C'est pourquoi, dès qu'il l'eut reçue en grace, tout le monde fut justement réjoui, après s'être affligé de le voir par cette dissension démentir sa tant grande vertu.

La même année, il y eut guerre en Ligurie, dans le territoire de Crémone. Les habitans de Pavie ayant deux ans auparavant amené jusqu'à Crémone Frédéric, élu empereur des Romains, les Milanais leur dressèrent des embûches, et combattirent avec eux auprès de Lodi, ville nouvelle, fondée cinquante-trois ans avant par l'empereur Frédéric le Grand, aïeul dudit Frédéric; mais ils n'osèrent pas les attaquer pendant que Frédéric était avec eux. C'est pourquoi Frédéric ayant été laissé à Crémone, comme les gens de Pavie revenaient dans leur ville, les Milanais sortirent de leur retraite et les attaquèrent à l'improviste. Les gens de Pavie et de Crémone en conçurent une rancune et une haine immortelle contre les Milanais; mais ils différèrent leur vengeance jusqu'à ce que l'occasion se présentât. Cependant les Milanais, animés d'une haine implacable contre toute la race de Frédéric le Grand, qui les ayant autrefois battus dans un combat, secouru par les gens de Pavie, avait rasé toutes leurs tours, n'attendirent pas cette vengeance, et ayant rassemblé une grande armée, attaquèrent les frontières de Crémone; mais les Crémonais, sortis en troupe bien moins nombreuse, se jurèrent entre eux que, s'ils en venaient aux mains, aucun d'eux ne s'arrêterait à faire du butin ou des prisonniers; mais que, serrant leurs rangs de manière à ce qu'ils ne pussent être rompus, ils enfonceraient les bataillons des ennemis. Comme c'était le saint jour de la Pentecôte, les Crémonais supplièrent les Milanais de différer le combat, au moins jusqu'au lendemain, à cause de la sainteté du jour. Leur demande ayant été rejetée des Milanais, accoutumés à haïr les jours saints et à favoriser les hérétiques, parce qu'ils craignaient surtout que pendant cet intervalle, quelque court qu'il fût, les forces de leurs ennemis ne s'accrussent, les gens de Crémone leur livrèrent bataille, et eurent bientôt triomphé d'eux.

Peu de temps après, les Milanais ayant rassemblé leurs forces, pénétrèrent dans le territoire de Pavie, où ils assiégèrent un château. Les gens de Pavie firent sortir des troupes contre eux et leur livrèrent bataille. Quoique les Milanais, pour retarder leur impétuosité, eussent mis le feu aux maisons et au camp, ceux de Pavie, passant avec fureur à travers les flammes, leur livrèrent combat, et, les chassant entièrement du siége, en tuèrent et prirent un grand nombre, et s'emparèrent après la victoire des tentes et de tous les meubles qui étaient dans le camp. Ainsi deux fois dans la même année les Milanais furent vaincus, et Dieu vengea sur eux le crime de différentes hérésies, et la faveur illicite que, contre sa volonté, ils accordaient à Othon, déposé par le Pape.

La même année, le roi Philippe le Magnanime, avec une immense armée, vint à Boulogne, où il attendit quelques vaisseaux et des hommes qui venaient à son aide de différens pays. De là il passa, la veille de l'Ascension, jusqu'à Gravelines, ville opulente, située sur la frontière de la Flandre, sur les côtes de la mer d'Angleterre, et vers laquelle toute sa flotte le suivit. Là, le comte Ferrand, d'après ce dont on était convenu, devait venir vers le roi, et lui faire satisfaction de toutes ses injures. N'observant pas plus sa foi en cette circonstance que dans les autres, il se fit attendre pendant un jour entier, ne vint point, et ne fit aucune satisfaction, quoiqu'à sa demande, ce jour lui eût été assigné par le roi pour lui faire satisfaction de toutes les choses passées. Ayant pris conseil des barons venus de France, de Belgique, de Bourgogne, de Normandie, d'Aquitaine et de toutes les provinces du royaume, le roi Philippe le Magnanime abandonna le projet d'aller en Angleterre, se détourna avec toute son armée vers la Flandre, et prit Cassel, Ypres et tout le territoire jusqu'à Bruges. Sa flotte, qu'il avait laissée à Gravelines, le suivit par mer jusqu'au fameux port de Dam, éloigné seulement de deux milles de Bruges. Ayant fait ce qu'il voulait au sujet de Bruges, il marcha vers la très-opulente ville de Gand, après avoir laissé à Bruges un petit nombre de chevaliers et d'hommes d'armes pour la garde des vaisseaux, car son dessein était, après la prise de Gand, de faire voile vers l'Angleterre.

Pendant que le roi était au siége de Gand, vinrent d'Angleterre Renaud, comte de Boulogne, Guillaume, comte de Salisbury, surnommé Longue-Épée, Hugues de Boves et beaucoup d'autres. Le comte Ferrand, avec les Isangrins, les habitans du pays de Furnes et les Flamands, vinrent au devant comme gens qui savaient bien d'avance leur arrivée. Ils se jetèrent aussitôt sur des bâtimens légers, ils s'emparèrent de nos vaisseaux dispersés sur les côtes, parce que le port, quoique d'une grandeur extraordinaire, ne pouvait les contenir, étant au nombre de mille sept cents. Ils emmenèrent tous les vaisseaux qu'ils trouvèrent hors du port, et le lendemain ils assiégèrent le port et la ville. Nous fortifiâmes comme nous pûmes le port, les vaisseaux et la ville. A la nouvelle de ce qui se passait, le roi leva le siége de Gand, retourna avec son armée vers les assiégés, fit abandonner le siége aux ennemis, et les chassa jusqu'à leurs vaisseaux, après en avoir beaucoup tué et submergé jusqu'à près de deux mille. Il emmena captifs beaucoup de bons et braves combattans, revint victorieux vers Dam, livra aux flammes tous les pays environnans, fit décharger les vaisseaux qui restaient des vivres et autres effets qu'ils portaient, puis incendia et réduisit en cendres toute la flotte et toute la ville. Ensuite il marcha de nouveau vers Gand. Ayant reçu des otages de cette ville, d'Ypres, de Bruges, de Lille et de Douai, il retourna en France. Il retint en son pouvoir Lille, Douai et Cassel. Il leur renvoya leurs otages en liberté. Il rendit pacifiquement, pour trente mille marcs d'argent, les otages de Gand, d'Ypres et de Bruges; mais il détruisit Lille de fond en comble, à cause de la méchanceté de ses habitans. Il laissa Cassel à moitié démoli, et retint Douai en son pouvoir.

Le motif qui excitait le roi Philippe le Magnanime

à vouloir passer en Angleterre était le désir de rendre à leurs églises les évêques qui, chassés depuis longtemps de leurs siéges, étaient en exil dans son royaume; de rétablir en Angleterre le service divin, déjà interdit depuis sept ans; de faire subir au roi Jean, qui avait tué son neveu Arthur, fait périr un grand nombre d'enfans et cent quatre-vingt-quatre otages, et commis d'innombrables crimes, le châtiment qu'il méritait, et, le chassant entièrement du royaume, de le rendre, selon l'interprétation de son nom, tout-à-fait Jean-Sans-Terre. C'est pourquoi le roi Jean, saisi de crainte pour tous ces motifs, pendant que ce que nous venons de rapporter se passait, envoya des messagers vers le souverain pontife, pour se réconcilier avec le clergé. Le souverain pontife, envoyant en Angleterre Pandolphe, son sous-diacre, rétablit comme il put la paix entre le roi Jean et le clergé. Autant les conventions de ce raccommodement furent bien exécutées pour la restitution des propriétés de l'Église et du clergé, autant elles furent peu observées pour la réparation des biens qu'on leur avait enlevés, quoique le roi se fût engagé par serment à remplir l'une et l'autre de ces conditions. Il se soumit pour toujours, lui et son royaume, au pape et à l'Église de Rome; en sorte que lui et ses successeurs devinrent les vassaux et les hommes-liges de l'Église romaine, et devaient chaque année payer pour hommage, en signe de sujétion, un tribut de mille marcs, en sus des quatre sterlings [1] qu'on payait autrefois, et qu'on paie encore

[1] Le *sterling* ou *estellin* était alors une monnaie anglaise fort répandue en France, et estimée par les édits de saint Louis à quatre deniers de Tours. Le denier de saint Pierre, établi par Offa, roi de

aujourd'hui sur chaque maison d'Angleterre, et qu'on appelle le denier de saint Pierre.

Au carême suivant de la même année, c'est-à-dire de l'an de l'Incarnation du Seigneur 1213, Jean, roi d'Angleterre, surnommé Sans-Terre, passa d'Angleterre en Aquitaine, et s'approcha avec une grande armée de La Rochelle, ville située dans le Poitou. Peu de temps après, il se réconcilia avec le comte d'Eu, avec le comte de la Marche, Geoffroi de Lusignan et d'autres grands d'Aquitaine, attachés auparavant au parti du roi de France Philippe le Magnanime, et fit alliance avec eux.

*Traité conclu entre Jean, roi d'Angleterre, Hugues de Lusignan, le comte de la Marche et d'autres Poitevins.*

« L'accord suivant a été fait entre le seigneur Jean, roi d'Angleterre, Hugues, comte de la Marche, Raoul, comte d'Eu, et Geoffroi de Lusignan.

« 1. Le seigneur roi a donné en mariage Jeanne, sa fille, née d'Isabelle, sa femme, fille du comte d'Angoulême, à Hugues de Lusignan, fils de Hugues, comte de la Marche, et l'a confiée à la garde du comte de la Marche et de Hugues de Lusignan, son fils. Ledit seigneur roi a donné à ce même Hugues des terres pour deux mille livres de revenu en Poitou, qui doivent lui être assignées, pour le mariage avec sadite fille, sur les pays de Poitiers, d'Angers et de Tours.

« 2. Jusqu'à ce que lesdites deux mille livres de

Mercie, était d'un sou (*a penny*) par chaque maison valant trente sous de revenu.

revenu en terres aient été données audit Hugues, il possédera, de la baillie du seigneur roi, Saintes et Oleron avec leurs appartenances, excepté les barons, leur hommage et tout ce qui leur appartient. Dès que le seigneur roi aura acquis des terres dans lesdits pays assignés selon les conditions dudit mariage, retournera au seigneur roi, de la terre de Saintes et d'Oleron, tout ce qu'il en aura assigné de la manière susdite.

« 3. S'il arrivait que Hugues de Lusignan mourût avant que ladite Jeanne, fille du seigneur roi, eût de lui un héritier, ladite Jeanne sera rendue au seigneur roi ou à son héritier avec les terres qu'elle aura apportées en mariage audit Hugues; et si ladite fille meurt sans héritier, lesdites terres reviendront de la même manière au seigneur roi ou à son héritier. Hugues, comte de la Marche, et Geoffroi, son fils, ont donné pour caution à ce sujet au seigneur roi Raoul, comte d'Eu, Aimeri, vicomte de Thouars, et d'autres des siens que le seigneur roi a voulus.

« 4. A Brunon, comte de la Marche, et à ses héritiers, restera le comté de la Marche avec toutes ses appartenances, dont il a fait hommage au seigneur roi.

« 5. Le seigneur roi a rendu au comte d'Eu les châteaux de Hastings et de Tikill avec leurs appartenances, ainsi que tous les droits d'Alix, sa femme, fille du comte d'Eu. Pour sa terre de Normandie, que le roi des Français lui a enlevée, il remettra de son argent, entre les mains des frères chevaliers du Temple, pour la donner en échange audit comte d'Eu, une somme égale à ce que rapporte par an ladite terre, d'après l'estimation dudit comte d'Eu, des comtes de Chester, de Ferrières, du vicomte de Thouars et de Hugues de Gournay, jusqu'à ce que le seigneur roi ait conquis sa terre avec le secours desdits comtes de la Marche et d'Eu, et la lui ait rendue.

« 6. Le seigneur roi a rendu aussi à Geoffroi de Lusignan toute sa terre dans le comté de Poitou ; et tous les chevaliers, tant du parti du seigneur roi que du parti desdits comtes, recouvreront tout ce que la guerre leur a fait perdre des terres dont ils se trouvaient saisis au temps que la guerre a commencé.

« 7. Que si quelqu'un dit s'être trouvé saisi de quelque terre dans le commencement de la guerre, et qu'il soit, d'après le jugement des prud'hommes, prouvé qu'il n'en était pas saisi, il en sera fait justice ensuite dans la cour du seigneur roi, à l'exception de ceux à l'égard desquels il a été fait des conventions entre le seigneur roi, le comte d'Eu, et excepté Guillaume Maingot, pour le droit qu'il réclame sur Vovent, en échange desquels droits Geoffroi de Lusignan lui donnera, s'il le veut, des terres à Zuchi et Cigoine, pour la valeur de ce qu'il réclame. Le seigneur roi donnera audit Geoffroi une indemnité selon la valeur de sa terre, et, s'il le veut, une trêve sera accordée entre lui et Geoffroi de Lusignan, jusqu'à la fête de saint Michel, l'an seizième du règne dudit seigneur roi; et après cette fête il sera prononcé en la cour du seigneur roi pour tout ce qui est jugé entre eux.

« 8. Tout le comté d'Angoulême, avec le château de Touvre, restera au seigneur roi, qui donnera une indemnité en terre ou en argent au comte de la Marche pour les deux châteaux de Bouteville et de

Châteauneuf, d'après l'avis réuni du comte d'Eu et du vicomte de Thouars, qui s'adjoindront à cet effet le seigneur archevêque de Bordeaux. Ledit seigneur roi garantira auxdits comtes de la Marche et d'Eu, et à Geoffroi de Lusignan, les terres que leur ont données ledit roi et ses prédécesseurs.

« 9. Pour plus sûre garantie de cette affaire, les soussignés, au nom du seigneur roi, ont juré d'observer avec fidélité et bonne foi lesdites conventions, et de les faire observer, autant qu'ils pourront, au seigneur roi sans guerroyer contre lui, à savoir : R. comte de Chester, G. comte de Ferrières, A. vicomte de Thouars, S. de Mauléon, Hugues de Thouars, A. de Rochefort, Hugues de Gournay, Geoffroi de Tannay, Renaud de Pont-Vieux, Galon de Rochefort, A. de Rochechouart, Thibaut Crespin, et Hubert du Bourg.

« 10. Au nom du comte ont juré d'observer avec fidélité et bonne foi les conventions, et de les faire observer fidèlement audit comte, autant qu'ils le pourront, sans guerroyer contre lui, les soussignés A. vicomte de Thouars, R. comte d'Eu, G. de Lusignan, A. de Rochechouart, A. Brunon, S. de Sunale, E. de la Verne, G. de Meyrie, H. de Miche, Pierre Fernecart, Guillaume de Pychemum, Hugues de Naise, Pierre de Menterol, Aymery de Cusc. »

Soutenu par le secours desdits seigneurs, le roi d'Angleterre traversa le territoire du Poitou, vint à Angers, et s'empara de quelques châteaux, à savoir des châteaux de Beaufort, Ulmes-Saint-Florent, Ancenis et de quelques autres, et prit la très-florissante ville d'Angers. Un certain jour des coureurs envoyés par lui avec une innombrable multitude de chevaliers, ramassèrent du butin au-delà de la Loire, aux environs de Nantes. Robert, fils aîné de Robert, comte de Dreux, parent du roi Philippe le Magnanime, ayant traversé un pont pour les repousser, leur livra imprudemment combat avec un petit nombre de chevaliers, et fut pris par eux, ainsi que quatorze autres chevaliers français.

Dans ce temps, Pierre, fils dudit comte de Dreux, avait épousé la fille de Guy de Thouars, sœur utérine d'Arthur par sa mère, duchesse de Bretagne, et avait reçu avec elle, du roi Philippe le Magnanime, tout le duché de la petite Bretagne. Ayant rassemblé une armée de chevaliers de Bretagne, il prêta secours à Louis, fils aîné du roi Philippe le Magnanime, qui, envoyé par son père dans ce pays avec des chevaliers, demeurait à Chinon, pour protéger et défendre le pays contre les attaques du roi Jean et des Poitevins. Eléonore, sœur d'Arthur, fille aînée de feu Geoffroi, duc de Bretagne et frère aîné du roi Jean, dont il s'agit ici, était, par ce même roi Jean, retenue prisonnière en Angleterre. Craignant qu'elle ne lui fît perdre ses droits au trône, il ne lui permettait point de contracter aucun mariage, et ainsi, depuis dix-huit ans qu'il l'avait prise, il la tenait sous une garde sévère.

L'an 1213, maître Guillaume, chanoine de Senlis et de Laon, obtint contre l'église de Saint-Machut de Mantes toute la garenne de Mantes, c'est-à-dire tout le territoire hors des murs de pierre de Mantes, tous les paroissiens qui y habitent; et le tout fut adjugé à la cathédrale de la ville de Mantes, par sentence définitive des juges apostoliques. La même année on bâtit dans la même garenne deux églises, l'une en l'honneur de saint Pierre, et l'autre en l'honneur de saint Jacques, qui toutes deux furent annexées à l'église de Saint-Etienne de Mantes par ledit maître Guillaume, après que la cause avait déjà duré sept ans, en présence des vénérables hommes Adam, archidiacre de Paris, et ensuite évêque de la Maurienne, maître Jean de Candèle, chancelier de Paris, et Renaud, doyen de Saint-Germain d'Autun à Paris.

La même année, Geoffroi, évêque de Senlis, se sentant incapable, tant à cause de son âge que de sa massive corpulence, de soutenir plus long-temps le fardeau qu'il avait déjà porté pendant trente ans, et en ayant, comme on doit sagement le faire, obtenu la permission du souverain pontife, renonça à la dignité épiscopale, et se rendit vers les moines de Charlis de l'ordre de Cîteaux. Il eut pour successeur frère Garin, frère profès de l'ordre des Hospitaliers de Jérusalem, lequel était devenu le principal conseiller du roi Philippe le Magnanime, et se comporta à la cour du roi, à cause de sa sagesse et de l'incomparable mérite de ses conseils et d'autres qualités d'esprit de tous genres, d'une manière si digne de louange, qu'il traitait les affaires du royaume irréprochablement, comme étant le second après le roi, pourvoyant de tout son zèle, comme un homme lettré, aux besoins des églises, conservant sains et saufs sous son manteau leurs libertés et priviléges de toutes sortes, comme nous lisons au sujet de saint Sébastien qui, autrefois illustre dans le palais, cachait sous son manteau un champion du Christ, afin de secourir plus favorablement les Chrétiens, de ranimer leur courage, et d'empêcher qu'ils ne mourussent dans les supplices.

Dans le même temps, le très-saint homme Geoffroi, évêque de Meaux, renonçant aussi à l'épiscopat, se dévoua plus exclusivement à la contemplation divine dans le monastère de Saint-Victor. Parmi d'autres œuvres de sainteté auxquelles il s'appliquait avec ardeur, il observait une abstinence admirable et inouïe à tous les siècles. Tous les ans, pendant le carême et l'Avent du Seigneur, il avait coutume de ne prendre de la nourriture que trois fois par semaine, et de ne jamais boire. Dans les autres temps il mangeait et buvait, mais rarement, et encore sa nourriture et sa boisson étaient telles qu'à peine quelqu'un eût-il pu y goûter à cause de leur amertume et de leur insipidité. Il eut pour successeur Guillaume, chantre de Paris. Ainsi il y eut trois frères utérins qui furent tous évêques dans le même temps : Etienne, évêque de Noyon ; Pierre, évêque de Paris, et Guillaume, évêque de Meaux. Ils étaient fils de feu Gautier, camérier de France et frère de Gautier le jeune, et furent dignes de louange par leur vertu, distingués dans le palais, et exercés dans les écoles autant qu'il convenait.

Avant ceci, au mois de septembre de la même année, c'est-à-dire l'an de l'Incarnation du Seigneur 1213, fut livré un merveilleux combat dans la terre des Albigeois, cinq ans s'étant écoulés depuis que les vénérables hommes Pierre, évêque de Sens, Robert, évêque de Rouen, Robert, évêque de Bayeux, Jourdan, évêque de Lisieux, Renaud, évêque de Chartres, et une infinité d'autres évêques et divers ecclésiastiques, Eudes, duc de Bourgogne, Hervée, comte de Nevers, beaucoup d'autres barons, et une infinité de chevaliers et de gens du royaume de France, enflammés d'un divin zèle, et excités par une généreuse indulgence et une rémission des péchés accordées par le souverain pontife, avaient pris la croix pour aller dans ce pays des Albigeois combattre l'hérésie, dont l'Apôtre, dans son épître à Timothée, annonce l'avénement à la fin des siècles; de laquelle hérésie les sectateurs rejettent le mariage, défendent de manger de la chair, et font beaucoup d'autres choses contraires à la foi catholique, toutes pleinement exprimées dans l'épître de saint Paul. Ces hérétiques se multipliaient alors d'une manière prodigieuse. Les reins ceints de force, les croisés vinrent vers la très-opulente ville de Béziers, la prirent et la détruisirent de fond en comble, et y passèrent plus de dix-sept mille hommes au fil de l'épée. De là ils s'avancèrent vers Carcassonne, s'en emparèrent promptement, et en chassèrent tous les indigènes et les gens des environs qui étaient venus s'y réfugier d'un grand nombre de lieux, à cause de ses fortifications. Selon les conditions, ne conservant que la vie, ils sortirent par une poterne, nus et voilés seulement autant que la pudeur l'exige. Les barons, voulant retourner chez eux du consentement de tout le clergé et de tous les catholiques, après avoir invoqué la grace du Saint-Esprit, Simon, comte de Montfort, fut choisi pour commander l'armée des Chrétiens et tout ce pays. Préférant l'utilité publique à ses propres avantages, et acceptant volontiers l'entreprise des guerres de Dieu, il soumit les villes et les châteaux, réduisit à une mort cruelle tous les hérétiques et leurs fauteurs, livra beaucoup de combats, et remporta, non sans miracle, un grand nombre de victoires. Mais enfin le roi d'Aragon, le comte de Saint-Gilles, le comte de Foix et beaucoup d'autres l'assiégèrent dans un château appelé Muret. Il n'avait que deux cent soixante chevaliers, environ cinq cents hommes d'armes à cheval, et à peu près sept cents pélerins à pied. Après avoir entendu la messe et invoqué la grace du Saint-Esprit, ils sortirent du château, livrèrent bataille aux assiégeans, tuèrent le roi d'Aragon lui-même, mirent en déroute dix-sept mille hommes de son armée, et, protégés par la grace divine, ne perdirent dans ce jour que huit pélerins des leurs. Jamais, dans aucun siècle, on n'entendit parler d'un combat qui dut être attribué à un plus grand miracle que celui-ci. Ledit Simon, à cause de son admirable valeur, était dans ce pays appelé le comte Fort. Quoique très-brave à la guerre, toujours sous les armes et au milieu des dangers, il entendait tous les jours la messe et toutes les heures canoniques. Laissant son pays pour le service de Dieu, il se montrait tel chevalier dans cette voie du pélerinage qu'il fut enfin regardé comme citoyen du pays où triomphait l'Eglise.

L'an de l'Incarnation du Seigneur 1214, Jean, roi d'Angleterre, fit entourer d'un mur, des deux côtés, jusqu'à la ~~Mayenne~~ [Maine], la ville d'Angers, dont il s'était emparé. Comme il avait mis peu de temps à prendre ledit château, et voyant la fortune lui sourire, il présuma que par le secours des Aquitains et des Poitevins il pourrait facilement recouvrer le reste du pays et assiéger un château appelé la Roche-au-Moine. Ce château avait été récemment construit par Guillaume des Roches, sénéchal de l'Anjou, homme brave, d'une intègre fidélité et éprouvé dans les combats, afin de défendre le passage qui mène d'Angers vers la ville de Nantes; car, avant que ce rocher eût été fortifié, des pillards passaient par le fleuve de la Loire, d'un château inexpugnable nommé Rochefort, et situé de l'autre côté de la Loire. Ce château appartenait à Pains, surnommé de Rochefort, homme très-brave, mais livré aux rapines et au pillage de ses voisins. Ces pillards dépouillaient tous les gens qui faisaient route par cette voie publique, et harcelaient tous les laboureurs. Le roi Jean mit le siége devant ce château, dressa des pierriers et autres machines de guerre, et commença à l'attaquer vivement. Les assiégés ne se défendaient pas avec moins de courage; et parmi leurs valeureux faits, je ne puis taire celui-ci. Un assiégeant avait coutume de s'approcher des fossés, couvert d'un bouclier qu'un serviteur portait devant lui. Ce n'était pas un bouclier qu'on peut porter à la main, mais un bouclier immense, tel qu'on a coutume de s'en servir dans les siéges. Caché en sûreté sous ce bouclier, et pouvant s'approcher davantage, il incommodait beaucoup les assiégés, parce qu'il était archer, et reconnaissait ainsi tout ce qu'il y avait d'ouvertures dans le château; ainsi faisait-il chaque jour. Un archer du château, saisi d'indignation, employa un jour une nouvelle ruse admirable, et dont on ne saurait faire un crime entre ennemis, d'après les paroles : Qui blâmerait dans un ennemi la ruse ou le courage? » Il fit une corde mince et forte, et d'une telle longueur, qu'elle pouvait atteindre jusqu'à l'homme dont nous avons parlé; il en attacha un bout à une flèche garnie de plumes, et l'autre à un clou fixé près de lui. Il lança donc sa flèche de l'arbalète; le trait, lancé avec la corde, s'enfonça solidement dans le bouclier. Alors il tira la corde vers lui, et avec elle le bouclier et le serviteur qui le tenait. Celui-ci tomba dans le fossé avec le bouclier, et l'archer qu'il couvrait demeura sur le bord du fossé, exposé sans aucun rempart à tous les coups de flèches, et il périt ainsi avec son serviteur. Le roi Jean, irrité de cette action, fit dresser des fourches, à la vue des assiégés, et les menaça par serment de les y pendre, s'ils ne se rendaient à sa volonté. Mais ils ne consentirent nullement à se rendre, et, se défendant avec courage, soutinrent le siége durant trois semaines, firent éprouver de grandes pertes à l'armée du roi, et, parmi les grands, tuèrent le chapelain du roi pendant qu'il se promenait imprudemment auprès des murs, un certain Limousin d'une grande renommée, Aimeri, surnommé le Brun, un grand nombre d'autres, et Pains de Rochefort lui-même. Dès qu'il se sentit mortellement blessé, il retourna au-delà de la Loire dans sa maison, feignant d'être non blessé, mais accablé d'une autre maladie. Étant mort dans l'espace de peu de jours, on lui trouva deux blessures mortelles en deux endroits du corps.

Dans ce temps, Louis, fils aîné du roi Philippe le Magnanime, pendant que son père visitait tour à tour avec des chevaliers armés, et défendait des incursions des ennemis différens châteaux sur les frontières de la Flandre et du Vermandois, rassembla une armée à Chinon, qui tient son nom de Kaïon, porte-enseigne du roi Arthur, qui l'avait fondé. Il quitta Chinon avec son armée pour aller secourir les assiégués dont nous avons parlé. Comme il n'était plus éloigné du lieu qu'autant qu'une armée peut faire de chemin en un jour, le roi Jean, n'attendant pas son arrivée, qui devait avoir lieu le lendemain, laissa et abandonna au pillage tous ses pierriers, ses mangonneaux, ses tentes et autres ustensiles de guerre, et s'enfuit comme il put par la Loire, qu'il traversa par des gués ou dans des bateaux. Une grande partie des siens furent submergés et tués dans leur fuite, et il parcourut à cheval ce jour-là l'espace de dix-huit milles. Il n'osa plus dans la suite s'approcher d'un lieu quand il sut que Louis y était, ou y devait venir. Louis, ayant appris sa fuite, marcha vers lesdits châteaux, dont Jean s'était emparé, les reprit promptement, détruisit de fond en comble le château de Beaufort, pénétra vigoureusement sur le territoire du vicomte de Thouars, dévasta les villes très-opulentes, rasa le château de Moncontour, qu'il avait pris de vive force, recouvra la ville d'Angers, que le roi Jean avait prise et entourée de murailles, détruisit tous ses remparts, et garda pour lui la ville ainsi privée de murs. Cette victoire de Louis tarda peu à être suivie d'une victoire du roi Philippe; en sorte que dans l'espace d'un seul mois, par la protection du souverain Roi, le fils vainquit glorieusement, sans combattre, le roi d'Angleterre et les Poitevins dans le Poitou; et le père, dans une guerre périlleuse, mais pour lui victorieuse, triompha avec honneur dans la Flandre d'Othon et des Flamands.

Peu de jours après, Henri, maréchal de France, tomba malade dans le pays d'Angers. Cet homme, digne d'éloges en tout à la guerre, et craignant Dieu, mourut quelques jours après, et fut enterré dans le monastère de Turpenai, quoiqu'il eût, pour dernière volonté, ordonné qu'on le transportât dans sa patrie, et qu'on l'ensevelît parmi les pères dans l'abbaye de Cercanceau, de l'ordre de Cîteaux. Il fut pleuré de toute la multitude des Français, qui tous le chérissaient tendrement. Il eut pour successeur son fils Jean, encore tout jeune, dont la place fut confiée pour un temps à Gautier de Nemours, jusqu'à ce qu'il fût parvenu à l'âge adulte. Ce fut la bonté du roi qui le voulut ainsi, car la succession héréditaire n'a pas lieu pour de telles charges. Peu de jours avant sa mort, Henri, dont les sens n'avaient pas encore perdu leur vigueur, eut le bonheur d'apprendre la victoire du roi par un messager auquel, dans sa joie, il donna son cheval de bataille, n'ayant pas autre chose à lui donner, car il avait, comme certain de sa mort, distribué tous ses biens aux pauvres.

Maintenant venons-en à décrire comme nous pourrons, avec l'aide du Seigneur, cette victoire, dont nous avons parlé.

L'an de l'Incarnation du Seigneur 1214, pendant que le roi Jean exerçait ses fureurs dans le pays de l'Anjou, ainsi qu'il a été rapporté plus haut, l'empereur Othon, gagné par argent au parti du roi Jean, rassembla une armée dans le comté de Hainaut, dans un village appelé Valenciennes, dans le territoire du comte Ferrand. Le roi Jean envoya avec lui, à ses frais, le comte de Boulogne, le comte de Salisbury, Ferrand lui-même, le duc de Limbourg, le duc de Brabant, dont ledit Othon avait épousé la fille, et beaucoup d'autres grands et comtes d'Allemagne, de

Hainaut, de Brabant et de Flandre. Dans le même temps, le roi Philippe, quoique son fils eût avec lui dans le Poitou la plus grande partie de ses troupes, rassembla une armée, se mit en marche, le lendemain de la fête de sainte Marie-Madeleine, d'un château appelé Péronne, entra de vive force sur le territoire de Ferrand, le traversa en le dévastant à droite et à gauche par des incendies et des ravages, et s'avança ainsi jusqu'à la ville de Tournai, que les Flamands avaient, l'année précédente, prise par fourberie et considérablement endommagée. Mais le roi, y ayant envoyé une armée avec frère Garin et le comte de Saint-Paul, l'avait promptement recouvrée. Othon vint avec son armée vers un château appelé Mortain (ou Mortagne) éloigné de six milles de Tournai, et qui, après que cette ville eut été recouvrée, avait été pris d'assaut et détruit par ladite armée du roi. Le samedi après la fête de saint Jacques, apôtre et martyr du Christ, le roi proposa de les attaquer; mais les barons l'en dissuadèrent, car ils n'avaient d'autre route pour arriver vers eux qu'un passage étroit et difficile. Ils changèrent donc de dessein, et résolurent de retourner sur leurs pas et d'envahir les frontières du Hainaut par un chemin plus uni, et de ravager entièrement cette terre.

Le lendemain donc, c'est-à-dire le 27 juillet, le roi quitta Tournai pour se diriger vers un château appelé Lille, où il se proposait de prendre du repos avec son armée pendant cette nuit-là. Le même matin, Othon s'éloigna avec son armée de Mortain. Le roi ne savait pas, et ne pouvait croire qu'ils vinssent derrière lui. C'est pourquoi le vicomte de Melun s'écarta de l'armée du roi avec quelques cavaliers armés à la légère, et s'avança vers le côté d'où venait Othon. Il fut suivi d'un homme très-brave, d'un conseil sage et admirable, prévoyant avec une grande habileté ce qui peut arriver, Garin, l'élu de Senlis, que j'ai nommé plus haut le frère Garin, car il était frère profès de l'hôpital de Jérusalem, et alors, quoique évêque de Senlis, n'avait pas cessé de porter comme auparavant son habit de religieux. Ils s'éloignèrent donc de plus de trois milles de l'armée du roi jusqu'à ce qu'ils fussent arrivés dans un lieu élevé, d'où ils purent voir clairement les bataillons des ennemis s'avancer prêts à combattre. Le vicomte restant quelque temps en cet endroit, l'évêque se rendit promptement vers le roi, lui dit que les ennemis venaient rangés et prêts à combattre, et lui rapporta ce qu'il avait vu, les chevaux couverts de chevaliers et les hommes d'armes à pied marchant en avant, ce qui marquait évidemment qu'il y aurait combat. Le roi ordonna aux bataillons de s'arrêter; et ayant convoqué les grands, les consulta sur ce qu'il y avait à faire. Ils ne lui conseillèrent pas beaucoup de combattre, mais plutôt de s'avancer toujours.

Les ennemis étant arrivés à un ruisseau qu'on ne pouvait facilement traverser, le passèrent peu à peu, et feignirent, ainsi que le crurent quelques-uns des nôtres, de vouloir marcher vers Tournai. Le bruit courut donc parmi nos chevaliers que les ennemis se détournaient vers Tournai. L'évêque était d'un avis contraire, proclamant et affirmant qu'il fallait nécessairement combattre ou se retirer avec honte et dommage. Cependant les cris et les assertions du plus grand nombre prévalurent. Nous nous avançâmes vers un pont appelé Bovines, placé entre un endroit appelé Sanghin et la ville de Cisoing. Déjà la plus grande partie de l'armée avait passé le pont, et le roi avait quitté ses armes; mais il n'avait pas encore traversé le pont, ainsi que le pensaient les ennemis, dont l'intention était, s'il l'eût traversé, ou de tuer sans pitié ou de vaincre, comme ils l'auraient voulu, ceux qu'ils auraient trouvés en deçà du pont. Pendant que le roi, un peu fatigué des armes et du chemin, prenait un léger repos sous l'ombre d'un frêne, près d'une église fondée en l'honneur de saint Pierre, voilà que des messagers envoyés par ceux qui étaient aux derniers rangs, et se hâtant d'accourir promptement vers lui, annoncèrent avec de grands cris que les ennemis arrivaient, et que déjà le combat était presque engagé aux derniers rangs; que le vicomte et les archers, les cavaliers et hommes de pied armés à la légère, ne soutenaient leur attaque qu'avec la plus grande difficulté et de grands dangers, et qu'ils pouvaient à peine plus long-temps arrêter leur fureur et leur impétuosité. A cette nouvelle, le roi entra dans l'église, et adressant au Seigneur une courte prière, il sortit pour revêtir de nouveau ses armes, et le visage animé, et avec une joie aussi vive que si on l'eût appelé à une noce, il saute sur son cheval. Le cri de *Aux armes! hommes de guerre, aux armes!* retentit partout dans les champs, et les trompettes résonnent; les cohortes qui avaient déjà passé le pont reviennent sur leurs pas. On rappelle l'étendard de Saint-Denis, qui devait dans les combats marcher à la tête de tous, et, comme il ne revient pas assez vite, on ne l'attend pas. Le roi, d'une course rapide, se précipite vers les derniers rangs, et se place sur le premier front de la bataille, où personne ne s'élance entre lui et les ennemis.

Les ennemis voyant le roi, contre leur espérance, revenu sur ses pas, frappés, je crois, comme de stupeur et d'épouvante, se détournèrent vers le côté droit du chemin par lequel ils venaient, et, s'étendant vers l'occident, s'emparèrent de la partie la plus élevée de la plaine, et se tinrent du côté du nord, ayant devant les yeux le soleil plus ardent ce jour-là qu'à l'ordinaire. Le roi déploya ses ailes du côté contraire, et se tint du côté du midi avec son armée qui s'étendait sur une ligne dans l'espace immense de la plaine, ensorte qu'ils avaient le soleil à dos. Les deux armées se tinrent ainsi occupant à peu près une même étendue, et séparées l'une de l'autre par un espace peu considérable. Au milieu de cette disposition, au premier rang était le roi Philippe, aux côtés duquel se tenaient Guillaume des Barres, la fleur des chevaliers; Barthélemy de Roye, homme sage et d'un âge avancé; Gautier le jeune, homme prudent et valeureux, et sage conseiller; Pierre de Mauvoisin, Gérard Scropha, Etienne de Longchamp, Guillaume de Mortemar, Jean de Rouvrai, Guillaume de Garlande, Henri, comte de Bar, jeune d'âge, vieux d'esprit, distingué par son courage et sa beauté, qui avait succédé en la dignité et en la charge de comte à son père, cousin-germain du roi récemment mort, et un grand nombre d'autres, dont il serait trop long de rapporter les noms, tous hommes remarquables par leur courage, depuis longtemps exercés à la guerre, et qui, pour ces raisons, avaient été spécialement placés pour la garde du roi dans ce combat. Du côté opposé se tenait Othon au milieu des rangs épais de son armée, qui portait pour bannière un aigle doré au dessus d'un dragon attaché à une très-longue perche dressée sur un char. Le roi, avant d'en venir aux mains, adressa à ses chevaliers cette courte et modeste harangue : « Tout notre « espoir, toute notre confiance sont placés en Dieu. « Le roi Othon et son armée, qui sont les ennemis et « les destructeurs des biens de la sainte Eglise, ont « été excommuniés par le seigneur Pape : l'argent « qu'ils emploient pour leur solde est le produit des « larmes des pauvres et du pillage des églises de Dieu « et des clercs. Mais nous, nous sommes chrétiens ; « nous jouissons de la communion et de la paix de « la sainte Eglise ; et quoique pécheurs, nous sommes « réunis à l'Eglise de Dieu, et nous défendons, selon « notre pouvoir, les libertés du clergé. Nous devons « donc avec confiance nous attendre à la miséricorde « de Dieu, qui, malgré nos péchés, nous accordera la « victoire sur ses ennemis et les nôtres. » A ces mots, les chevaliers demandèrent au roi sa bénédiction ; ayant élevé la main, il invoqua pour eux la bénédiction du Seigneur ; aussitôt les trompettes sonnèrent ; et ils fondirent avec ardeur sur les ennemis, et combattirent avec un courage et une impétuosité extrêmes.

En ce moment se tenaient en arrière du roi, non loin de lui, le chapelain qui a écrit ces choses, et un clerc. Ayant entendu le son de la trompette, ils entonnèrent le psaume : *Béni soit le Seigneur qui est ma force, qui instruit mes mains au combat*[1], jusqu'à la fin ; ensuite : *O Dieu, élevez-vous*[2],

---

[1] Ps. 143. — [2] Ps. 67, v. 12.

jusqu'à la fin, et : *Seigneur, le roi se rejouira dans votre force*[1], jusqu'à la fin, et les chantèrent comme ils purent, car les larmes s'échappaient de leurs yeux, et les sanglots se mêlaient à leurs chants. Ils rappelaient à Dieu, avec une sincère dévotion, l'honneur et la liberté dont jouissait son Eglise par le pouvoir du roi Philippe, et le déshonneur et les outrages qu'elle souffrait et souffre encore de la part d'Othon et du roi Jean, par les dons duquel tous ces ennemis, excités contre le roi, osaient dans son royaume attaquer leur seigneur. Le premier choc ne fut pas du côté où se trouvait le roi; car, avant qu'il en vînt aux mains, on combattait à l'aile droite, à droite du roi, sans qu'il le sût, je crois, contre Ferrand et les siens. Le premier front des combattans était, comme nous l'avons dit, étendu en ligne droite, et occupait dans la plaine un espace de quarante mille pas. L'évêque était dans cet endroit, non pour combattre, mais pour exhorter les hommes d'armes et les animer pour l'honneur de Dieu, du royaume et du roi, et pour leur propre salut; il voulait exciter surtout le très-noble Eudes, duc de Bourgogne; Gaucher, comte de Saint-Paul, que quelques-uns soupçonnaient d'avoir quelquefois favorisé les ennemis, à raison de quoi il dit lui-même à l'évêque que ce jour-là il serait un bon traître; Matthieu de Montmorency, chevalier plein de valeur; Jean, comte de Beaumont; beaucoup d'autres braves chevaliers, et en outre cent quatre-vingts chevaliers de la Champagne. Tous ces combattans avaient été rangés dans un seul bataillon par l'évêque, qui mit aux derniers rangs quelques-uns qui étaient à la tête,

[1] Ps. 20, v. 1.

et qu'il savait de peu de courage et d'ardeur. Il plaça sur un seul et premier rang ceux de la bravoure et de l'ardeur desquels il était sûr, et leur dit : « Le champ « est vaste, étendez-vous en ligne droite à travers la « plaine, de peur que les ennemis ne vous envelop- « pent. Il ne faut pas qu'un chevalier se fasse un bou- « clier d'un autre chevalier, mais tenez-vous de manière « que vous puissiez tous combattre comme d'un seul « front. » A ces mots, ledit évêque, d'après le conseil du comte de Saint-Paul, lança en avant cent cinquante hommes d'armes à cheval pour commencer le combat, afin qu'ensuite les nobles chevaliers trouvassent les ennemis un peu troublés et en désordre.

Les Flamands, qui étaient les plus ardens au combat, s'indignèrent d'être attaqués d'abord par des hommes d'armes, et non par des chevaliers. Ils ne bougèrent pas de leur place, mais, les ayant attendus, ils les reçurent vigoureusement, tuèrent les chevaux de presque tous, les accablèrent d'un grand nombre de blessures, mais n'en blessèrent que deux à mort ; car c'étaient de très-braves hommes d'armes de la vallée de Soissons, et ils combattaient aussi bien à pied qu'à cheval.

Gautier de Ghistelle et Buridan, d'un merveilleux courage, et comme incapables de crainte, rappelaient aux chevaliers les faits de leurs compagnons, aussi peu troublés que s'il se fût agi de quelque jeu guerrier. Après avoir renversé quelques-uns de ces hommes d'armes, ils les laissèrent de côté, et s'avancèrent en plaine, ne voulant, comme s'il se fût agi de quelque exercice d'été, combattre qu'avec des chevaliers. Quelques chevaliers de la troupe de Champagne, d'une valeur aussi grande que la leur, en vinrent aux mains avec eux. Leurs lances brisées, ils tirèrent leurs épées et redoublèrent les coups ; mais Pierre de Remi étant survenu avec ceux qui étaient dans le même bataillon, Gautier de Ghistelle et Buridan furent emmenés par force prisonniers. Ils avaient avec eux un chevalier nommé Eustache de Maquilin, qui vociférait avec un grand orgueil : *Mort aux Français! Mort aux Français!* Les Français l'entourèrent, et l'un d'eux l'ayant saisi, et pressant sa tête entre son coude et sa poitrine, arracha son casque de sa tête ; un autre lui fourrant un couteau entre le menton et la cuirasse par le gosier, la poitrine et les parties nobles, le força de subir avec horreur la mort dont il menaçait à grands cris les Français. Sa mort et la prise de Gautier et Buridan accrurent l'audace des Français ; et, comme certains de la victoire, rejetant toute crainte, ils firent usage de toutes leurs forces.

Gaucher, comte de Saint-Paul, avec une légèreté égale à celle d'un aigle qui fond sur des colombes, suivit les hommes d'armes envoyés, comme nous l'avons dit, par l'évêque. A la tête de ses chevaliers qu'il avait choisis excellens, il pénétra au milieu des ennemis, et traversa leurs rangs avec une agilité merveilleuse : donnant et recevant un grand nombre de coups, tuant et abattant indifféremment hommes et chevaux, et ne prenant personne, il revint ainsi à travers une autre troupe d'ennemis, et en enveloppa un très-grand nombre comme dans un filet. Il fut suivi avec une aussi grande impétuosité par le comte de Beaumont, Matthieu de Montmorency avec les siens, le duc de Bourgogne lui-même, entouré d'un grand nombre de braves chevaliers, et la troupe de Champagne. Là s'engagea des deux côtés un combat admirable. Le duc de Bourgogne, très-corpulent et d'une complexion flegmatique, fut jeté à terre, et son cheval fut tué par les ennemis. On se pressa autour de lui, et les bataillons des Bourguignons l'entourèrent. On lui amena un autre cheval. Le duc, relevé de terre par les mains des siens, monte sur son cheval, agite son épée dans sa main, dit qu'il veut venger sa chute, et se précipite avec fureur sur les ennemis. Il n'examine pas qui se présente à lui, mais il venge sa chute sur tous ceux qu'il rencontre, comme si chacun d'eux avait tué son cheval. Là combattait le vicomte de Melun, qui faisait des prodiges de valeur, ayant dans son bataillon de très-braves chevaliers. De même que le comte de Saint-Paul, il attaqua les ennemis d'un côté, les enfonça, et revint à travers leurs rangs par un autre côté. Là, Michel de Harmes, dans un autre bataillon, eut son bouclier, sa cuirasse et sa cuisse transpercés par la lance d'un Flamand, et demeura cloué à sa selle et à son cheval, en sorte que lui et le cheval tombèrent à terre. Hugues de Malaunaye fut renversé à terre, ainsi que beaucoup d'autres, dont les chevaux furent tués, et qui, se relevant avec force, combattirent aussi vigoureusement à pied qu'à cheval.

Le comte de Saint-Paul, fatigué des coups qu'il avait reçus comme de ceux qu'il avait portés, s'éloigna un peu de ce carnage, et prit un léger repos. Ayant le visage tourné vers les ennemis, il vit un de ses chevaliers entouré par eux. Comme il n'y avait aucun accès vers lui pour le délivrer, quoiqu'il n'eût pas encore repris haleine, pour pouvoir traverser avec moins de danger le bataillon serré des ennemis, il se courba sur le cou de son cheval, qu'il embrassa de ses deux bras, et, pressant son cheval des éperons, il fondit sur le bataillon des ennemis, et parvint à travers leurs rangs jusqu'à son chevalier. Là, se redressant, il tira son épée, dispersa merveilleusement tous les ennemis qui l'entouraient; et ainsi, par une audace ou une témérité admirable, et à son grand péril, il délivra son chevalier de la mort, et, s'échappant des mains des ennemis, se retira dans son bataillon. Ceux qui en avaient été témoins affirmèrent qu'il avait été un moment en un tel danger que douze lances à la fois l'avaient frappé sans pouvoir cependant ni abattre son cheval, ni l'enlever de dessus la selle. Après s'être un peu reposé, il se précipita de nouveau au milieu des ennemis avec ses chevaliers, qui avaient pris haleine pendant ce temps-là.

La victoire ayant pendant quelque temps voltigé d'une aile douteuse d'un côté à l'autre, comme ce combat si animé durait déjà depuis trois heures, tout le poids de la bataille tourna enfin contre Ferrand et les siens. Lors, accablé de blessures et renversé à terre, il fut emmené prisonnier avec un grand nombre de ses chevaliers. Presque expirant de la fatigue d'un si long combat, il se rendit principalement à Hugues de Maroil et à Jean, son frère : tous les autres qui combattaient dans cette partie de la plaine furent tués ou pris, ou échappèrent par une honteuse fuite aux Français qui les poursuivaient.

Pendant ce temps, arrivèrent, avec la bannière de Saint-Denis, les légions des communes qui s'étaient avancées presque jusqu'aux maisons. Elles accoururent le plus promptement possible vers l'armée du roi, où elles voyaient la bannière royale, qui se distinguait par les fleurs de lis, et que portait ce jour-là Galon de Montigny, chevalier très-valeureux, mais peu fortuné. Les communes étant donc arrivées, principalement celles de Corbeil, d'Amiens, de Beauvais, de Compiègne et d'Arras, pénétrèrent dans les bataillons des chevaliers, et se placèrent devant le roi lui-même. Mais ceux de l'armée d'Othon, qui étaient des hommes d'un courage et d'une audace extrêmes, les repoussèrent incontinent vers le roi, et, les ayant un peu dispersés, parvinrent presque jusqu'au roi. A cette vue, les chevaliers qui étaient dans l'armée du roi marchèrent en avant, et, laissant derrière eux le roi, pour lequel ils concevaient quelque crainte, s'opposèrent à Othon et aux siens qui, dans leur fureur teutonique, ne cherchaient que le roi seul. Pendant qu'ils étaient devant, et arrêtaient par leur admirable courage la fureur des Teutons, des hommes de pied entourèrent le roi, et le jetèrent à bas de son cheval avec des crochets et des lances minces; et s'il n'eût été protégé par la main de Dieu et par une armure incomparable, ils l'eussent certainement tué. Un petit nombre de chevaliers qui étaient restés avec lui, ledit Galon, qui, abaissant souvent sa bannière, demandait du secours, et surtout Pierre Tristan, qui, descendant lui-même de son cheval, se jeta au devant des coups qui menaçaient le roi, renversèrent, dispersèrent et tuèrent ces hommes de pied; et le roi lui-même, se relevant plus vite qu'on ne l'espérait, sauta sur un cheval avec une étonnante légèreté.

On combattit donc des deux côtés avec un courage

admirable, et un grand nombre d'hommes de guerre furent renversés. Devant les yeux même du roi fut tué Étienne de Longchamp, chevalier valeureux et d'une fidélité intacte, qui reçut un coup de couteau dans la tête par la visière de son casque ; car les ennemis se servaient d'une espèce d'arme étonnante et inconnue jusqu'à présent : ils avaient de longs couteaux minces et à trois tranchans qui coupaient également de chaque tranchant depuis la pointe jusqu'à la poignée, et ils s'en servaient en guise d'épée. Mais, par l'aide de Dieu, les épées des Français et leur infatigable courage l'emportaient. Ils repoussèrent toute l'armée d'Othon, et parvinrent jusqu'à lui ; au point que Pierre Mauvoisin, chevalier plus puissant par les armes, en quoi il surpassait tous les autres, que par la sagesse, saisit son cheval par la bride ; mais comme il ne pouvait le tirer de la foule dans laquelle il était pressé, Gérard Scropha lui frappa la poitrine d'un couteau qu'il tenait nu dans la main. N'ayant pu le blesser, à cause de l'épaisseur des armes impénétrables qui défendent les chevaliers de notre temps, il réitéra son coup ; mais ce second coup porta sur la tête du cheval, qui la portait droite et élevée. Le couteau, poussé avec une force merveilleuse, entra, par l'œil du cheval, dans sa cervelle. Le cheval, blessé à mort, se cabra, et tourna la tête vers le côté d'où il était venu. Ainsi l'empereur montra le dos à nos chevaliers, et s'éloigna de la plaine, quittant et abandonnant au pillage l'aigle avec le char. A cette vue, le roi dit aux siens : « Vous ne verrez plus « sa figure d'aujourd'hui. » Il était déjà un peu en avant, lorsque son cheval s'abattit. On lui amena aussitôt un cheval frais. Il le monta, et se mit à fuir promptement. Déjà en effet il ne pouvait plus soutenir davantage la valeur de nos chevaliers, car deux fois le chevalier des Barres l'avait tenu par le cou; mais il lui avait échappé par la vitesse de son cheval et par le grand nombre de ses chevaliers qui, pendant que leur empereur fuyait, combattaient merveilleusement, au point qu'ils renversèrent à terre le chevalier des Barres, qui s'était avancé plus que les autres. Gautier le jeune, Guillaume de Garlande, Barthélemi de Roye, et d'autres qui étaient avec eux, dont les lances brisées et les épées toutes sanglantes attestaient la bravoure, étant, dit-on, des hommes prudens, ne jugèrent pas bon de laisser loin d'eux le roi, qui les suivait d'un pas égal ; c'est pourquoi ils ne s'étaient pas autant avancés que le chevalier des Barres qui, démonté et entouré d'ennemis, se défendait, selon sa coutume, avec une admirable valeur. Cependant, comme un homme seul ne peut résister à une multitude, il eût été pris ou tué, si Thomas de Saint-Valery, homme brave et fort à la guerre, ne fût survenu avec sa troupe, composée de cinquante chevaliers et deux mille hommes de pied. Il délivra le chevalier des Barres des mains des ennemis, ainsi que me l'a raconté quelqu'un qui y était.

Le combat se ranima. Bernard de Hostemale, très-brave chevalier, le comte Othon de Tecklenbourg, le comte Conrad de Dortmund, et Gérard de Randeradt, avec d'autres chevaliers très-valeureux que l'empereur avait spécialement choisis, à cause de leur éminente bravoure, pour être à ses côtés dans le combat, combattaient pendant que l'empereur fuyait, et renversaient et blessaient les nôtres. Cependant les nôtres l'emportèrent, car les deux comtes ci-dessus nommés furent pris, ainsi que Bernard et Gérard; le char fut mis en pièces, le dragon brisé, et l'aigle, les ailes arrachées et rompues, fut porté au roi. Le comte de Boulogne ne cessa pas de combattre depuis le commencement de la bataille, et personne ne put le vaincre. Ledit comte avait employé un artifice admirable; il s'était fait comme un rempart d'hommes d'armes très-serrés sur deux rangs, en forme de tour à l'instar d'un château assiégé, où il y avait une entrée comme une porte, par laquelle il entrait toutes les fois qu'il voulait reprendre haleine, ou quand il était pressé par les ennemis, et il eut souvent recours à ce moyen.

Le comte Ferrand et l'empereur lui-même, comme nous l'avons ensuite appris des prisonniers, avaient juré de négliger tous les autres bataillons pour s'avancer vers celui du roi Philippe, et de ne point détourner leurs chevaux qu'ils ne fussent parvenus vers lui et ne l'eussent tué, parce que si le roi (Dieu nous en préserve) eût été tué, ils espéraient triompher plus facilement du reste de l'armée. C'est à cause de ce serment qu'Othon et son bataillon ne combattirent qu'avec le roi et son bataillon. Ferrand voulut commencer à s'avancer vers lui, mais il ne le put, parce que, comme on l'a dit, les Champenois lui fermèrent son chemin. Renaud, comte de Boulogne, négligeant tous les autres, parvint au commencement du combat jusqu'au roi; mais comme il était près de lui, respectant, je crois, son seigneur, il s'éloigna et combattit avec Robert, comte de Dreux, qui n'était pas loin du roi dans un bataillon très-épais. Mais Pierre, comte d'Autun, parent du roi, combattait vigoureusement pour lui, quoique son fils Philippe, ô douleur! parent, du côté de sa mère, de la femme de Ferrand, fût dans le parti des ennemis du roi, car les yeux de ces ennemis étaient aveuglés à un tel point qu'un grand nombre d'entre eux, quoiqu'ils eussent dans notre parti leurs frères, leurs beaux-frères, leurs beaux-pères et leurs parens, sans respect pour leur seigneur séculier et sans crainte de Dieu, n'en osaient pas moins, dans une guerre injuste, attaquer ceux qu'ils étaient tenus, au moins par le droit naturel, de respecter et de chérir.

Ce comte de Boulogne, quoiqu'il se battît ainsi avec bravoure, avait beaucoup conseillé de ne pas combattre, connaissant l'impétuosité et la valeur des Français. C'est pourquoi l'empereur et les siens le regardaient comme traître, et l'eussent mis dans les fers, s'il n'eût consenti au combat. Comme ce combat s'engageait, on rapporte qu'il dit à Hugues de Boves: « Voilà ce combat que tu conseillais et dont je dis-« suadais. Tu fuiras comme un lâche : tandis que « moi, je combattrai, au péril de ma tête, et je serai « pris ou tué. » A ces mots, il s'avança vers le lieu du combat qui lui était destiné, et se battit, ainsi qu'on l'a dit, plus long-temps et plus vaillamment qu'aucun de ceux qui étaient présens.

Cependant les rangs du parti d'Othon s'éclaircissent, pendant que lui-même, et un des premiers, était en fuite. Le duc de Louvain, le duc de Limbourg, Hugues de Boves, et d'autres, par centaines, par cinquantaines et par troupes de différens nombres, s'abandonnèrent à une honteuse déroute. Cependant le comte de Boulogne, combattant encore, ne pouvait s'arracher du champ de bataille, quoiqu'il ne fût aidé que de six chevaliers, qui, ne voulant point l'abandonner, combattirent avec lui, jusqu'à ce qu'un homme d'armes, Pierre de Tourrelle, d'une bravoure extraordinaire, dont le cheval avait été tué par les ennemis, et qui combattait à pied, s'approcha dudit comte, et levant la couverture du cheval, lui enfonça son épée dans le ventre jusqu'à la garde. Ce qu'ayant vu un chevalier du comte, il saisit la bride, et l'entraîna malgré lui hors du combat. Ils furent poursuivis par les deux frères Quenon et Jean de Condune, braves chevaliers, qui renversèrent le chevalier du comte, dont le cheval tomba aussitôt en cet endroit. Le comte demeura ainsi renversé, ayant la cuisse droite sous le cou de son cheval déjà mort, position dont on ne put qu'à grand' peine le tirer. Survinrent Hugues et Gautier Desfontaines et Jean de Rouvrai. Pendant qu'ils se disputaient entre eux pour savoir à qui appartiendrait la prise du comte, arriva Jean de Nivelle, avec ses chevaliers. C'était un chevalier haut de taille, très-beau de figure, mais en qui le courage et le cœur ne répondaient nullement à la beauté du corps, car dans cette bataille il n'avait encore de tout le jour combattu avec personne. Cependant il se disputait avec les autres qui retenaient le comte prisonnier, voulant par cette proie s'attirer quelque louange ; et il l'eût emporté si l'évêque ne fût arrivé. Le comte, l'ayant reconnu, se rendit à lui, et le pria seulement de lui sauver la vie. Un certain garçon, fort de corps et d'un grand courage, nommé Comot, étant en cet endroit, avait tiré son épée, et, enlevant au comte son casque, lui avait fait une très-forte blessure à la tête, et pendant que les chevaliers se disputaient, comme on l'a dit, il voulut lui plonger son couteau dans les parties inférieures; mais comme ses bottes étaient cousues à la cotte de sa cuirasse, il ne put trouver d'endroit pour le blesser. Le comte s'efforça de se relever, mais ayant vu non loin de là Arnoul d'Oudenarde, chevalier très-valeureux, se hâter avec quelques cavaliers de venir à son secours, il feignit de ne pouvoir se soutenir sur ses pieds, et retombant de lui-même par terre, il attendit qu'on vînt le délivrer. Mais ceux qui étaient là, le frappant de coups à plusieurs reprises, le forcèrent, bon gré mal gré, de monter sur un roussin. Arnoul et ceux qui l'accompagnaient furent pris.

Pendant que tous les cavaliers, ou s'étaient échappés, par la fuite, du champ de bataille, ou étaient pris ou tués, et qu'ainsi les flancs de l'armée d'Othon demeuraient à nu au milieu de la plaine, restaient encore de très-valeureux hommes d'armes à pied, les Brabançons et d'autres, au nombre de sept cents, que les ennemis avaient placés devant eux comme un rempart. Le roi Philippe le Magnanime, voyant qu'ils tenaient encore, envoya contre eux Thomas de Saint-Valery, homme noble, recommandable par sa vertu, et tant soit peu lettré. Étant bien monté, quoiqu'il fût déjà un peu fatigué de combattre à la tête des fidèles hommes de sa terre, montant au nombre de cinquante cavaliers et de deux mille hommes de pied, il fondit sur eux avec une grande impétuosité, et les massacra presque tous, chose merveilleuse. Lorsqu'après cette victoire, Thomas compta le nombre des siens, il n'en trouva de moins qu'un seul, qu'on chercha aussitôt et qu'on trouva au milieu des morts. Il fut porté dans le camp. Dans l'espace de peu de jours des médecins guérirent ses blessures, et le rendirent à la santé. Le roi ne voulut pas que les siens poursuivissent les fuyards pendant plus d'un mille, à cause du peu de connaissance qu'ils avaient des lieux, et de l'approche de la nuit, et de peur que, par quelque hasard, les hommes puissans retenus prisonniers ne s'échappassent ou ne fussent arrachés des mains de leurs gardes. C'était surtout cette crainte qui le tourmentait. Ayant donc donné le signal, les trompettes sonnèrent le rappel, et les bataillons retournèrent au camp remplis d'une grande joie.

O admirable clémence d'un prince! piété nouvelle et inconnue au monde! le même soir, lorsqu'on eut amené en présence du roi les grands qui avaient été pris, à savoir : cinq comtes, vingt-cinq autres d'une si haute noblesse que chacun d'eux avait le droit de porter bannière, et en outre, un grand nombre d'autres d'un rang inférieur, le roi, quoiqu'ils fussent tous de son royaume, qu'ils eussent conspiré contre sa vie, et fait tous leurs efforts pour le tuer, et qu'ils dussent ainsi, selon les lois et les coutumes de ce pays, être punis de la peine de mort, comme coupables de lèse-majesté, le roi, dis-je, se montrant doux et miséricordieux, leur accorda à tous la vie. Autant il était animé contre les rebelles de rigueur et de sévérité, autant et plus encore il montrait toujours de clémence aux vaincus, toujours appliqué à pardonner aux vaincus et à vaincre les superbes. Cependant il les fit tous renfermer en prison; et les ayant fait placer enchaînés sur des chariots, il fit route vers Paris.

Comme il était à Bapaume, on l'informa que le comte Renaud de Boulogne avait, après le combat, envoyé un message vers Othon, pour lui conseiller de s'avancer vers Gand, d'y rassembler ses forces, et de renouveler la guerre par le secours des gens de Gand et des autres Flamands. A cette nouvelle vraie ou fausse, le roi, extrêmement irrité, monta dans la tour où étaient logés les deux plus grands comtes, Ferrand et Renaud, et, d'une voix animée par la colère, reprocha à celui-ci que, lorsqu'il était son homme-lige, il l'avait créé chevalier, que lorsqu'il était pauvre il l'avait fait riche, et que, rendant le mal pour le bien, il s'était uni, ainsi que son père le comte Aubry, avec feu Henri, roi d'Angleterre, pour la ruine du roi et du royaume; ensuite son repentir l'avait fait accueillir par lui en grande amitié, et il avait ajouté le comté de Boulogne au comté de Dammartin, qui lui était dévolu par droit de l'héritage de son père, le comte Aubry, mort au service du roi d'Angleterre, dans le pays de Normandie; ensuite, accumulant fautes sur fautes, il avait passé vers Richard, roi d'Angleterre, et tant que ce prince avait vécu, il était toujours demeuré dans son parti contre le roi. Richard étant mort, le roi l'avait encore reçu en son amitié, et avait ajouté à ses deux comtés les trois comtés de Mortain, d'Aumale et de Varennes. Oubliant tous ses bienfaits, il avait, sans motif, excité contre le roi l'Angleterre, l'Allemagne, la Flandre, le Hainault et le Brabant. Il lui avait, l'année précédente, enlevé, avec d'autres, une partie de ses vaisseaux, auprès de Dam. Tout récemment il avait, avec d'autres, juré sa mort, et combattu corps à corps avec lui. Après ce combat, après la clémence avec laquelle la vie lui avait été accordée, il avait envoyé des messages vers Othon et les autres échappés du combat, et s'était efforcé de les exciter de nouveau à la guerre. « Voilà tout ce que tu m'as fait, lui dit-il ; je ne t'ôterai « cependant point la vie, mais tu ne sortiras pas de « prison que tu n'aies tout payé. » Après avoir ainsi parlé, il le fit transporter à Péronne, et renfermer dans une tour très-forte. Il était gardé avec les plus grandes précautions, attaché par des fers entrelacés avec une merveilleuse adresse, presque impossibles à délier, et joints ensemble par une chaîne si courte qu'elle lui laissait à peine la faculté de faire un demi-pas. Au milieu de cette chaîne en était attachée une autre de la longueur de dix pieds, fixée à l'autre bout à une colonne mobile, que deux hommes avaient de la peine à mouvoir chaque fois que le comte voulait aller satisfaire les besoins secrets de la nature. Le roi fit transporter Ferrand à Paris, et le fit tenir renfermé sous une étroite garde, dans une tour neuve, située hors des murs.

Le jour même du combat le roi remit le comte de Salisbury au comte Robert, afin que le roi d'Angleterre, dont ledit comte de Salisbury était frère, rendît à sa place le fils dudit comte Robert qu'il retenait prisonnier, ainsi que nous l'avons plus haut rapporté. Mais ce roi dénaturé, ce roi qui eut toujours en haine sa chair et son sang, qui avait tué de sa propre main Arthur, fils de Geoffroi, son frère aîné, auquel, par le droit de primogéniture, la couronne devait revenir, qui depuis près de vingt ans retenait prisonnière la jeune Éléonore, sa nièce, sœur dudit Arthur, ne voulut point échanger pour son frère, naturel ou charnel, un étranger qu'il tenait prisonnier. C'est le lynx emblématique dont parle Merlin, au sujet de son père, qu'il comparait à un lion. « Il naîtra de lui, « dit-il, un lynx qui troublera tout, et mettra en « ruine sa propre nation, car par lui la Neustrie per- « dra ses deux îles, et sera dépouillée de sa dignité « première. » Les autres prisonniers furent renfermés dans deux châtelets, situés chacun à la tête d'un des ponts de Paris[1], et dans d'autres châteaux en différens endroits du royaume.

*Liste des prisonniers ( pris à la bataille de Bovines) livrés aux prévôts de Paris, par les mains de maître Garin et de Jean Paule.*

*De la commune de Noyon.* — Philippe de Malagraen, Jean de Hodeberge, Simon de Saffebergue, Thomas de Laconté, Pierre de Brulle. Total 5.

*Commune de Mont-Didier.* — Gile de Sarte, Girard de Barbais, Baudouin du Mont, Honoré de Warnier ou Wamire, Gile de Mont-Saint-Aldegonde, Thibaut de Tremogne. Total 6.

*Commune de Montreuil.* — Gautier de Quievrein, Renier de Murnac, Guillaume de Unguebert, Nicolas, fils de Perrin; Evrard d'Iske, Scher Dareteguis, Alexandre de Barsèle, Leblert Descolin. Total 8.

*Commune de Soissons.* — Sebert de Mernac, Couraud, comte de Tremogne; Renelin de Lamprenesse,

---

[1] L'un au Petit-pont, l'autre au Pont-au-Change.

Guillaume de Hestave, Robert de Saint-Léonard, Guillaume de Beaumont, Fastret de Villers, Renier de Wavres, Terric de Ligne, Herbert de Gaie. Total 10.

Judas et Jean Paule, Hellin de Wavres, Arnoul de Landast, Gautier de Ghistèle, Jacques de Ruest, Pierre du Mesnil, Hellin de Letor, Girard Dannelin, Gautier des Conseillez, Henri de Tecklembourg. Total 9.

*Commune de Bruyères.* — Arnoul de Grinberge, Seher de Mosère, Philippe de Wavre, Nicolas de Harlut, Bernard de Hotemare, Gérard de Randeradt. Total 6.

*Commune de Hesdin.* — Garnier d'Oringuel, Henri Jutfane, Henri le Gros, Ourson de Fretin, Heline des Eaux, Raimond de Wavre. Total 6.

*Commune de Cerny.* — Robert d'Estroem, Roger Mallet, Philippe de Tonquernelles, Guillaume d'Averquin. Total 4.

*Commune de Crespy en Laonnais.* — Baudouin de Blanderque, Terric de Lahémède, Arnoul de Baenguien, Jean de Roserneles. Total 4.

*Commune de Craone.* — Baudouin de Prac, Roger de Bosc, Robert de Tieulemont, Gautier de Waquene. Total 4.

*Commune de Vesly.* — Fastrex de Ligne, Seher de Hestru, Raoul de Malogne, Guillaume Danelin, Étienne Dessentes, de la famille d'Othon, Geoffroi de Ville. Total 6. Il y en a autant dans la tour de Compiègne.

*Commune de Corbie.* — Eustache de Ruest, Laurent de Portegal, Terric de Melinguien, Jean de Laconté, Eustache de Malle, Geoffroi de Loscart, Henri de Lépine, Girard Flamenc, Terric d'Osquebere. Total 9.

*Commune de Compiègne.* — Raoul le Bigot, frère du comte de Salisbury, Robert Danetière, Baudouin de Boudais, Hugues de Mallers, Réné de Vismes. Total 5.

*Commune de Roye.* — Arnould de Créqui, Gilbert Cornu, Geoffroi Brise-teste, Gautier de Lonbec, Bernard, prêtre, d'Utec, Baudouin de Lens. Total 6.

*Commune d'Amiens.* — Richard de Cologne, Baudouin de Saint-Léger, Jean de Coing, Gilbert de la Copèle, Conrad de Corasin, Henri Trosse, Hugues de Saint-Obert, Borel de Flechien, Jean de Biez, Baudouin de Perenches. Total 10.

*Commune de Beauvais.* — Race de Gavre, Othon, comte de Tecklembourg, Venquernent de Groningue, Hugues de Bailleul, Girard de Grimberge, Manassès de Conti, Gilon de Gamachines, Henri le Rouge, Robert de Marque, Terric Vide-Ecuelle, Terric de Bribais, Othon d'Ostemare. Total 12. Somme totale 110.

Jacques d'Arras, bourgeois de Valenciennes, et deux chevaliers, eurent en leur garde les serviteurs des prisonniers, qui furent livrés par les gens de Senlis aux prévôts de Paris, Neuholet et Lambéchin de Monthierry.

*Liste de ceux qui ont été reçus dans le grand Châtelet.*

Philippe de Malenguien, Gautier de Quievrain, René de Murnac, Nicolas, fils de Perrin, Alexandre de Barsèle, Seher de Mesnac, Conrad, comte de Trémogne, Renelin de Lamprenesse, Guillaume, châtelain de Beaumont; Hellin de Wavres, Arnoul de Landat, Gautier de Ghistèle, Jacques de Ruest, Pierre du Mesnil, Arnoul de Grimberge, Philippe de Wavre, Bernard d'Ostemare, Gérard de Randeradt, Ourson de Fretin, Baudouin de Prac, Robert de Tieulemont, Eustache Ruest, Laurent de Portegal, Terric d'Osqueberc, Raoul le Bigot, Arnould de Créqui, Gilbert Cornu, Hugues de Saint-Obert, Jean de Biez, Race de Gavre, Othon, comte de Tecklenbourg; Girard de Grimberge, Othon d'Ostemare, Fastrex de Ligne. Total 34.

*Liste de ceux qui ont été rendus, ou pour qui on a donné des otages.*

Thomas de Malesmains. Le roi l'a donné à Enguerrand de Courcelles pour sa rançon.

Anselme de Rivière. Il a été rendu, par lettre du roi, pour Hervée de Busenci.

Arnoul d'Esquallon. Nicolas de Bailleul, Pierre de Bailleul, Alard de Croisilles et Gilles de Daube, se sont portés caution pour lui, de tout leur avoir.

Roger de Waffale. Il a été donné au roi des ribauds, parce qu'il se disait à son service.

Hugues de Gastine, pour qui Jean de Nivelle s'est rendu caution de cent marcs.

René de Croisilles a caution pour cent marcs Gui de Hodenc, mari de la fille d'Othon d'Arbre.

Nivelon, maréchal, a Gautier de Bailleul.

Le comte de Soissons a Arnoul d'Oudenarde pour mille marcs.

Jean de Nivelle a le comte de Boulogne.
Barthélemi de Roye a le comte Ferrand.
Le comte de Dreux a le comte de Salisbury.
Enguerrand de Coucy a Gautier de Boves.
Le comte Pierre a le fils de Guillaume.
Major de Coucy a Gautier Despoil.

*Liste des prisonniers qui sont à Compiègne.*

Daniel de Masquelines, Philippe de la Gastine, Roger de Honleguen, Guillaume d'Uze, Gérard Limors, Jean de Hérigny. Ces six chevaliers furent pris à Courtrai.

Gautier d'Aine et Guillaume de Hurupe, tous deux furent pris à Deinse.

Arnould de Gavre, pris à Saint-Omer.

Alard de Bourgueil, pris à Lille, et Renaud, son porte-bouclier.

Pariden Desperguen, Simon d'Espliché, pris tous deux à la grande bataille.

Combien tes jugemens sont droits, justes et irrépréhensibles, ô Seigneur! toi qui dissipes les desseins des princes et les efforts pervers des peuples, qui souffres les méchans pour éprouver les bons, qui diffères pour un temps la vengeance, pour laisser aux méchans le temps de se convertir ; qui permets enfin justement le châtiment, encore au dessous de leurs crimes, de ceux dont tu as en vain attendu la pénitence, qui tournes toujours, au contraire, pour la punition des méchans et la gloire des bons, ce que les méchans préparent follement pour la ruine des bons,

Voilà que non seulement ceux qui furent défaits dans ce combat avaient conspiré contre le roi ; bien plus, attirés par des dons et des promesses, Hervée, comte de Nevers, et tous les grands au-delà de la Loire, ceux du Mans, de l'Anjou et de la Normandie, excepté seulement Guillaume des Roches, sénéchal de l'Anjou, Juchelle de Mayenne, vicomte de Sainte-Suzanne, et un petit nombre d'autres, avaient déjà promis leur secours au roi d'Angleterre. Ils l'avaient fait en secret cependant et cachant leurs intentions, par crainte du roi, jusqu'à ce qu'ils fussent certains de l'issue que devait avoir la guerre. Déjà, s'attendant à la victoire, ils avaient partagé tout le royaume, distribuant audacieusement, d'après les arrangemens d'Othon, au comte Renaud le Vermandois avec Péronne, Paris à Ferrand, et d'autres villes à d'autres hommes. En sorte que Ferrand et Renaud, par la très-juste volonté de Dieu, trouvèrent l'ignominie et la honte dans ce qu'ils avaient demandé comme un honneur. Ce que nous venons de dire sur leur audace et leur trahison a été rapporté aux oreilles du roi par des gens sûrs, et qui furent admis à son conseil après la victoire. Dieu nous garde en effet de rien dire de faux sur eux et contre notre conscience ; quoiqu'ils soient nos ennemis, nous ne rapportons ici que ce que nous savons et croyons véritable. La renommée, qui dit tout, nous a appris que la vieille comtesse de Flandre, espagnole de nation, tante maternelle dudit Ferrand, fille du roi de Portugal, ce qui la faisait appeler reine et comtesse, desirant, par des prestiges et des sortiléges, connaître l'événement du combat, avait obtenu cette réponse des anges qui, selon la

croyance espagnole, président aux arts de cette sorte :
« On combattra, et dans ce combat le roi sera renversé
« à terre et foulé aux pieds des chevaux, et il sera
« privé de sépulture. Ferrand, après la victoire, sera
« reçu en grande pompe par les Parisiens. » Tout
homme d'un esprit droit peut interpréter selon la vérité cette prédiction. En effet, la coutume du démon
est de toujours parler d'une manière amphibologique
à ceux qui entretiennent commerce avec lui, palliant
la vérité pour la faire répondre à leurs vœux, afin de
les jouer, de tromper leur adoration, et de les *faire*
croire toujours à un événement favorable dans ce que
Dieu médite de faire tourner à leur honte et à la
gloire des autres. D'où ces vers :

*Cræsus perdet Halym transgressus maxima regna* [1].

Ce qui fait dire à Juvénal :

*Crésus trompé par l'oracle ambigu d'Apollon.*

Qui pourrait raconter, s'imaginer, tracer avec la
plume, sur un parchemin ou des tablettes, les joyeux
applaudissemens, les hymnes de triomphe, les innombrables danses des peuples, les doux chants des
clercs, les sons harmonieux des instrumens guerriers
dans les églises, les solennels ornemens des églises,
en dedans et en dehors, les rues, les maisons, les
chemins de tous les châteaux et des villes tendus de
courtines et de tapisseries de soie, couverts de fleurs,
d'herbes et de branches d'arbres vertes, tous les habitans de tout genre, de tout sexe et de tout âge accou-

[1] Crésus perdra l'*Halys* lorsqu'il aura traversé de grands royaumes;
ou : Crésus perdra de grands royaumes lorsqu'il aura traversé l'*Halys*.

rant de toutes parts voir un si grand triomphe, les paysans et les moissonneurs interrompant leurs travaux, suspendant à leur cou leurs faulx, leurs hoyaux et leurs trubles [1] (car c'était alors le temps de la moisson), et se précipitant en foule vers les chemins pour voir dans les fers ce Ferrand, dont peu auparavant ils redoutaient les armes. Les paysans, les vieilles femmes et les enfans ne craignaient point de se moquer de lui, et en trouvaient l'occasion dans l'équivoque de son nom, qui pouvait s'entendre aussi bien d'un homme que d'un cheval; de plus, par un merveilleux hasard, les deux chevaux qui le traînaient dans une litière étaient de ceux auxquels leur couleur a fait donner ce nom [2]. C'est pourquoi ils lui disaient que maintenant il était *ferré*, qu'il ne pouvait plus regimber, lui qui auparavant, gonflé d'embonpoint, ruait et levait le talon contre son maître. Toute la route se passa ainsi jusqu'à ce qu'on fût arrivé à Paris. Les habitans de Paris, et par dessus tout la multitude des écoliers, le clergé et le peuple, allant au devant du roi en chantant des hymnes et des cantiques, témoignèrent par leurs gestes quelle joie animait leurs esprits; et il ne leur suffit pas de se livrer ainsi à l'allégresse pendant ce jour, ils prolongèrent leurs plaisirs dans la nuit et même pendant sept nuits consécutives au milieu de nombreux flambeaux; en sorte que la nuit paraissait aussi brillante que le jour. Les éco-

---

[1] Sorte de filet.

[2] Les chevaux *ferrans* ou *auferrans* étaient, selon toute apparence, des chevaux de la couleur des chevaux arabes, désignés sous le nom de *farios equos*, du mot arabe *farus, alfarus*, le cheval. Un *auferrant* signifiait généralement *un cheval de prix*.

liers surtout ne cessaient de faire de somptueux festins, chantant et dansant continuellement.

Peu de jours après, les Poitevins, épouvantés à la nouvelle d'une si grande victoire, envoyèrent des députés vers le roi Philippe le Magnanime pour tâcher de se réconcilier avec lui. Mais le magnanime roi, ayant déjà une fois, plusieurs fois même, éprouvé leur perfidie, et sachant que leurs secours seraient toujours onéreux et jamais avantageux pour leur seigneur, ne consentit nullement à leur demande, et, rassemblant une armée, marcha promptement vers le Poitou, où était le roi Jean. Arrivé à Loudun, ville opulente et bien fortifiée, sur les frontières du Poitou, il vit venir vers lui les députés du vicomte de Thouars, homme sage et puissant, supérieur en autorité à tous les Poitevins, et même à tous les Aquitains, pour le supplier de leur accorder la paix, ou du moins une trêve. Le magnanime roi aimant mieux, selon sa coutume, vaincre par la paix que par la guerre, reçut sans difficulté en amitié ledit vicomte par l'intermédiaire de Pierre, duc de la petite Bretagne, parent du roi, qui avait pour femme la nièce dudit vicomte. Le roi d'Angleterre, éloigné de Loudun de dix-sept milles, ne sachant par où fuir, et n'osant ni rester dans Parthenai où il était, ni s'avancer pour combattre en rase campagne, envoya Renouf, comte de Chester, avec maître Robert, légat du seigneur Pape, et d'autres, pour traiter d'une trêve. Quoique l'armée du roi Philippe le Magnanime fût composée de plus de deux mille chevaliers, outre un grand nombre d'autres gens, et qu'il eût pu en peu de temps s'emparer de tout le pays et du roi d'Angleterre lui-même, par sa bonté accoutumée il lui accorda, à lui et aux siens, une trêve de cinq ans.

### Trêve conclue avec Jean, roi d'Angleterre, l'an 1214.

« Philippe, par la grace de Dieu, roi des Français, à tous ceux qui les présentes lettres verront, salut :

« 1. Vous saurez qu'à Jean, roi d'Angleterre, à ses hommes et adhérens ayant ouvertement combattu pour lui dans cette dernière guerre jusqu'au premier jeudi après l'Exaltation de la Sainte-Croix dans le mois de septembre, nous avons accordé pour nous et nos hommes et adhérens ayant combattu ouvertement, bonne et sincère trêve jusqu'à Pâques prochain, qui sera dans l'année du Seigneur 1215, et depuis ce temps, pendant cinq années continues et complètes, sauf cependant les prisonniers que nous avons en notre pouvoir, et sauf le serment que les villes de Flandre et de Hainaut, et les chevaliers et les autres hommes de la Flandre et du Hainaut, nous ont fait, sauf aussi les prisonniers que Jean, roi d'Angleterre, a en son pouvoir.

« 2. Nous, nos hommes et nos adhérens, nous serons dans le même état dans lequel nous étions ledit jeudi où cette trêve a été conclue, et Jean, roi d'Angleterre, ses hommes et ses adhérens, demeureront aussi dans le même état dans lequel ils étaient ledit jeudi, jusqu'à la fin desdites cinq années achevées.

« 3. Aucun meurtrier, ou autre banni par nous, lors d'une autre trêve déjà depuis long-temps conclue entre nous et ledit roi d'Angleterre, ne pourra entrer dans notre terre dans l'espace dudit terme, si ce n'est de notre volonté. De même, aucun meurtrier ou autre banni par le roi d'Angleterre ne pourra entrer dans sa terre, dans l'espace dudit terme, si ce n'est de sa volonté.

« 4. Si quelqu'un, dont nous avons la terre en notre pouvoir, vient dans nos domaines pour affaire, il pourra les traverser, mais il n'y pourra demeurer, à moins de quelque légitime permission, excepté en un port de mer, où il lui sera permis d'attendre le vent pendant le temps nécessaire.

« 5. Si quelqu'un du comté d'Anjou ou de Bretagne qui, le jeudi que cette trêve a été conclue, était dans le parti du roi d'Angleterre, nous faisant ouvertement la guerre et l'aidant publiquement, veut entrer dans le comté d'Anjou ou de Bretagne, et y demeurer durant le temps de la trêve, il donnera au sénéchal d'Anjou, s'il est de ce comté, ou au comte de Bretagne, s'il est de la Bretagne, une caution suffisante qu'il ne leur causera aucun mal, à eux ou à leurs terres.

« 6. Si quelqu'un du Poitou, qui était dans notre parti ledit jeudi, faisant ouvertement la guerre et nous aidant publiquement contre Jean, roi d'Angleterre, veut entrer dans la terre de Jean, roi d'Angleterre, c'est-à-dire en Poitou, il donnera au sénéchal du Poitou caution suffisante qu'il ne causera aucun mal au roi d'Angleterre et à sa terre de Poitou.

« 7. Les arbitres et conservateurs de cette trêve entre nous et Jean, roi d'Angleterre, sont, du côté du roi d'Angleterre, Hubert de Bourg, sénéchal du Poitou, Renaud de Pont, l'abbé de Saint-Jean-d'Angély, le doyen de Saintes; et de notre côté, Pierre de Savary, Guy Turpin, l'abbé de Marmoutier, et Geoffroi, archidiacre de Tours. Ils ont tous juré en bonne foi que, s'il arrivait que quelqu'un d'entre eux mourût, ou fût rappelé par nous ou par le roi d'Angleterre dans l'espace dudit terme, ils éliraient en bonne foi et mettraient à sa place quelqu'un propre à cette fonction.

« 8. Tout ce que cinq ou plus desdits arbitres auront jugé et ordonné sous serment, au sujet des infractions faites d'ici à ce temps-là, sera tenu et observé, tant par nous que par ledit roi d'Angleterre; et si le fait ne peut être amendé par les arbitres et conservateurs de la trêve, nous le ferons amender en bonne foi dans l'espace de soixante jours, après que lesdits arbitres auront exposé leur dire, et nous l'auront signifié.

« 9. Ces arbitres de la trêve, pour réformer les discordes et infractions qui pourraient avoir lieu dans le Poitou, dans les comtés d'Anjou et de Bretagne, et dans le pays de Tours, s'assembleront dans l'abbaye des moines de Fulcher près de Passavant; et pour les infractions qui auront lieu dans le Berri, dans l'Auvergne, dans le comté de la Marche et dans le Limousin, ils se réuniront entre Aigurande et Cuson, châteaux du comte de la Marche.

« 10. Pour la maltôte que Jean, roi d'Angleterre, et les siens imposeront et percevront, il en sera ainsi : Si le roi d'Angleterre et les siens veulent la quitter et l'abandonner, nous la quitterons et la cesserons pareillement, mais nous lèverons et percevrons, sur la maltôte, autant que Jean, roi d'Angleterre, et les siens lèveront et percevront.

« 11. Frédéric, roi des Romains et de la Sicile, sera, s'il le veut, compris dans notre trève; et le roi Othon sera aussi compris, s'il le veut, dans la trève du roi d'Angleterre; et si l'un des deux ne veut pas y être compris, nous pourrons aider Frédéric dans l'Empire, et le roi d'Angleterre pourra aussi secourir Othon dans l'Empire, sans méfait et sans guerre entre le roi d'Angleterre et nous, au sujet de nos terres.

« 12. Le chambellan Ourson et tous les soussignés ont, par notre ordre, juré, chacun pour son compte, sur notre ame, d'observer en bonne foi cette trève, à savoir, Gaucher, comte de Saint-Paul; Robert, comte d'Alençon; Guy de Dampierre, Guillaume des Barres, Guillaume de Chauvigny, Thibaut de Blois, Bouchard de Marly, Joël de Mayenne, Hugues de Beauce, Guy de Senesbaud, Aimery de Credone, Girard de Relois. Fait à Chinon, l'an du Seigneur 1214, au mois de septembre, le premier jeudi après l'Exaltation de la Sainte-Croix.

« Jeudi dernier, avant la fête de la Toussaint, l'an 16 de notre règne, l'acte de la trève conclue entre le seigneur roi et le roi de France a été délivré au seigneur évêque de Winchester, et revêtu du seing du roi de France. »

La trève ayant donc été conclue entre les deux partis, le roi magnanime revint à Paris, où ayant eu une entrevue avec la femme de Ferrand et les Flamands, d'après sa bonté accoutumée, le 17 octobre, contre l'espoir et la volonté de presque tous, il consentit, si on lui donnait pour otage Geoffroi, fils du duc de Brabant, âgé de cinq ans, et si on détruisait entièrement, aux frais des Flamands, toutes les forteresses de Flandre et de Hainaut, à renvoyer chez eux en liberté, tant Ferrand que les autres grands, exigeant néanmoins pour chacun d'eux la légitime rançon qu'ils devaient pour de si grands crimes.

*Conventions faites entre Philippe, roi des Français, et Jeanne, comtesse de Flandre, pour la liberté du comte Ferrand.*

« 1. Moi Jeanne, comtesse de Flandre et de Hainaut, je fais savoir à tous ceux qui les présentes verront, que j'ai juré à mon seigneur l'illustre roi des Français, de lui livrer, à lui ou à quelqu'un par lui envoyé, le jeudi dernier avant la fête de la Toussaint, le fils du duc de Louvain à Péronne, et de faire démolir les forteresses de Valenciennes, Ypres, Oudenarde et Cassel, en sorte qu'elles soient détruites à la volonté du seigneur roi, et qu'elles ne soient rebâties que selon son bon plaisir. Toutes les autres forteresses de Flandre resteront dans le même état où elles sont maintenant, et ne seront nullement fortifiées, et on ne pourra construire d'autres forteresses que selon le bon plaisir dudit seigneur roi.

« 2. Jean de Nivelle, châtelain de Bruges, Seher, châtelain de Gand, et tous les autres hommes du seigneur roi, recouvreront et posséderont en paix toutes leurs terres. Les autres hommes de la Flandre et du Hainaut qui ont juré la trêve, et qui voudront jurer cette paix, recouvreront leurs terres.

« 3. Toutes ces choses achevées, ainsi qu'il est dit, mon seigneur Ferrand, comte de Flandre et du Hainaut, et mes autres hommes de Flandre et du Hainaut, seront rachetés de cette guerre, selon la volonté et le bon plaisir du seigneur roi.

« 4. Le comte de Boulogne et les autres qui sont d'autres terres ne sont pas compris dans cet accord.

« 5. Ceux dont les noms suivent ici ont juré d'observer en bonne foi toutes les conventions ci-dessus consignées : Sibylle, dame de Wavres; Arnoul d'Oudenarde, Race de Gavre, Gilbert de Borquelle, Michel, connétable; Gilles d'Aigremont, Pierre de Douai, Girard de Colengue, Philippe des Arnais, Girard de Jacé, Guillaume, l'oncle; Gilles de Berbunchère, Gaudes Fontaines, Alard de Cymaye, Gautier de Ligne et Gautier de Lens, Gautier de Hondetote, Hugues de Rou, et Gilles de Tri.

« Fait à Paris, ainsi qu'il a été arrêté, etc., l'an du Seigneur 1214, le vendredi après la fête des apôtres saint Simeon et saint Jude. »

*Cautions et répondans qui se sont engagés envers le roi Philippe pour quelques-uns des prisonniers.*

Noms des cautions pour Manassé de Conti.

| | |
|---|---|
| Robert de Tournelle | pour 300 liv. |
| Le châtelain Bestins | 100 |
| Guy, le bouteiller, | 100 |
| Guy de Soisy | 100 |
| Raoul de Clermont | 100 |
| Eudes d'Echauffour | 100 |

| | |
|---|---|
| Pierre de Milly | pour 100 liv. |
| Rogues de Tournelle | 100 |

*Cautions pour Guillaume de Caën qu'il ne sera jamais ennemi du seigneur roi ni du seigneur Louis.*

Noms de ces cautions :

| | |
|---|---|
| Gautier de La Ferté | pour 250 liv. |
| Raoul des Arènes | 250 |

Cautions pour Jacques de Rueth.

| | |
|---|---|
| Pierre de Lambres | pour 100 liv. |
| Jean Davion, gendre de Raoul Plonquet, | 100 |
| Raoul Plonquet | 100 |

Cautions pour Pierre de Melvin.

| | |
|---|---|
| Hellin de Wavres | pour 300 liv. |
| Dame Sibylle, sa mère, | 200 |
| Michel de Harmes | 100 |
| Hellin, l'oncle, | 300 |
| Raoul Paulet | 100 |

Jean d'Arcies est caution, pour tout ce qu'il tient du seigneur roi, pour Roger de Tournes, qu'il n'ira jamais contre le seigneur roi.

Le châtelain de Saint-Omer est caution pour 200 livres pour Philippe de Gastine.

Cautions pour Baudouin de Lens par l'entremise de Nivelon, maréchal.

Nicolas de Beure, chevalier.
Letard d'Anequin, chevalier.

Arnoul d'Oudenarde est caution pour Daniel de Masquelines, pour toute la terre qu'il tient de Roger de Roset, laquelle nous a été affirmée, par le seing dudit Roger et dudit Arnoul, valoir 1000 livres.

### Cautions pour Gautier de Ghistelle.

| | |
|---|---|
| Michel, connétable de Flandre, | pour 100 liv. |
| Michel de Harmes | 100 |
| Mahalme de Merte | 100 |
| Le comte de Guines | 200 |
| Gérard la Truie | 100 |
| Boidin de Merte | 100 |
| Roger de Croisilles | 100 |
| Hellin de Wavres, le neveu, | 100 |

### Cautions pour Baudouin de Prat.

| | |
|---|---|
| Nicolas de Beure | pour 200 liv. |
| Eudes de Fagel | 100 |
| Eudes de Ham | 100 |
| Dreux du Muy | 100 |
| Jean de Coudun | 100 |
| Manassé de Mellot | 100 |
| Jean de Saint-Simon | 100 |
| Adam Querez | 100 |
| Hellin de Wavres, le neveu, | 100 |

### Cautions pour Giraud de Grimberge.

| | |
|---|---|
| Robert de Brienne | pour 100 liv. |
| Thomas de Coucy | 100 |
| Le comte de Saint-Paul | 200 |
| Hellin de Wavres, sénéchal, | 200 |
| Michel de Harmes | 200 |

| | |
|---|---|
| Michel, connétable de Flandre, | pour 200 liv. |
| Hugues de Miremont | 200 |
| Elenard de Sevinghem | 200 |
| Robert de Dors | 100 |
| Adam Querez | 100 |
| Michel de Metrenez | 100 |
| Jean de Fretin | 100 |
| Baudouin de Créqui | 100 |
| Gocel d'Epinay | 100 |

### Cautions pour Hellin de Wavres.

| | |
|---|---|
| Michel de Harmes | pour 400 liv. |
| Hugues Tacons | 200 |
| Eustache de Villeneuve, père et fils | 400 |
| Michel de Bolers | 400 |
| Renaud de Croisilles | 100 |
| Hugues de Malaunaye | pour sa maison. |
| Hellin de Wavres | 500 |
| Raoul Plonquet | 300 |
| Gautier de Sorell | 200 |
| Le châtelain de Saint-Omer | 500 |
| Le châtelain de Sens | 200 |
| Le châtelain de Bapaume | 500 |
| Hugues de Miremont | 400 |
| Jean de Montmirail | 1000 |
| Guy de Dampierre | 1000 |

### Cautions pour Philippe de Gastine.

| | |
|---|---|
| Hugues Tacons | pour 200 liv. |
| Gilbert d'Aire | 200 |
| Baudouin de Quincy | 200 |
| Dame Sibylle de Wavres | 200 |
| Le châtelain de Saint-Omer | 200 |

Arnoul d'Oudenarde se porte caution, pour Daniel de Masquelines, pour 1000 livres, sur sa terre, qu'il tient de Roger de Rosay, à Doy, et Roger de Rosay approuve par lettres-patentes cette assignation.

*Cautions pour le seigneur Eustache de Reu pour trois mille livres ; en sorte que si ledit Eustache guerroie contre le seigneur roi ou le seigneur Louis, son fils, ou la terre du seigneur roi, quand le seigneur roi voudra faire juger par-devant sa cour le comte de Flandre, ou en faire justice, ils seront tenus de remettre au seigneur roi ladite somme d'argent dans l'espace de quarante jours, après qu'ils en auront été par lui sommés.*

### Noms de ces cautions.

| | |
|---|---|
| Enguerrand de Coucy | pour 300 liv. |
| Guillaume, l'oncle, | 300 |
| Le comte de Soissons | 200 |
| Colin de Rumigni | 1000 |
| Enguerrand de Boves | 200 |
| Othon d'Arbre | 200 |

### Cautions pour Robert de Rumes.

| | |
|---|---|
| Michel de Harmes | pour 250 liv. |
| Hellin de Gauchin | 250 |
| Le seigneur d'Estrelles | 250 |
| Gérard la Truie | 250 |

### Cautions pour Gautier de Ligne.

| | |
|---|---|
| Gérard de Marque | pour 200 liv. |
| Hugues de Bestins | 50 |
| Pierre Remi | 50 |

Jacques de Saint-Omer, qui a sa terre au dessous de Dammartin.

### Caution de Fastrex de Ligne.

Jean de Masquelines pour 500 liv. sur toute sa terre.

### Répondans pour Gautier de Formeseles.

| | |
|---|---|
| Guillaume, châtelain de S.-Omer, | pour 50 marcs. |
| Jacques, son frère, | 50 |
| Hellin de Wavres, l'oncle, | 50 |
| Hellin, le neveu, sénéchal de Flandre, | 50 |
| Hugues de Miremont | 50 |
| Jean de Douai | 50 |
| Le comte de Guines | 50 |
| Michel de Harmes | 50 |
| Adam de Waulincourt | 50 |
| Baudouin, châtelain de Lens, | 50 |

### Répondans pour Race de Gavre.

| | |
|---|---|
| Le comte de Bar | pour 400 liv. |
| Baudouin de Beauvoir | 300 |
| Gilbert d'Aire | 100 |
| Guillaume de Renti | 100 |
| Michel, connétable de Flandre, | 100 |
| Eustache de Villeneuve, le jeune, | 200 marcs. |

| | |
|---|---|
| Jacques de Saint-Omer | pour 100 marcs. |
| Adam Querez | 100 |
| Roger de Rosay | 300 |
| Nicolas de Rumigny | 500 |
| Michel de Harmes | 100 |
| Baudouin d'Aire | 200 |
| Arnoul, comte de Guines, | 50 marcs. |
| Baudouin, châtelain de Lens, | 100 liv. |
| Robert de Milly | 200 |
| Jean de Montmirail | 100 |
| Jean d'Arcies | 100 |
| Jean de Tournon | 100 |
| Hugues Tacons | 200 |
| Gaucher de Joigny | 100 |

Répondans pour Alard de Bourgueil.

| | |
|---|---|
| Nicolas de Beure | 50 marcs. |
| Jean de Douai | 50 |
| Baudouin de Quincy | 50 |
| Michel de Harmes | 50 |
| Hugues de Miremont | 100 |

*Liste de ceux qui se sont portés cautions pour Robert de Courtenai qu'il servirait fidèlement le seigneur roi, au mépris de tous biens terrestres.*

| | |
|---|---|
| Le comte de Saint-Paul | pour 500 marcs. |
| Le bouteiller de Senlis | 400 |
| Le comte de Dreux | 500 |
| Guy, fils du bouteiller, | 200 |
| Matthieu de Montmorency | 300 |

| | |
|---|---|
| Guillaume des Barres | pour 300 marcs. |
| Guy de Donjon | 300 |
| Pierre de Donjon | 300 |
| Hugues de Saint-Véran | 300 |
| Raoul de Tournelle | 200 |
| Raoul de Straten | 200 |
| Jean d'Orléans | 200 |
| Foulques Boche | 100 |
| Jean de Beaumont | 100 |
| Adam de Beaumont | 200 |
| Guillaume de Maricorne | 100 |
| Guillaume de Méréville | 100 |
| Baudouin de Corbeil | 200 |
| Simon de Pissy | 200 |
| Jean Briart | 200 |
| Thomas de Coucy | 300 |
| Le comte de Nevers | 1000 |
| Guillaume de La Ferté | 200 |

Quant au comte Hervée, et à d'autres qui lui étaient suspects, quoiqu'il eût pu les condamner comme coupables de lèse-majesté, le roi ne leur infligea aucune punition, si ce n'est qu'il exigea d'eux le serment d'observer au moins à l'avenir fidélité envers lui.

Le 16 du mois de mars suivant, il y eut une éclipse générale de lune qui commença au premier chant du coq, et dura jusqu'après le lever du soleil du jour suivant.

Pendant que Philippe, roi des Français, combattait en Flandre, ainsi qu'il a été dit plus haut, contre l'empereur Othon et les Flamands, Louis, son fils aîné, livra combat à Jean, roi d'Angleterre, dans l'Anjou, et le chassa vaillamment du siége de La Roche-au-Moine. Comme le père et le fils avaient mérité de triompher dans le même temps de si grands ennemis, le roi Philippe fit bâtir, près de Senlis, en mémoire de cette victoire, une abbaye de l'ordre de Saint-Victor de Paris, appelée Victoire.

L'an du Seigneur 1215, Louis, fils de Philippe, ayant pris la croix, marcha contre les Albigeois. Simon, le noble comte de Montfort, vint au devant de lui à Montpellier. Les habitans de cette ville ayant reçu l'absolution canonique et donné caution de la promesse qu'ils faisaient d'observer fermement à l'avenir la foi catholique, les Croisés menèrent l'armée vers Toulouse, et assiégèrent cette ville. Les Toulousains les ayant suppliés de leur accorder la paix, et ayant, d'après leur convention, démoli leurs tourelles et leurs plates-formes, selon la volonté de Louis et du comte Simon, le siége fut levé à cette condition que tous les hérétiques qui ne voudraient point se convertir seraient chassés de la ville, et que les habitans vivraient selon la foi catholique, et obéiraient aux ordres apostoliques.

La même année, à Pâques, les citoyens de Cologne traitèrent d'un prix avec Othon le réprouvé, pour qu'il s'éloignât de leur ville. Ils le tinrent quitte de tout ce qu'il leur devait, et lui donnèrent de plus six cents marcs d'argent. Après Pâques il se retira secrètement, et après son départ, sa femme, fille du duc de Brabant, sortit aussi de Cologne, sous le déguisement d'un pélerin, et suivit son mari.

Cependant le roi Frédéric assiégeait un château

très-fort, nommé Werden, dans lequel Othon, à cause des fortifications du lieu, avait placé ses prisonniers, à savoir : douze otages qu'il tenait des citoyens d'Aix-la-Chapelle, l'évêque de Munster, qu'il avait pris deux ans auparavant dans une église, deux comtes, et beaucoup d'autres. Le roi Frédéric, après un siége de sept semaines, prit enfin cette ville, délivra tous les prisonniers, et les renvoya libres chez eux. De là il assiéga et prit Stromberg. Ensuite il se rendit à Aix-la-Chapelle, où il fut reçu avec honneur, et couronné empereur de toute l'Allemagne. Après y avoir passé quelques jours dans les réjouissances d'une si grande solennité, il marcha vers Cologne, et par respect et affection du lieu et de ses habitans, il s'y fit couronner une seconde fois.

Depuis que les princes allemands sont en possession de la dignité impériale, ils ont toujours inviolablement observé comme une loi cette coutume que celui qui est élu empereur ne doit jamais être couronné par le pape de Rome avant d'avoir été couronné roi à Aix-la-Chapelle, et dès qu'une fois il a porté la couronne en cette ville, il ne lui reste plus qu'à se faire couronner empereur à Rome par le souverain pontife. Cela se fait ainsi par respect pour la dignité de Charlemagne, dont le corps repose à Aix-la-Chapelle. Le même jour que le roi Frédéric fut couronné, il prit la croix pour aller courageusement secourir le pays de Jérusalem.

Cependant Renaud, comte de Boulogne, demeurait en prison dans la tour neuve de Péronne, et personne n'intercédait pour lui. Le comte Ferrand ne put tenir au roi la promesse qu'il lui avait faite, car les citoyens de Valenciennes, avec une servile insolence, aimèrent mieux laisser leur seigneur pourrir ainsi long-temps dans un cachot, que de voir la ruine de leurs tours ou de leurs murailles, et ne voulurent pas souffrir que l'on fortifiât aucun des bourgs dépendans de leur ville.

La même année, Jean, roi d'Angleterre, prit la croix, et aussitôt il s'éleva une guerre civile en Angleterre ; les comtes, les grands et presque tout le peuple se soulevèrent contre le roi à cause de quelques coutumes serviles, des exactions et des charges insupportables qu'il leur faisait souffrir. Le roi, ne pouvant résister à une si puissante sédition, accorda ce qu'exigeaient les grands et le peuple.

Ce soulèvement apaisé, le roi Jean envoya en France, vers le roi Philippe, l'archevêque de Dublin et d'autres ambassadeurs solennels, pour le prier humblement de daigner lui rendre, pour une certaine somme d'argent, quelque partie de sa terre qu'il avait conquise par la guerre. Le roi magnanime leur répondit en peu de mots et d'une manière conforme à sa dignité, qu'il était merveilleux et inouï qu'un croisé voulût acheter une terre quand il devait plutôt en vendre, s'il se disposait, comme il le devait, à son pélerinage; que, pour lui, il avait de l'argent en abondance, et desirait plutôt acheter que vendre des terres, si toutefois il en trouvait quelque part à vendre ; que, selon le droit de ses pères, il voulait conserver de toutes manières ses conquêtes et ne les partager avec personne.

Robert de Courçon, légat du Siége apostolique, et beaucoup d'autres avec lui et sous sa direction, préchaient publiquement par tout le royaume de France, et faisaient prendre la croix à un grand nombre de gens, admettant indifféremment les enfans, les vieillards, les femmes, les boiteux, les aveugles, les sourds et les lépreux. C'est pourquoi beaucoup de riches faisaient dédain de prendre la croix, parce qu'on jugeait qu'une telle confusion empêcherait plutôt la réussite de l'affaire qu'elle ne pourrait secourir la Terre-Sainte. Dans leurs prédications, par lesquelles ils paraissaient vouloir se rendre agréables au peuple, le légat et ses gens diffamaient le clergé plus qu'il ne faut, et rapportaient sur sa vie des turpitudes qu'ils inventaient, semant ainsi, entre le clergé et le peuple, un sujet de scandale et de schisme. C'est pourquoi, et aussi pour quelques autres accusations, le roi et tout le clergé adressèrent au Siége apostolique des réclamations contre ce légat. Cependant le Seigneur, qui, des pierres, peut susciter des fils à Israel, a le pouvoir d'apaiser toutes ces choses, et, s'il le veut, de se servir des faibles du monde pour délivrer la Terre-Sainte des mains des ennemis de la croix.

Quoique Jean, roi d'Angleterre, eût en propre personne juré au sénat et au peuple de son royaume de se conformer à la paix établie entre eux, et que vingt-trois des premiers barons du royaume l'eussent par son ordre juré aussi sur son ame, ajoutant, pour la forme de ce serment, que si le roi osait en aucune manière enfreindre les conventions de la paix, eux-mêmes, d'après la permission du roi, auraient le droit de lever les armes contre lui; cependant le roi, au mépris de la religion du serment, ne voulut nullement observer cette paix ainsi jurée et conclue, et ainsi une guerre désastreuse recommença entre eux. Jean, qui, de roi qu'il était, s'était déjà fait vassal (de l'Église de Rome, pour une pension annuelle de mille marcs d'argent), obtint du pape que la paix fût nulle et qu'il fût dispensé du serment qu'il avait prêté. Les barons et les citoyens de Londres surtout, et d'autres habitans des châteaux et des villes, après avoir, au prix de beaucoup de biens et de sang, soutenu pendant quelque temps la guerre, prirent enfin le parti d'appeler à leur secours Louis, fils aîné du roi Philippe. Lui ayant donné des otages et prêté serment, ils le firent leur seigneur. Aussitôt Louis, contre le sentiment de son père, envoya à leur secours des chevaliers très-éprouvés, avec un grand nombre d'hommes d'armes, leur promettant fermement de les suivre aussitôt qu'il le pourrait facilement. Ces troupes, avec les barons d'Angleterre qui avaient appelé Louis, défendirent pendant tout l'hiver, par beaucoup de combats, la ville de Londres, et d'autres villes et châteaux, contre les assauts et la violence du roi Jean.

Dans ce temps le roi Jean assiégea la ville de Rochester, et força enfin les citoyens à se rendre. Vers ce temps aussi les saints pères, c'est-à-dire tous les prélats des églises, appelés par le pape Innocent III, célébrèrent un concile général, composé de soixante et un primats, et de quatre cents évêques, outre les autres ecclésiastiques de dignité inférieure, à Rome, au mois de novembre de l'an de l'Incarnation du Seigneur 1215, et l'an 18 du pontificat dudit Innocent. Dans ce concile, le pape, malgré l'opposition d'un grand nombre, excommunia les barons d'Angleterre, et leurs complices. Il parut vouloir rendre au comte de Saint-Gilles, appelé le Toulousain, et à son fils, tous deux condamnés pour hérésie, leurs terres, que les catholiques avec le noble Simon, comte de Monfort, leur avaient, par l'ordre de l'Église romaine, enlevées au nom de Dieu, et qu'ils possédaient par la permission dudit pape. Presque tout le concile réclama contre ce projet.

L'an 1216, le seigneur pape, desireux de secourir le roi d'Angleterre son vassal, envoya en France, Galon, prêtre-cardinal, qui s'étant efforcé de toutes les manières d'empêcher que Louis ne passât en Angleterre, et n'ayant pu en venir à bout, fit savoir au seigneur pape que la flotte était préparée, et que déjà les chevaliers se tenaient prêts avec leurs armes. Ayant obtenu un sauf-conduit du très-chrétien roi Philippe, il passa par sa terre en Angleterre. Le pape, assuré de la vérité de ces nouvelles, excommunia nommément Louis, et quelques-uns de ses conseillers, et généralement tous ceux qui faisaient la guerre à son vassal le roi d'Angleterre.

Le roi Philippe ne voulant nullement être accusé de s'être parjuré de la trève depuis long-temps conclue avec le roi d'Angleterre, quoique celui-ci l'eût souvent violée, confisqua toute la terre de son fils, et celle des autres barons qui étaient avec lui, et offrit d'appesantir sa main sur eux, si l'Église jugeait qu'il dût faire davantage à leur sujet. Le pape néanmoins le soupçonnant de favoriser son fils, envoya à l'évêque de Sens et à ses suffragans, une lettre dans laquelle il lui marquait que le roi lui-même était excommunié. C'est pourquoi un synode ayant été assemblé à Meaux, tous les primats du royaume proclamèrent qu'ils ne regarderaient pas le roi comme excommunié tant qu'ils ne seraient pas plus sûrs de la volonté du pape.

Pendant que ces choses se passaient en France, on dit que le pape, ayant été plus assuré du passage de Louis en Angleterre, fut saisi d'une douleur inconcevable; et que, voulant s'armer pour la vengeance, il fit au clergé et au peuple un sermon, dont il prit le texte dans cette prophétie : « Épée, épée, sors du « fourreau pour verser le sang; sois tranchante et « claire pour tuer et pour briller[1]. » Dans ce sermon, il confirma solennellement l'excommunication de Louis et des siens; et ayant appelé ses secrétaires, il dicta contre le roi Philippe et son royaume de dures et intolérables sentences.

Pendant qu'il formait de tels desseins, le Seigneur, qui en toute circonstance a coutume d'assister le roi Philippe, tourna contre le pape lui-même le glaive qu'il avait exhorté à tirer et à aiguiser contre les autres; car, attaqué d'abord d'une fièvre tierce, et guéri en peu de temps, il tomba dans une fièvre maligne, que les médecins méconnurent, selon nous, par un dessein particulier de Dieu. Après l'avoir fomentée pendant long-temps, sans cesser, parce qu'on ne connaissait pas sa maladie, de prendre, selon sa coutume, de la nourriture en grande quantité, il fut enfin frappé de paralysie; et étant en dernier lieu tombé en léthargie, il termina sa vie. Comme dans beaucoup d'affaires il avait montré une rigueur excessive, sa mort causa plutôt à ses sujets de la joie que de la tristesse. Que

[1] Ézéchiel, ch. 21, v. 36.

cependant celui dont il remplissait l'emploi parmi les hommes soit favorable à son ame! Il siégea dix-huit ans et sept mois, et mourut le 15 des ides de juin. Il eut pour successeur Cenci, Romain de nation, qui, à sa consécration, reçut le nom d'Honoré. Maintenant revenons à ce qui se passait pendant ce temps en Angleterre.

La même année, à la Pentecôte précédente, Louis s'approcha avec un petit nombre de chevaliers d'une île appelée Thanet. Une violente tempête et un vent contraire s'étant élevés, la plus grande partie de son armée avait été repoussée, et était retournée vers les ports d'où elle était partie. Trois jours après, le calme s'étant rétabli sur la mer, ils suivirent Louis, et vinrent à cette île, où il attendait leur arrivée. Le jour et le moment où Louis s'approcha de cette île, le roi Jean se rendit près de la mer avec une immense multitude d'hommes d'armes, sachant bien que Louis devait venir, et voulant, disait-il, lui livrer bataille avant qu'il eût repris haleine et se fût reposé des ennuis de la navigation et des maux de mer, auxquels les Français étaient peu accoutumés. Louis l'ayant su, prit aussitôt les armes, et, oubliant le mal de mer, et sans considérer le petit nombre de ses hommes d'armes (car, comme on l'a dit, la plus grande partie de son armée était absente), se hâta de marcher vers l'endroit où était le roi Jean avec son armée. Jean, quoiqu'il eût une armée plus nombreuse du triple, abandonna son camp, et, sans se rappeler sa promesse et son orgueil royal, crut plus sûr de fuir que de combattre.

Le roi Jean ayant ainsi pris la fuite, Louis rassembla ses chevaliers, que la tempête avait, comme on l'a dit, dispersés en différens endroits, et, après avoir passé quelques jours à Thanet, vint à Londres, et fut reçu avec joie des habitans de cette ville. De là, il assiégea Rochester, et s'en empara. Ensuite, retournant par Londres, il alla à Cantorbéry, où il fut reçu avec joie. Lorsqu'il se fut emparé d'un grand nombre de châteaux et de forteresses, le roi d'Écosse et beaucoup d'autres grands se joignirent à lui, et embrassèrent son parti. Guillaume Longue-Épée lui-même, frère du roi Jean, se réunit au parti de Louis, et lui prêta secours. Il y fut déterminé par cette seule raison, que quelqu'un, en qui il pouvait se fier, lui avait rapporté que ledit roi Jean, pendant que lui-même était retenu prisonnier en France, rompant l'alliance naturelle, avait commis un inceste avec sa femme. Le roi Jean, se défiant de ses forces, se retira au-delà de l'Humber dans le pays du nord. Louis revint aux ports, et, voulant rendre entièrement libre l'entrée de l'Angleterre, assiégea et assaillit pendant long-temps, sans pouvoir le prendre, un château inexpugnable appelé Dorobernie, et vulgairement Douvres. Enfin le Seigneur mettant fin à la méchanceté du roi Jean, ce prince termina sa vie. Dès qu'il fut mort, le cardinal Galon couronna Henri, son fils, qui n'avait pas encore deux ans, et aussitôt ledit Guillaume et beaucoup d'autres qui, par haine pour le père, combattaient contre lui avec Louis, se réconcilièrent avec son fils, créé roi, et abandonnèrent entièrement le parti de Louis. Les assiégeans souffraient d'une grande pénurie de vivres, et ils manquaient aussi d'argent pour payer la solde de l'armée. Le roi Philippe, craignant d'être excommunié, ne prêtait aucun aide à son fils, ainsi que beaucoup de messagers l'en avaient sommé. C'est pourquoi Louis, ayant pris conseil, conclut une trêve, et retourna dans son pays. Son père cependant, comme un homme très-chrétien, ne voulut pas communiquer de paroles avec lui.

L'an de l'Incarnation du Seigneur 1217, Louis, ayant, comme il put, rassemblé des forces, et ayant tiré de ses amis de fortes sommes d'argent, qui ne suffirent pourtant pas, retourna en Angleterre, et assiégea vigoureusement le château dont nous avons parlé plus haut. Après être resté à ce siége, lui et son armée, pendant près d'un an, ses forces commencèrent à s'affaiblir, surtout par la défection de Guillaume Longue-Épée et d'autres Anglais. Cependant le cardinal Galon, légat du Siége apostolique, ayant rassemblé une armée, composée des Anglais du parti du fils du nouveau roi d'Angleterre, assiégea Lincoln. Louis en ayant été informé, prit conseil, et envoya à ce château Robert, fils de Gautier, avec Thomas, comte du Perche, et Simon de Pissy, et une très-grande multitude d'Anglais qu'il avait avec lui. A leur arrivée, les ennemis levèrent le siége, et prirent aussitôt la fuite. Mais ayant dressé des embûches aux nôtres, ils revinrent tout-à-coup, fondirent sur eux à l'improviste; et le combat s'étant engagé, Thomas, ce noble comte du Perche, qui n'avait pas encore achevé sa vingt-deuxième année, tomba mort des premiers. Robert, fils de Gautier, et un nombre infini de ceux qui étaient avec lui, furent pris. Simon de Pissy, et les chevaliers français qui combattaient avec lui, voyant la force des ennemis et la faiblesse de leur propre parti, quittèrent prudemment le champ de bataille, et revinrent vers Louis, tristes et vaincus. Alors le chagrin, la tristesse et les lamentations éclatèrent dans le camp. La nouvelle en étant parvenue en France, Robert de Courtenay, parent du roi, et beaucoup d'autres grands hommes, rassemblèrent une armée, et se mirent en mer pour aller au secours de Louis. Pendant qu'ils étaient en pleine mer, ils aperçurent un petit nombre de vaisseaux légers venant d'Angleterre. Alors Robert de Courtenay fit diriger vers eux le vaisseau qu'il montait, croyant pouvoir facilement s'en emparer. Mais les vaisseaux de ses compagnons ne le suivirent pas. Ce seul vaisseau ayant engagé le combat avec quatre vaisseaux anglais, fut bientôt battu et pris, et Eustache, surnommé le Moine, chevalier aussi éprouvé sur mer que sur terre, Dreux, clerc, qui retournait à Rome, et beaucoup d'autres pris dans ce vaisseau, furent décapités, et on ne laissa la vie qu'à Robert, fils de Gautier ; en sorte qu'à la vue de ce succès, tous les autres vaisseaux des Français, saisis d'une extrême frayeur, s'en retournèrent vers les ports d'où ils étaient partis. Louis donc, n'ayant plus aucun secours ni par mer ni par terre, conclut comme il put la paix avec le nouveau roi d'Angleterre. Ayant reçu de l'argent du fisc pour son départ, à savoir quinze mille marcs d'argent, et ayant obtenu du souverain pontife, aux frais du roi d'Angleterre, l'absolution pour lui et pour les siens, il s'en retourna dans son pays.

*Conditions de la paix entre Henri, roi d'Angleterre, et Louis, fils aîné de Philippe, roi des Français.*

« Que tous, tant présens que futurs, sachent que telles sont les conditions de la paix conclue entre le noble seigneur roi d'Angleterre et le seigneur Louis, fils aîné du seigneur roi de France.

« 1. D'abord les hommes adhérens et partisans anglais du seigneur Louis, et tous autres qui possédaient une terre, au commencement de la guerre, dans le royaume d'Angleterre, posséderont leurs terres et saisines telles qu'ils les avaient au commencement de la guerre, et jouiront pleinement des coutumes et libertés du royaume d'Angleterre; et si, dans la suite, des corrections sont faites à cet acte, ils y seront compris comme tous les autres. Il en sera de même pour le seigneur Henri, roi d'Angleterre, et tous ses hommes et adhérens qui possédaient une terre, au commencement de la guerre, dans le royaume d'Angleterre.

« 2. De même la cité de Londres et toutes les autres cités, et leurs habitans, jouiront pleinement de leurs coutumes et de leurs libertés.

« 3. Tous les prisonniers qui ont été faits de part et d'autre depuis l'arrivée du seigneur Louis en Angleterre, seront délivrés. Quant aux autres qui ont été pris avant sa première venue en Angleterre, il en sera ainsi pour eux : Le conseil du seigneur roi d'Angleterre élira trois personnes du conseil du seigneur Louis, afin qu'elles recherchent sous serment quels ont été les hommes et les adhérens du seigneur Louis, et quel jour ils ont été pris, et que les susdits du conseil du roi d'Angleterre les délivrent sous serment.

« 4. Il en sera ainsi de tous les prisonniers : Tout ce qui est payé pour leur rançon est payé; ce qui n'a pas été payé, et dont les termes seront passés, sera regardé comme payé, et l'on sera quitte. S'il s'élève une discussion sur la question de savoir si le terme des paiemens de la rançon des prisonniers est passé, le conseil du seigneur Louis élira trois personnes du conseil du roi d'Angleterre, qui déclareront sous serment si le terme de la rançon est passé ou non. Et si, depuis le dernier jour de mars, avant la fête de l'Exaltation de la Sainte-Croix, quelque difficulté s'élevait pour le paiement de la rançon des prisonniers, qu'ils soient reconnus quittes.

« 5. Tous les prisonniers et autres du royaume d'Angleterre qui ont été contre feu le seigneur Jean, roi d'Angleterre, feront hommage et sûreté au seigneur Henri, roi d'Angleterre, selon la loi et coutume du royaume d'Angleterre, par serment et par charte.

« 6. Le seigneur Louis rendra tous les otages à ceux qui les lui ont remis, et ceux qui ont été livrés pour de l'argent dont le terme est passé, dès que le paiement sera effectué, il les délivrera.

« 7. Toutes les villes, les bourgs, les châteaux et les terres qui ont été pris dans cette guerre, dans quelque lieu du royaume d'Angleterre qu'ils soient situés, seront rendus au seigneur roi d'Angleterre et aux siens.

« 8. Il en sera ainsi des îles : Le seigneur Louis enverra ses lettres-patentes aux frères d'Eustache le

Moine, pour leur ordonner qu'ils les rendent au seigneur Henri, roi d'Angleterre; et s'ils ne les rendent pas, le seigneur Louis les y forcera, en vertu du pouvoir légitime que lui donnent sur eux les fiefs et les terres qu'ils tiennent de lui ; et s'ils s'y refusent absolument, ils ne seront pas compris dans cette paix.

« 9. Quant au roi des Ecossais, il en sera ainsi : Le seigneur Louis lui fera connaître les conditions de la paix conclue entre le seigneur roi d'Angleterre et lui, et lui mandera que, s'il veut être compris dans cette paix, il faut qu'il rende au seigneur roi d'Angleterre tous les châteaux, les prisonniers et les terres dont il s'était emparé à l'occasion de cette guerre. Le seigneur roi d'Angleterre en fera de même pour ledit roi des Ecossais. Ledit seigneur Louis mandera la même chose au seigneur Lewellin et aux autres Gallois.

« 10. Le seigneur Louis déliera tous les barons et hommes du royaume d'Angleterre de tous hommages, foi, alliance, promesse d'assistance ; et à l'avenir il ne concluera aucune alliance qui puisse, en quelque temps que ce soit, causer mal ou dommage au seigneur roi d'Angleterre ou à ses hommes du royaume d'Angleterre, par suite de la présente guerre.

« 11. Les barons d'Angleterre jureront au seigneur Henri, roi d'Angleterre, qu'ils ne concluront aucune alliance avec le seigneur Louis, ou quelque autre que ce soit, et qu'ils ne lui feront pas foi, hommage ou promesse d'assistance contre leur seigneur Henri, roi d'Angleterre, ou ses héritiers.

« 12. Le seigneur Louis jurera en personne, et les

siens jureront avec lui, et ceux d'entre eux que voudra le conseil du roi, prendront par écrit l'engagement d'observer fermement et fidèlement ladite paix, et fera tout ce qu'il pourra légitimement pour obtenir par prière la confirmation du seigneur Pape et du seigneur légat à ce sujet.

« 13. Quant aux dettes, tout ce qui est dû au seigneur Louis lui sera rendu dès que le terme sera passé.

« 14. Il faut remarquer que dans le premier chapitre, où on lit *des adhérens du seigneur Louis,* il s'agit seulement des laïques; cependant les clercs anglais qui ont des fiefs laïques posséderont les terres et les saisines qu'ils avaient au commencement de la guerre.

« 15. Pour donner à toutes ces conventions une perpétuelle solidité, les soussignés ont apposé leur seing à cet acte, à savoir : le seigneur Galon, prêtre-cardinal au titre de Saint-Martin, légat du Siége apostolique; le seigneur Henri, roi d'Angleterre; Guillaume, maréchal, comte de Pembroke; Hubert de Bourg, justicier d'Angleterre; Raoul, comte de Chester; Guillaume, comte de Salisbury; Guillaume, comte de Warenne; Guillaume, comte d'Arundel, Guillaume d'Aubenne, Guillaume de Brivère, Guillaume le jeune, maréchal; Foulques de Bréanté, Raoul de Mortemar, L. d'Erdive, Robert de Vieux-Pont, Geoffroi de Neuville, Brian de Lisle, Philippe d'Aubigny, et Richard, fils du roi.

« Donné à Lameh, l'an de l'Incarnation du Seigneur 1217, le 11 de septembre, première année du règne du seigneur Henri III, roi d'Angleterre. »

L'an de l'Incarnation du Seigneur 1218, mourut le croisé Eudes, noble duc de Bourgogne, qui, après avoir fait son testament, envoya pour lui, pour le service de la sainte croix, et au secours de la Terre-Sainte, une grosse somme d'argent, des chevaliers et des hommes d'armes.

La même année, à la fête de saint Jean, Pierre, évêque de Paris; Gautier, chambellan, son frère; Henri, comte de Nevers, et beaucoup d'autres bons chevaliers, et une multitude d'autres hommes, partirent pour le saint pélerinage au service de la sainte croix.

La même année, la veille de l'Assomption, un brigand, anglais de nation, après s'être caché pendant quelques jours dans les voûtes supérieures de l'église de Paris, trouvant enfin une occasion favorable, lança en bas un crochet, et s'efforça d'enlever les bassins d'argent, avec les candelabres de même métal, dans lesquels la cire brûlait d'une perpétuelle lumière devant le maître-autel. Les bougies, ainsi élevées, mirent le feu aux draperies de soie dont l'église était ornée dans de si grandes solennités, et avant qu'on pût venir au secours, les flammes consumèrent ces tentures estimées huit cents marcs.

O douleur! Dans le même temps, le saint comte Simon, blessé à la tête, d'une pierre lancée d'un pierrier, au siége de Toulouse, qu'il assiégeait avec d'autres catholiques pour la foi catholique, reçut la couronne du martyre.

La même année mourut, dans le château de Brunswick, l'empereur Othon le réprouvé, après avoir auparavant restitué tout ce qu'il avait pris des biens de l'Empire et de l'Église, et obtenu l'absolution de l'anathème sous les liens duquel il avait été pendant plusieurs années.

La même année, le 29 septembre, il tomba une gelée blanche très-rigoureuse, pendant sept jours continus, et les grappes de raisin qu'on cueillait encore furent pour la plus grande partie gelées et perdues. Le mois suivant, le 30 octobre, il y eut une violente gelée qui dura jusqu'à la fête de saint Nicolas, et il s'y mêla souvent de la neige, en sorte que tous les chemins furent desséchés, la boue se durcit, et les étangs et des fleuves fameux, surtout la Seine et la Loire, furent gelés, et fournirent un passage aux voyageurs. Le vent du midi ayant soufflé pendant quelque temps, la rigueur du froid avait cessé; mais voilà que tout-à-coup Borée revint avec toutes ses horreurs, et la gelée, presque toujours accompagnée de neige, dura continuellement jusqu'à la moitié du mois de mars suivant. Enfin la gelée ayant cessé avec peine, le froid et la rigueur des vents ne cessèrent cependant pas, en sorte qu'au milieu de mai à peine vit-on paraître quelques épis sur les blés, et très-peu de sarmens sur les vignes. C'est pourquoi j'ai vu de mes propres yeux, dans beaucoup d'endroits, cultiver et ensemencer une seconde fois les terres, dans lesquelles la moisson avait péri par ce froid excessif.

La même année, à l'automne, tous les Chrétiens qui étaient dans la Terre-Sainte assiégèrent la très-fameuse ville de Damiette, située sur le Nil, sur les frontières de l'Egypte, appelée autrefois Memphis. Ils l'assiégèrent pendant un an. A la fin de l'année, environ dix mille hommes se séparèrent de l'armée des

Chrétiens, combattirent avec les Sarrasins qui assiégeaient leur camp, et furent vaincus par eux. Gautier, chambellan; Milon, évêque de Beauvais, et beaucoup d'autres Chrétiens furent pris dans ce combat.

La même année, dans l'hiver, Hervée de Léon, homme puissant entre les Bretons, en armes et richesses, étant au service de la sainte croix à Acre, et Morvan, vicomte du Fay, son beau-frère, y étant mort, poussé par la cupidité qui le portait à s'emparer de sa terre, Hervée se mit en route pour retourner dans son pays, au mépris de son salut et malgré la défense du patriarche de Jérusalem et des Chrétiens qui étaient en cet endroit. Il entraîna un grand nombre d'autres Chrétiens, qui auraient pu être très-utiles au secours de la Terre-Sainte, à se remettre pareillement en route avec lui, au nombre de seize mille. Comme ils approchaient déjà du rivage de Brindes, et n'étaient éloignés de la terre que de la distance de trois portées de trait, tout-à-coup s'éleva la tempête la plus terrible qu'on eût vue; et, après avoir été le jouet des flots pendant le soir, toute la nuit et le jour suivant jusqu'au soir, leurs vaisseaux, au nombre de sept, s'étant enfin brisés, ils périrent tous dans ce naufrage; un petit nombre seulement, environ............ [1]. quatre-vingts, s'étant attachés à des planches et à d'autres fragmens de vaisseaux, parvinrent à se sauver. Ainsi celui qui par cupidité et pour s'emparer d'une terre, avait abandonné le service de Dieu, par le juste jugement de Dieu fut privé de la terre et des honneurs de la sépulture. Cela arriva l'an du Seigneur 1219.

[1] Il manque ici un mot.

La même année, pendant tout le mois de mars et d'avril, la fureur des vents qui soufflaient de l'Occident ne cessa de durer continuellement : quoique les champs, les chemins, les rues et les places fussent secs, et qu'il ne tombât pas de pluie, les fleuves cependant s'enflaient tellement, contre la nature du temps et l'état de l'air, que pendant tout le mois d'avril et jusqu'au milieu du mois de mai, ils couvrirent les prés, les bruyères, les bourgs, les vignes et les moissons dans leur voisinage, non sans grand dommage pour le cultivateur. A Paris, un nombre infini de maisons étaient assiégées par d'innombrables flots, en sorte qu'on n'y pouvait entrer qu'en bateau ; le pont appelé le Petit-Pont, couvert par les eaux de la rivière, refusait le passage aux voyageurs, et cependant on était déjà presque au milieu du mois de mai.

Depuis environ la fête de saint Jean jusqu'à l'entrée d'août, il ne cessa de pleuvoir ; c'est pourquoi la moisson et la vendange se firent plus tard.

La même année, à l'Ascension du Seigneur, Louis, fils aîné du roi Philippe, envoyé par son père, marcha contre les Albigeois, accompagné de Pierre, duc de Bretagne, des évêques de Noyon, de Senlis, de Tournai, de beaucoup d'autres évêques, de comtes, de barons, et d'une multitude infinie de chevaliers et d'hommes de pied. Ils trouvèrent le comte Amaury, fils de Simon, comte de Monfort, de très-sainte mémoire, au siége de Marmande, qu'ils prirent avec ce même Amaury, et dont ils tuèrent les habitans tous indigens, au nombre de quinze mille, avec les femmes et les petits enfans. De là, ils marchèrent vers

Toulouse, mais ne l'assiégèrent et assaillirent que mollement, quelques-uns des nôtres empêchant malicieusement le succès de la croix. L'affaire ainsi manquée, ils retournèrent dans leur pays, chargés plutôt de blâme que d'éloge.

La même année, la veille de l'Assomption de sainte Marie, pendant qu'on célébrait Vigiles, il éclata des coups de tonnerre, accompagnés d'éclairs, tels qu'on n'en avait jamais entendu auparavant. Il y eut ce jour-là de fréquens orages, en sorte que le lendemain de la naissance de sainte Marie, la foudre tomba sur la tour du clocher de Saint-Denis, d'une merveilleuse hauteur, et renversa du haut de la tour à terre un coq doré avec la pointe dorée qui le soutenait, et le feu qui répandait une odeur fétide, continua pendant deux jours, consumant pierres et bois.

La même année, la vendange souffrit beaucoup de dégâts, car il plut continuellement pendant le temps où elle devait fleurir. A la fin du mois d'août, au jour de la lune, il tomba une très-forte gelée blanche qui brûla les vignes. A la fin de septembre, où nous avions coutume de cueillir le raisin, il fit pendant trois semaines une gelée très-rigoureuse, et les raisins n'étaient pas encore mûrs. La neige tomba en grande quantité, et couvrit la terre pendant un grand nombre de jours ; en sorte que nous avons ainsi perdu tout le vin dans tout le royaume de France. Les raisins qu'on cueillit enfin étaient si brûlés qu'ils semblaient des grappes déjà passées au pressoir. Je n'ai vu personne qui se soit vanté d'avoir la quatrième partie du vin qu'il croyait récolter ; encore ce vin était-il vert et âpre. Ensuite il ne cessa de pleuvoir continuellement jusqu'aux calendes de février, et il y eut une si grande inondation d'eau, que les flots firent crouler des ponts et un grand nombre de moulins et de maisons.

( Ici s'arrête le travail de Guillaume le Breton ; ce qui suit est d'un anonyme, moine de Saint-Denis, qui, après avoir ajouté une partie de l'ouvrage de Guillaume le Breton à la chronique de Rigord, depuis l'année 1209, où elle finit, jusqu'à l'anneé 1215, a continué lui-même ce récit jusqu'à la mort de Philippe.)

Après ce temps, le pape Innocent tint un concile à Rome. C'était un homme d'un haut esprit, d'une sagesse et d'une probité grande, qui n'eut point son égal en son temps, car il fit dans sa vie des choses merveilleuses. L'année qu'il tint ce concile, le pape Innocent mourut à Pérouse.

Ensuite Louis, fils aîné de Philippe, roi de France, passa en Angleterre avec une forte armée et de grands préparatifs de guerre. Les habitans de Londres le reçurent aussitôt. Beaucoup de villes se rendirent à lui, et presque tous les barons de cette terre lui firent hommage. Le roi Jean, frappé d'une crainte et d'une terreur extrêmes, prit la fuite ; il mourut peu de temps après. Les barons d'Angleterre embrassèrent aussitôt le parti d'Henri, fils de Jean, roi d'Angleterre, et abandonnèrent honteusement Louis, au mépris des obligations du serment qu'ils lui avaient fait. Louis ayant appris la trahison des Anglais, retourna en France. Ledit Jean, roi des Anglais, avait déjà mis sa terre sous la protection de l'Église de Rome, et avait fait hommage au pape Innocent de tout son royaume.

En ce temps, par la médiation du pape Innocent, le roi Philippe consentit à donner à Simon, comte de Montfort, le comté de Toulouse, à cause de l'hérétique perversité des Albigeois, et de l'apostasie de Raimond, comte de Toulouse. Après que toute la terre des Albigeois se fut rendue audit Simon, les Albigeois et les Toulousains manquèrent à leur serment et hommage, et les Toulousains fortifièrent leur ville contre lui. Ledit Simon l'assiégea vigoureusement; mais, frappé d'une pierre à ce siége, il termina sa vie dans la foi catholique.

L'an de l'Incarnation du Seigneur 1220, une trêve fut conclue en ces termes entre Philippe, roi de France, et Henri le Jeune, roi d'Angleterre.

« 1. Henri, par la grâce de Dieu, roi d'Angleterre, seigneur d'Hibernie, duc de Normandie et d'Aquitaine, comte d'Anjou, à tous ceux qui les présentes verront, salut. Sachez que le seigneur Philippe, par la grâce de Dieu, noble roi des Français, pour l'honneur de Dieu et l'assistance de la Terre-Sainte d'outre-mer et de la terre des Albigeois, à l'intercession et prière du seigneur pape, a conclu entre nous et nos hommes et adhérens qui ont guerroyé ouvertement dans la dernière guerre entre ledit seigneur Philippe, roi des Français, et feu le seigneur Jean, roi d'Angleterre, notre père, et entre lui et ses hommes, une trêve complète, depuis Pâques prochain. c'est-à-dire depuis l'année du Seigneur 1220, jusqu'à l'accomplissement de quatre années entières, sauf les prisonniers qu'il a en son pouvoir et le serment que lui ont fait les villes de Flandre et de Hainaut, et les chevaliers et autres hommes de Flandre et de Hainaut. Et nous avons conclu avec ledit seigneur Philippe, roi des Français, et ses hommes et adhérens qui ont ouvertement guerroyé dans cette dernière guerre entre lui et feu le seigneur Jean, roi d'Angleterre, notre père, pour nous et nos hommes, une trêve complète depuis ce dit Pâques prochain jusqu'à l'accomplissement de quatre années, sauf les prisonniers que nous avons en notre pouvoir.

« 2. Ledit roi des Français et ses hommes et adhérens demeureront en possession des biens dont ils jouissent maintenant et dont ils se trouvaient saisis au temps de la trêve conclue entre ledit roi des Français et notre père; et nous et nos hommes et adhérens nous demeurerons en possession des biens dont nous jouissons maintenant, et dont ledit roi notre père et ses hommes et adhérens étaient saisis lors de la première trêve conclue entre ledit roi des Français et ledit Jean, notre père.

« 3. Aucun meurtrier ou autre banni par ledit roi de France depuis le temps de ladite trêve conclue entre lui et ledit Jean, notre père, jusqu'au terme ci-dessus cité, ne pourra entrer dans la terre dudit roi des Français que de sa volonté. De même, aucun meurtrier ou autre banni par ledit Jean, notre père, depuis le temps de la trêve conclue entre ledit roi des Français et notredit père, jusqu'au terme ci-dessus cité, ne pourra entrer dans notre terre que de notre volonté.

« 4. Si quelqu'un dont ledit roi Philippe a la terre entre ses mains vient dans la terre dudit roi des Français, il ne pourra s'y arrêter, à moins qu'une maladie ne le retienne au lit, si ce n'est en un port de mer où il pourra attendre le vent pendant le temps nécessaire. De même, si quelqu'un dont nous avons la terre entre nos mains vient dans notre terre, il ne pourra s'y arrêter, à moins qu'une maladie ne le retienne, si ce n'est en un port de mer, où il pourra attendre le vent pendant le temps nécessaire.

« 5. Si quelqu'un du comté d'Anjou ou de Bretagne, qui était du parti de notre père quand une trêve fut conclue entre le roi des Français et notredit père, et qui est maintenant de notre parti, voulait s'arrêter dans les comtés d'Anjou ou de Bretagne, il ne pourra demeurer dans le comté d'Anjou que de la volonté dudit roi des Français et du sénéchal d'Anjou, et dans le comté de Bretagne, que de la volonté dudit roi des Français et du comte de Bretagne.

« 6. Nous ne percevrons pas de maltôte dans notre terre sur les hommes et adhérens dudit roi des Français, et ledit roi des Français n'en percevra pas dans sa terre sur nos hommes et adhérens.

« 7. Frédéric, roi des Romains et de Sicile, sera, s'il le veut, compris dans la trêve.

« 8. Si quelqu'un des hommes dudit roi des Français enfreignait cette trêve, ledit roi l'avertirait en bonne foi de réparer ses infractions; que si, après en avoir été sommé, il ne voulait pas, dans l'espace de soixante jours, faire de réparation, nos gens pourraient se venger sur lui de ces infractions sans que ledit roi des Français s'en mêlât. Nous devrons faire de même pour nos hommes et adhérens, et ledit roi des Français pourra, sans méfaire, punir les infractions, s'il lui plaît, sans que nous nous en mêlions.

« 9. Il faut savoir que son très-cher et fidèle fils aîné Louis a promis en bonne foi à son père d'observer ladite trêve aussi long-temps que son père l'observera. Ledit roi des Français observera cette trêve avec bonne foi et sans mauvaise intention, et la fera observer aux siens avec bonne foi et sans mauvaise intention.

« 10. Cette trêve a été jurée en notre nom par l'archevêque de Cantorbéry, l'évêque de Winchester, Hubert de Bourg, justicier d'Angleterre; le comte de Warenne, le comte de Salisbury, et ils ont promis de l'observer et faire observer avec bonne foi de tout leur pouvoir. Nous avons juré d'observer et de faire observer cette trêve avec bonne foi et sans mauvaise intention. Pour rendre le présent acte stable et valide, nous le confirmons de l'apposition de notre seing. Fait à Londres, l'an de l'Incarnation du Seigneur 1219, le 13 de mars, et la quatrième année de notre règne. »

Au carême précédent, le seigneur pape avait envoyé en France un évêque-cardinal qui avait été.....[1] demandant par lui au roi Philippe de permettre de lever chaque année, pendant trois ans, pour le secours de l'affaire des Albigeois, trois deniers sur chaque maison dans tout le royaume. Mais le roi n'avait nullement consenti à cette demande.

Amaury, fils du très-saint comte de Montfort, Simon, attaqua vigoureusement dans ce temps les Infidèles; et quoiqu'il eût avec lui peu d'hommes de guerre, il s'empara d'un grand nombre de leurs châ-

[1] Il y a ici une lacune.

teaux. Mais, ô douleur! Gui, son frère, fut tué dans le même temps par les Infidèles. Mais la main du Seigneur était avec Amaury, et suppléait au nombre des hommes de guerre. Ledit évêque-cardinal s'acquittait de ses fonctions de légat dans ce pays, où il avait été envoyé par le souverain pontife.

Maître Gautier Cornu fut élu évêque par la majeure partie du chapitre de Paris, et confirmé dans son élection par l'archevêque de Sens et ses suffragans. Ayant cependant éprouvé de la contradiction de la part du chancelier et de quelques autres chanoines, il se rendit à Rome, et, ne pouvant trouver grâce devant le souverain pontife, fut déposé, et revint dans son pays. On mit à sa place l'évêque d'Auxerre. Toutes ces choses ne plurent nullement au roi Philippe.

Le comte Amaury avait mis le siége devant Castelnaudari. Il arriva par hasard que Gui, comte de Bigorre, son frère, âgé d'environ vingt-deux ans, faisait sentinelle pendant une nuit avec des chevaliers. Le matin étant arrivé, les chevaliers se désarmèrent, ne craignant pas que les ennemis sortissent ce jour-là, et ils revinrent au camp. Les ennemis l'ayant su, firent une sortie. Gui et deux autres chevaliers qui n'avaient pas encore ôté leurs armes, marchèrent vaillamment à leur rencontre, et les repoussèrent dans leur ville avec une telle ardeur qu'ils entrèrent avec eux dans le premier retranchement, appelé barbacane. Ils croyaient que les autres de l'armée poursuivaient aussi les ennemis; c'est pourquoi, par une telle infortune, et par l'impétuosité d'une téméraire bravoure, ils furent pris et tués.

La même année, l'évêque d'Auxerre fut transféré au siége de l'église de Paris. Il était odieux au roi Philippe et à toutes les écoles, et sa mauvaise conduite fut cause que tous les maîtres de théologie et des autres facultés qui enseignaient à Paris, suspendirent leurs lectures depuis le milieu du carême jusqu'au milieu d'août. C'est pourquoi il était haï, tant du clergé que du peuple et des chevaliers.

La même année, à la fête de la Toussaint, Frédéric, roi de la Pouille et de la Souabe, fut couronné empereur de Rome par le pape Honoré III.

L'an de l'Incarnation du Seigneur 1221, le très-chrétien roi Philippe, avec le conseil et le secours de quelques évêques de son royaume, envoya contre les Albigeois deux cents chevaliers et dix mille hommes de pied pour secourir le comte Amaury, qui avait succédé dans ce pays au très-saint Simon, son père. La méchanceté des hérétiques s'était tellement soulevée contre lui qu'il eût à peine pu leur résister, s'il n'eût, par le moyen de sa mère l'Église et des pieuses prédications de Gui, évêque de Carcassonne, sollicité le secours des catholiques. Cette armée, envoyée de France, fut commandée par l'archevêque de Béziers et le comte de la Marche.

La même année, le septier de froment fut vendu à Paris seize sous parisis, et il y eut rareté des productions de la terre dans tout le royaume depuis la mer d'Angleterre jusqu'au lit de la Loire. Dans le temps du marché de Saint-Ouen, près Saint-Denis, il s'éleva des orages si fréquens et si terribles que, dans l'espace de huit jours, dans les territoires de Beauvais et de Paris, en différens endroits, quarante hommes furent tués par la foudre ; et quelque temps après la fête de saint Jean, un charretier et son cheval furent foudroyés à la sortie de Saint-Ouen. Dans un château appelé Pierre-Font, pendant qu'un prêtre était occupé à célébrer le saint mystère, il tonna et plut tellement que dans l'église, cinq hommes furent tués ; le prêtre et vingt-quatre autres hommes furent tellement blessés qu'ils eurent pendant long-temps beaucoup de peine à se rétablir. Le calice fut mis en pièces sur l'autel, mais l'hostie resta entière et intacte. Le vendredi suivant, avant la fête de saint Pierre-aux-Liens, une maison de charité, située devant l'église de Sainte-Marie à Paris, et une autre, située devant l'église de Saint-Étienne-du-Mont, furent endommagées par la foudre, qui tomba dans deux autres endroits à Paris, et tua un charpentier.

L'an de l'Incarnation du Seigneur 1222, les Chrétiens, en possession de Damiette depuis deux ans, étaient gouvernés par Pélage, cardinal de l'Église de Rome, faisant les fonctions de légat du pontife de Rome, qui distribuait à son gré, à ceux à qui il voulait, l'argent du public, extorqué dans tout l'univers au clergé et au peuple par des ecclésiastiques qui l'exigeaient sous le nom de vingtième et d'autres formes peu légitimes. Étant Espagnol de nation, il donnait aux Français moins qu'il ne devait. Il persuada, et bien plus, força les Chrétiens de quitter leur camp, et d'aller assiéger Taphnis. Comme il en était dissuadé par Jean, roi de Jérusalem, homme très-chrétien et très-valeureux, et par d'autres hommes habiles au métier des armes, il excommunia, en vertu du pouvoir qui lui était confié, tous ceux qui l'empêcheraient d'exécuter ce dessein, et même tous ceux qui contrediraient sa résolution, ou seraient d'un avis contraire à sa volonté. Ils lui obéirent donc pour l'amour de Dieu, et, mettant sciemment leur main dans le feu, marchèrent avec lui. Cependant le soudan rassembla une armée : c'était la septième année où le Nil a coutume de s'enfler; ce fleuve s'était accru, et les vallées et les basses terres étaient déjà couvertes de ses eaux. L'armée des Chrétiens ne put ni avancer au-delà, ni retourner à Damiette, et les vivres ne pouvaient lui arriver d'aucun côté. C'est pourquoi, forcés par la nécessité, le roi, le cardinal et tous les autres, se rendirent au soudan, et remirent Damiette pour la rançon de leurs corps. Ainsi il apparut évidemment que les services forcés et l'argent extorqué ne sont jamais agréables à Dieu.

En la susdite année, il s'éleva une guerre dans la petite Bretagne, dans le pays des Osismores, appelé autrefois Légionie, et maintenant Léonie.

En ce temps, Philippe le Magnanime, roi des Français, étant tombé malade, il apparut à l'occident une horrible comète, présage de sa mort et de la décadence du royaume des Français, mort digne de regrets, si celui qui n'est plus avait un ami.

*Testament de Philippe-Auguste, fait en* 1222.

« Au nom de la sainte et indivisible Trinité, Philippe, par la grâce de Dieu, roi des Français, à tous présens et à venir, salut. Vous saurez que l'an du Seigneur 1222, au mois de septembre, nous avons ordonné ce qui suit quant à nos biens, en cas qu'il nous arrive de subir dans cette maladie le sort commun de l'humanité.

« 1. D'abord nous voulons et accordons que les exécuteurs de notre testament perçoivent et aient de nos biens, sans aucune contradiction, cinquante mille livres parisis ou vingt-cinq mille marcs d'argent à quarante sous parisis le marc, pour faire des restitutions, selon la sagesse que Dieu leur a donnée, à ceux à qui ils sauraient que nous aurions injustement pris, enlevé ou retenu quelque chose. Telle est notre ferme volonté.

« 2. Nous donnons à notre très-chère femme Isemberge, reine des Français, dix mille livres parisis, quoique nous puissions donner davantage à ladite reine; mais nous nous sommes imposé ce taux, afin de pouvoir rendre pleinement ce que nous avons injustement reçu.

« 3. Nous léguons et donnons à notre très-cher fils Louis, notre premier né, pour la défense du royaume de France. . . . . . . . . [1] sous parisis pour marc, à condition cependant qu'il nous jurera d'employer ledit argent à la défense du royaume, ou, si ce serment lui est possible, à quelque pélerinage, si Dieu lui inspire d'en faire un.

« 4. Nous donnons et léguons à l'abbaye que nous avons ordonné de bâtir près du pont de Charenton, pour le salut de notre ame, et où nous avons fait placer vingt prêtres de l'ordre de Saint-Victor, afin d'y célébrer la messe pour le salut de notre ame, deux cent quarante livres parisis, à percevoir pour toujours chaque année sur notre prévôté de Paris, aux

[1] Le chiffre manque.

échéances du paiement de nos prévôtés, et deux mille livres parisis, pour y construire des édifices et une chapelle.

« 5. Nous donnons et léguons au roi de Jérusalem, trois mille marcs d'argent, deux mille marcs d'argent à la maison de l'Hôpital de Jérusalem, autant aux Templiers d'outre-mer, et voulons qu'ils leur soient envoyés par expédition du mois de mai prochain.

« 6. Nous donnons et léguons aux mêmes, à savoir au roi de Jérusalem et aux Hospitaliers et Templiers, pour le secours de la Terre-Sainte d'outremer, cent cinquante mille cinq cents marcs d'argent, en sorte cependant que le roi d'outre-mer et les maisons de l'Hôpital et du Temple entretiennent pendant trois ans, après la rupture de la trêve entre eux et les Sarrasins, trois cents chevaliers de plus qu'ils n'ont coutume d'en avoir. Sur cet argent, le roi d'outre-mer aura cent chevaliers pour le tiers de ladite somme, la maison de l'Hôpital autant pour l'autre tiers, et la maison du Temple autant pour le dernier tiers.

« 7. Nous donnons et léguons aux pauvres et aux orphelins, aux veuves et aux lépreux, vingt-un mille livres parisis, pour leur être distribuées par les mains de nos exécuteurs testamentaires.

« 8. Nous donnons et léguons à notre fils Philippe dix mille livres parisis.

« 9. Nous donnons et léguons à nos serviteurs deux mille livres de Paris.

« 10. Nous donnons et léguons à l'abbaye de Saint-Denis, où nous voulons être enseveli, tous nos joyaux et nos couronnes d'or avec les pierres précieuses, nos croix d'or et toutes nos pierreries, à condition cependant que vingt prêtres-moines célébreront la messe chaque jour pour le salut de notre ame, et que l'abbé et le chapitre donneront à nos héritiers une charte par laquelle ils s'engagent à ce qu'il en soit ainsi pour toujours.

« 11. Nous avons réglé ce testament et ces legs de la manière dont ils sont conçus, conservant pour nous plein pouvoir d'ajouter ou de retrancher et de faire quelque changement aux legs, ou de supprimer ce que nous voudrons, autant de fois qu'il nous plaira.

« 12. Nous établissons exécuteurs de ce testament, nos fidèles et amés Garin, évêque de Senlis, Barthélemy de Roye, camérier de France, et le frère Haymar, trésorier du Temple.

« Fait l'an du Seigneur 1222, au mois de septembre, à Saint-Germain-en-Laye.

« 13. De plus, nous donnons et léguons à l'Hôtel-Dieu de Paris, pour y guérir les pauvres, vingt sous parisis par jour à percevoir pour toujours sur la prévôté de Paris. Pour que ceci ait force à jamais, nous le confirmons par l'apposition de notre seing. »

L'an de l'Incarnation du Seigneur 1223, la veille des ides de juillet, mourut l'illustre Philippe, roi des Français, dans un château appelé Mantes. C'était un homme très-prudent par son adresse, fort de courage, grand par ses actions, illustre de renom, victorieux dans les combats, distingué par de grands et nombreux triomphes, qui augmenta merveilleusement les droits et la puissance du royaume des Français, et enrichit considérablement le fisc royal. Il vainquit et dompta avec force beaucoup d'illustres princes puissans par leurs terres, leurs chevaliers, leurs armes et leurs richesses, qui attaquaient violemment lui et son royaume. Défenseur et protecteur zélé des églises, il soutint et protégea surtout avec une prédilection et une affection plus grande, et une faveur plus spéciale, cette sainte église, l'église de Saint-Denis, et lui prouva par des effets, en beaucoup de circonstances, l'affection qu'il avait pour elle. Dès ses plus tendres années, zélateur de la foi chrétienne, dans son jeune âge, la bannière de la croix sur l'épaule, il se mit en mer contre les Sarrasins, et combattit courageusement et efficacement au siége de Saint-Jean-d'Acre, jusqu'à ce que la guerre fût terminée, et qu'on eût pleinement recouvré cette ville. Dans la suite, dans son déclin vers la vieillesse, il n'épargna pas son propre fils aîné, et l'envoya deux fois contre les hérétiques albigeois, avec de grands frais et de grandes dépenses, et il fit beaucoup d'autres dépenses, dans sa vie et à sa mort, pour concourir à aider à cette même affaire des Albigeois.

En outre, il se montra très-généreux distributeur d'aumônes par les dons nombreux qu'en différens lieux il dispensa charitablement aux pauvres. Il fut enseveli dans l'église de Saint-Denis, avec les honneurs et la dignité qui convenaient à un si grand prince. A ses funérailles assistèrent (ce qui paraît avoir été fait par la volonté et la providence de Dieu) deux archevêques, Guillaume, archevêque de Rheims, et Gautier, archevêque de Sens; vingt évêques, à savoir, de la cour de Rome, Conrad, évêque d'Ostie, cardinal, légat du Siége apostolique dans la terre des Albigeois : de l'Angleterre, Pandolphe, évêque de Norwich : de la province de Rheims, Guillaume, évêque de Châlons; Milon, évêque de Beauvais; Girard, évêque de Noyon ; Anselme, évêque de Laon; Jacques, évêque de Soissons; Garin, évêque de Senlis; Pons, évêque d'Arras; Geoffroi, évêque d'Amiens : de la province de Sens, Gautier, évêque de Chartres ; Henri, évêque d'Auxerre; Guillaume, évêque de Paris; Philippe, évêque d'Orléans; Pierre, évêque de Meaux ; Renaud, évêque de Nevers : de la province de Rouen, Robert, évêque de Bayeux ; Hugues, évêque de Coutances ; Guillaume, évêque d'Evreux ; Guillaume, évêque de Lisieux : de la province de Narbonne, Foulques, évêque de Toulouse. Ces prélats, par l'ordre du seigneur Pape, ou plutôt, comme il est à présumer, par la volonté divine, se trouvaient alors rassemblés à Paris, pour l'affaire des Albigeois. L'évêque d'Ostie et l'archevêque de Rheims unirent leurs voix pour célébrer ensemble, à deux autels voisins, la messe des Morts ; et les autres évêques, avec les clercs et les moines, dont il y avait une innombrable multitude, servaient et leur répondaient comme à un seul. Parmi eux était le noble Jean, roi de Jérusalem, qui était venu en France pour les affaires et les besoins de la Terre-Sainte. Furent aussi présens à cette cérémonie, les illustres fils dudit roi Philippe, Louis l'aîné et Philippe.

Le roi Philippe fit un testament par lequel il légua

pour le secours de la Terre-Sainte trois cent mille livres parisis; à savoir : cent mille audit roi Jean, cent mille aux chevaliers du Temple, et cent mille à l'hôpital de Jérusalem. Il donna à Amaury, comte de Montfort, vingt mille livres parisis, pour tirer de la terre des Albigeois, et d'entre les mains de ses ennemis, sa femme et les siens. En outre, il donna cinquante mille livres parisis pour être distribués aux pauvres. On dit qu'il consacra une forte somme à réparer les exactions injustes, si toutefois il en avait fait quelqu'une. De plus, il établit dans l'église de Saint-Denis vingt moines-prêtres, tenus de célébrer chaque jour pour le salut de son ame des messes et autres oraisons, comme l'Eglise a coutume de prier pour les fidèles défunts.

FIN DE LA VIE DE PHILIPPE-AUGUSTE,
PAR GUILLAUME LE BRETON.

# VIE
# DE LOUIS VIII.

# NOTICE

## SUR

# LA VIE DE LOUIS VIII.

L'AUTEUR de la *Vie de Louis* VIII est resté complétement inconnu; Duchesne a publié le premier ce petit ouvrage [1]; Dom Brial l'a inséré dans le *Recueil des historiens Français* [2], en y ajoutant les pièces officielles, dont le chroniqueur avait fait mention sans en donner le texte; c'est sur cette dernière édition que notre traduction a été faite. Nous avons regretté de ne trouver, sur le règne de Louis VIII, aucun document plus étendu; mais la portion la plus importante de l'histoire de ce roi, son expédition en Angleterre, est antérieure à son avénement au trône, et les historiens anglais sont les seuls qui l'aient racontée avec détail. Telle qu'elle est, cette petite chronique contient quelques faits qu'on chercherait vainement ailleurs.

F. G.

[1] Tom. v, p. 284. — [2] Tom. xvii, p. 300.

# VIE

DE

# LOUIS VIII.

Le très-fameux Philippe, roi de France, qui avait dompté les Normands, étant mort l'an du Seigneur 1223, la veille des ides de juillet, Louis, son fils aîné, qu'il avait eu d'Isabelle, fille de Baudouin, comte de Hainaut, lui succéda au trône, et le 8 des ides d'août de l'année ci-dessus rapportée, le jour de la fête de saint Sixte, à la trente-sixième année de son âge, il fut couronné roi de France à Rheims par Guillaume, archevêque de cette ville, avec Blanche, sa femme, en présence de Jean, roi de Jérusalem, et des grands du royaume. Par là, la couronne revint à la race de l'empereur Charlemagne, de laquelle on sait qu'il tirait son origine du côté de sa mère.

Les Francs, d'origine troyenne, encore livrés aux rites du paganisme, établirent leur domination dans les Gaules, comme on le voit maintenant, et ce pays fut par eux appelé France. L'an du Seigneur 484, Childéric, leur roi, qui avait pris la ville de Trèves, étant mort, Clovis, son fils, maintint fortement et étendit ce royaume de France. Ayant reçu avec ses sujets, de la main de saint Remi, la grâce du baptême, il régna heureusement, et sa postérité gouverna le royaume jusqu'à l'an du Seigneur 750, si ce n'est que, pendant environ quatre-vingt-huit ans depuis le temps de Clovis ou Louis, mari de la reine sainte Batilde, les rois, dégénérant de leur courage accoutumé, laissèrent les maires du palais disposer de la puissance du royaume. C'est pourquoi il arriva que Pepin, père de Charlemagne, descendant de la race royale par Batilde, fille de Clotaire 1er, fut créé maire du palais sous l'imbécile roi Childéric. Ce Childéric ayant été rejeté par les Francs et enfermé dans un monastère, Pepin, par l'autorité apostolique et l'élection des Francs, fut sacré roi, avec sa femme et ses fils, par le pape Étienne, dans l'église de Saint-Denis, en France; et dans leur postérité fut à jamais consacrée la succession au trône, et toute invasion étrangère contre eux fut, par l'apostolique, interdite, sous peine d'anathême. Sa race gouverna le royaume de France jusqu'à l'an du Seigneur 986. A cette époque, Hugues Capet, comte de Paris et duc des Francs, s'étant emparé du royaume, il passa de la race de Charles à celle des comtes de Paris, qui provenaient d'origine saxonne. On lit dans les Gestes de saint Riquier et de saint Valeri que leurs corps furent transportés, de leurs églises, dans celle de Saint-Bertin, à Saint-Omer, en Flandre, et qu'ils y furent déposés comme dans un lieu plus sûr, à cause de la crainte qu'inspiraient les Normands et les Danois, qui avaient presque dévasté la France. Lorsque, dans le temps de Charles le Simple, les Normands se furent convertis à la foi du Christ, ces corps furent reportés dans leurs églises. Les moines de l'église de ces saints les ayant redemandés, les moines de

Saint-Bertin voulaient, avec le secours d'Arnoul, comte de Flandre, les retenir par violence. Alors saint Valeri apparut en songe à Hugues le Grand, comte de Paris, père de Hugues Capet, et lui dit : « Va vers « Arnoul, comte de Flandre, et dis-lui qu'il trans- « porte nos corps, de l'église de Saint-Bertin, dans « les nôtres; car nous aimons mieux être chez nous « que chez les étrangers. » Hugues lui ayant demandé qui il était, et qui était son compagnon, il lui répondit : « Je m'appelle Valeri, et mon compa- « gnon Riquier de Ponthieu : exécute promptement et « sans détour ce que par nous Dieu t'ordonne. » Hugues s'étant donc rendu vers Arnoul, lui apprit le message dont il était chargé. Mais celui-ci, d'un esprit superbe, refusa de lui rendre les corps des saints. Alors Hugues dit avec fermeté à Arnoul : « Pense, en « ce jour et en ce lieu, à me remettre avec honneur et « bonne volonté les corps des saints; car si mainte- « nant tu ne le fais volontiers, plus tard tu le feras « malgré toi. » Arnoul, dompté par la crainte et par la puissance de Hugues, orna d'or et d'argent deux coffres, dans lesquels il déposa les reliques de ces saints; et au jour fixé, il les rapporta avec respect à Hugues dans un monastère situé sur les bords de la mer, et qui appartient à la France. Hugues replaça chacun d'eux dans son église. La nuit suivante, saint Valeri apparut de nouveau en songe à Hugues, et lui dit : « Comme tu as fait avec zèle ce qui t'a été or- « donné, et que tu nous as rapportés dans nos égli- « ses, tes successeurs régneront dans le royaume de « France jusqu'à la septième génération. » Nous pouvons trouver exactement, depuis le roi Hugues Capet, fils du comte Hugues, jusqu'à Louis, dont nous allons parler, sept générations. Car Hugues Capet, le premier roi de la race du comte Hugues, engendra Robert, qui engendra Henri, lequel engendra Philippe Ier; Philippe Ier engendra Louis le Gros; Louis le Gros engendra Louis le Jeune, qui engendra Philippe II, père de ce Louis dont il s'agit ici. Le roi Philippe eut Louis, comme il a été dit, d'Élisabeth ou Isabelle, fille de Baudouin, comte de Hainaut. Ce Baudouin provenait de la race d'Hermengarde, comtesse de Namur, fille de Charles, duc de Lorraine, et oncle de Louis, dernier roi de la race de Charlemagne, et qui mourut sans héritier. Hugues Capet usurpa la couronne sur lui, et le fit mourir en prison à Orléans. Jusqu'à lui, la race de Pepin et de l'empereur Charlemagne était demeurée en possession du trône. Louis ayant hérité du trône de son père, il est clair que par lui la couronne revint à la race de Charlemagne; et d'après l'ordre donné de réintégrer les corps des saints et la prédiction qui s'ensuivit, on peut voir que le changement eut lieu par la volonté de Dieu. On lit dans les Gestes des Aquitains que la race de Charles avait été réprouvée parce que, négligeant la faveur de Dieu, elle parut plutôt abandonner que créer des églises. Mais laissons cela au jugement de Dieu, qui change les temps et transporte les royaumes, ainsi qu'il est écrit. « Un royaume est « transféré d'un peuple à un autre, à cause des in- « justices, des violences, des outrages et des différen- « tes entreprises[1]. » Et ailleurs : « Dieu a renversé les « trônes des princes superbes, et il y a fait asseoir à

---

[1] Ecclésiastique, ch. 12, v. 8.

« leur place ceux qui étaient humbles [1]. » Mais revenons à notre propos. Le roi Louis, aussitôt après son couronnement, parcourut son royaume, et reçut partout les hommages de ses hommes-liges.

Vers le même temps, Amaury, comte de Montfort, quittant le pays des Albigeois pour revenir en France, à cause de la disette des vivres, abandonna Carcassonne, ville très-bien fortifiée, et d'autres châteaux qu'il avait conquis sur les hérétiques Albigeois, à grand'peine et avec des dépenses inestimables, et qu'avaient possédés les Français durant quatre ans. La même année, Jean, roi de Jérusalem, ayant pris à Tours, le premier dimanche du carême, le bâton de pélerin, partit pour Saint-Jacques-de-Galice. Revenant ensuite par l'Espagne, il prit pour femme dame Bérengère, sœur du roi de Castille, nièce de Blanche, reine de France.

L'an du Seigneur 1224, Louis, roi de France, tint, le cinquième jour de mai, à Paris, un parlement général, dans lequel le pape Honoré retira pour un temps l'indulgence qu'il avait accordée de sa propre autorité, dans le concile de Latran, pour ceux qui combattraient contre les hérétiques Albigeois, et reconnut pour catholique Raimond, comte de Toulouse.

*Réponse que le seigneur roi fit à l'évêque d'Ostie, touchant l'affaire des Albigeois, le 5 mai 1224.*

« Vous saurez que le très-cher seigneur feu Philippe, notre père, roi des Français, célèbre et de

[1] Ecclésiastique, ch. 10, v. 17.

pieuse mémoire, n'a pas voulu d'abord se mêler de l'affaire de l'Albigeois, ni se charger d'un pareil fardeau, quoiqu'il y ait ensuite fait beaucoup de dépenses, et qu'elle ait coûté la mort et bien des frais à un grand nombre de chevaliers de France. Vous saurez que deux fois nous avons en propre personne travaillé fidèlement, et autant que nous l'avons pu, pour ladite affaire dans ce même pays. Lorsque notre père eut terminé le dernier jour de sa vie, le seigneur évêque d'Ostie vint vers nous, nous suppliant humblement d'apporter notre avis dans l'affaire des Albigeois, parce que les prélats de France voulaient l'entreprendre, s'ils obtenaient à ce sujet notre assentiment et consentement. Quoique incertain sur l'état du royaume, nous avons accordé à nos prélats la permission d'entamer cette affaire.

« Ensuite le même seigneur nous demanda notre avis sur les fortifications des châteaux occupés par le comte Amaury dans le pays des Albigeois, afin qu'il pût ramener sains et saufs ceux qui étaient dans ces châteaux, et qu'ils ne fussent point livrés à la mort. Alors nous avons fait donner à ce même Amaury dix mille marcs de secours de la part de notre père. Ledit Amaury, par le moyen de cet argent, ramena les chevaliers et les serviteurs qui étaient dans ces châteaux, et rendit les châteaux et lieux fortifiés qu'il occupait dans ce pays.

« Ensuite vinrent vers nous l'archevêque de Bourges et l'évêque de Langres, qui apportèrent avec eux une lettre du seigneur Pape, dans laquelle il tâchait, par beaucoup d'assurances et de persuasions, de nous engager à nous charger personnellement de cette affaire ;

et ils nous promirent de vive voix, de la part du seigneur Pape et des cardinaux, de nous ouvrir les trésors de l'Eglise, et de nous donner d'autres secours et conseils, autant qu'ils le pourraient faire, selon le Seigneur. Ayant pris conseil de nos prélats et de nos barons, nous envoyâmes au seigneur Pape la demande des choses qui nous paraissaient nécessaires pour l'affaire des Albigeois.

« Le seigneur Pape nous manda par le seigneur évêque d'Ostie qu'il était prêt à satisfaire entièrement à nos demandes. Comme il avait été ordonné au seigneur évêque d'Ostie de venir vers nous, et de satisfaire à nos demandes, il arriva un envoyé du seigneur empereur, qui promit et offrit tant et de si grandes choses pour le secours de la Terre-Sainte, qu'il fallut que le seigneur Pape et la cour de Rome s'occupassent de l'affaire de la Terre-Sainte, et quittassent pour le moment celle des Albigeois, parce que le seigneur Pape et la cour de Rome avaient promis au seigneur empereur qu'ils ne feraient passer aucune affaire avant celle de la Terre-Sainte.

« Ensuite le seigneur Pape nous a fait savoir, par le même seigneur et par sa lettre, que si Raymond croyait que nous emploierons toutes nos forces pour le dompter, il n'oserait pas nous attendre, et reviendrait au commandement de l'Eglise; c'est pourquoi il nous a engagé et prié instamment de nous efforcer, par des menaces et des avertissemens, de l'amener à faire la paix avec l'Eglise, en chassant les hérétiques, en satisfaisant les églises et les personnes ecclésiastiques, en pourvoyant pour l'avenir aux libertés de l'Eglise, et en traitant avec Amaury, comte de Toulouse. Nous avons répondu audit évêque d'Ostie, que puisque le seigneur Pape ne voulait point pour le présent satisfaire à nos raisonnables demandes concernant cette affaire, nous nous en regardions comme déchargé, ainsi que nous l'avons publiquement affirmé en présence de tous les prélats et barons de France. Quant à la paix à laquelle le seigneur Pape voulait que nous engageassions le comte Raymond par des menaces et des avertissemens, nous avons répondu au seigneur évêque d'Ostie qu'il n'était pas nécessaire d'examiner les articles de foi, ni de traiter d'un réglement qui concerne les affaires de la foi; mais nous voulons bien que l'Eglise romaine, à qui appartient l'examen de la foi, traite avec ledit Raymond comme il lui plaira de le faire, sans porter atteinte à nos droits ni aucune diminution à nos fiefs, en sorte qu'on ne leur impose aucune charge nouvelle et inaccoutumée.

« Enfin nous avons dit au même seigneur, de ne plus nous rapporter aucun message au sujet de l'affaire des Albigeois, dont nous sommes entièrement déchargés. »

Peu de temps après, à la fête de saint Jean-Baptiste, le roi Louis lui-même, avec une armée innombrable d'évêques, de barons, de serviteurs et de chevaliers, se rendit à la ville de Tours; et de là, marchant vers le château de Montreuil-Bellai, il conclut de nouveau une trêve d'un an avec Aimeri, vicomte de Thouars.

*Acte d'Aimeri, vicomte de Thouars, au sujet de la trêve par lui accordée à Louis, roi des Français, en* 1224.

« Vous saurez que j'ai accordé au seigneur Louis, roi de France, et à son successeur, en cas qu'il vînt à mourir, et à ses domaines et fiefs, une trêve ferme et stable, de même espèce que celle que j'ai conclue autrefois avec Philippe, d'heureuse mémoire, roi de France, depuis la fête de la naissance de saint Jean-Baptiste, l'an du Seigneur 1224, jusqu'à l'accomplissement de la présente année; elle est établie en cette forme :

« 1. Quinze jours après le terme fixé, je serai son homme-lige contre tout homme et toute femme que ce puisse être. Je tiendrai entièrement de lui mes terres et mes fiefs, comme je les tenais du roi d'Angleterre en deçà de la mer, et mes vassaux tiendront aussi de lui les fiefs et les revenus qu'ils tenaient du roi d'Angleterre.

« 2. Ledit seigneur roi paiera chaque année à Geoffroy d'Argençon cent quarante livres de Tours; cent livres de Tours à Geoffroy Bouchard, et cent soixante livres de Tours à mes autres vassaux, jusqu'à ce qu'il leur ait rendu leurs terres, qu'ils ont perdues quand j'ai quitté le service du seigneur Philippe, roi des Francs. Mes vassaux feront hommage au seigneur Louis, roi des Français, comme ils l'ont fait au roi d'Angleterre.

« 3. J'observerai, et mes vassaux aussi, ces conventions envers le seigneur roi, et le seigneur roi les observera aussi envers moi et mes vassaux, à moins que pendant ce temps le roi d'Angleterre ne me puisse libérer de quelque manière envers le roi des Français, et ne me fasse rendre l'acte de mon engagement; alors je serais tenu de rendre au seigneur roi l'acte qu'il m'a passé en cette occasion.

« 4. Pour caution de l'exécution fidèle de ces conventions, j'ai donné de mon côté, Hugues de Thouars, mon frère; Gui et Aimeri, mes fils; Geoffroy d'Argençon, mon neveu; le seigneur Guillaume, archevêque de Parthenay; Thibaut de Beaumont, seigneur de Berthier; Briant de Montaigu, Geoffroy Bouchard, Guillaume, fils d'Auffroy; le seigneur Pierre, évêque de Sainte-Hermine; Renaud de Maulevrier, Rogon de Montrevel, P. Brule, Jean de Cambrai, Simon de Chausse-Rouge, mon neveu; Geoffroy, prévôt de Thouars; Aimeri de Lusignan, Thibaut Léger, Renaud de Beurie et Thibaut de Montfaucon; en sorte que si je m'écartais desdites conventions, ils se rendraient eux-mêmes dans la prison du seigneur roi de France à Saumur ou à Chinon, jusqu'à ce que l'infraction fût amendée, comme il est contenu dans la présente lettre.

« 5. Pendant ladite trève, les marchands et tous les autres habitans de la terre du seigneur roi des Français pourront aller et venir en sûreté et sans danger dans mon territoire et mes fiefs, et y acheter des vivres et autres choses nécessaires; et pendant ladite trève mes vassaux ne marcheront pas contre ledit roi des Français.

6. Moi et mes vassaux, dont les noms sont rapportés dans la présente lettre, nous jurons notre foi d'ob-

server fidèlement ces conventions, et pour les confirmer validement, je les munis de mon seing, et mes vassaux ont de même donné audit roi des Français, en confirmation, leurs lettres-patentes revêtues de leur sceau.

« 7. Quant à l'hommage que je dois, et aux autres conventions à observer, moi et mes cautions y sommes engagés envers le successeur dudit roi, au cas que le seigneur roi vienne à mourir. Fait l'an du Seigneur 1224, dans le mois de juin. »

Après quoi, la veille de la fête de saint Martin d'été, le roi Louis assiégea le château de Niort. Ayant dressé des machines, il foudroya d'une telle quantité de pierres Savari de Mauléon et les autres qui en défendaient les remparts, qu'ils se rendirent à lui, et lui livrèrent ce noble château. Ils sortirent en conservant tout ce qui leur appartenait, mais ils jurèrent sur le saint Évangile qu'ils ne combattraient contre le roi dans aucun château, excepté La Rochelle, jusqu'à la fête suivante de la Toussaint. Le roi Louis, après avoir pris et ensuite fortifié le château de Niort, marcha promptement sur Saint-Jean-d'Angély. Mais les habitans, craignant pour eux, se rendirent, eux et leurs biens, et le reçurent avec honneur. Le roi, illustré ainsi par d'heureux succès, assiégea La Rochelle dans les ides d'août, et, ayant dressé des échelles contre les murailles, assaillit avec impétuosité Savari de Mauléon, qui y était renfermé avec près de trois cents chevaliers et d'innombrables serviteurs, et en essuya de fréquentes attaques. Enfin Savari et ceux qui étaient assiégés avec lui, croyant recevoir de l'argent de Henri, roi d'Angleterrre, reçurent, dit-on, les coffres qu'il leur avait envoyés pleins de pierres et de son. Ainsi la discorde fut semée entre eux et les Anglais, qui étaient venus à leur secours de la part du roi d'Angleterre. Tandis que ces choses se passaient par la volonté divine, le lendemain de la fête de saint Pierre-aux-Liens, tous et chacun des habitans de Paris firent une solennelle procession depuis l'église de Sainte-Marie jusqu'à Saint-Antoine, afin que le Roi et triomphateur de tous accordât la victoire à leur roi. A cette procession assistèrent trois reines, à savoir Isemberge, femme de feu Philippe, roi de France; dame reine Blanche, femme du roi Louis, avec ses fils; et dame Bérengère, reine de Jérusalem, et nièce de Blanche, reine de France. Le Dieu des vengeances exauça promptement les larmes et les soupirs de ces reines et du peuple, car le jour suivant, le roi Louis, ayant donné un sauf-conduit aux Anglais, reçut La Rochelle et les sermens des bourgeois de cette ville. Ainsi les Anglais, qui s'étaient long-temps cachés dans ce dernier recoin du pays d'Aquitaine, l'ayant perdu, furent entièrement chassés de tout le royaume de France. Les grands du pays de Limoges, du Périgord et ceux de l'Aquitaine, à l'exception des Gascons, qui habitent au-delà de la Garonne, promirent avec beaucoup de soumission fidélité au roi Louis, et lui gardèrent leur foi.

Pendant l'octave de l'Assomption de sainte Marie, un concile fut, par l'autorité apostolique, assemblé à Montpellier. Le pape Honoré, entre autres commissions dont il avait chargé l'archevêque de Narbonne, lui avait donné ordre d'écouter quel accommodement de paix Raimond, comte de Toulouse, et les autres Albigeois, offriraient à la sainte mère Église, et de lui faire savoir ce qu'il avait à faire. Ledit archevêque, ayant assemblé les évêques, les abbés et tout le clergé de la province entière, reçut du comte de Toulouse et des autres barons le serment qu'ils rétabliraient dans le pays la tranquillité et la soumission à l'Église de Rome; qu'ils rendraient en entier au clergé ses revenus; que, pour les dommages qu'il avait soufferts, ils lui paieraient quinze mille marcs pendant trois ans; qu'ils feraient promptement justice des hérétiques qui avaient avoué leur hérésie, ou avaient été convaincus, et que, selon leur pouvoir, ils extirperaient de toute la province la perversité de l'hérésie.

*Serment prêté par Raimond, comte de Toulouse, et les autres barons, dans le concile tenu à Montpellier l'an 1224.*

« Au nom de notre Seigneur Jésus-Christ; l'an de l'Incarnation du Seigneur 1224, le 7 des calendes de septembre, nous, Raimond, par la grâce de Dieu, duc de Narbonne, comte de Toulouse, marquis de Provence, desirant avec la plus grande ardeur faire la paix avec la sainte Église de Rome, pour l'honneur de Dieu et de son Église romaine, et de notre très-saint père en Jésus-Christ, le souverain pontife Honoré, nous offrons d'un cœur pieux et avec une vraie dévotion, en notre nom et en celui de nos vassaux et alliés, à vous, seigneur Arnaud, archevêque de Narbonne, et par vous à la sainte Église de

Rome et au seigneur pape, tout ce que dans une autre entrevue nous vous avons offert à vous, et par vous à la sainte Église romaine; à savoir que :

« 1. Nous observerons et ferons observer pareillement et fidèlement dans notre terre la foi catholique, comme la prêche et l'enseigne la sainte Église de Rome; en outre nous purgerons fidèlement notre terre des hérétiques jugés tels par l'Église, en confisquant leurs biens, et leur infligeant à eux-mêmes des punitions corporelles.

« 2. Nous observerons et ferons rigoureusement observer une paix pleine et entière dans notre pays, en expulsant les routiers de nos frontières. Nous restituerons pleinement aux églises et aux personnes ecclésiastiques tous leurs droits; nous conserverons et ferons conserver entièrement, dans la suite et pour toujours, les libertés des églises et autres lieux de religion.

« 3. En outre, pour les pertes et injures souffertes par les églises et les personnes ecclésiastiques, et afin qu'à cause du respect et de l'honneur dus à l'Église romaine et au seigneur pape, il puisse être pourvu à l'honneur du comte de Montfort, nous donnerons à l'Église deux mille marcs d'argent, payables aux termes convenables, à condition toutefois que le seigneur pape nous absoudra des prétentions que forme ledit comte de Montfort sur nos terres et celles de nos alliés, et qu'il nous fera restituer les actes obtenus, dit-on, à ce sujet par ledit comte de Montfort ou son père, du souverain pontife et du seigneur roi des Français, ou de son père.

« 4. Mais comme, ni à la première, ni à la seconde entrevue, il n'a assisté pour le comte de Montfort personne avec qui nous pussions délibérer sur le traité que notre saint père Honoré nous avait ordonné de conclure, nous ne pouvons pour le moment répondre entièrement à cet égard. Nous envoyons maintenant vers le seigneur pape une solennelle ambassade, avec laquelle il puisse traiter pleinement, tant sur ladite paix que sur toute autre chose ayant rapport à notre réconciliation, et, par le moyen de la grâce divine, conduire tout à une fin convenable. Nous promettons avec déférence de ratifier pour toujours et d'observer inviolablement ce qui, par l'ordre et la volonté du seigneur pape, aura été réglé ou fait à notre sujet avec ces envoyés.

« 5. Croyant avoir en grande partie accompli envers les églises et les ecclésiastiques la restitution promise dans l'autre entrevue, cependant nous promettons maintenant spécialement de rendre en entier, d'après le jugement du seigneur pape ou du seigneur Arnaud, archevêque de Narbonne, ou de quelque évêque que ce soit dans son diocèse, tout ce qui reste à restituer aux églises et aux ecclésiastiques. Quant à la restitution des fiefs des Toulousains et de leurs biens, nous ferons tout ce que le seigneur pape voudra qu'on fasse.

« 6. Enfin, si ce que nous offrons au seigneur pape ne lui paraît pas suffisant, comme régner c'est obéir à la sainte Église, nous obéirons humblement et dévotement en tout et pour tout, selon notre pouvoir, à la miséricorde et aux ordres du seigneur pape, sans cependant porter atteinte à la domination de notre sérénissime roi de France et du seigneur l'empereur. Nous donnerons les sûretés convenables, au jugement du seigneur pape, de l'accomplissement de toutes ces choses.

« Nous, Roger de Bernard, par la grâce de Dieu, comte de Foix, et Trencavel, par cette même grâce, vicomte de Bourges, nous promettons de la même manière de faire et maintenir perpétuellement ces choses dans toute notre terre, comme l'a promis plus haut notre seigneur le comte de Toulouse pour lui, pour nous et ses autres alliés. Donné à Montpellier, le jour et l'année marqués ci-dessus. »

Dans l'octave de la Saint-Martin d'hiver, une conférence eut lieu à Vaucouleurs entre Louis, roi de France, et Henri, roi d'Allemagne, fils de l'empereur Frédéric, récemment couronné roi d'Allemagne par l'ordre et la volonté de son père. Ils y traitèrent tous deux de beaucoup de choses concernant leurs royaumes; mais, ne venant à bout de rien, ou de peu de chose, ils s'en retournèrent chez eux.

Pendant que Savari de Mauléon naviguait vers l'Angleterre pour réclamer les secours de Henri, roi de ce pays, les Anglais qui étaient avec lui, se défiant de sa conduite, essayèrent de s'en emparer secrètement; mais leur projet fut découvert, et ils retournèrent en Angleterre sans avoir pu l'accomplir. Savari, échappé ainsi des mains des Anglais, après avoir éprouvé bien des fois leur infidélité, se soumit au roi de France, Louis, et lui fit hommage lors de la Nativité du Seigneur.

Cependant Henri, roi d'Angleterre, et les grands de son royaume, affligés de la perte de l'Aquitaine, convoquèrent dans leur royaume une assemblée générale, et demandèrent pour leur roi l'aide de tous et de chacun pour recouvrer l'Aquitaine. Acquiesçant unanimement aux desirs de leur roi, tant clercs que laïques, tous résolurent entre eux, et promirent fidèlement de donner pour ce secours la quinzième partie de leurs biens meubles. Cela fait, le roi rassembla une armée, fit préparer une flotte, et envoya son frère Richard avec trois cents vaisseaux chargés d'hommes d'armes vers la ville de Bordeaux. Richard s'en étant approché aussitôt par un temps calme, assiégea et prit un château appelé Sainte-Macaire. Après quoi, ravageant le pays d'alentour, il assiégea et attaqua la Réole. Mais les habitans de cette ville, très-habiles aux armes, se défendirent, et résistèrent courageusement. Après que le frère du roi d'Angleterre eut long-temps tourmenté cette ville par divers assauts, sans obtenir aucun succès, le roi de France Louis, touché pour ladite ville, y envoya des hommes d'armes soldés, sous les ordres de son maréchal. A leur arrivée, Richard leva le siége, et marcha à leur rencontre sur les bords de la Dordogne. Les Français, ne pouvant aller plus avant à cause du fleuve, assiégèrent et prirent le château de Limeuil, et mirent sous la domination de leur roi Louis le seigneur de Bragerat. Dès que les Anglais en furent instruits, n'osant en venir aux mains avec eux, ils s'en retournèrent en Angleterre.

L'an du Seigneur 1225, au mois d'avril, il vint en Flandre un homme qui se prétendait le feu comte Baudouin, empereur de Constantinople, et se disait échappé comme par miracle de la prison des Grecs. Un grand nombre l'ayant vu, reconnaissant véritablement en lui beaucoup de signes appartenant au comte Baudouin, et apprenant de lui beaucoup de discours, faits et autres indices dudit comte, le reçurent comme leur seigneur, et rejetèrent aussitôt de presque tout le comté de Flandre la comtesse, fille du comte Baudouin, qu'ils avaient en haine depuis longtemps. Celle-ci, désolée de perdre son pouvoir, alla trouver le roi de France Louis, et le supplia instamment, en lui donnant plusieurs raisons, de lui faire rendre son comté.

*Engagement de Jeanne, comtesse de Flandre, envers le roi de France, pour en obtenir du secours afin de recouvrer son comté.*

« Moi Jeanne, comtesse de Flandre et de Hainaut, je fais savoir à tous que j'ai juré à mon très-cher seigneur Louis, par la grâce de Dieu illustre roi de France, que je m'engage, après qu'il aura passé Péronne, à lui rendre, ainsi que le portent les conventions suivantes, les frais et dépenses qu'il fera dans la guerre que j'ai contre mes vassaux, lesquels se sont rangés du parti de celui qui se prétend comte Baudouin.

« 1. Si dans cette guerre il dépense vingt mille livres parisis, je lui rendrai vingt mille livres parisis; s'il dépense moins, je lui rendrai moins; mais s'il dépense plus de vingt mille livres, je ne serai tenue que de lui en rendre vingt mille.

« 2. Cet argent sera payé de cette manière : Chaque année il lui sera payé, à lui ou à ses héritiers, mille livres parisis en deux termes, à savoir : à la fête de la Toussaint cinq cents, et cinq cents à l'Ascension, jusqu'à ce que soient payées les vingt mille livres ou moins, s'il dépense moins dans cette guerre. Et si chaque année on ne payait pas mille livres, comme il a été réglé, ledit seigneur roi pourrait sans méfaire prendre saisie de mes biens et ceux de mes vassaux, jusqu'à fin du paiement.

« 3. Pour tout ledit paiement le seigneur roi sera en possession de Douai et d'Ecluse, jusqu'à ce que ladite somme soit soldée ; et lorsqu'elle sera payée, Douai et Ecluse redeviendront envers le roi ce qu'elles sont maintenant.

« 4. Il en sera ainsi pour les prisonniers et les gains de la guerre : si on prend d'assaut une ville ou un château, tout le gain sera en commun entre le seigneur roi et moi. Si dans le combat on prend des chevaliers ou des serviteurs, ou des arbalétriers qui soient mes vassaux, le seigneur roi aura leur corps, et moi leurs terres qui sont de mon fief. Si on fait dans le combat des prisonniers qui ne soient pas mes vassaux, leur rançon sera en commun entre le seigneur roi et moi.

« 5. Si le seigneur roi assiége un château ou une ville, les hommes de cette ville ou de ce château pourront faire la paix avec moi avant qu'on ne dresse les machines ; et le seigneur roi ne pourra rien exiger sur cette paix. Après que les machines auront été dressées, ils ne pourront conclure avec moi ni paix ni trêve que du consentement du seigneur roi, et le seigneur roi y sera pour moitié.

« 6. En outre, tout ce que j'aurai de la rançon des prisonniers dans cette guerre, je serai tenue de le rendre au seigneur roi dans le susdit paiement.

« 7. J'ai juré aussi que je garderai avec bonne foi et sans mauvaise intention le corps du seigneur roi et de ses vassaux et de tous ceux qui l'accompagneront, et je le ferai jurer pareillement à tous ceux de ma terre que le seigneur roi nommera, et que je pourrai avoir.

« 8. Il faut qu'on sache que le seigneur roi n'est tenu à me prêter secours, ainsi qu'il l'a promis, que sur son fief, et avec cette armée au sujet de laquelle j'ai pris cet engagement.

« Marguerite, ma sœur, a, par mon ordre, ma volonté et mon consentement, juré d'observer ces conventions, et de rendre ledit argent, si je subissais le sort commun à tous les hommes.

« Fait à Paris, l'année du Seigneur 1225, mois de mai. »

Le roi consentant à ces propositions, rassembla beaucoup de monde, et vint à Péronne, où, donnant un sauf-conduit à celui qui se prétendait le comte Baudouin, il l'appela à une entrevue. Celui-ci y étant venu avec une multitude de gens, interrogé en présence du roi, du légat et de beaucoup d'autres, sur un grand nombre de choses, il refusa devant tous d'y répondre ; ce que voyant, le roi violemment irrité lui ordonna de sortir de son royaume dans l'espace de trois jours, et lui donna un sauf-conduit et la liberté de s'en retourner. Le faux Baudouin étant retourné à Valenciennes, fut abandonné par les siens ; et enfin, fuyant à travers la Bourgogne sous le déguisement d'un marchand, il fut pris par un certain chevalier, rendu à la comtesse, et renfermé dans une prison; ensuite les siens lui ayant fait subir différens supplices, finirent par le pendre.

La même année, à la fête des apôtres Pierre et Paul, un romain diacre-cardinal de Saint-Ange, remplissant en France l'office de légat, vint à Tours, et le troisième jour suivant marcha vers Chinon avec le roi de France Louis. Là, le roi prolongea jusqu'à la fête de la Madeleine la trêve conclue avec Aimeri, vicomte de Thouars; étant aussitôt retourné en France, il convoqua un parlement à Paris, la veille de Sainte-Marie-Madeleine; le vicomte de Thouars vint à Paris, et fit hommage au roi en présence du légat et des députés du roi d'Angleterre.

Vers la Purification de sainte Marie, le roi Louis et beaucoup de grands du royaume de France et d'archevêques, d'évêques et de barons rassemblés à Paris, prirent l'étendard de la croix contre les hérétiques albigeois, et reçurent la bénédiction des mains du cardinal romain.

L'an du Seigneur 1226, le roi de France Louis, et tous ceux qui avaient pris la croix, se réunirent à Bourges; de là marchant par les villes de Nevers et de Lyon, ils arrivèrent à Avignon, ville très-fortifiée et comme imprenable, et excommuniée depuis sept ans par l'Eglise de Rome, à cause de sa perverse hérésie. Tandis que le roi s'imaginait obtenir pacifiquement le passage par Avignon, à cause de quelques traités qu'il avait conclus auparavant avec les habitans de cette ville, ils lui fermèrent leurs portes, et laissèrent le roi dehors avec les siens. Le roi s'étonna, et prenant une courageuse résolution, assiégea la ville par trois endroits. La veille de la fête de l'apôtre saint Barnabé, qui était le mercredi d'après la Pentecôte, on dressa des machines ; les balistes, les pierriers et les mangonneaux servaient peu, parce que ceux qui étaient dedans se défendaient courageusement. Le siége dura jusqu'à la fête de l'Assomption de sainte Marie. Cependant la mortalité devenant très-grande, il mourut environ deux mille des nôtres, tant des grêles de flèches et de pierres qu'on leur lançait, que de maladies. Guy, comte de Saint-Paul, homme brave à la guerre, bon catholique et vertueux, y mourut frappé d'une pierre lancée par une baliste. L'évêque de Limoges y mourut aussi, et le comte de Champagne s'en retourna chez lui sans la permission du roi ni du légat. Alors les habitans d'Avignon, réfléchissant à la constance du magnanime roi qui avait déclaré par serment, avec ses grands, qu'il ne se retirerait pas que la ville ne fût prise ou rendue, donnèrent deux cents otages des meilleurs citoyens de leur ville, et jurèrent de demeurer soumis aux ordres de l'Eglise. Par l'ordre du légat et du roi, on combla les fossés ; trois cents maisons garnies de tours qui étaient dans la ville, et tous les murs furent abattus et rasés de fond en comble. La ville fut absoute, et le légat y introduisit de bonnes et louables institutions. Maître Nicolas de Corbie, moine de Cluny, fut consacré évêque de ce lieu.

Le roi, éloignant son armée d'Avignon, s'avança dans la Provence, et toutes les villes, forteresses et châteaux jusqu'à quatre lieues de Toulouse, se rendirent paisiblement à lui. Le roi, nommant en son lieu, pour gouverner tout ce pays, Imbert de Beaujeu, se hâta de revenir en France. Le jour avant la fête de la

Toussaint, comme le roi s'en retournait chez lui, il fut saisi d'une maladie mortelle, et le dimanche suivant, à savoir l'octave de la Toussaint, à Montpensier, en Auvergne, l'an du Seigneur 1226, il quitta ce monde pour aller vers le Christ. Il fut pendant tout le temps de sa vie bon catholique et d'une admirable sainteté; car il ne souilla jamais sa chair, si ce n'est seulement avec sa femme, unie à lui par un mariage légitime. Là, on dit que fut accomplie la prophétie de Merlin, qui dit : « Le lion pacifique mourra dans le ventre de « la montagne [1]. » On n'a pas ouï dire qu'aucun roi avant lui fût jamais mort en ce lieu. Son corps fut transporté par les siens dans l'église de Saint-Denis, en France, et enterré avec honneur auprès de son père, le roi Philippe-Auguste.

*Testament de Louis VIII, roi des Français.*

« Au nom de la sainte et indivisible Trinité, *amen.* Louis, par la grâce de Dieu, roi des Français, dans le Seigneur, à tous ceux auxquels parviendront les présentes lettres, salut. Voulant pourvoir pour toujours et de toutes les manières à ce que la tranquillité du règne de notre successeur ne puisse un jour être troublée, sain de corps et d'esprit, par la grâce de Dieu, de qui procède tout bien, l'an de l'Incarnation du Seigneur 1225, mois de juin, nous avons disposé de la manière suivante de toute la terre que nous possédons et de tous nos biens meubles.

« 1. D'abord nous voulons et ordonnons que notre

---

[1] Par allusion au nom de *Montpensier*.

fils, qui nous succédera sur le trône, possède toute la terre qu'a possédée notre très-cher père Philippe, de pieuse mémoire, et comme il l'a tenue, et comme nous la tenons en fiefs et domaines, excepté les terres, fiefs et domaines que nous en exceptons par le présent écrit.

« 2. Nous voulons et ordonnons que notre second fils ait toute la terre d'Arras en fiefs et domaines, et toute l'autre terre que nous possédons du côté de notre mère Élisabeth, réservant la dot de sa mère, si elle me survit. Que si notredit fils qui possédera Arras, mourait sans héritier, nous voulons que toute la terre d'Arras, et les autres terres qu'il aura possédées, reviennent librement et en entier à notre fils, notre successeur en notre royaume.

« 3. Nous voulons aussi, et ordonnons que notre troisième fils possède tout le comté d'Anjou et du Maine en fiefs et domaines avec ses appartenances.

« 4. Nous voulons et ordonnons que notre quatrième fils ait le comté de Poitou et toute l'Auvergne en fiefs et domaines avec toutes leurs appartenances.

« 5. Nous voulons et ordonnons que la terre que tient de nous en don notre très-cher et fidèle frère Philippe, comte de Boulogne, retourne à notre successeur, roi de France, si ledit Philippe, comte de Boulogne, vient à mourir sans héritier.

« 6. Nous voulons et ordonnons que notre cinquième fils soit clerc, ainsi que tous les autres qui naîtront après lui.

« 7. Quant aux biens meubles qui sont en notre possession, nous en ordonnons ainsi. Nous donnons à notre fils, qui nous succédera au trône, pour la défense du royaume, tout ce que nous avons dans notre tour de Paris, auprès de Saint-Thomas, en or, en argent et en monnaies.

« 8. Nous voulons et ordonnons que, sur notre mobilier, soient satisfaits ceux à qui nous pourrions avoir fait tort.

« 9. Nous donnons et léguons à notre chère femme, Blanche, illustre reine des Français, trente mille livres.

« 10. Nous léguons et donnons à notre chère fille, Elisabeth, vingt mille livres.

« 11. Nous léguons et donnons à deux cents des maisons du Seigneur, vingt mille livres, c'est-à-dire cent livres à chacune d'elles.

« 12. Nous donnons et léguons à deux mille maisons de lépreux, dix mille livres, c'est-à-dire cent sous à chacune d'elles.

« 13. Nous donnons et léguons, pour célébrer notre anniversaire, à soixante abbayes de l'ordre des Prémontrés, six mille six cents livres, c'est-à-dire soixante livres à chacune [1].

« 14. Nous donnons et léguons aussi, pour célébrer notre anniversaire, quatre mille livres à quarante abbayes de l'ordre de Saint-Victor, c'est-à-dire cent livres à chacune d'elles.

« 15. Nous donnons et léguons à l'abbaye de Saint-Victor, pour célébrer notre anniversaire, quatre cents livres.

« 16. Nous donnons et léguons à l'abbaye de Sainte-Marie-de-la-Victoire, près de Senlis, mille

---

[1] Il y a ici évidemment erreur ; au lieu de *sexaginta*, il doit y avoir *centum decem*.

livres, outre les revenus que nous lui avons donnés.

« 17. Nous donnons et léguons à soixante abbayes de l'ordre de Cîteaux, six mille livres, c'est-à-dire cent livres à chaque abbaye, pour célébrer notre anniversaire.

« 18. Nous donnons et léguons, pour célébrer notre anniversaire, deux mille livres à vingt abbayes de moines de l'ordre de Cîteaux, à savoir cent livres à chaque abbaye.

« 19. Nous donnons et léguons aux orphelins, aux veuves et aux pauvres femmes à marier, trois mille livres.

« 20. Nous donnons et léguons à tous nos serviteurs deux mille livres.

« 21. Nous voulons qu'on observe de toutes manières, ainsi qu'il est contenu plus haut, le partage que nous avons fait entre nos fils, afin que nulle discorde ne se puisse élever entre eux ; c'est-à-dire que nous voulons que notre fils qui nous succédera au trône ait et possède tout le royaume de France et toute la terre de Normandie, comme nous la possédions et tenions le jour où nous avons arrêté le présent testament, à l'exception des comtés que nous avons exceptés plus haut, à savoir : le comté d'Arras, le comté d'Anjou et du Maine, et les comtés d'Auvergne et de Poitou, que nous avons partagés à nos autres fils, ainsi qu'il a été statué plus haut.

« 22. En outre nous voulons qu'on vende toutes nos pierres précieuses faisant partie de notre couronne, et les autres, et que du prix qu'on en retirera on construise une nouvelle abbaye de l'ordre de Saint-Victor, en l'honneur de la bienheureuse vierge

Marie, et qu'on vende semblablement, pour construire ladite abbaye, tout l'or qui est dans les couronnes, dans les anneaux ou les autres joyaux.

« 23. Nous nommons exécuteurs de notre testament, pour le mobilier, nos amés et fidèles l'évêque de Chartres, l'évêque de Senlis et l'évêque de Paris, et avec eux l'abbé de Saint-Victor. Que si tous ne peuvent pas assister à son exécution, deux d'entre eux l'exécuteront fidèlement avec l'abbé de Saint-Victor. Que si, après satisfaction de tous ceux à qui nous avons fait tort, et le paiement de nos dettes, nos meubles ne suffisaient pas pour acquitter lesdits legs, nous voulons qu'on retranche de ces legs ce qu'on jugera à propos d'en retrancher. »

FIN DE LA VIE DE LOUIS VIII.

DES FAITS ET GESTES

# DE LOUIS VIII,

POÈME HISTORIQUE;

Par NICOLAS DE BRAY.

# NOTICE

## SUR

# NICOLAS DE BRAY.

C'est à défaut de documens plus étendus sur le règne de Louis VIII, que nous ajoutons, à la petite chronique qui précède, le poème de Nicolas, doyen de l'église de Bray, qui ne contient que l'histoire, incomplète même, de la prise de La Rochelle et du siége d'Avignon par ce prince. On ne saurait douter que Nicolas ne fût contemporain des événemens qu'il raconte; son poème est dédié à Guillaume d'Auvergne, évêque de Paris de l'an 1228 à l'an 1248; et deux vers attestent qu'il était présent lui-même au siége d'Avignon :

*Me quoque, jam memini, volitans per inane sagitta*
*Irruit; at gentes egi, non corpore læso.*

Il aurait donc pu nous transmettre un grand nombre d'intéressans détails; ils ne manquent point en effet dans son poème, mais ce sont plutôt des détails de mœurs que des faits historiques. Sur les événemens même qu'il a vus, le poète ne donne que de courtes indications, tandis qu'il décrit minutieusement, et quelquefois d'une manière assez animée, les repas, les fêtes, toute la vie de ses contemporains. L'entrée de Louis VIII à Paris ne manque point d'intérêt ni même de vérité poétique; et sous ce point de vue, le poème de Nicolas de Bray ne mérite point le dédain avec lequel en ont parlé les érudits. Le seul manuscrit qui en reste est mutilé vers la fin, sans que rien indique l'étendue du fragment perdu; il y a lieu de croire cependant que c'est peu de chose, car, là où s'arrête le manuscrit, le poète est évidemment au terme de son sujet.

F. G.

# FAITS ET GESTES

# DE LOUIS VIII,

ROI DES FRANÇAIS.

---

O Muse, raconte les exploits du magnanime roi Louis, combien il a été brave et ce que vit la France belliqueuse sous le règne de ce roi ; raconte quels honneurs il a mérités, quels titres de gloire il s'est acquis, pendant qu'il a vécu. Sans doute, si les sœurs, filles du destin, n'eussent trop promptement coupé la trame de sa vie, au milieu de sa brillante jeunesse, le grand Alexandre, à qui le monde entier fut soumis, depuis Cadix, ville d'Hercule, jusques au Gange, revenant sur cette terre, serait petit et s'humilierait devant lui ; et comparé à lui, celui qui fit la gloire du peuple romain, Jules, malgré son illustration et ses mérites, ne serait plus que dédaigné. Qu'Apollon aussi daigne favoriser l'essor de mon génie et verser sur les ténèbres de mon esprit la rosée de sagesse : que les saintes faveurs des Muses ne me soient pas non plus refusées, et que les eaux de Dircé coulent en abondance dans mes veines, afin que je puisse conduire mon entreprise à une heureuse fin.

Et toi [1], que la sagesse pare de toutes les vertus, que celle qui fut mère par la grâce et vierge pudi-

---

[1] Guillaume d'Auvergne, qui fut évêque de Paris de l'an 1228 à 1248.

que se complaît à avoir pour pudique serviteur, que la ville de Paris, qui cultive avec éclat les arts libéraux, se réjouit de posséder pour évêque, à qui l'heureuse Auvergne se félicite d'avoir donné le jour, toi, la perle des pasteurs et l'honneur du clergé, assiste-moi; seconde mes efforts, soutiens mes chants : que Nicolas, nourrisson de Bray, se réjouisse de ton assistance, que ta faveur lui prête une nouvelle force; ta faveur seule donnera plus de vigueur à mon génie que ne feraient les Muses et le puissant Apollon. L'entreprise sans doute est difficile, mais avec ton appui, mon esprit en portera légèrement le fardeau.

Après avoir vaincu les ennemis que la Flandre envoyait depuis long-temps contre lui, le roi des rois du monde, le vénérable Philippe, ardent défenseur des trésors de la foi catholique, lumière et gloire de la nation française, acquitta sa dette envers la nature, en se dégageant de la prison de la chair. Après sa mort, son fils porta le diadème, prit en main le gouvernement du royaume, et brilla au faîte des grandeurs, élevé sur son trône d'ivoire, armé de son sceptre, riche de ses peuples, de ses trésors et d'immenses conquêtes.

Il est une ville métropole, qui fut bâtie autrefois, selon que le rapportent les anciens, par Remus, enfant d'Ilion, qui, dans son imprudence, se précipita pour franchir les murailles élevées par Romulus, expia sa faute par sa mort, et périt, frappé par la main criminelle de son frère. Les anciens appelèrent cette ville Rheims, du nom de son fondateur. D'abord il n'y eut en ce lieu que des cultes idolâtres, dans ce temps où le fier ennemi de l'homme régnait à son gré dans le monde entier et où la race humaine était encore plongée dans les ténèbres. Mais quand la véritable lumière, quand le Christ fut descendu des demeures supérieures, caché sous le voile de la chair, et né du sein sacré d'une vierge pure, la sainte foi se répandit; et alors cette ville, abandonnant l'erreur, adopta la religion catholique, et se nettoya de ses souillures dans les eaux limpides de la fontaine de vie. Là Remi, héraut du salut divin, exerça la dignité pontificale. A sa prière, le maître de l'Olympe envoya la rosée céleste dans l'Ampoule, afin que le corps du roi fût toujours oint de cette liqueur sacrée et qu'il ne s'en trouvât plus dans la fiole, à la suite de l'onction royale.

Le roi donc, ayant posé sur sa tête le diadème du royaume, se rendit dans cette ville, afin de ne point la dépouiller de ses droits, entouré de tous côtés par la foule des grands qui l'escortaient; selon l'usage royal, il fit oindre son corps royal de cette précieuse liqueur, et après avoir reçu l'onction il se retira de la ville, dirigeant ses pas pour s'en retourner vers les terres de sa patrie, et bientôt, revêtu de la robe de cérémonie, il entre dans la ville de Paris, toujours accompagné par ses chefs.

Alors brille devant les yeux du prince la ville vénérable où sont exposées les richesses que la prévoyante sollicitude de ses ancêtres avait autrefois amassées. L'éclat des pierreries le dispute à celui de l'astre de Phébus, la lumière s'étonne d'être effacée par une lumière nouvelle, le soleil croit qu'un autre soleil éclaire la terre, et se plaint de voir éclipsée sa splendeur accoutumée. Sur les places, les carrefours, dans les rues, on ne voit que des vêtemens tout resplendissans d'or, et de tous côtés brillent les étoffes de soie. Les hommes chargés d'années, les jeunes gens au cœur impatient, les hommes à qui les ans ont donné plus de gravité, ne peuvent attendre leurs vêtemens de pourpre : les serviteurs et les servantes se répandent dans la ville, heureux de porter sur leurs épaules de si riches fardeaux, et croient ne plus devoir de service à personne, tant qu'ils s'amusent à regarder autour d'eux toutes les parures magnifiques. Ceux qui n'ont pas d'ornemens pour se vêtir en des fêtes si solennelles, vont emprunter des habits à prix d'argent. Sur les places et dans les rues, tous se livrent à l'envi à toutes sortes de divertissemens publics ; le riche n'écarte point l'indigent de la salle de ses festins, tous se répandent en tous lieux et mangent et boivent en commun. Les temples sont garnis de guirlandes, les autels entourés de pierreries ; tous les aromates s'unissent au parfum de l'encens qui s'élève en fumée ; autour des rues et des vastes carrefours, de joyeux jeunes gens, de timides jeunes filles forment des chœurs de danse ; des chanteurs paraissent, entonnant des chants joyeux ; des mimes accourent, faisant résonner la vielle aux sons pleins de douceur ; les instrumens retentissent de toutes parts, ici le sistre, là les tymbales, le psaltérion, les guitares, faisant une agréable symphonie ; tous accordent leurs voix, et chantent pour le roi d'aimables chansons. Alors aussi sont suspendus et les procès et les travaux et les études des logiciens ; Aristote ne parle plus, Platon ne présente plus de problèmes, ne cherche plus d'énigmes à résoudre ; les réjouissances publiques ont fait cesser toute espèce de travail ; le chemin par où le roi s'avance est agréablement jonché de fleurs : il entre enfin joyeusement dans son palais et se place sur son siége royal, entouré de ses grands. Jamais, au dire même des poètes, le grand Alexandre, ce marteau du monde entier, ne fut accueilli avec tant de luxe et de solennité, dans cette prétendue ville de Sémiramis, ainsi nommée par une erreur de langage, car il n'y entra jamais ; et jamais la Grèce victorieuse ne reçut avec tant d'éclat le fils d'Atrée, après que le puissant Hector eut été frappé de mort sous les murs de Pergame, fille de Neptune ; lorsque les Troyens eurent été détruits à la suite d'une double défaite, que la mort eut vengé l'insolence d'un hôte perfide, lorsque le Palladium eut été enlevé, enfin que les feux de Vulcain eurent consumé toutes les maisons de la ville de Troye.

En face du roi, prennent place ceux à qui leur âge a donné une longue expérience, les grands, nouveaux Nestors, qui peuvent convenablement gouverner le royaume et traiter des grandes affaires ; plus loin s'arrêtent les jeunes gens, d'une valeur indomptable à la guerre, en qui se trouvent la vigueur et le courage d'Achille, et qui portent en leurs cœurs toute la fierté du lion intrépide. En voyant ainsi réunis devant lui tant et de si illustres amis, le roi ne peut contenir en son cœur la joie qu'il ressent ; elle monte sur son visage, un rouge de pourpre colore ses joues et ses traits s'animent d'une plus vive expression de courage. A sa figure seule vous pourriez reconnaître un roi, quoiqu'il ne soit point revêtu de ses habits royaux, quoique sa tête vénérable ne soit point ornée du diadème et qu'il n'ait point en main son sceptre d'ivoire. Sans autre retard, voilà que de magnifiques citoyens se préparent à entrer dans le palais du roi, lui apportent de très-beaux présens, des vêtemens ornés de diverses figures en broderie, le saluent du doux nom de père de la patrie, fléchissent les genoux, et lui présentent de riches dons.

On présente donc au roi la pourpre toute couverte de broderies, des pierres précieuses qui effacent l'éclat de l'hyacinthe et de l'escarboucle de Phébus, et l'on n'omet point non plus les dons de Crésus. On lui offre une coupe qui, s'il est permis de le croire, fut jadis ciselée par le burin habile de Vulcain. Sur les bords de la coupe est représenté l'univers entier et l'on y voit la série des événemens, indiqués par de petites figures. Là se trouvent la mer et la terre et l'air suspendu dans l'espace, et au-dessus d'eux est le feu, qui s'élève vers les hautes demeures des cieux. Le monde est divisé en quatre parties : l'immense Océan l'enveloppe tout entier de ses vastes eaux. La nature créa dans sa puissance deux astres lumineux qu'elle attacha aux extrémités des pôles, et qui éclairent tout ce qui se passe sur le monde. Ici Prométhée, né de Japhet, façonna l'homme avec une terre toute nouvelle, qu'il pétrit avec l'eau du fleuve. Sous le règne de Saturne le monde fut tout riche d'or ; mais sous le règne de Jupiter l'essence de l'or fut corrompue ; la justice, la foi, la piété s'évanouirent ; la fraude, la trahison, le crime se répandirent en tous lieux. Astrée alla fixer sa demeure au milieu des astres, abandonnant enfin une terre assiégée par le vice. Vous croiriez voir Jupiter, sa droite armée de la foudre, et les enfans de la Terre dirigeant contre le ciel leurs armes impies. Mais ce n'est pas là tout ce qu'on y peut trouver, et tout autour du rebord de cette coupe on voit en outre, au milieu de l'or, toute la série des travaux racontés par l'illustre Ovide.

Au milieu brille une ville, fière de ses trésors et de ses habitans, que Niobé, la mère (s'il faut en croire les récits que nous ont transmis les anciens poëtes), fonda aux doux accords de sa cithare, dont les sons enchanteurs attiraient les pierres, plaçant sept portes autour de ses murailles. Une seule enceinte enferme autant de bourgs que ses portes ont de noms, et jadis les anciens nommèrent cette ville Thèbes. En dehors des portes de la ville, les mères thébaines, les cheveux épars et se frappant la poitrine, conduisent une pompe funèbre; on croirait voir pleurer sur la coupe les frères percés à mort par les flèches de Phébus et de Phébé. Ici l'envie et l'ambition de régner poussent deux frères à rompre leurs liens de fraternité et à prendre les armes l'un contre l'autre; sept chefs se préparent à bloquer et à assiéger les sept portes de la ville. Le devin est plongé vivant dans les gouffres du Styx. Les frères succombent sous les blessures qu'ils se sont faites l'un à l'autre, et le frère se soustrait par la fuite aux fureurs de son frère. Là, avant de succomber, un fils agité dans le monde par les Furies, se venge en frappant sa mère de ses armes cruelles, et expie une mort injuste dans de justes transports de rage. Que dis-je? enfin toute l'histoire de Thèbes a passé sous le burin.

Au pied de la coupe, la main savante de Vulcain a gravé la ville d'Ilion. Hécube a révoqué ses ordres ; le rejeton d'un roi mène au pâturage les agneaux et les taureaux. Trois déesses, dépouillées de leurs vêtemens, viennent se soumettre à son arbitrage, et le prennent pour juge. Selon la décision du juge, la blanche fille de Saturne, celle que l'on adore sur les hauteurs du mont Eryx, surpasse ses compagnes en beauté. Le berger se hâte de se rendre vers les confins de l'Europe, puis il en revient, amenant la proie qu'il a enlevée en hôte perfide. Les phalanges des Grecs abordent auprès des murailles de Troye ; des deux côtés on combat et l'on succombe sous diverses sortes de mort ; enfin au bout de deux lustres le feu dévorant consume les édifices de la ville vénérable. Les songes sont miraculeusement accomplis. Ici Enée fuyant loin de l'incendie, emportant avec lui les Pénates sacrés, entre dans les murs de Carthage. Là succombe, le cœur transpercé d'un fer, l'épouse abandonnée par son époux qui fuit loin d'elle. Que dirai-je de plus ? Enfin, sur le pied de cette même coupe, est tracée toute la suite de ces événemens. En dessous du rebord de la coupe, Vulcain avait en outre représenté Mars l'adultère, et Vénus enchaînée par lui auprès de Mars ; sans doute il en eût fait davantage, si la honte ne l'en eût empêché, en réveillant dans son ame le souvenir d'une grande douleur.

Le roi ayant reçu ces riches présens, offre à son tour mille actions de grâces, et rendant honneur pour honneur, remet aux serviteurs leur liberté, en les délivrant du joug de leur servitude, et renvoie absous les coupables, excepté ceux qui par une trahison criminelle tournèrent leurs armes contre la tête de son père, et qui demeurent enfermés dans les ténèbres d'une prison, juste punition de leur crime.

Lorsque les citoyens furent sortis du palais du roi, et que les eaux de Thétis eurent frémi sous les pas des chevaux de Phébus, parvenus au terme de leur course, la demeure du roi brilla de mille feux, et ces feux étant allumés, on prépara une fête publique. Les tables dressées, le héros royal, couvert de pourpre, portant des vêtemens tout brillans de pierreries, s'assied tout auprès; les grands s'asseoient; des vases ornés de pierreries sont remplis de vin, et bientôt on ne s'occupe plus qu'à vider les coupes. Tandis que leurs cœurs sont échauffés par les dons généreux de Bacchus, dont le nectar chasse loin d'eux les soucis rongeurs, le plus célèbre des mimes par son talent pour l'art de la musique, se présente devant le roi, et faisant résonner les cordes de son instrument, il chante en ces termes :

« Illustre roi des rois, qui brilles de tout l'éclat de
« la valeur, dont la renommée porte jusqu'aux cieux
« la force et le courage, qui, par tes nobles qualités,
« t'es déjà élevé au dessus des exploits de ton père,
« comme le fils d'Atrée surpassa son père, comme le
« héros de Neptune s'éleva au dessus d'Egée, comme
« le fils de Pélée surpassa Pélée, comme Jason sur-
« passa Æson, car il n'est point honteux pour un père
« d'être surpassé par son fils; géant de cœur, agneau
« de visage, fils de Laerte pour l'habileté, Nestor pour
« le conseil, évite les serviteurs à la langue mielleuse,
« et garde-toi de prêter l'oreille aux paroles des flat-
« teurs, car c'est par ce moyen que souvent les servi-

« teurs s'arment contre les puissans, et c'est ainsi que
« les justes sont injustement enchaînés. Il ne convient
« point que les nobles caractères soient ainsi séduits
« par le vice. Toi donc, sois bon pour les bons ; que
« l'ennemi te trouve son ennemi et redoute ta sévérité ;
« confonds-le tout-à-fait en le frappant de terreur ;
« mais s'il se livre à toi, reçois-le avec indulgence ;
« qu'un brave ennemi devienne ton ami, et soit uni
« à toi par les liens de la concorde et de la paix.
« Souvent, plus la haine a été vive, et plus se ren-
« forcent les chaînes de l'amour et d'une fidélité qui
« ne périra en aucun temps. Que ta jeune renommée
« ne soit point exposée au souffle déshonorant du
« vice. Fuis le crime de l'avarice ; gagne par tes dons
« les cœurs des chevaliers ; par là tu pourras aussi
« calmer les douleurs qu'ils ressentiront. L'homme
« généreux est honoré, tout avare est méprisé, et la
« renommée de celui qui sait donner se répand
« avec éclat dans tout l'univers. L'offre d'un présent
« donne l'illustration et la beauté ; elle donne des
« amis, elle adoucit les cœurs les plus durs, elle
« procure des honneurs et subjugue des ennemis.
« Qu'est-ce qui soutint autrefois dans le monde en-
« tier la fortune du roi de Macédoine, si ce n'est que
« sa main généreuse savait accorder à ses vaillans
« chevaliers des récompenses dignes d'eux ? Imitant
« cet exemple, Jules conquit jadis tout le pays habité
« par les Gaulois. La valeur même est méprisée dans
« l'homme avare. Fais observer la justice, travaille,
« par amour pour la justice, à rappeler Astrée du haut
« des astres ; et que la sagesse de ton esprit ne soit
« jamais séduite ni par les prières, ni à prix d'argent,

« ni par l'affection. Que la funeste passion de Vénus
« ne souille point ton ame vigoureuse; garde-toi de
« perdre le précieux don de sobriété dans les orgies
« de ton ventre, et de laisser vaincre ta raison par les
« fumées de Bacchus. La majesté royale brille en toi
« de toute la valeur de ton père; aime toujours ceux
« en qui se trouvent unis l'honneur et la vigueur
« de l'ame, dussent-ils n'être illustrés ni par la ri-
« chesse ni par la naissance, car une telle gloire vaut
« bien mieux que tous les trésors. La noblesse de la
« naissance et l'illustration d'un sang élevé appar-
« tiennent de droit à la vertu, et les richesses sont
« nuisibles sans le mérite. »

Il dit; aussitôt les tables sont enlevées, selon que le prescrit l'heure qui s'avance; et, vers le milieu de la nuit, les grands remplis d'allégresse, et la foule joyeuse des chevaliers vont également chercher le repos pour leurs membres fatigués. Un lit couvert de pourpre reçoit aussi le corps du roi, et le sommeil ose enfin s'étendre sur ses membres appesantis.

Déjà le bouvier dirigeait plus lentement son lourd chariot, en voyant Lucifer élever la tête; déjà les astres se plongeaient vers la mer; la pâle Aurore échappait aux embrassemens de son époux, et le soleil atteignait au sommet des montagnes; le roi se lève en hâte, arrachant ses membres au repos qui les engourdit, et tout aussitôt la phalange des grands se rassemble dans la cour. Déjà tous les grands avaient demeuré depuis huit jours à Paris auprès du roi, assistant à des fêtes et à des banquets solennels, lorsque le roi enrichit de ses magnifiques présens ceux qui voulurent retourner dans leurs terres, et permit à chacun d'eux de rester chez soi. Alors le roi, jaloux de visiter les peuples soumis à sa domination, et suivi de la foule de ses seigneurs, décida qu'il se mettrait en route lorsque le jour du lendemain commencerait à paraître, et que le soleil chasserait devant lui les coursiers de la nuit.

Le jour suivant, le roi se rendit donc rapidement à Melun. Les seigneurs, confondus avec le peuple, venaient sur les limites de leurs terres recevoir ce roi redoutable, et lui présentaient d'un front serein leurs hommages. De là, le roi dirigea sa marche rapide vers les nouvelles conquêtes du royaume, soumettant les villes aux lois qu'il leur imposait. La paix brillait sur la terre, la concorde régnait librement dans tout le royaume; nul rebelle ne tournait ses armes injustes contre l'éclat de la majesté royale; la Normandie ne levait plus la tête, la Flandre ne se refusait point à porter humblement le joug de ce prince puissant.

Cependant l'Envie, qu'irrite toujours le bonheur des hommes de bien, détestant la France, voulut rompre les liens de la paix, lorsqu'elle vit de toutes parts les villes du monde et le genre humain jouissant d'un doux repos; et, descendant aux demeures de Pluton, triste et d'une voix lamentable, elle adressa ces paroles au tyran de l'enfer: « O père de l'éternelle
« nuit, qui portes le sceptre des impies habitans du
« Styx, et gouvernes le royaume du second monde,
« auteur de tout crime, que Jupiter expulsa jadis de
« la demeure des cieux, combien ta patience est lon-
« gue! combien ta puissance abattue est méprisée
« sur la terre! Déjà la vertu et la bonne foi domi-
« nent sur le monde terrestre; déjà le véritable amour

« tient toutes choses enchaînées sous sa puissance;
« déjà la paix, la piété, se promènent en tous lieux le
« front levé. O honte! Astrée triomphe de nouveau
« sur la terre, et, abandonnant les astres, impose ses
« lois aux peuples du monde. Déjà, chassant Jupiter,
« Saturne gouverne les empires, la race antique est
« revenue, l'âge d'or reparaît. O douleur! ces trans-
« ports de fureur auxquels tu as coutume de te livrer
« sont vaincus par de nouveaux actes de clémence.
« Toi que la terre et la mer redoutent, je t'en sup-
« plie, reprends tes forces et tes emportemens accou-
« tumés, et ne permets pas que les hommes vivent
« sans châtiment. Veuille donc, dérangeant l'ordre
« régulier de toutes choses, voiler le jour et obs-
« curcir l'éclat des astres, à l'aide des poisons du
« Styx. Jadis tu chassas la vertu de la terre : mainte-
« nant un nouveau fléau se présente, et ce sera une
« plaie incurable, et ta puissance tombera méprisée
« de tous les siècles, si tu ne prends garde à toi, si
« tu ne ressaisis tes armes redoutables. Lorsque Phi-
« lippe, la tête couronnée du diadême royal, gou-
« vernait les terres de la Gaule, la Normandie et la
« Flandre opposèrent leurs forces à ses forces, lui
« suscitèrent de grandes fatigues, et firent prendre
« les armes à toute la nation des Gaules. Alors aussi
« tu avais de la force; alors la trahison et la fraude se
« réjouissaient de te voir posséder, selon tes vœux,
« le sceptre du monde. Mais depuis que Louis gou-
« verne les Gaulois, nous sommes chassés de la terre
« et réduits à perdre toutes nos forces. Les genoux
« abaissés devant lui, toute nation se prosterne et
« courbe la tête; la concorde règne en tous lieux, et

« nous, accablés de honte, supportant un long oppro-
« bre, ô douleur ! nous sommes expulsés des demeu-
« res du ciel et de celles de la terre. Maintenant donc,
« ô mon père, reparais, rends les rênes aux furies,
« jette le désordre parmi les enfans de la Gaule, et
« réprime leur invincible orgueil. »

Elle dit, et ses serpens agités font entendre leurs horribles sifflemens ; ouvrant la gueule, ils répandent de tous côtés leurs noirs venins, et infectent de leur poison les demeures du Styx. Ainsi l'antique ennemi, se relevant, remplit les cavernes de l'enfer de ses triples hurlemens : le lac du Tartare retient ses murmures, ses gémissemens et ses plaintes accoutumées ; la roue d'Ixion ne tourne plus ; Prométhée ne livre plus ses entrailles aux vautours dévorans ; le rocher roulant ne presse plus Sisyphe, accablé de fatigue, et lui laisse quelques instans de repos ; Tantale atteint enfin aux ondes fugitives, et il lui est permis de cueillir une pomme. Les ombres ont séché leurs yeux livides et retiennent leurs larmes, convoquées en un hideux conseil par Satan qui crie de sa bouche difforme, lui qui, ayant voulu se porter pour égal du Créateur, fut envoyé dans les feux de la géhenne, par une vengeance digne de Dieu ; lui qui, plus brillant que tous les autres, devint aussi plus vil, et fut d'autant plus abaissé au dessous de tous, qu'il avait été plus élevé. Tous les monstres de l'Érèbe se rassemblent. Ici siége Alecton, portant des couleuvres entortillées sur sa tête, tandis que les hydres errent çà et là sur le rivage ; là mugit Tisiphone, accompagnée de Mégère ; et l'Orgueil, au visage altier, s'élevant au dessus de tous ses compagnons, et ne pouvant souf-

frir aucun égal, prend place sur son siége criminel.
Ici l'Ivresse redouble ses vomissemens; la Colère et la
Fureur se joignent à elle, et la Débauche, couchée
sur des torches brûlantes, est dévorée d'une ardeur
pénétrante. Là est l'Ambition, à la soif inextinguible,
que nuls trésors ne peuvent rassasier; plus loin la
Médisance, la Trahison, au docile langage, présentant des visages amis, et cependant travaillant sans
relâche à détruire le renom des gens de bien. Ici
s'assied l'Hypocrisie, l'air simple et le visage pâle, aspirant toujours à s'élever au faîte des honneurs. Là
sont encore la Frayeur, le Deuil, le Désespoir, instigateur de méchanceté, la Douleur, la Maladie et la
tremblante Vieillesse. La Gloutonnerie absorbe toutes
les richesses, l'humble Pauvreté demeure constamment
attachée à ses pas, et la Misère l'accompagne.

Lorsque la cohorte ténébreuse se fut rassemblée
dans le palais de Satan, lorsque les déesses que la Nuit
enfanta avec l'Achéron eurent pris leur place, rompant le silence par ses rauques clameurs, le roi leur
parla en ces termes : « O mes compagnes, combien
« nous sommes méprisés dans le monde! et quelles
« puissantes armes la Vertu n'a-t-elle pas préparées
« contre nous! Hélas! nous souffrons déjà de rudes
« maux, et nous en souffrirons de plus rudes encore,
« si notre patience se prolonge davantage. Voici, ma
« très-chère fille l'Envie, le visage tout baigné de
« larmes, vient de rapporter à mes oreilles que je ne
« sais quel roi de la terre nommé Louis, devant qui
« le monde entier a courbé la tête, fait régner sous
« lui la paix et la concorde. Nous cependant, accablés
« de honte, plongés dans les ténèbres d'une horrible

« prison, privés de gloire, nous languissons en-
« gourdis à jamais, et exilés du monde; notre puis-
« sance, jadis si étendue, demeure stérile, et nos
« forces ne peuvent trouver l'occasion de se mesurer.
« Vous donc, esprits exilés, recherchez ce qu'il con-
« vient de faire ; ma force est nulle si vous ne la
« soutenez, c'est vous qui me prêtez vos forces et vos
« traits. » L'ennemi a dit, et son impie visage est
aussitôt inondé d'un hideux torrent de larmes.

Le peuple infernal fait entendre un murmure,
semblable à celui de la mer agitée par les vents, lorsque le froid Borée descend du pôle et presse les ondes
de ses ailes glacées. Tout aussitôt la Trahison, dont la
chevelure est formée de noirs serpens, se lève, et frémissant de rage, exhale ces horribles paroles : « Déesses
« de la Nuit infernale, que torture l'Averne, que pour-
« suit le feu dévorant, il ne nous appartient pas de
« faire audacieusement la guerre contre les dieux; les
« destins contraires s'y opposent, et nous en sommes
« empêchés aussi par celui qu'enfanta, sans l'assistance
« de l'homme, je ne sais quelle Vierge, et qui jadis
« rompant avec sa croix les barrières du sépulcre,
« nous enleva violemment notre proie. Toutefois, si
« vous voulez faire du mal aux humains, j'ai à ma
« disposition des peuples tout prêts pour le crime,
« que Mégère, dès leur plus tendre jeunesse, a nour-
« ris du fiel des vipères. Et afin que vous ne de-
« meuriez point dans l'incertitude sur ce que je vous
« propose, je vous dirai quels sont ces peuples. Sur
« la pente des rivages de l'Océan est une ville noble et
« célèbre dans le monde entier, puissante par ses an-
« tiques richesses, fière de sa population, La Rochelle,

« qui porte le joug de ce roi à qui a obéi et obéit en-
« core la Grande-Bretagne. Je commande donc au
« peuple de La Rochelle et je ferai que ce peuple
« détruise la paix, et, faisant la guerre, renverse
« les intentions pacifiques du prince à qui la Gaule
« obéit. »

Elle dit ; et, sombre elle-même, soudain s'é-
lance hors de ces épaisses ténèbres, portant avec
elle le poison mortel par lequel les liens de la paix
sont brisés et qui détruit tout amour et toute la pureté
de la bonne foi. A peine l'a-t-elle versé au fond des
cœurs des habitans de La Rochelle, elle retourne vers
les antres ténébreux du crime et rentre dans les lacs
du Tartare, au milieu des marais empestés de soufre.
Bientôt un aiguillon de fureur agite les chefs de la
ville, tellement qu'ils vont enlever un riche butin à
tous leurs voisins et à ceux qu'ils savent être soumis
aux lois du roi des Gaules ; ils incendient les campagnes, pénètrent de vive force dans les châteaux, chargent les hommes de fers, ou les plongent dans les ca-
chots : les uns sont forcés de mourir, domptés par
l'affreuse faim ; les autres ne se sauvent que tout mu-
tilés, et après avoir perdu les oreilles, le nez ou les
yeux.

Cependant la première nouvelle de ces événemens
est parvenue aux oreilles du roi : en l'apprenant, il s'a-
nime d'une colère royale, sans rien perdre toutefois
de la sage prévoyance de son esprit.

Tel qu'un lion d'Hyrcanie, qui par hasard aurait
oublié sa colère, si quelqu'un vient à l'exciter de nouveau et provoquer sa férocité accoutumée, retrouve
bientôt les fureurs et les penchans de sa bouillante

nature : il ne craint plus ni les glaives, ni les traits, qui le menacent de mort, et s'élance avec violence sur tous les points où le pousse son impétuosité : tel ce roi, si doux et si facile, apprenant ces mauvaises nouvelles, commande à peine à sa colère, est transporté d'indignation, et sur son visage se peignent tous les signes de la fureur. Il convoque donc par ses lettres tous ses grands, sans qu'aucune raison puisse les retenir : ceux qui ont été appelés se rendent sans retard et se réunissent à la voix de leur chef. De bruyans murmures s'élèvent dans le palais, des bruits de toute sorte circulent au milieu de la cour, car nul ne sait encore ce qu'il faut faire. Le roi vénérable sort de ses appartemens secrets ; le respect qu'il inspire a comprimé tous les murmures ; il salue chacun par son nom. Tel Jupiter commanda jadis aux dieux un profond silence, lorsqu'il voulut leur raconter les crimes et les coupables festins de l'hôte de la Grèce, lorsque le genre humain était sur le point de courir à sa ruine ; ainsi, plein de sollicitude dans le fond de son ame, le roi ouvre la bouche, et, réprimant les gémissemens de son cœur, prononce les paroles suivantes :

« Défenseurs de la patrie, dont la vaillance fait l'or-
« gueil de la Gaule, que la triste Normandie vit au-
« trefois victorieux, dont la renommée publie partout
« la gloire et chante en tous lieux les louanges, que
« la Flandre, privée de ses triomphes, a trouvés ven-
« geurs du crime et de la trahison, lorsque ses peu-
« ples, que la France, mère des guerriers, avait pro-
« tégés dès leurs plus tendres années, se préparaient,
« selon leur coutume, à dépouiller l'auteur de nos

« jours, leur seigneur et leur père, de son diadême
« sacré, et à me dépouiller aussi, lorsque vos bras
« vigoureux et votre valeur renversèrent les armées
« ennemies; voici, la fureur de nos ennemis se dis-
« pose à vous porter de nouvelles blessures; et les
« maux de notre Empire ne pourront être réparés
« s'ils ne ressentent encore les effets de cette colère,
« devant laquelle trembla et qu'éprouva si vivement
« la Grande-Bretagne. La méchanceté de nos ennemis
« nous ouvre un vaste champ pour déployer notre
« valeur, et je regarde que c'est un heureux coup du
« sort qu'ils suscitent de nouveaux troubles et se
« livrent à tant de fureurs, pour travailler à agran-
« dir encore notre gloire. Voici donc, une nouvelle
« guerre nous appelle à de nouveaux triomphes. Le
« peuple de La Rochelle, méprisant vos bras et les
« œuvres de votre valeur, a déjà envahi le royaume
« des Gaules, il incendie les campagnes, détruit nos
« châteaux forts et jette nos hommes dans les prisons.
« O honte! des hommes lâches, dépourvus de force,
« osent attaquer de leurs armes le roi des Français,
« vous vivans, et ils ne recevraient pas le sévère châ-
« timent des vaincus! loin de moi de telles craintes!
« Tout coupable mérite, selon la justice, de porter la
« peine de sa faute. Si l'on mesure la peine à l'of-
« fense, nous demandons que chacun de nos ennemis
« éprouve par lui-même combien c'est une rude en-
« treprise d'oser provoquer à la guerre le roi des
« Gaules. Notre nom n'a-t-il pas, à l'aide de l'agile
« renommée, dépassé Cadix, la ville d'Hercule? Des
« lieux où le soleil se lève aux lieux où il se couche,
« quel point de la terre ne tremblerait, si vous entre-

« preniez de soumettre à vos armes le genre humain ?
« La victoire combat toujours dans votre camp et
« porte vos bannières ; elle dompte vos ennemis, elle
« est votre compagne, votre fidèle alliée. Allez avec
« son assistance, guerriers, défendez le royaume,
« maintenez sans tache la gloire de vos pères, triom-
« phez des faibles, soumettez-les au joug de notre
« empire. Vous n'aurez pas de grands efforts à faire,
« et cependant un immense triomphe se prépare,
« votre nom vivra à jamais ; si l'honneur du roi, si
« la majesté royale vous tiennent au cœur, que cha-
« cun fasse tout ce que nous commanderons. Moi,
« homme seulement, je ne puis seul défendre l'Em-
« pire ; si je prenais seul mon casque, si seul je vou-
« lais aller combattre, que ferait mon bras ainsi soli-
« taire ? je ne trouverais que déshonneur ; mais vous,
« la noire et honteuse infamie vous couvrirait aussi
« d'opprobre. Veuillez, je vous en prie, vous souve-
« nir et de votre origine et des grands exploits qui
« ont illustré vos ancêtres. Quelle ne fut pas leur fidé-
« lité ! quels honneurs, quelle gloire leur sont dus ! ja-
« mais de leur vivant le royaume des Gaules ne souf-
« frit une insulte. Ils vivront dans l'éternité, et ce
« roi Charles, dont le bras vigoureux fit fleurir la
« bonne foi, lorsqu'il eut vaincu les enfans de Mar-
« sile ; et ce Pepin, son père, à qui le ciel donna de
« triompher d'un lion ; beaucoup d'autres encore
« jouiront d'une éternelle renommée, pour prix de
« leurs exploits et de tout ce qu'ils ont fait sur notre
« sol ; et la gloire de notre père Philippe, qui appe-
« santit son bras sur la Flandre, durera aussi à jamais.
« Que dirai-je de ceux qui se soumettent fidèlement

« à nos ordres sacrés? la gloire des fils d'Atride, qui
« firent sentir à Pergame tombant en ruines toute la
« force de leurs mains ennemies, vivra de toute éter-
« nité; Achille illustré par la chute d'Hector, Enée
« triomphant du rebelle Turnus, porteront des noms
« à jamais célèbres. Courez donc aux armes d'un
« commun accord pour défendre la liberté et les
« intérêts de votre patrie menacée; opposez vos for-
« ces aux forces qui nous attaquent; réprimez un
« grand crime et de grandes fureurs; que l'ennemi
« tombe lui-même dans les embûches et dans les
« piéges qu'il nous a préparés. »

Il dit, et les grands lui promettent de se tenir tout
prêts à le suivre dans tout l'univers, et à travers tous
les périls. Alors le comte Pierre, si souvent éprouvé
à la guerre, à qui obéit humblement la terre de la
petite Bretagne, que ses innombrables exploits élèvent bien au dessus de l'illustre Arthur, qui porte un
cœur de lion, et que l'on dit issu par son père du
sang des rois [1], parle en ces termes : « O bon roi, ô
« illustre fils de Philippe, et digne d'un tel père,
« voici une grande occasion de déployer ta valeur.
« Déplace donc ton camp, transporte-le contre les en-
« nemis, et ne doute point que nous ne soyons à toi,
« empressés tous d'obéir à tes ordres. Quels que
« soient les périls que la terre nous présente, quelle
« que soit la mer mugissante que nous ayons à fran-
« chir, sous ta conduite, nous n'hésiterons point à
« braver les gouffres de Charybde, nous ne refuse-
« rons point d'aborder les monstres de l'avide Scylla,

---

[1] Pierre, comte de Bretagne, était petit-fils de Robert, comte de
Dreux, fils du roi Louis VI.

« de visiter les lacs de l'Enfer, et Cerbère enlacé par
« de fortes chaînes; et si tu marches avec nous,
« nous sommes tout prêts, s'il nous est possible, si tel
« est ton gracieux vouloir, à pénétrer jusqu'aux an-
« tipodes, à aller chercher un autre soleil et d'autres
« peuples. Ainsi donc, ô chef très-excellent, conduis-
« nous, écarte toute lenteur; pourquoi en effet nous
« engourdir dans l'oisiveté? O honte! l'oisiveté et la
« mollesse consument le cœur de l'homme lâche; la
« valeur aspire toujours aux choses les plus difficiles.
« Roi, appelle donc tes guerriers, rassemble tes for-
« ces, accomplis tes projets; que la seule sollicitude
« de ton esprit soit de confondre tes ennemis; plus
« de retard; une trop longue patience ne provoque
« que le mépris. » Il dit, et enflamme les grands d'un
nouveau courage : tel qu'Automédon qui presse le
flanc de ses chevaux, et accélère de plus en plus leur
course rapide.

Le roi, dès qu'il voit tous ses amis si bien disposés
à la guerre, rassemble toutes ses forces, afin qu'aucun
retard ne s'oppose à l'accomplissement de ses vœux,
semblable au divin Jules, lorsque, déjà victorieux, il
se disposait jadis à remporter dans Rome un nouveau
triomphe; semblable encore au Tout-Puissant, lorsque les Géans voulurent tenter d'attaquer le Ciel,
lorsque Pélion transportait le mont Ossa, quand
Pallas balançait son égide, quand le dieu de Délos
saisissait son arc, quand la déesse des forêts prenait
ses traits et ses flèches.

La nation entière accourt des diverses parties
du monde, et diverses espèces de langage se font
entendre en même temps. Ici le Breton, croyant

encore que son roi Arthur est vivant, pense qu'il n'est pas permis . . . . . . . . . . . . de prendre . . . . . . . . . . . . . . pour son roi Arthur[1]. La Normandie a envoyé ses hommes, orgueilleux par un vice de leur nature et terribles à la guerre ; la Flandre, ses habitans, dont la nourriture consiste en beurre, en fromage et en lait, et dont la bierre est l'unique boisson. L'Oise a fourni ses guerriers qui versent le sang de l'innocent, en croyant venger le sang de leurs parens, en sorte qu'un innocent expie toujours le crime d'un autre, quel qu'il soit. La Champagne et les rives de la Seine envoient aussi leurs hommes courageux et ardens à la guerre. On voit venir aussi ceux que visite de ses ondes rapides le Rhône, qui entraîne des rochers dans sa course, gens qui renient Dieu lorsqu'une puce fugitive leur échappe au milieu de leurs juremens. Ici le Breton s'enorgueillit de Pierre ; là, la Normandie est fière de son roi Richard, tellement qu'elle a peine à se soumettre à un autre roi. Plus loin est cet illustre comte, fils de Mars, Philippe de Boulogne, l'honneur de la Picardie, ardent à suivre les traces glorieuses de son père Philippe. La Flandre pleure encore son comte, car Ferrand se trouve enferré dans de lourdes chaînes de fer. La Gaule tressaille de joie au souvenir des exploits de ses antiques rois. Et toi, comte Thibaut, la Champagne se réjouissait à cause de toi, et de toi, et elle se réjouirait encore, si ta conduite subséquente ne différait trop de tes premiers actes ; souvent une honteuse fin a souillé un beau début[2]. Enfin

---

[1] Il y a ici deux lacunes.
[2] Allusion à la défection du comte Thibaut, qui, étant allé dans l'ar-

la Bourgogne, illustrée par les exploits de ses chevaliers, les a aussi envoyés à l'armée.

Ici un chevalier polit son casque couvert des aspérités de la rouille. Les boucliers sont remis en état, les épées sont affilées, afin que leur pointe acérée puisse inonder les entrailles de la terre d'un sang de pourpre, et teindre en pourpre l'herbe verdoyante. Les vêtemens tout parsemés de taches sont remis à neuf, et les bottes de fer, qui mettent les jambes en sûreté, sont réparées. Ici frémit le cheval qui s'est nourri des pâturages de l'Ibérie, et qui frappe le vide de l'espace de ses hennissemens sonores. Là, les hommes de pied réparent leurs frondes, une masse de plomb est convertie en balles, ou bien encore on construit avec art une machine destinée à renverser les murailles, et à lancer des blocs de pierre pour abattre les tours et les maisons, et pour frapper à mort les ennemis. Les mains se chargent de traits et de javelots, les carquois se remplissent de flèches trempées dans le poison, afin que ceux qui en seront atteints soient frappés d'une double mort. Enfin ni les arcs, ni les lourdes lames, ni les cruelles haches, ni les faulx, ne manquent aux guerriers, et tous s'arment en outre de leurs glaives acérés.

Le roi dispose en bon ordre ses escadrons armés, et se prépare à partir le lendemain, lorsque Phébus aura versé ses feux et inondé le monde entier de ses rayons. Déjà l'étoile du soir a plongé le char du soleil dans les ondes de Thétis, et la nuit s'avance,

---

mée du roi combattre les Avignonais, *retourna chez lui sans le congé du roi*, comme dit l'anonyme.

Voyez aussi Matthieu Paris à l'an 1226.

humide de rosée; après que les tables ont été enlevées et les coupes de Bacchus vidées, elle invite au repos les membres fatigués. La couche royale a reçu le corps vénérable du roi, mais il veille en proie à des sollicitudes pressantes qui ne cessent de l'agiter. Déjà cependant on était au milieu de la nuit, le Bouvier dirigeait obliquement son chariot, le croissant de la lune s'abaissait, lorsqu'enfin le sommeil vint s'appesantir sur les membres du roi. Alors il croit voir se présenter devant son lit la Victoire, ayant les cheveux couverts d'ornemens, portant la tête haute, marchant avec fierté, jetant des regards d'indignation sur un autre homme qui voudrait se faire l'égal de Louis. Elle est parée d'une écharpe d'or, et une couronne d'or enveloppe aussi sa tête. Derrière elle on entend des cris, des applaudissemens, des instrumens de guerre. Elle adresse la parole au roi, et lui dit : « Illustre roi des rois, Louis, vaillant rejeton du
« roi Philippe, en qui brille une haute valeur, de
« qui l'on attend la vigueur d'Alexandre, devant qui
« a tremblé la machine carrée du monde, des lieux
« où le soleil se lève jusques aux barrières d'Hercule,
« dont les exploits surpassent ceux de César, quoique
« celui-ci ait chassé devant lui et Pompée et tout le
« sénat, et se soit emparé dans Rome de tous les hon-
« neurs et de tous les droits, ne crains rien ; je suis la
« reine du monde, à qui cèdent tous les puissans de
« la terre; je suis surtout la mère des Gaulois, je
« marche à la tête de ton camp ; c'est moi qui te di-
« rige ; c'est par moi que la Gaule est parvenue au
« comble des honneurs; je suis la Victoire, qui t'a
« élevé, qui a toujours exalté ton nom, qui a fait

« l'illustration et la gloire de tous les tiens. Pour-
« quoi te trouvé-je accablé de sollicitude? Je viens
« t'apporter de nouveaux encouragemens; bannis
« donc toute crainte; n'hésite point à attaquer tes en-
« nemis; ton nom seul et ta renommée les frapperont
« d'effroi; la victoire sera toujours avec toi; tes en-
« nemis se livreront à toi, eux et leurs biens, et tu
« feras d'eux et de leurs biens tout ce que tu en
« auras ordonné. Travaille donc avec ardeur à vain-
« cre tes ennemis avec mon assistance, afin que par
« là ton nom devienne encore plus grand, et que ta
« réputation soit transmise aux siècles futurs, et dure
« à jamais. » Elle dit, et s'évanouit aussitôt dans le
vide des airs.

Déjà Lucifer affaiblissait l'éclat des astres du ciel, les épaisses ténèbres de la nuit s'étaient dissipées, le flambeau de Phébus effaçait toutes les étoiles, comme une moindre clarté s'absorbe dans une plus grande clarté, quand le sommeil, secouant ses ailes humides, abandonne la couche du roi, et fait rentrer les songes dans le fond de son cœur. Alors le roi se lève, et pare ses membres de ses plus beaux ornemens. Tous les autres grands, dès que l'aurore avait commencé à poindre et à colorer en rouge les premières heures du matin, avaient aussi quitté leurs lits; et, ayant mis ordre à toutes leurs affaires, laissant leurs femmes, leurs enfans, leur patrie, ils se mettent en marche, sous la conduite du roi, ne se laissant point retenir par l'amour du sol natal. Plus de retard; la Renommée babillarde, déployant ses ailes rapides, va partout annoncer que le roi presse sa marche, suivi de ses nombreux chevaliers, dont les escadrons surpassent en nombre ces armées de Xerxès, qui mettaient à sec les eaux d'un vaste fleuve, et les grandes armées de César, lorsque celui-ci, ayant rassemblé toutes ses forces, franchissait les Alpes, et se disposait à aller détruire toute la gloire de Pompée. Alors les gens de La Rochelle, apprenant le départ du roi, tremblent tout autant que si le monde était renversé de ses antiques fondemens, ou si Jupiter, animé d'une vive colère, lançait du sein des nuages les feux dévorans de la foudre; comme dut trembler jadis la jeunesse romaine glacée d'effroi en apprenant l'arrivée de César, lorsqu'elle voulut tenter vainement d'arrêter les fureurs du conquérant, tandis que tout le sénat prenait la fuite. Ce peuple prévoyant rassemble des denrées, remplit ses greniers, amasse toutes ses provisions; les celliers sont garnis de vin, et les armoires de viandes. Et ce n'est pas assez encore; la terre est enlevée, des fossés sont creusés, les places sont entourées de palissades, les murailles de retranchemens. De robustes barrières sont placées devant les portes, et derrière les remparts s'élèvent des amas de pierres, qui serviront à repousser au loin les funestes assauts de l'ennemi.

Déjà le septième jour s'était levé, et répandait ses feux sur les rivages de la mer, quand l'armée du roi, plus rapide que le vent, put enfin découvrir les murailles et les tours de la ville ennemie. Alors le roi, plein de douceur, parla en ces termes :

« Illustres enfans de la France, que le souverain
« Maître du monde protége de toute éternité, dont
« la victoire célèbre les louanges et élève le nom jus-
« ques aux cieux, que suivent toujours le triomphe

« et la brillante gloire, aux lois et aux ordres de qui
« le monde entier voudrait être soumis, voici le lieu
« qui, en vous présentant l'occasion de combattre,
« fournit un nouvel aliment à la valeur. Mettez donc
« toute votre confiance dans le Seigneur, car votre
« ennemi effrayé est comme vaincu, et tremble d'é-
« prouver la force de vos bras. Nous ne venons point
« ici pour combattre, mais seulement pour prendre
« une vengeance. Je pense que vous n'avez point
« oublié combien de fois l'Angleterre nous a tendu
« des embûches, combien de guerres, d'ennemis, de
« maux elle nous a suscités, combien de calamités
« ont pesé sur les miens, sous le règne de ce Richard,
« qui déploya autrefois tant de fureur et de rage,
« que, ne redoutant ni les hommes, ni la colère du
« souverain Juge, il osa conspirer la ruine de no-
« tre père, en faisant préparer un poison funeste, et
« en cherchant à rompre le fil de ses jours. Que si
« vous n'êtes touchés ni d'affection pour nous, ni de
« notre bienveillance, du moins remportez la victoire
« pour l'amour de votre patrie et de votre propre
« gloire. Nous sommes venus en ces lieux, guidés
« par vos conseils, et avec votre approbation ; qu'il
« nous soit permis de nous en retourner avec hon-
« neur, de pouvoir errer à travers les champs, les col-
« lines et les montagnes, sans que jamais de honteux
« récits y puissent être répétés contre nous. »

Il dit, et dirige son armée vers les murailles ennemies. Les chevaliers dressent leur camp, et plantent
çà et là leurs pieux au milieu du gazon touffu. Vous
croiriez voir briller les aigles, qui ne craignent pas
d'affronter de leurs regards les rayons de Phébus; du

ans après avoir commencé le monastère de Noron ; fidèle à son ancienne amitié, et se rappelant les dons qu'il avait faits, comme nous l'avons dit ci-dessus, il les recensa tous, et, dans une réunion générale des moines, il les confirma expressément, ainsi que sa femme Lééline. Alors Philippe, Ivon[1] et Arnoul ses fils concédèrent aussi tout ce que leur père avait donné aux moines de Saint-Evroul : tous réunis, Guillaume, Lééline et leurs trois fils, Philippe, Ivon et Arnoul, déposèrent la donation sur l'autel. Quatre des évêques qui occupèrent le siége de Seès, Robert, Gérard, Serlon et Jean, Robert-le-Chauve, Goisfred, Asceline, et plusieurs autres moines religieux habitèrent le couvent de Noron, vivant avec charité dans la crainte de Dieu, et donnant aux peuples l'exemple des vertus. Guillaume Pantol vécut long-temps ; il honora les pauvres et le clergé, fit beaucoup d'aumônes, se montra constamment magnanime, fit courageusement tête à tous ses ennemis, et resta toujours puissant par ses richesses et ses terres. Il fit don de soixante marcs d'argent pour commencer la construction de la nouvelle église d'Ouche ; il entreprit ce bel ouvrage à la louange de Dieu, mais la mort l'empêcha de le terminer. Ses fils obtinrent son patrimoine, Philippe en Normandie, et Robert en Angleterre ; mais ils n'eurent pas le mérite de leur père pour continuer ses entreprises.

Raoul de Mont-Pinçon, sénéchal de Guillaume-le-Grand, roi des Anglais, se dévoua tout entier fidè-

---

[1] *Ivo* se rend ordinairement par Ives. Nous préférons Ivon, parce que ce mot s'est conservé en Normandie, notamment dans la Chapelle-Yvon, près d'Orbec.

lement à Saint-Evroul ; il pria humblement l'abbé dom Mainier d'admettre dans le couvent d'Ouche, à l'état monacal, quelque clerc propre au service de Dieu, qui priât fidèlement le Seigneur pour son salut et celui de sa femme. C'est ce qui eut lieu ; car, par la permission de Dieu, un certain écolier de Rheims, nommé Jean, demandait alors à se faire moine : conduit à la cour du roi, il promit ses prières à Raoul, et lui assura le mérite des travaux qu'il allait entreprendre pour le Christ. Le sénéchal, rempli de joie à cette promesse, baisa humblement les pieds de Jean devant tout le monde. Ensuite les moines reçurent Jean volontiers, et se réjouirent beaucoup de l'avoir admis ; car il était habile dans l'art de la grammaire, et il s'occupa de bonnes études sans relâche jusqu'à la vieillesse. Le chevalier dont nous avons parlé donna à Saint-Evroul, et pour toujours, afin de pourvoir à la nourriture de Jean, cinq moulins, savoir : trois à Jor, le quatrième au lieu que l'on appelle Heurtevent, et le cinquième à Mont-Pinçon ; deux gerbes de la dîme des vilains de Vaudeloges [1], la moitié de la dîme d'Epané, et deux acres de pré à Hermanville [2].

Quelques années après, ce même Raoul mourut le jour des ides de février (13 février), et son corps fut porté à Ouche, où les moines l'ensevelirent dans leur cloître. Ses deux fils Hugues et Raoul se trouvèrent à cette cérémonie avec leur mère Adelise, et se concédèrent à Saint-Evroul, eux-mêmes, ainsi que tout ce que leur père avait donné, en présence de beaucoup de témoins qui s'étaient réunis pour assister à l'inhu-

[1] *Valdreflogiæ.* — [2] *Ermentrudis Villa.*

mation d'un si grand baron. Près de trente ans après, Hugues de Mont-Pinçon alla visiter ses frères spirituels d'Ouche; il amena avec lui son fils aîné Raoul et sa femme Mathilde, qui était fille de Hugues de Grandménil, et qui pleurait sa sœur Adeline, morte récemment. Alors Hugues renouvela la fraternité que dès son enfance il avait contractée avec les moines, et les supplia de prier pour son frère Raoul, qui était mort dans son pèlerinage à Jérusalem. Le jeune Raoul fut comme ses parens totalement associé aux moines: conduit dans le chapitre par Gauthier-le-Chauve, chevalier éloquent, il embrassa ses frères, et concéda à Saint-Evroul tout ce que son père et son aïeul avaient donné. Enfin Hugues de Mont-Pinçon, déjà sexagénaire, mourut à Rouen, le jour des nones de mars (7 mars). Par l'ordre de sa femme et de ses fils, son corps fut transféré à Saint-Evroul. Les moines ses frères l'ensevelirent honorablement dans le chapitre; et ses fils Raoul, Guillaume et Arnoul se concédèrent eux-mêmes ainsi que tous les biens qui avaient été donnés à l'église d'Ouche par leurs ancêtres. Raoul, qui était l'aîné, épousa la fille de Ranulfe, chancelier du roi Henri; il mourut peu de temps après, et fut inhumé près de son père dans le chapitre du couvent d'Ouche. Guillaume posséda alors le patrimoine de son père en Normandie. Quant à Arnoul, il se rendit dans la Pouille, pour y jouir des biens de Guillaume de Grandménil son oncle. Leur mère Mathilde ayant perdu son mari, s'éprit d'amour pour un jeune aventurier nommé Mathiel, avec lequel elle entreprit le voyage de Jérusalem, laissant en Normandie ses parens et ses amis; mais, chemin faisant, la mort, dans son avidité, ne tarda pas à les dévorer dans la même année, car Mathiel mourut comme il allait dans la Pouille, et Mathilde à Joppé, comme elle se disposait à revenir.

Maintenant je veux exposer clairement au lecteur quel fut, comment et combien de temps vécut sous la règle monacale Jean dont j'ai déjà ci-devant un peu parlé. Il avait beaucoup d'esprit, et était infatigable à l'étude ; pendant près de quarante-huit ans il vécut sous l'habit monastique, et travailla sans relâche à éclaircir les mystères qui sont cachés dans les livres sacrés. Reçu jeune encore par l'abbé Mainier, il entra dans le bercail de Dieu ; promu au sacerdoce, il combattit sous Serlon et Roger, et apprit aux autres, tant par les paroles que par l'exemple, à batailler virilement. Il mourut dans la confession du Christ, du temps de l'abbé Guérin, le 10 des calendes d'avril (23 mars). Long-temps il fut chargé des fonctions de sous-prieur, et souvent même il remplit celles d'abbé, pour proclamer la loi divine. Par l'ordre de l'abbé Roger, il alla trouver à Rome le pape Urbin avec Foulques qui avait été déposé : dans ce voyage, il éprouva de cruelles maladies et de grandes adversités. Dans sa vieillesse, il souffrit plus de sept ans les douleurs de la pierre, et gémissant de sa longue maladie il ne quitta pas le lit. Toutefois, se levant tous les jours pour l'office divin, il rendit grâces à Dieu, et bien préparé, comme je le pense, il mourut au commencement d'une nuit affreuse. Comme il avait lui-même fait beaucoup de vers, l'Anglais Vital son disciple en composa sur lui, et fit ce poème au milieu des larmes, le jour de sa mort, après son inhumation.

« Mars avait accompli le cours de trois semaines,
« et Jean quitta la terre au milieu des ténèbres d'une
« nuit que désolaient les vents et les pluies. Né à
« Rheims, il était Français d'origine; il eut pour père
« Ilvert, et pour mère Poncie. Affligé dès son enfance
« d'avoir pour père un cordonnier, il se rendit libre, et
« parvint aux honneurs de la célébrité. Dès ses pre-
« mières années il se livra aux études utiles, et s'em-
« pressa de quitter le sol rhémois, ainsi que sa
« famille. Passé à l'étranger, il gagna Ouche, se
« réunit à ses moines, et fut moine comme eux pen-
« dant près de dix lustres, durant lesquels il se ren-
« dit célèbre. Doué d'un esprit vif, il versifiait facile-
« ment, et, comme il le voulait, écrivait en vers ou
« en prose. Il fuyait l'oisiveté, lisant les écrits de nos
« ancêtres, et prenant tout ce qu'ils renfermaient de
« documens utiles. Il mérita de grands éloges, pour
« avoir veillé dans le culte du Christ; nuit et jour
« il s'appliquait à prier Dieu; en actions comme en
« paroles il était un modèle de piété. Il découvrit avec
« ferveur tous les secrets de la loi divine. Dans d'a-
« gréables entretiens il expliquait les choses mysté-
« rieuses à ses disciples. Semblable à l'abeille, sa bou-
« che recélait l'aiguillon et le nectar. Aussi piquait-il
« de son dard les orgueilleux, et versait-il le miel aux
« innocens. Ses conseils pleins de douceur calmaient
« la tristesse et la maladie. Il enseignait les ignorans,
« et réprimait avec vigueur les étourdis. Concis avec
« adresse, et prévoyant avec convenance, il réduisait
« en peu de vers les plus grands sujets. Dans sa dé-
« votion, il composa beaucoup de vers en l'honneur
« du Christ et de Marie la Vierge mère. Les saints

« qu'il aimait entendirent souvent retentir les chants
« qu'il leur adressait. Il écrivit en vers la vie de saint
« Evroul pour son métropolitain Raoul, son père
« chéri. Plusieurs de ses confrères conservent des
« fruits de ses méditations. Tout illustre qu'il était
« par l'éclat des vertus les plus pures, il n'en fut pas
« moins l'objet de l'envie et du courroux. Qui a pu sans
« pécher attaquer une telle vie? Fils d'une mère sans
« père et d'un père sans mère [1], il traversa le cours de
« la vie sans recevoir les atteintes du péché. Blessé
« et désolé des crimes des humains, frappé du fléau
« divin, ses pleurs coulèrent avec amertume ; gé-
« missant sous les tortures cruelles de la strangurie,
« la douleur lui arracha pendant sept années de fré-
« quens soupirs. Ainsi la chair pécheresse, soumise
« pour ses fautes à de dures punitions, reçoit à bon
« droit les coups de celui qui la guérit. Aussi mé-
« rita-t-il d'être atteint de la verge de son père
« et de son maître. Perdant haleine, il demandait
« avec larmes que son esprit, après la mort, pût
« mériter de contempler le visage calmé de son cé-
« leste juge. Ce saint moine quitta les ténèbres ainsi
« que les tempêtes du monde, et de la mort, au mo-
« ment où la nuit était égale au jour. Que le Christ
« lui accorde la lumière et le repos éternels dans le
« séjour de cette lumière et dans l'asile délicieux de
« ce repos ! »

L'an de l'Incarnation du Seigneur 1076, pendant

---

[1] *Unus habens matrem sine patre, patrem sine matre.*

Les jeux de mots que renferme ce vers ne sont pas trop intelligibles ; la Mère est peut-être l'Eglise, le Père l'abbé d'Ouche.

que le médecin Goisbert visitait en France ses compatriotes et ses amis ; comme il prodiguait les secours de son art aux indigens et à ceux qui le réclamaient, il alla trouver plusieurs de ses amis et de ses connaissances, qu'il avait auparavant fidèlement aidés de son talent, les engagea avec bonté à tirer de leur superflu quelques aumônes pour leur salut éternel, et les invita surtout à donner aux moines de Saint-Evroul ce qui, chez eux, ne convenait pas à des personnes laïques. Il dirigea ses pas vers Pierre de Maule [1], fils d'Ansold, riche Parisien. Il s'adressa à lui, au milieu des entretiens de la familiarité et de l'amitié, et le pria de faire don des églises de Maule aux moines d'Ouche. Comme Pierre était gai, magnifique et disposé aux entreprises difficiles, soit en bien soit en mal, il se rendit aisément aux avis de Goisbert, et confirma une charte de donation en présence de ses seigneurs. Voici le texte de cet acte tel qu'il le passa :

« La brièveté de la vie mortelle, le peu de fidélité
« des hommes, le changement des temps, la déso-
« lation des royaumes nous avertissent journellement
« que la fin du monde approche. C'est ce que la vé-
« rité nous a enseigné en disant aux disciples : Quand
« vous verrez ces choses s'accomplir, le royaume de
« Dieu approchera. La fourmi prudente doit, avec
« d'autant plus de soin, redoubler de prévoyance
« et d'attention qu'elle sent mieux les approches de
« l'hiver. Alors elle cache en sûreté ses grains, afin
« que, ne trouvant plus d'herbe pendant le froid,
« elle se procure abondamment de la farine. Il est

[1] *Maulia*, au sud-ouest de la ville de Meulan.

« dit en certain lieu, relativement à ceux qui tardent
« à faire leur salut : prenez garde que votre fuite
« n'ait lieu un jour de sabbat ou pendant l'hiver. En
« conséquence, considérant ces choses, moi Pierre,
« quoique indigne et pécheur, désirant prendre mes
« précautions pour l'avenir, je veux amener les abeilles
« de Dieu à produire leur miel dans mes vergers, afin
« qu'elles remplissent leur corbeille du produit de
« leurs rayons, et pour qu'ensuite elles rendent grâ-
« ces au Créateur, et se souviennent quelquefois de
« leur bienfaiteur. C'est pourquoi je donne sponta-
« nément au bienheureux Evroul, sur les biens que
« j'ai possédés jusqu'ici, certaines terres, quoique
« peu considérables, afin que les frères qui habitent
« Ouche aient quelque chose pour sustenter leur
« corps, et faire plus volontiers mention de moi.
« Puisqu'il faudra bon gré mal gré abandonner ces
« choses, et qu'après la mort rien ne sert à personne
« que le bien qu'il a fait pendant sa vie, j'ai concédé
« et concède au bienheureux Evroul les objets sui-
« vans, et, pour mon salut, je les confirme à perpé-
« tuité, en vertu de mon droit héréditaire, avec la
« garantie de ma signature. Je donne, dans le village
« que l'on appelle Maule, deux églises, savoir, l'église
« de Sainte-Marie, et l'église de Saint-Vincent ; les
« cimetières, et tout ce qui appartient au presbytère.
« Je donne aussi une terre d'une charrue, quatre
« hôtes, une terre pour être habitée par des moines,
« une pommeraie, un cens de trois demi-arpens, que
« Gaultier l'aveugle et son neveu Hugues, surnommé
« Le Mousseux, ont donné à la bienheureuse Marie,
« dans la vigne de La Ménière : je concède à perpé-

« tuité ces objets au couvent de Saint-Evroul, aussi
« libres que je les ai tenus jusqu'à ce jour. Si quel-
« qu'un de mes hommes juge à propos de faire quel-
« que don aux saints et aux moines, tout ce qui
« aura été donné sans préjudice de mon service et
« sans diminution de mes droits, je l'approuve vo-
« lontiers ainsi que mes fils, en telle teneur et con-
« cession si ferme, que si quelqu'un d'eux venait
« à perdre son fief pour quelque crime, l'Eglise
« de Dieu néanmoins ne perde rien de ce qu'elle en
« possède. Toutes ces choses sont concédées par ma
« femme Windesmoth et par mes fils Ansold, Thi-
« baut et Guillaume, qui promettent pieusement de
« défendre, selon leur pouvoir et tant qu'ils vivront,
« cette aumône contre les entreprises de qui que ce
« soit. Mes hommes, voyant ma bonne volonté à l'é-
« gard des serviteurs de Dieu, déterminés par cet
« exemple salutaire, se confient à la bienveillance
« des moines et leur font de leurs biens plusieurs
« dons avec joie. En effet, tous les chevaliers de
« Maule ont demandé instamment à être associés au
« couvent, à la vie et à la mort, et sont devenus fidè-
« lement les frères des moines, afin qu'aidés de leurs
« prières, ils puissent mieux résister aux attaques des
« démons. En conséquence, Hugues, fils d'Odon,
« qui l'emporte sur ses compatriotes par les richesses
« et le mérite, a donné à l'église de Sainte-Marie, et
« aux moines de Saint-Evroul, toute la dîme d'une
« terre qu'il possède à Maule, savoir, du blé, du
« vin, du moulin, du four, des porcs, des moutons,
« de la laine, des oies, du chanvre, du lin, et de
« tout ce qui est sujet à être décimé. Si par hasard

« ses hommes travaillent une autre terre, les moines
« auront entièrement la dîme, de la même manière
« que Hugues l'aurait perçue. Odon Pains son fils
« ne voulait pas d'abord faire sa concession; mais en-
« suite, ayant été pris par les Normands auprès de
« Meulan, il s'est racheté. Forcé donc par la puissance
« divine, il a concédé entièrement à Sainte-Marie toute
« la dîme ci-dessus, de concert avec sa femme Elisa-
« beth et ses fils Hugues et Simon; puis ils ont dé-
« posé la donation sur l'autel en présence de moi,
« de mon fils Ansold, de Pierre encore enfant, et
« de plusieurs autres. Les moines donnèrent à Pains
« dix livres de deniers et à sa femme vingt sous.
« Adelelme de Gazaran confia aux moines son fils
« Amauri avec la dîme de Piseux [1], et la concéda à
« cette église à perpétuité pour la somme de sept li-
« vres, si l'enfant mourait au-dessous de sept ans.

« Par la suite, cet enfant grandit, et parvint même
« jusqu'à la vieillesse. Il posséda long-temps la dîme
« de Piseux; en mourant il l'abandonna à bon droit
« aux moines qui, pour l'obtenir, l'avaient nourri
« et soigneusement instruit. Hugues, surnommé Fres-
« nel, fils de Gualon, avant de se faire moine, donna
« trois hôtes à Sainte-Marie. Etienne, fils de Gisle-
« bert, donna aux mêmes moines une terre d'une
« demi-charrue à Goupillières; et quoiqu'il ne dé-
« pendît pas de mon fief, j'ai corroboré cependant sa
« donation dans cette charte de ma propre main.
« C'est pourquoi je concède et confirme tout ce qui
« a été donné aux moines par moi ou par mes amis;
« stipulant avec bienveillance, j'accorde à Saint-

[1] *Puscolæ.*

« Evroul ce que mes hommes lui ont donné, sauf
« toutefois mes droits et mon service. Je desire
« que si quelque homme envieux ou pervers tente
« par l'instinct du démon de porter atteinte à nos do-
« nations, il vienne soudain à récipiscence de cet
« acte insensé, afin qu'au jour du jugement, il ne soit
« pas, pour le crime de sa coupable entreprise et
« de son sacrilége, condamné par le juge équitable
« avec les réprouvés et ceux qui meurent de mort
« violente. »

Le noble homme dont nous venons de parler confirma de sa souscription la charte transcrite ci-dessus, et remit à l'abbé Mainier, en présence de plusieurs bons témoins, l'investiture de tous ces objets. Ses fils y assistèrent, Ansold, Thibaut, Guillaume, ainsi que ses gendres Gauthier de Poissi, Baudri de Dreux, les seigneurs de Maule, Hugues et Etienne, le prêtre Gaultier, le chevalier Gaultier surnommé La Côte, Richer le prévôt, et Foulques, tous deux fils de Foulcher, Hugues et Odon, tous deux fils de Galon, Hervée, fils d'Everard, et une grande partie de la paroisse de Maule. Cependant l'abbé Mainier ordonna le prieur Goisbert, qui bientôt après termina une petite église commencée par Godefroi, prêtre d'une grande simplicité et d'une grande innocence. Peu après, les moines se rétablissant bien à l'intérieur et à l'extérieur, et les bons paroissiens se félicitant de ces avantages, on entreprit de bâtir la nouvelle église de Sainte-Marie, après avoir détruit l'ancienne; et, selon l'opportunité des circonstances, on la termina élégamment en vingt ans, sous les prieurs Goisbert, Guitmond, Roger et Hugues.

Beaucoup de moines sont restés à Ouche jusqu'à ce jour, et ont pieusement travaillé au culte divin.

Pierre, seigneur de Maule, parvint jusqu'à la vieillesse : grâces au zèle de ce magnifique patron, l'église de Maule s'accrut avec beaucoup d'avantages. Pierre était fort aimé de ses sujets et de ses voisins, parce qu'il était plutôt doué d'une aimable simplicité que d'une astucieuse finesse. Il aimait les aumônes et en faisait très-souvent ; mais il craignait le jeûne, et, comme il en avait horreur, il l'éloignait de lui le plus qu'il pouvait. Il promettait facilement beaucoup de choses, et donnait souvent à vil prix des objets d'importance ; il était à la fois avide et prodigue. Peu lui importait d'où lui venait une chère excellente, et il ne s'occupait pas si les objets qu'on lui fournissait en abondance étaient le fruit du vol ou le prix de l'achat. Il ne faisait aucun cas des moyens bons ou mauvais dont on se servait pour acquérir les choses ; aussi ne fut-il jamais dans l'opulence. Sa femme Guindesmoth [1] lui donna quatre fils, Ansold, Thibaut, Guérin et Guillaume, et autant de filles savoir, Hubeline, Eremburge, Odeline et Hersende. Il eut par elles beaucoup de petits-enfans qui, parcourant les vicissitudes d'ici-bas, subirent différens événemens, par la permission de Dieu qui dispense et régit toutes choses. Enfin Pierre accablé de vieillesse mourut le 2 des ides de janvier (12 janvier) ; il repose enseveli dans le cloître des moines, le long du mur méridional de l'église. Jean de Rheims composa sur lui cette épitaphe :

[1] Plus haut elle est appelée Windesmoth, ce qui est le même nom ; *Guillelmus* et *Willelmus*.

« Onze cents ans après la venue du céleste agneau,
« Pierre, la fleur des seigneurs, mourut aux environs
« des ides de Janus. Magnifique, très-joyeux et même
« facétieux, il montra plus de zèle pour les banquets
« que pour la guerre. Elevé parmi les nobles, il fut
« leur héritier. Il vécut honoré sur cette terre, sous
« laquelle il repose inhumé; et pour bâtir un tem-
« ple à la mère du Christ, il fit don de ce lieu. Le
« douzième jour du mois de Janus le soleil pour lui
« se couvrit de nuages; puisse, grâces aux prières
« de Marie, le soleil de la justice être toujours bril-
« lant pour lui! Paris pleure sa mort. Que le Paradis
« s'ouvre pour lui par la faveur des saints auxquels
« il ouvrit cet asile! »

Ansold, fils de Pierre, différa beaucoup de son père en certaines choses par le caractère : ses vertus furent plus grandes ou du moins égales, pour parler plus modérément. Doué d'un esprit supérieur, magnanime, fort de corps et grand de taille, Ansold posséda au plus haut degré le mérite guerrier, exerçant dignement l'autorité, équitable dans ses jugemens, prompt et éloquent dans la discussion, et presque égal aux philosophes. Il fréquentait les églises, prêtant aux sermons sacrés une oreille attentive et judicieuse. Il connaissait les événemens passés, tels qu'ils sont mentionnés par les anciens écrivains ; il les recherchait avec subtilité dans leurs doctes rapports et confiait à sa mémoire fort tenace la vie des pères dont il avait entendu le récit. Détestant les narrations mensongères, ainsi que les auteurs qui altèrent la parole de Dieu, et ceux qui aspirent à des gains honteux, il réfutait publiquement leurs méchans sophismes, qu'il découvrait de peur que les gens simples n'y fussent trompés. Sa pieuse mère Guindesmoth fut constamment honorée par lui, et il lui obéit en toutes choses comme le doit un enfant fidèle à sa tendre mère. Elle avait amené avec elle, du pays de Troyes, sa noble famille; dévote à Dieu elle survécut dans le veuvage à son mari pendant près de quinze ans. Heureuse femme qui jusqu'à la vieillesse fut pieusement entretenue par ses fidèles enfans dans la maison de son mari, et y mourut après avoir reçu le viatique à la vue de son consolateur le plus fidèle! Elle fut portée au tombeau respectueusement par son cher fils, et son corps fut honorablement enseveli au sein de l'église auprès du compagnon de sa couche. Le chevalier dont il s'agit se distingua, tout le temps de sa jeunesse, par de bonnes actions; ayant abandonné ses amis, ses alliés, et même ses chers parens, il exerça sa valeur naturelle chez les étrangers. Il passa en Italie; il se lia avec le vaillant duc Guiscard, pénétra dans la Grèce, et combattit noblement dans la bataille où Alexis, empereur de Constantinople, fut vaincu et mis en fuite. Quelque temps après, sur les instantes prières de son père, il rentra en France; et il épousa une jeune dame noble et bien élevée, nommée Adeline, fille de Raoul, surnommé Malvoisin [1], châtelain de Mantes. Par sa frugalité ce digne chevalier portait à l'honnêteté tous ceux avec lesquels il avait des rapports; il pouvait même servir d'exemple aux personnes régulières par les modestes soins de son économie. Jamais il n'a mangé de pommes dans un verger, de raisins dans une

[1] Probablement Mévoisin. C'est le nom d'une commune des environs.

vigne, ni de noisettes dans les bois. Ce n'était qu'aux heures canoniques qu'il prenait ce qu'on lui servait à table, disant qu'il ne convenait qu'aux bêtes brutes de se nourrir de ce que le hasard présentait, sans considérer ni le temps ni le lieu. Satisfait du mariage légal, il observait la chasteté; il ne se répandait pas comme un laïque en propos verbeux contre les passions obscènes, mais les blâmait en docte ecclésiastique, et ouvertement. Il vantait dans les autres les jeûnes et toute continence de la chair, et se contenait lui-même fermement comme il convient à un laïque. Les rapines n'excitaient nullement son envie, et il mettait beaucoup de soin à conserver ce qu'il avait acquis par son travail; il payait légitimement aux ministres de Dieu les dîmes, les prémices et les aumônes, dont ses prédécesseurs avaient fait la donation. Non seulement il ne donnait rien aux étrangers, aux farceurs, ni aux filles publiques, mais même il leur refusait sa société et sa conversation. Il eut de sa femme légitime, qu'il avait épousée très-jeune, et qu'il avait religieusement formée à la modestie, sept fils et deux filles, dont voici les noms: Pierre, Raoul, Guérin, Lisiard, Gui, Ansold et Hugues, Marie et Guindesmoth, sur lesquels l'histoire pourra en son lieu raconter beaucoup de choses.

L'an de l'Incarnation du Seigneur 1106, à la fin de février, lorsqu'une comète parut à l'Occident étalant sa longue crinière, Boémond [1], fameux duc, vint en France après la prise d'Antioche, épousa Constance, fille de Philippe, roi des Français, et célébra

[1] *Buamundus.*

à Chartres des noces brillantes, dont la comtesse Adèle fit dignement les honneurs et la dépense. C'est alors qu'eut lieu le troisième départ des occidentaux pour Jérusalem: une énorme réunion de plusieurs milliers d'hommes, qui menaçaient de fouler aux pieds la couronne de Byzance, marcha contre la Thrace [1]. Au reste, les équitables dispositions de Dieu trompèrent les efforts de ces hommes qui voulaient envahir le bien d'autrui, et cette orgueilleuse troupe d'ambitieux n'obtint rien de ce dont ils s'étaient inutilement flattés. La même année, trois semaines après l'apparition de la comète, Ansold de Maule, piqué de l'aiguillon de la crainte de Dieu, se rendit humblement à la cour de sainte Marie, et, les larmes aux yeux, satisfit volontairement à Dieu, pour quelques difficultés qu'il avait eues avec les moines. Ensuite, en présence de tous ses barons qui s'étaient réunis dans le dortoir du couvent, il concéda à l'Eglise de Dieu et à sainte Marie de Maule, tout ce que Pierre, son père, Hugues et Pains, Austase et Robert, fils de Hubeline, Hervée, fils de Héroard, Odon, fils de Galon, Foulques et Richer, tous deux fils de Foulcher, et quelques autres de ses hommes, de quelque condition qu'ils fussent, avaient donné ou donneraient, pourvu que son service n'en souffrît pas. Il établit pour condition que, si quelqu'un d'eux venait à perdre son fief pour quelque crime, l'église ne serait nullement privée de son aumône. Le même Ansold concéda la dîme que sa sœur Hersende avait eue en mariage, et qu'avant sa mort elle avait cédée à la bienheureuse Marie, par la

[1] *Contra Thraces.* On lit ailleurs *contra Turcos.*

vert sa poitrine vénérable du signe de la croix; qu'à son exemple, tous les grands se sont également fortifiés de l'image du Christ, et qu'ils se préparent à aller guérir les maux que fait l'apostasie. Tout le pays a frémi; à mesure que cette nouvelle se répand en tous lieux, il en est qui pleurent le roi, comme s'ils étaient certains de sa mort, s'affligeant de le voir abandonner sa patrie, qui restera sans défenseur, pour aller aux extrêmes frontières du pays; et tous exhalent du fond de leur cœur de tristes gémissemens. Ainsi, lorsque le souffle desséchant de l'Aquilon a chassé de la plaine des airs le vent du midi et le léger zéphir, lorsque le flambeau de Phébus, balayant tous les nuages, éclaire de ses brillans rayons et le ciel et les sept climats du monde; ainsi pleurent les Sirènes de la mer, prévoyant, avec leur prudence accoutumée, que l'Océan sera agité par les orages, à la suite d'un temps serein.

La bannière de la croix entraîne les individus de tout sexe et de tout âge, prêts à vivre et à mourir, en combattant pour la foi, qui marche avec eux. Le fils n'est point retenu par sa douce affection pour ses parens; ni les gages précieux de l'amour, ni les tendresses d'une épouse fière de ses enfans, ne peuvent arrêter l'époux; ni la jeune fille qui va s'unir à son futur ne peut obtenir qu'il suspende son voyage pour allumer le flambeau de l'hymen.

Cependant un messager est envoyé par l'impie ennemi du Christ, que sert avec ferveur le peuple de Toulouse, pour chercher à connaître et dire à son seigneur, à son retour, dans quelle situation se trouvent et le roi et ses grands, et quels préparatifs de guerre ils ont faits. Après avoir tout vu et tout gravé dans sa mémoire, le messager retourne donc auprès de son seigneur, et, pénétré encore de terreur, il lui rapporte tout ce qu'il a pu observer. Le perfide ennemi frémit d'horreur en entendant ce récit, comme si Jupiter lançait sur lui sa foudre embrasée; ainsi il frissonna, craignant d'exposer sa vie et d'être frappé de mort, lorsque le cardinal romain brisa lui-même le sceau de sa liberté. Tandis qu'à Paris l'assemblée du clergé lui annonce ainsi le sort qui l'attend, l'ennemi troublé, hésite, incertain sur ce qu'il doit faire. Une portion de son peuple, contrainte par la frayeur à le servir, apprenant la prochaine arrivée du roi, a dédaigné les nœuds qui l'unissent à lui, et, secouant les liens de la fidélité, les uns ont abandonné son camp, les autres se sont retirés avec tous leurs effets, pour se mettre à l'abri derrière les remparts d'une citadelle. Ainsi ceux qu'il avait d'abord tenus pour amis, il les trouve, au moment le plus critique, plus difficiles à conduire. Et ce n'est pas seulement une portion du pays qui lui refuse ses services, la contrée entière est frappée de terreur, car celui que condamne la suprême puissance du Créateur est à bon droit privé par les créatures des honneurs de la sépulture, et celui qui a méprisé la foi ne doit trouver personne qui ose se confier en lui, et ne saurait avoir de fidèles alliés. Toutefois conservant encore l'espérance, qui seule soutient les cœurs, qui relève le courage des hommes indécis, et dirige aussi la conduite du prélat romain, l'ennemi se détermine à se retirer jusque vers l'extrême frontière du royaume, lieux de difficile accès, où se trouvent des gorges resserrées, des retraites inaccessibles, des forêts horribles, repaires des animaux féroces; des montagnes désertes qui n'enfantent à leur sommet que des nuages, des glaces semblables au marbre des neiges que ne peuvent fondre les rayons du soleil, et qui couvrent sans cesse leurs têtes rocailleuses. Là se retire l'ennemi, espérant pouvoir défendre encore sa misérable vie; il fuit pressé par l'aiguillon de l'orgueilleuse fortune, poussé par la peur, et n'entraînant avec lui que quatre ou cinq hommes, au plus. Tel Actéon, entendant les cris de Mélampe, fuit dans l'épaisseur des taillis, pour échapper à ses morsures.

On était au commencement du printemps : Flore, le visage animé de mille couleurs variées, pouvait enfin cueillir des fleurs de sa propre main; déjà la mère Cybèle, secondée par le doux souffle du zéphir, favorisait le développement de tous les germes, Philomèle charmait les bois touffus de ses chants agréablement modulés, lorsque par les ordres du roi se rassemblent les corps de chevaliers, en qui brille toute sagesse. Le roi les voyant réunis : « Il n'est pas
« besoin, leur dit-il, de vous adresser de longs dis-
« cours, car il suffit pour vous du motif qui vous
« porte à tout quitter, et vos épouses et les gages pré-
« cieux de leur tendresse, et le doux sol de la patrie.
« Que chacun donc se prépare aux épreuves de Mars,
« pour défendre la loi du Christ. L'entreprise, je l'a-
« voue, est difficile; mais de grandes récompenses
« vous sont réservées, la gloire, l'honneur, qui se pro-
« longent dans les siècles, et après la mort de la chair
« la couronne d'éternité. Les lettres du pontife ro-
« main nous poussent d'ailleurs à nous charger d'un
« tel fardeau, puisque les fatigues et les récompenses

« marchent de front et sont étroitement unies. Mais
« que servent tant de paroles ? Pour vous dire tout en
« quelques mots, demain matin nous nous mettrons
« en marche, lorsque le dieu de Délos aura répandu
« ses feux étincelans et chassé devant lui les noires té-
« nèbres de la nuit. » Il dit, et toute l'assemblée des
grands applaudit à ces paroles.

Déjà l'étoile du soir avait levé la tête au dessus
des ondes de la mer et dirigeait les coursiers de la
nuit, lorsque le sommeil vint visiter les membres fatigués du prince indomptable. Mais la Sollicitude,
marâtre cruelle du Sommeil, préoccupe le roi sans
relâche ; et en outre la tendresse de son épouse, les
douces caresses de son jeune enfant épuisent toutes
les forces de son ame. Ne pouvant donc contenir en
son cœur oppressé tous les soucis qu'enfante l'angoisse
de son esprit, le roi consume plus de la moitié de la
nuit à méditer dans l'insomnie sur toutes les pensées
qu'éveille son imagination.

Le palais de la Nature brille, orné de mille guirlandes de pierres précieuses : établi sur de fortes co-
lonnes et de solides murailles, il s'élève au dessus de
l'axe du soleil : ses portes sont resplendissantes d'argent, son vestibule est tout entouré d'un marbre poli.
Là coule sans relâche une source d'eau limpide, qui
cache le pavé sous des masses de fleurs ; un arbre
immense protége de son feuillage épais les ondes
transparentes, et ses vastes rameaux s'étendent au loin
dans les airs. Là repose, sur le haut d'un trône resplen-
dissant des plus pures escarboucles, la mère de toutes
choses, parée des plus riches vêtemens : à ses côtés,
tout près de son cœur, résident la Raison, la Sagesse, à

l'aide desquelles elle détermine les principes de tout ce qui existe et divise la matière pour la revêtir ensuite de mille formes diverses, comme le potier dispose l'argile qui doit lui servir à construire un vase fragile, et par le secours de son génie donne une figure à cette matière, d'abord rebelle et privée de toute forme. Voyant le roi accablé sous le poids de ses graves sollicitudes, qui l'empêchent de succomber au doux repos du sommeil, la Nature couvrant sa tête d'un voile et déposant sa majesté, descend d'un vol rapide vers l'antre du Repos, craignant pour le roi que l'agitation de son esprit n'entretienne dans ses membres fatigués une cruelle insomnie. Les portes s'ouvrent spontanément devant elle, les divinités de ce lieu s'inclinent, faisant entendre un saint murmure : les nuages disparaissent, le palais sourit à l'arrivée de la déesse ; alors frappant sur le flanc du Repos, accablé de langueur, elle lui dit : « O doux Repos, unique re-
« mède de la fatigue, toi qui restaures les corps épui-
« sés par un trop long travail et répares les forces
« anéanties, soulage de ses sollicitudes le cœur du
« roi des Français et verse sur lui la rosée de tes pa-
« vots. » Elle dit, et revole aussitôt vers les demeures éthérées et reprend sa place sur son trône, dépouillant les ténèbres de la nuée qui l'enveloppait. Aux ordres de la déesse, le doux Repos se hâte de secouer la langueur qui oppresse ses membres, et balançant ses ailes dans les airs, il se rend vers la couche où les soucis accablent le roi. Puis il répand sur sa poitrine affaissée le nectar du Léthé ; aussitôt les soucis oppresseurs s'éloignent, et le doux sommeil vient occuper leur place.

Cependant la Trahison perfide voyant les prospérités du roi, dont la renommée vole dans le monde entier, et qui ayant obtenu autrefois de grands triomphes se prépare maintenant à acquérir, par de nouveaux travaux et de nouveaux succès, une nouvelle illustration, la Trahison peut à peine contenir sa colère et ses larmes, et murmure tout bas ces paroles : « Hélas ! que
« sont devenues mes forces ? où sont mes traits ? suis-
« je donc dépouillée de ma puissance, tout a-t-il donc
« péri en moi ? N'ai-je pas fait autrefois, de toute l'é-
« nergie de mon ame, les plus grands efforts pour que
« ce roi, qui porte le sceptre de la nation française,
« pérît d'une mort secrète, lorsque j'ai poussé les
« gens de La Rochelle à lui faire une guerre cruelle,
« dans laquelle il a cependant remporté la victoire?
« O honte ! il a échappé aux dangers que je lui avais
« suscités ! Est-ce donc ainsi que je sais faire le
« mal ? est-ce donc là le grand pouvoir qui m'appar-
« tient ? Je me souviens que jadis mes forces étaient
« immenses et mon génie puissant, lorsque Jules
« inonda de son sang le palais élevé de Jupiter, par
« la volonté du sénat ; lorsque le maître des Macé-
« doniens périt, victime d'un funeste poison ; lors-
« que succombèrent encore beaucoup d'autres mor-
« tels, dont les noms seraient trop longs à rappe-
« ler. Et maintenant toute puissance m'est retirée ;
« maintenant je le reconnais, je succombe, et ma
« force n'a plus de valeur. O honte ! mais je jure par
« les divinités des marais de l'enfer et par l'antique
« chaos, je le jure, ou je me retirerai de la terre (ce
« que les destins m'interdisent à jamais), ou par mon
« bras périra celui qui gouverne le royaume des

« Gaules, fier de la soumission de son Empire. » Elle dit, et dirige sa marche rapide vers les demeures du Styx.

L'horrible Tisiphone, la triste Mégère et la sévère Alecton, ses compagnes, sourient à son arrivée. Elle cependant, pénétrée d'une profonde douleur, donne de sa bouche infidèle un baiser plein d'amertume à ses noires sœurs, qui se présentent aux portes de la prison des ténèbres, et leur expose en peu de mots le sujet de sa venue. Alors elle prend elle-même de l'écume de la bouche de Cerbère et du venin de vipère, et en faisant un horrible mélange, elle s'envole de nouveau vers les régions supérieures. Ses ailes battent l'air en résonnant, et traversent rapidement l'espace. Elle arrive enfin vers la demeure criminelle de son nourrisson chéri, dont ma muse taira le nom, quoiqu'il ne mérite point tant d'indulgence [1]; et l'embrassant tendrement : « O mon fils très-chéri, dit-elle,
« toi que mon amour a soigné dès tes plus jeunes ans,
« qui seul es mon bras, et seul fais ma force et ma
« puissance, je viens m'affliger auprès de toi; si tu
« ne me prêtes ton appui, voilà, je serai chassée en
« exil : mon unique espérance repose en toi. Tu
« exécutes mes ordres, tu m'obéis, c'est pourquoi je
« viens implorer ton assistance, car tu m'as toujours
« été fidèle. Toi, qui portes mon sceptre, qui défends
« mes droits, peux-tu voir ce Louis, qui gouverne
« le royaume belliqueux des Gaules, qui se gonfle de
« tant d'orgueil qu'il se croit seul élevé au des-
« sus de la condition de la nature humaine, et pense
« que le monde entier doit le servir, peux-tu le voir

---

[1] Matthieu Paris impute ce crime à Thibaut, comte de Champagne.

« et le souffrir? Si je dois dire la vérité, bientôt, mon
« fils, bientôt il voudra même s'emparer de ce qui
« t'appartient en propre. Maintenant, réunissant tou-
« tes ses forces, ne se prépare-t-il pas à conquérir les
« terres du comte de Toulouse, mon serviteur, et à le
« chasser de tout le pays qu'il possède? Ainsi donc,
« plus de retard, hâte-toi de précipiter la chute trop
« lente de ce roi, à l'aide de cette liqueur remplie de
« fiel que je viens remettre entre tes mains. » Alors
elle lui donne son poison, et se retire aussitôt.

Déjà la Nuit pâlissait, Phébus se disposait à conduire ses coursiers, l'épouse du vieux Tithon sou-
levait sa tête rougie des premiers feux du matin, lorsque le Sommeil se retire de la couche du roi, qui
repousse au loin toute langueur. Déjà les rayons du
soleil doraient le sommet des montagnes : le roi s'ar-
rache aux embrassemens de sa chaste épouse, et la
laisse tout inondée de larmes. Lui cependant déploie
tant de force de cœur et prend sur lui-même un tel
empire, que ni la tendresse de son épouse, belle de
ses vertus et illustrée du sang des rois, ni l'amour de
son enfant, qu'il va laisser privé des douces caresses
d'un père, ne peuvent lui arracher une larme. Joyeux,
il se rend en toute hâte vers le château de Bourges.
Là, de l'avis de ses grands, le roi se décide à attendre
les guerriers qui marchent à la suite de ses bannie-
res, comme jadis le fils d'Atrée rassembla ses forces
en Aulide, lorsque sa fille dut apaiser la colère
de la cruelle Diane, et que le sang d'une vierge dut
être répandu sur son autel.

Cependant les pleurs et les gémissemens de la
reine au moment du départ du roi, son époux, ne

pourraient être comptés. Elle déchire ses vêtemens de pourpre de Tyr; de ses mains elle frappe sa poitrine, et montre à découvert la douleur qui dévore son cœur. Ainsi abandonnée sur les bords de la mer par le perfide fils d'Égée, la jeune Ariane fit retentir le rivage des cris de son désespoir. Le peuple n'éprouve pas une moindre affliction. Les individus de tout sexe, de tout âge, pleurent amèrement, et la joie se retire de toute la contrée. Mille sinistres présages : une comète a brillé dans les cieux, annonçant une triste catastrophe; le soleil voile son visage éclatant sous de sombres nuages, dont l'obscurité porte l'épouvante dans le cœur des mortels; le hibou funèbre, qui ne vole que la nuit, ose s'essayer à voler en plein jour, et Nyctimène brûle d'aller souiller le lit paternel; la nuit a livré les astres à de fatales discordes : les étoiles semblent combattre contre les étoiles : on voit s'allumer des torches qui volent rapidement dans le vide de l'espace; la sœur de Phébus se peint de mille couleurs diverses : tantôt elle pâlit, tantôt elle se plonge dans l'ombre; d'autres fois elle rougit, et ces taches de rougeur effraient les peuples; l'atmosphère est agitée par les fréquens éclats de la foudre et par des torrens de pluie; le vent du midi soulève des tempêtes, et le tonnerre menace les hommes d'une mort cruelle. Pour tout dire enfin, tous, en voyant tant de prodiges accumulés, ont cru voir luire le dernier jour.

Déjà cependant l'aurore avait depuis trois jours réjoui le monde de l'apparition de sa lumière de pourpre, lorsque le noble Louis, portant un cœur de lion, partit de la ville de Bourges, accompagné de la foule de ses grands, qui marchaient à la suite de ses bannières.

Il est une ville noble et puissante, fière des immenses trésors qu'amassa jadis la sagesse de ses pères, environnée presque de tous côtés des riches pampres de Bacchus, et qui a reçu le nom d'Avignon. Deux fleuves l'enveloppent de leurs eaux rapides : à sa droite est le Rhône, à sa gauche la Durance, qui grossit de ses eaux des eaux d'un nom plus illustre, et qui, réunie au Rhône, précipite sa course vers la mer. La flèche qui vole à travers le vide des airs ne fuit pas d'une course plus rapide que celle des ondes de ces deux rivières. Une masse de rochers, plus haute que la citadelle la plus élevée, enferme une grande partie de la ville; mais comme la plaine est voisine, une double muraille s'élève, et est entourée de doubles fossés qui sont constamment remplis d'une eau stagnante; et en avant de la première muraille, se présentent en outre des palissades qui l'enveloppent dans toute sa longueur. Au dessus des eaux du Rhône s'élève un pont, qui offre aux voyageurs une route solide. Aussitôt que l'on apprend la prochaine arrivée du roi, qui conduit son armée et doit la faire passer sur le pont, les gens de la ville, se confiant en la force de leur position, et le cœur déjà infecté du venin de la trahison, tiennent conseil, et décident que lorsque le roi sera entré dans la ville, après avoir fait passer avec lui une partie de ses troupes, on fermera les portes en secret; que l'on enchaînera les bras du roi, qu'on le retiendra prisonnier, et que ceux qui seront demeurés en dehors, se trouvant alors privés de chef et divisés en deux corps, seront aussitôt livrés à la mort, si le sort favorable seconde l'accomplissement de ces projets.

Déjà le roi, laissant derrière lui un peuple innombrable, était arrivé, après de longues fatigues et des marches pénibles pour lui et pour tous les siens, auprès du pont de la Sorgue, situé à trente-deux stades de la ville d'Avignon. Déjà le char de Phébus s'était ralenti, et ses chevaux atteignaient au rivage de l'Occident; alors les chevaliers dressent leur camp sur les bords de la rivière, attendant qu'un nouveau soleil vienne éclairer le monde, qu'une nouvelle lumière dissipe les ombres de la nuit. O nuages qui aveuglez l'esprit! ô funestes erreurs du cœur! ô folle simplicité! combien vous êtes trompeurs! voilà, à l'extrémité même de la frontière, les chevaliers s'endorment, désarmés et avec sécurité, au milieu de leurs bouillans ennemis, osant avoir confiance en des hommes qui n'ont point de bonne foi, car le plus vaillant des rois, le souverain des Gaules, ne doute point qu'il ne lui soit permis de conduire son armée à travers la ville, et d'y passer en toute sûreté. Cependant la Renommée rapide annonce sur toutes les places que le roi a dressé son camp non loin de la cité; et alors un monstre horrible, le gouverneur, qui exerce le plus grand pouvoir, s'en va, vers le milieu de la nuit, trouver les citoyens assemblés dans la citadelle, et leur demande s'ils sont prêts à accomplir les projets de trahison qu'ils ont arrêtés à l'avance. En entendant la voix de son chef, la troupe perfide ranime dans le fond de son cœur le poison de son crime, et promet d'exécuter toutes les résolutions déjà convenues, si la fortune se montre favorable. Ainsi l'ennemi pervers médite d'arrêter le roi dans sa marche ; mais le Juge suprême, qui, dans sa justice, rend à chacun selon ses mérites, dispose toutes choses tout autrement que n'avait fait ce perfide ennemi. Voulant tromper l'innocent, il est lui-même trompé, et les fers qu'il a préparés pour le juste servent à l'enchaîner lui-même.

Déjà l'Aurore étincelante, fuyant les embrassemens et la couche de son vieil époux, versait sa rosée sur les ténèbres de la nuit, lorsque la trompette ayant retenti, le roi ordonne de lever le camp dès le matin, croyant pouvoir traverser en toute sécurité. Cependant, et d'après l'avis des grands, il commande à tous de prendre les armes, afin que les chevaliers ne soient point repoussés sans efforts, si par hasard les citoyens voulaient faire quelques démonstrations hostiles ; car, ne connaissant ni les dispositions ni les cœurs de ce peuple, le roi jugea convenable de ranger son armée en bon ordre. Cependant des flots de poussière ayant annoncé son approche, les citoyens sortent de la ville, portant des armes cachées sous leurs vêtemens, et arrivent auprès du roi. Toutefois le héros, fils de Mars, et son armée, étaient encore à huit stades de la ville. Parmi ceux qui se présentent, l'un d'eux, chargé par les autres de porter la parole en leur nom, adresse ce discours au roi, s'il faut en croire ce qu'on rapporte, au moment où il lui permet de parler :

« L'unique objet de nos desirs est de connaître un
« homme d'une si grande renommée et de servir un
« si grand prince ; mais, ô roi plein de bonté, nos
« cœurs sont effrayés de cette foule immense de
« guerriers que nous voyons marcher, sous ta con-

« duite, à la suite de tes bannières. Nous craignons
« que lorsque tu seras entré avec tant de monde dans
« les portes de notre ville, cette jeunesse effrénée,
« emportée par la passion de la débauche, n'enlève
« nos filles ou nos femmes; ou que, se confiant en
« toi, elle n'ose porter la main sur nos propriétés.
« Certes, nous pouvons tout redouter; lorsqu'une telle
« troupe se montre avec des armes, elle ne présente
« point l'image de la paix et du repos : ainsi Méné-
« las parcourait sa patrie, lorsqu'il se préparait à ven-
« ger par la guerre le crime d'un adultère. Notre
« commune ne peut donc souffrir qu'un homme,
« quel qu'il soit, entre dans nos murs, à la tête d'un
« corps ainsi armé. Toi, tu peux entrer dans notre
« place; mais ton armée traversera les ondes rapides
« du Rhône, et ne pénétrera point dans notre ville.
« Qui ne serait en effet effrayé de ces armes? Nous
« aimons la paix, et notre seul desir est de demeurer
« fidèles à la justice et de cultiver la paix. »

Il dit, et les armes ayant été écartées, d'après les
ordres du roi, les citoyens se retirent en toute hâte,
et ouvrent leurs portes, croyant déjà tenir le roi et
pouvoir le charger de fers. Mais le Père tout-puissant,
qui accable et punit les criminels, défend dans sa
bonté le roi innocent contre ses ennemis. Le roi, rempli de prudence, envoya en avant dans la ville un nombreux escadron de chevaliers, et demeura de sa personne avec le dernier corps. Le chef de ces chevaliers, qui eut le sort de Protésilas, était le comte de
Saint-Paul. Les citoyens, croyant le roi déjà entré dans
leurs murailles, et espérant pouvoir accomplir leurs
projets, se hâtent de repousser les troupes du roi, au

moment où elles voulaient entrer, ferment leurs portes et les garnissent de fortes chaînes. Mais déjà le corps d'avant-garde avait traversé la ville perfide, et nul de tant d'illustres chevaliers n'est retenu dans son enceinte. Que fais-tu, ennemi insensé? pourquoi dresses-tu des embûches contre les justes? soigne d'abord tes propres intérêts, veille à ta fortune de toute la sagacité de ton esprit. Tandis que tu cherches à tromper les autres, tu te trompes toi-même, et les artifices que tu inventes vont tourner contre toi. Pour bien faire, que ne prends-tu les armes? que n'attaques-tu ceux qui sont privés du secours fidèle de leur roi? élance-toi sans crainte sur ces hommes peu nombreux et trop faibles pour te résister. Quel motif peut te retenir? pourquoi redoutes-tu d'assaillir des hommes que tu vaincras promptement? Exécute donc tes projets, pour peu que tu aies de cœur. Mais ton cœur, façonné au crime, fléchit et se méfie de lui-même, car l'auteur d'un crime déplaît toujours; et déjà tu te repens tellement d'avoir entrepris ce forfait, que le désespoir te porte à détester tes actes criminels; et ta frayeur est telle, que tu vas renverser ton pont sur le Rhône, et le précipiter dans les abîmes du fleuve.

Cependant le comte de Saint-Paul, se voyant séparé de l'armée du roi, et n'ayant avec lui qu'un petit nombre d'hommes, frémit d'horreur : ainsi l'agneau qui s'est détaché du troupeau et se trouve seul abandonné au milieu des champs, redoute les loups, et les ours et les lions. Le comte voit ses compagnons saisis de terreur : ils se répandent en plaintes amères, car nul d'entre eux n'espère échapper au péril qui me-

nace ses jours. Celui-ci gémit et se plaint ; celui-là verse des larmes ; un autre appelle bienheureux celui qui est demeuré dans ses terres : il a du moins autour de lui et ses parens et sa femme, et son fils et ses pénates. Ainsi, lorsque l'Aquilon orageux soulève les flots de la mer et brise de son souffle violent les voiles d'un navire, les hommes poussent des cris, craignant de périr dans les ondes ; et cependant le pilote leur offre des consolations ; il rassure les cœurs agités, et leur présente l'espoir du salut. Tel le comte, cachant ses craintes dans le fond de son cœur, et montrant sur son visage toute l'audace du lion, console ses compagnons et les encourage au combat :
« Quoi donc, mes compagnons, s'écrie-t-il, auriez-
« vous perdu le courage ? N'avez-vous pas et de la
« force et des traits et des bras vigoureux ? Si nous
« sommes en petit nombre, qu'une défense intrépide
« supplée à notre faiblesse, et que notre courage se
« montre plus grand dans la position la plus critique.
« C'est peu de mourir en combattant, nous en acquer-
« rons plus de gloire que si nous consentions à vivre
« dans les fers des ennemis, que si nous tombions
« honteusement dans les mains de ces brigands au-
« dacieux. Soit que nous succombions à la dure faim,
« soit que nous périssions sous les coups de l'en-
« nemi, du moins trouverons-nous dans notre mort
« cette consolation que nous l'aurons reçue pour l'a-
« mour du Christ. Mourir ainsi c'est vaincre, et cette
« mort est douce, dont les coups ne sont que les
« prémices de la vie éternelle. »

Il dit ; les chevaliers naguère abattus et engourdis par la frayeur, ont retrouvé leur courage ; en leurs cœurs s'élève une ardeur nouvelle, ils brûlent de combattre, si l'ennemi vient s'élancer sur eux. Saisissant leurs armes, ils vont à la voix de leur chef dresser leur camp sur les rives du fleuve. Mais ils éprouvent une grande disette de vivres; leurs douleurs se renouvellent; ils pouvaient sans effort découvrir au loin les bannières du roi, mais il ne leur était pas possible de s'en rapprocher.

Le roi cependant, pressé de l'aiguillon d'une violente colère, et reconnaissant la trahison, se prépare à investir les murailles de la ville et à en faire le siége. Aussitôt il fait avancer son armée, et, selon ses ordres, les chevaliers et les hommes du peuple dressent leur camp et se mêlent les uns aux autres. Ils coupent les vignes; les prairies sont dépouillées de leurs foins odorans, les champs de leurs moissons; les arbres s'affligent de se voir enlever leurs fruits avant le temps de leur maturité; rien ne demeure à l'abri du pillage, rien n'est conservé intact.

Cependant celui à qui la Champagne obéit[1], le comte des Bretons[2], vaillant à la guerre, et beaucoup d'autres dont j'ignore les noms, sont encore absens. Mais le monde n'avait pas vu sept fois l'Aurore lui présenter son visage embelli de pourpre, quand ces deux chefs arrivèrent, conduisant à leur suite une foule immense de chevaliers et d'hommes de pied. Comme les chasseurs enveloppent la vaste enceinte d'une forêt, de telle sorte que les cerfs ne peuvent échapper à leurs coups, quelle que soit leur légèreté à la course, ni éviter les piéges cachés qui leur sont tendus de toutes parts; de même le roi enveloppe de

---

[1] Thibaut. — [2] Pierre, fils de Robert de Dreux.

sa nombreuse armée toute la circonférence de la ville, en sorte que les assiégés n'ont plus aucun moyen de prendre la fuite. Alors le roi commande que les ouvriers préparent de leurs mains les machines qui doivent, à force de coups, renverser les remparts de la ville, et porter la mort en tous lieux. De leur côté les assiégés ne font pas moins d'efforts pour se défendre; ils placent des sentinelles armées en dehors aussi bien qu'en dedans; ils veillent à la garde des avenues et des fortifications qui couvrent les murailles. Ils ne manquent ni de frondes, ni de javelots, ni d'arcs; la nuit ils préparent de nouveaux projectiles; et leurs balistes ne cessent de porter au loin les blessures ou une mort cruelle.

Tandis que le roi a résolu en son cœur la destruction de la ville, les seigneurs des villes voisines accourent, obéissant à ses ordres, venant se livrer eux et leurs biens, et racontant l'histoire de ce peuple adonné au crime, dès la naissance de la ville qu'il habite, et toujours prêt à se livrer au vol et au pillage: « Qui pourrait retenir ses larmes, disent-ils, en ap« prenant les fureurs de ce peuple, qui, renonçant à « toute crainte du Seigneur, n'a pas craint autrefois « d'écorcher un homme illustre par sa valeur, l'hon« neur des chevaliers, le comte Guillaume, dont la « ville d'Orange, privée de son fidèle seigneur, dé« plore encore aujourd'hui la cruelle mort[1]! La fronde « lance des pierres, l'arc attire l'arc; mais qui pourrait « énumérer les homicides, les vols, les pillages dont

---

[1] Guillaume, comte d'Orange, quatrième du nom. Le pape Honoré écrivit, pour demander que son assassinat fût vengé, une lettre citée par l'annaliste Rainaud, à l'année 1218.

« ce peuple s'est rendu coupable envers ses voisins « et les étrangers? » Le roi, en entendant ces paroles, est dévoré des feux de la colère, et jure de poursuivre le siége durant trois automnes, de raser et les tours et les hautes murailles, d'accabler enfin cette ville immense de toutes sortes de maux, si les impies qui l'habitent ne se soumettent à lui.

Pendant ce temps, l'illustre comte, nouvel Achille à la guerre, et qui a reçu le surnom de Saint-Paul, et ceux que le sort a faits ses compagnons dans cette dure nécessité, se trouvent toujours en proie à la plus grande frayeur, et pressés d'une affreuse faim. Déjà l'épouse de Tithon avait relevé trois fois au dessus des ondes sa tête brillante d'un vif incarnat, depuis que cette troupe languissait, privée de toute nourriture, sans que le doux sommeil, chassé loin d'elle par les soucis rongeurs, eût pu réparer les forces des guerriers. Déjà ils succombaient presque sous le poids de la faim et de leurs armes, qu'ils portaient la nuit comme le jour, quand tout-à-coup ils voient descendre du haut d'une montagne une troupe de chevaliers, marchant sous la conduite de Martin, surnommé l'Olive, et portant des casques dont l'éclat fait pâlir la lumière du soleil. A peine les chevaliers du roi les ont-ils aperçus, ils se lèvent en désordre, s'écriant : « Courez promptement aux armes ! voilà, les « ennemis s'élancent sur nous et la mort s'approche ! « Que chacun de nous soit un nouvel Hector, et ne « succombe pas sans être vengé! Désormais la for- « tune ne peut nous être plus contraire. Mais, ô Père « suprême, qui déposera nos cadavres dans le sein « de la terre? Pourquoi nous enveloppes-tu de toutes

« parts de cruels ennemis? pourquoi ne pouvons-
« nous plus espérer aucun secours? Les oiseaux, les
« loups rapaces, les cruels lions viendront-ils dévorer
« nos corps, dispersés çà et là dans les champs? Les
« bêtes féroces seront-elles le seul bûcher réservé à
« nos déplorables restes? »

Le comte, en entendant ces paroles, console ceux qui sont encore incertains, rend le courage à leurs ames par ses discours, et relève les cœurs abattus. Déjà le corps que conduisait Martin était à la distance que peut parcourir une pierre lancée par la fronde, et les deux partis pouvaient échanger leurs paroles, quand tout-à-coup Martin et ceux qui s'avançaient avec lui, jetant leurs glaives, en témoignage de leurs intentions pacifiques, et encore tout couverts de sueur, offrent aux chevaliers les côtes des bêtes à cornes, pour en faire leur repas, au lieu des cruelles fureurs de la guerre qu'ils croyaient près de se renouveler. Alors, au milieu de cette abondance nouvelle, les coupes volent dans tout le camp, et tous se livrent à la fois au plaisir de manger et de boire. Les hommes du peuple, encore languissans, rendent grâces au Seigneur; les chevaliers n'ont plus de chagrin et s'abandonnent à leur joie. Autant ils avaient éprouvé d'angoisses, autant une violente tempête avait agité leurs cœurs, autant maintenant ils se livrent à l'allégresse, et la douce espérance, rentrant dans le cœur des chevaliers, leur prodigue ses consolations, car la joie est plus précieuse lorsqu'on a été battu des coups rigoureux de la fortune, et le miel a plus de saveur, goûté après l'absinthe pleine d'amertume.

Dans le même temps le roi des Anglais a convoqué

tous les siens par des écrits auxquels est suspendue l'empreinte de son sceau, et tous se rendent auprès de lui sans aucun retard. L'héritier de Jupiter, Minos, puissant par ses flottes et par ses guerriers, ne rassembla point auprès de lui tant de milliers d'hommes, lorsqu'il voulut venger par la guerre la mort cruelle de son fils et détruire la ville d'Athènes. Le roi, les voyant ainsi réunis, leur adressa la parole, et sa docte éloquence sut gagner leur approbation. « Hommes illustres, leur dit-il, dont le cœur est
« toujours demeuré inébranlable, soit que la paix
« régnât dans notre empire, soit que Bellone suscitât
« les fureurs de la guerre, qui m'êtes solidement at-
« tachés par les liens de la fidélité et par les chaînes
« d'une constante affection, je pense que vous vous
« souvenez des puissans efforts qu'a faits contre moi
« le roi des Gaules, pour me couvrir de déshonneur.
« Il se vante maintenant de m'avoir enlevé de vive
« force la domination de la ville de La Rochelle, et
« s'enorgueillit d'un tel triomphe. Et ce n'est point
« sur moi seul qu'est tombé cet affront; il porte aussi
« sur toi, brillante jeunesse, car le déshonneur qui
« pèse sur la tête se répand aussi sur tous les mem-
« bres. De plus, c'est un fait bien connu, qu'après la
« mort du roi Richard, percé d'une flèche volant
« dans le vide des airs, et dont l'Angleterre déplore
« et déplorera long-temps encore la perte, la Nor-
« mandie fut abattue sous les pieds de Philippe, et
« porte maintenant, d'une tête humiliée, le joug des
« Français. Mais en ce moment, des circonstances fa-
« vorables me présentent l'occasion de réparer les
« maux que le roi Louis et les siens ont toujours

« faits à moi et aux miens. Tandis que le roi fait
« la guerre à l'extrême frontière du pays, j'ai résolu
« de reprendre cette ville de La Rochelle, qu'il m'a
« enlevée de vive force[1]. Dieu approuvera cette en-
« treprise, et voudra bien favoriser l'accomplissement
« de mes vœux. »

Il allait parler encore, mais l'assemblée s'écria :
« Eh bien donc! plus de paroles. Nous suivrons tous
« tes bannières avec empressement, nous irons par-
« tout où tu voudras nous conduire. Qu'est-il besoin
« de plus longs discours? Nous voici prêts à obéir à
« tes ordres; conduis-nous donc où il te plaira. »

Ayant entendu cette réponse, le roi brûle du désir d'entreprendre ce qui devait tourner à sa honte
et à son détriment. Dans le transport de sa joie il ne
diffère plus, fait préparer ses vaisseaux, et empressé
d'accomplir au plus tôt ses résolutions, il laisse de côté
les vieillards qui ne peuvent plus supporter les fatigues de la guerre, et choisit des jeunes gens au cœur
brûlant de zèle, remplis de force, et déjà éprouvés
dans les exercices de Mars. Ayant ainsi fait ses dispositions, il part aussitôt. Les cordages sont rattachés
sur les navires; la flotte a reçu et emporte ceux que
le roi a choisis, et marche sous une double impul-

---

[1] Matthieu Paris dit, sur l'année 1226, que le pape avait écrit au roi
d'Angleterre « qu'il eût à ne point inquiéter le roi des Français, sous
« peine d'excommunication, et à ne point lui faire la guerre pour des
« terres, quelles qu'elles fussent, qu'il possédât en ce moment, juste-
« ment ou injustement, attendu que ce roi s'employait au service du
« pape et de l'Eglise romaine, pour exterminer les hérétiques albi-
« geois et leur fauteur et complice, le comte de Toulouse; mais que
« plutôt il prêtât sans retard ses conseils et son secours à ce même
« roi, pour le plus grand triomphe de la foi. »

sion. Le pilote, assis sur la poupe, se réjouit des rames qui battent les flots et du souffle favorable des vents; les voiles s'enflent sous le vent, les rames soulèvent les ondes, et les proues glissent sur les eaux, plus rapides que l'habitant des airs. Le berger fils de Dardanus était moins heureux lorsqu'il venait d'enlever sa riche proie et qu'il l'entraînait vers Pergame sur ses vaisseaux fugitifs, que ne l'était en ce moment le roi des Anglais, car déjà il comptait pouvoir accomplir tous ses desseins, et se berçait de ses vaines espérances.

Phébus avait déjà chassé trois fois les ténèbres de la nuit devant l'éclat de ses rayons, lorsque le quatrième jour au matin le roi put enfin découvrir aisément les tours de La Rochelle. Alors il ordonne aux rameurs de frapper plus vivement les ondes de la mer: ils obéissent; les navires volent sur les eaux, et entrent dans le port. La Renommée annonce promptement l'arrivée du roi, les cœurs tressaillent en secret d'une vive joie. Douze bourgeois se rendent auprès du roi. Le roi les voit arriver, et, se souvenant de sa vieille affection, il les serre dans ses bras. Vous eussiez vu pleurer ces bourgeois, portant encore en leur cœur le souvenir de leur première fidélité. Alors, montrant à découvert les sentimens qu'ils avaient tenus cachés, ils lui livrent leurs clefs, ouvrent toutes leurs portes, dont ils se sont emparés à la dérobée, tandis que les gardiens veillaient mal à leur défense, et invitent le roi à entrer avec sécurité. Mais le roi, toujours sur ses gardes, leur demande d'abord quel est celui qui défend le château, et combien d'hommes il a avec lui. On lui répond : « Trois cents

« hommes seulement. » Le roi dit alors : « Allez, et « rapportez-moi les clefs du château. » Ils se rendent en hâte vers le château et dérobent les clefs, se chargeant ainsi de tous les châtimens qui s'ensuivront. Mais le roi, pendant ce temps, a jugé que ce serait folie de combattre, et a repris sa route sur la mer, accompagné par la frayeur [1]. Ainsi frappé de terreur par le nom de Minos, Milet prit la fuite, couvert de confusion, après avoir navigué sur les flots de la mer Égée. La renommée combat pour la personne de Minos. . . . . . . [2]. De même en cette nouvelle occasion la Renommée a combattu pour la personne des chevaliers, que le roi Louis a institués gardiens de la ville. Lâche, pourquoi fuis-tu? quelle crainte te pousse? d'où vient une telle frayeur? Ainsi l'agneau fuit à la voix de Mélampe, redoutant de devenir la proie d'un petit chien. Quel est donc le motif de ta fuite? quel est celui qui te met en fuite? Reprends courage, retourne les voiles de tes navires, lance-toi en ennemi sur ton ennemi. Mais tu es dépourvu de toute fermeté d'ame, de toute vigueur, puisque tu rentres honteusement et comme un larron dans les ports de ta patrie avec ta flotte fugitive!

[1] Matthieu Paris ne parle point de cette expédition. Voici ce qu'il dit à ce sujet : « Cependant le roi des Anglais, qui desirait ardem« ment se rendre de l'autre côté de la mer avec une armée, convo« qua ses conseillers, leur fit lire la lettre qu'il avait reçue du seigneur « pape, et leur demanda leur avis sur ce qu'il y avait à faire au sujet « des inhibitions du pape. Les prélats et les grands seigneurs pensè« rent qu'il fallait suspendre toute entreprise jusqu'à ce que l'on pût « savoir comment le roi des Français viendrait à bout de l'œuvre dif« ficile et coûteuse dans laquelle il s'était engagé. »

[2] Il y a ici une lacune.

Cependant les douze bourgeois qui, dès le principe, avaient machiné seuls toute cette trahison, se rendent en hâte vers le rivage avec les clefs du château ; mais, n'y trouvant plus le roi, ils s'en retournent, couverts de confusion. Enfin la Renommée a porté ces nouvelles aux oreilles du gouverneur du château. Il est frappé de stupeur, il frémit à ce récit, appelle à lui ses compagnons, leur raconte les détails de cet horrible crime. Tous sont saisis d'étonnement, ils prennent aussitôt les armes, et l'on publie un édit pour prescrire que les auteurs de cette conspiration soient saisis sans aucun retard. Quatre seulement sont arrêtés, pour expier leur forfait : les huit autres, ô douleur ! échappent à la mort, en se sauvant sur une barque légère. Un sourd murmure se répand dans la ville ; les habitans de tout âge et de tout sexe sont frappés de stupeur, car tous avaient ignoré les préparatifs de cette trahison. Alors on publie le jugement qui condamne les coupables à être pendus, en expiation de leur crime. On enchaîne leurs pieds, on les suspend à des crochets vigoureux, et bientôt leurs ames s'exhalent à travers leurs gosiers scélérats. Ainsi Dieu combat pour le roi et réprime les ennemis ; ainsi il punit les coupables, et augmente la gloire du roi.

Cependant on expédie en hâte à ce prince un messager, qui lui rapporte ces détails. Le roi applaudit, et son cœur tressaille de joie ; il rend grâces au Seigneur, dont la puissance a ainsi abattu ses ennemis. Ensuite il convoque ses chefs, et leur dévoile tout ce qu'il vient d'apprendre ; tous se réjouissent avec lui ; et tandis qu'ils le félicitent encore, le roi indomptable ne tarde pas à être informé que le comte de Saint-

Paul et ses compagnons, qu'il craignait d'avoir perdus par la trahison et la perfidie des ennemis, ont reçu aussi de Dieu et de la fortune des secours inattendus. Le roi offre de nouveau ses actions de grâces au Tout-Puissant, dont le bras favorable sauve ses peuples de tous ses ennemis. Ensuite le roi fait préparer des bateaux qui, liés les uns aux autres par des câbles, forment sur toute la largeur du fleuve une espèce de pont, sur lequel tous les hommes de l'armée franchissent en sûreté les ondes rapides du Rhône. Déjà cependant la brèche faite aux remparts, les tours ébranlées et tombant en ruines sous les coups redoublés des machines, répandaient la terreur dans la ville, et ouvraient aux yeux de tous ses habitans les portes de la mort. Partout régnaient la frayeur, l'agitation, le deuil, la stupeur, tant l'effroi qu'ils éprouvaient faisait disparaître tout espoir de salut. Remplis de terreur, les citoyens essaient de fléchir la colère du prince par les prières et les présens qu'ils lui adressent : mais ils ne peuvent trouver aucun espoir de pardon, sans envoyer d'abord des otages, qu'ils ont soin de choisir dans la plus vile populace, voulant ainsi tromper l'illustre roi : mais la fourberie des fourbes ne tarda pas à retomber sur eux-mêmes.

Pendant long-temps tous les efforts du roi furent vains ; et déjà il avait consumé beaucoup de trésors sans aucun succès ; car autant les blocs de pierre faisaient de ravage sur les remparts durant le jour, autant les assiégés avaient soin de réparer ces dégâts durant la nuit. Ainsi les ennemis demeurèrent long-temps à l'abri, et cependant les murmures du petit peuple parvinrent aux oreilles du roi et éveillèrent

sa sollicitude : « Pourquoi, disait-on, pourquoi toute
« la terre qui forme l'empire des Gaules, terre grande
« et puissante, perd-elle ainsi un temps précieux de-
« vant cette ville, dont les murs ébranlés s'entr'ou-
« vrent déjà de toutes parts? Depuis que nous sommes
« arrivés, le pays presque tout entier eût pu être
« soumis au joug des Gaulois. Qu'est devenue cette
« valeur si renommée? où sont ces courages, enfans
« de Mars? C'est pour nous une honte de consommer
« ainsi les fruits de la terre, et de n'en recueillir au-
« cun profit! » L'illustre héros frémit alors, semblable au farouche lion qui se bat les flancs avec sa
queue, lorsqu'un ennemi, l'attaquant de côté, a
lancé sur lui son épieu. A la suite de ces discours,
toute l'armée prend enfin les armes, et l'air peut à
peine supporter le fracas des clairons. Les grands se
rassemblent; et voilà, on voit arriver le flambeau de
la chevalerie, l'illustre comte de Saint-Paul, suivi
d'une troupe nombreuse de chevaliers; ainsi son destin l'entraînait à sa perte! Le roi, les voyant arriver,
et poussant un profond gémissement : « Si ma bien-
« veillance vous est chère, leur dit-il, si la sagesse
« préside à vos résolutions, aujourd'hui même vous
« vous livrerez aux travaux de la guerre. Et que
« ce ne soit pas seulement pour l'amour de moi que
« vous alliez combattre, mais aussi pour l'amour du
« Christ, en l'honneur de qui vous avez pris les armes
« et abandonné toutes choses, vos femmes, vos enfans
« chéris, le sol de votre patrie. C'est par là que vous
« prouverez votre valeur, et que votre gloire vivra
« dans tous les siècles. Jusqu'à présent la victoire
« nous a favorisés. Par vous, les gens de la Flandre se

« sont soumis au joug de notre père ; par vous suc-
« comba la Normandie ; par vous, les habitans de La
« Rochelle, cédant à la terreur, me reconnaissent
« pour leur roi, et servent leur premier seigneur.
« Prenez donc garde, ô guerriers, qu'aucune tache
« d'infamie ne vienne souiller l'éclat de vos précé-
« dens exploits, et que l'envie ne puisse trouver au-
« cune occasion de distiller son noir venin sur vos
« actions. Autant je serai cher à vos cœurs, autant
« vous vous appliquerez à vous conduire avec vi-
« gueur. » Il a dit, et l'illustre comte de Saint-Paul lui
répond en ces termes : « Quelle folie de perdre son
« temps en de vains discours ! Tandis que nous par-
« lons, déjà les murailles auraient pu être renversées,
« et nous aurions pu les franchir par mille brèches.
« Déjà le soleil s'abaisse vers l'occident, et l'heure qui
« fuit ne pourra être rappelée. Quelles que soient les
« déterminations des autres, je serai le premier à
« faire l'essai de mes forces contre les ennemis et
« à démentir les accusations des hommes de mon
« pays. »

Il dit, et couvrant sa tête de son casque, marchant
en avant de tous, il se porte rapidement vers les remparts, comme s'élance la redoutable tigresse, lorsqu'on est venu lui enlever ses petits qu'elle a cachés
sous un rocher. Insensé, qui cours en hâte vers la
mort, la mort est près de toi, et tu l'ignores ! O Père
suprême ! l'esprit de l'homme est sans cesse enveloppé
d'épaisses ténèbres, et souvent, à la porte même de la
mort, l'homme se relève d'un air de triomphe, tant
il a besoin de gloire, au sein même de la douleur !
Celui-là cependant meurt heureux, dont le voyage

vers le Seigneur doit être nommé non point la mort, mais plutôt la vie. En voyant la troupe s'élancer, un spectateur placé sur le haut d'une tour s'écrie en se retournant vers ses concitoyens : « Courez prompte-« ment aux armes ! c'est maintenant qu'il faut pren-« dre les armes ! défendez vos murailles ! Voilà, voilà, « les ennemis se précipitent sur nous ! » Toute la population de la ville s'est rassemblée à cette voix, et l'on entend de toutes parts des cris et un tumulte tel que l'exciteraient dans les airs les quatre vents opposés, soulevant à la fois les nuages pour se livrer un combat. Tandis que les uns cherchent à monter sur les murailles, les autres lancent sur eux des traits. Les flèches tombent plus épaisses que la pluie, portant partout les blessures et la mort. Des milliers de pierres, volant dans le vide des airs, ne font pas un moindre carnage. L'un périt sous ces pierres, l'autre gémit percé d'une flèche qui lui a traversé les flancs; un troisième reçoit une blessure à la jambe. Celui-ci a le cerveau fracassé, après que son casque a été brisé; celui-là, fatigué du poids de son bouclier, ne peut plus le supporter; un autre succombe, brûlé par une substance mêlée de feu et de soufre. Mais quoique la fureur des ennemis menace et atteigne tant de vies, le courage cependant soutient toujours le cœur des assiégeans, et règne en prince dans leur ame ; et ils n'hésitent point à affronter tant de dangers.

Déjà l'armée s'approchait des remparts, les retranchemens étaient entièrement détruits, les fossés comblés à force de pierres et de bois, et déjà les assiégeans se préparaient à dresser leurs échelles contre les murailles : à cette vue les ennemis sont saisis d'une telle frayeur, que, réduits au désespoir, ils prennent enfin la fuite et abandonnent les remparts. Mais tandis que brûlant de zèle, enflammé de l'amour de la gloire plus que tout autre chevalier, l'illustre comte de Saint-Paul s'efforce de parvenir au haut des remparts ; ô douleur ! il tombe, frappé à mort par un énorme bloc de pierre. Le roi, en le voyant périr, peut à peine contenir la colère qui l'anime : une douleur déchirante pénètre dans le fond de son cœur, et lui laisse à peine la faculté de faire entendre ses plaintes ; il ne pleure point, car l'amertume de son chagrin a séché ses larmes. Aussitôt il donne ordre à ses hommes d'emporter les bannières et d'enlever le cadavre du comte. On obéit à sa voix, et l'on renonce à toute nouvelle entreprise. A mesure que les assiégeans se retirent, les ennemis reparaissent : naguère la frayeur les forçait à prendre la fuite, maintenant ils ont trouvé plus de courage et de confiance ; ils lancent de nouveau des pierres et des traits, et la fuite des nôtres leur est également pernicieuse. Moi-même, je m'en souviens, une flèche lancée dans le vide des airs vint aussi tomber sur moi, mais je poussai mes gens promptement, et mon corps ne fut point blessé. Cependant on n'entendait dans tout le camp que plaintes, gémissemens, lamentations ; une seule mort fut la cause unique de tant de douleur. Ainsi jadis la mort d'Hector le Troyen amena un deuil général, lorsque le cruel Achille l'immola à sa colère.

Mais, tandis que le cœur du roi était pénétré d'une si vive affliction, il survint un sujet de joie, qui écarta toute langueur et dissipa les vives sollicitudes. Les peuples de toute la contrée furent saisis de tant de frayeur et de découragement, que les villes qui jusqu'alors s'étaient montrées indomptables et rebelles envoyèrent au roi des députés et de nombreux présens, se soumirent à lui, et se déclarèrent prêtes à le servir [1]. Tout le pays se mit en mouvement, les députés se répandaient de tous côtés, demandant où était le camp du roi. Ce furent les premiers sentimens de joie qui pénétrèrent dans l'ame du roi, lorsqu'il vit le pays tout entier se prosterner à ses pieds, sans qu'il eût à se donner aucune peine, sans que son peuple fût exposé au carnage et à tous les dangers de la guerre. Tel qu'était Alexandre lorsque toutes les parties du monde se soumirent à lui, tel aussi était le roi en ce moment. Il ne sentait plus en son cœur la fureur que la mort déplorable du comte y avait excitée auparavant. Voyant ses forces considérablement augmentées, le roi forma de plus grands desseins. Tel Jules autrefois rassembla ses forces, après avoir vaincu les Gaulois, lorsque Pompée et Rome lui refusaient les honneurs du triomphe. Alors, spectacle vraiment admirable! le roi fit construire avec des pièces de bois carrées une tour du sommet de laquelle on pouvait voir facilement tout ce qui se passait dans la ville. Puis, ce qui est bien plus merveilleux encore, on construisit un pont en bois, long et étroit, plus élevé que les remparts de la ville, sur lequel des hommes armés pouvaient marcher en toute sûreté, qui répandait la plus grande terreur parmi les habitans,

---

[1] On trouve dans le troisième volume de l'*Histoire du Languedoc*, par dom Vaissette, les lettres adressées au roi par les villes et les barons qui firent leur soumission.

reposait sur de doubles roues, et pouvait être transporté d'un point à un autre. En outre des bateaux chargés de tours, dans lesquelles s'enfermait une jeunesse belliqueuse et munie de bonnes armes, naviguaient sans cesse sur le fleuve du Rhône, et empêchaient les ennemis de s'approcher de ses rives . . . . . . . . . . . . . . [1].

[1] On n'a point retrouvé la suite de ce manuscrit. — Voyez la Notice.

FIN DES FAITS ET GESTES DE LOUIS VIII,
PAR NICOLAS DE BRAY.

# TABLE DES MATIÈRES

CONTENUES

## DANS CE VOLUME.

### RIGORD; VIE DE PHILIPPE-AUGUSTE.

Pages.

| | |
|---|---:|
| Notice sur Rigord. | vij |
| Dédicace. | 1 |
| Préface. | 5 |
| Vie de Philippe-Auguste. | 9 |

### GUILLAUME LE BRETON; VIE DE PHILIPPE-AUGUSTE.

181

### VIE DE LOUIS VIII.

| | |
|---|---:|
| Notice sur la vie de Louis viij. | 355 |
| Vie de Louis viii. | 357 |

### NICOLAS DE BRAY; FAITS ET GESTES DE LOUIS VIII.

| | |
|---|---:|
| Notice sur Nicolas de Bray. | 387 |
| Faits et Gestes de Louis viii. | 389 |

FIN DE LA TABLE DES MATIÈRES.

www.ingramcontent.com/pod-product-compliance
Lightning Source LLC
Chambersburg PA
CBHW070203240426
43671CB00007B/534